品牌与策划

PINPAI YU CEHUA

杨明刚 著

上海人民出版社

目录

CONTENTS

下 篇 应用篇…………………………………………………… 137

序

华东理工大学杨明刚教授的新著《品牌与策划》在上海人民出版社出版，明刚教授邀请我写个序，我欣然答应了。

中国的品牌研究起步于20世纪90年代初，随着市场竞争日益激烈，企业和各种社会组织越来越关注软实力的竞争，人们发现同样的产品和服务，同样的渠道和促销，未必能产生同样的市场效果和溢价作用。如果说商标是注册在工商局的话，那么品牌系统则是嵌入到老百姓的心理认知当中，它如水中之盐，你不一定看得到，但它一定能让人感受到其中的不同。随着产品品牌日益被关注，人们将视线拓展到了企业品牌、学校品牌、媒体品牌和城市品牌等各个方面，而随着中国综合国力的提升，国家品牌的课题也越来越被学术界所重视。可以这么说，从20世纪90年代初至今的二十多年，中国对品牌的关注，是一个全领域拓展、全角度深化的过程，以至于今天，任何企业、组织和社会机构，都越来越关注品牌的建设和品牌的影响。

品牌和策划又是密不可分的，从品牌打造之初开始，品牌名称的获得、品牌LOGO的设计、品牌基因的定位、品牌概念的演绎、品牌广告语的选择、品牌公关活动的谋划、品牌媒体推广手段的运用、品牌危机事件的处理，这一切都离不开策划。凡事预则立，不预则废，我们强调谋定而动，所以在今天，无论是大数据、智慧城市、云计算，还是移动互联网，新的复杂的环境下，策划过程显得越来越重要，没有策划的决策，风险将越来越大。

因此明刚教授将品牌与策划两个主题词放在一起，来构成全书的体系，是非常有见地的。明刚教授把他的专著分成上下两篇共八章，上篇前四章讲学理，下篇后四章讲案例，也充分显示出这是一部将品牌与策划整合，将学理与案例并重的著作，这对于一门应用型的学科来说，是非常有意义的。

明刚教授是我国最早研究品牌的学者之一，他不光学养深厚，有诸多理论建树和学术贡献，而且学以致用，将知识和研究与现实需要联系起来，为中国的现代化建设，尤其是新常态下企业的发展，提供学者应有的智慧和贡献。这既是中国的教授应有的社会职责，也是中国高校的重要社会功能。早在多年前，我就跟明刚教授有很多交流和沟通，2006年我成立并主持“上海品牌促进中心”的工作，力邀明刚教授担任“中心”的专家，便有了更多的交流机会。他的敬业、博学、热情、敏锐给我留下了非常深刻的印象，尤其在今天，中国高校的论文导向日益显著的背景下，他能坚持自己的人生信仰和职业理念，坚持学以致用，坚持服务社会，坚持理论联系实际，就显得更为难能可贵。

《品牌与策划》这本书，既适合在校的本科生和研究生作为教材使用，也可以作为专业咨询公司、广告公司、策划公司、公关公司和企业内部从事策划的专业人员很好的参考读物，更是初学品牌和策划的人进入这个学科的入门教材。因此，我向广大的读者朋友们推荐这本书，相信开卷有益，一定能带给读者很多的启示与教益。

是为序。

余明阳

上海交通大学安泰经济与管理学院党委书记

中国企业发展研究院院长

中国公共关系协会常务副会长兼学术委员会主任

教授、博士、博士生导师

2016年1月4日

上篇

学理篇

第一章

事半功倍——品牌策划智慧

当今，我国已经从“商品消费”进入“品牌消费”时代。品质和品牌已成为人们选择产品时的重要考虑因素。企业产品竞争不仅要比科技含量，比质量和服务水平，还要比品牌知名度、美誉度和联想度，品牌力已经成为企业的核心能力。因而了解、掌握品牌策划的内容、原则和方法，对企业或品牌主体（包括国家、城市、组织、个人等）品牌建设，促进中国自主品牌建设和自主知识产权发展，提升国际竞争力都有十分重要的现实意义。

第一节　什么是品牌策划

一个品牌的形成，并不是偶然的，几乎在每一个成功的品牌背后，都有着一系列精心的策划。在现代市场经济的条件下，对品牌实行科学的策划，是企业必然的选择。

一、品牌策划概述

品牌策划是一个很宽泛的概念，要了解什么是品牌策划，首先要明白什么是品牌、什么是策划。

（一）品牌

品牌一词来源于英文单词“brand”或“trademark”，原本是指中世纪烙在马、牛、羊身上的烙印，用以区分属于不同的饲养者。到了今天，“品牌”一词已成为世界生活中最重要的关键词之一。关于品牌的定义有很多种说法，不同的时代、不同的人对品牌有不同的理解，代表性的定义如下。

1．品牌定义

品牌是一个名称、名词、符号或设计，或者是它们的组合运用，其目的是识别某个销售者或某群销售者的产品或劳务，并使之同竞争对手的产品和劳务区别开来。

——菲利普·科特勒博士

（Philip Kotler）

品牌是一种错综复杂的象征，是品牌属性、名称、包装、价格、历史、声誉、广告方式的无形总和。品牌同时也是消费者使用产品的印象以及自身经验而有所界定。

——大卫·奥格威

（David Ogilvy）

品牌是消费者对一个产品的感受，它代表消费者在其生活中对产品与服务的感受而滋生的信任、相关性与意义的总和。

——联合利华董事长迈克尔·佩里

（Michael Perry）

品牌是一种错综复杂的象征，是商品属性、名称、包装、价格、声誉等的整合体。在当代社会中，品牌及其意义可能更加具有象征性、感性、体验性，是无形的，与品牌所代表的观念和精神有关，它表达的是企业与消费者之间的关系。

——美国著名品牌学专家凯文·莱恩·凯勒

（Kevin Lane Keller）

综合诸多定义之所长，笔者将品牌定义为：品牌是给拥有者带来溢价、产生增值的一种无形的资产，它的载体是用以和其他竞争者的产品或劳务相区分的名称、术语、象征、记号或者设计及其组合，增值的源泉来自消费者心智中形成的关于其载体的印象，它存在的核心意义是创造良好的顾客感受和体验，追求顾客满意度。其基本含义主要有以下：

（1）品牌是一种可视性标志

品牌是用以识别一个或一群产品或劳务的名称、术语、象征、记号或设计及其组合，以和其他竞争者的产品或劳务相区别。

（2）品牌是一种承诺和保证

品牌包含多方面的内容。至少有以下六个方面：属性（Attributes），利益（Benefits），价值（Values），文化（Culture），个性（Personality）以及用户（User）。

（3）品牌是一种无形资产

品牌资产是与品牌、品牌名称和标志相联系，能够增加或减少企业所销售产品或服务的价值的一系列资产与负债。它主要包括五个方面，即品牌忠诚度、品牌认知度、品牌感知质量、品牌联想、其他专有资产（如商标、专利、渠道关系等），这些资产通过多种方式向消费者和企业提供价值。在网络＋时代，品牌还是一种数字资产。

2．品牌的构成

一个完整的品牌不仅只是一个名称而已，它包含许多信息，只有将信息最大限度地整合起来，品牌才是完整的。品牌的构成要素主要有以下两个方面。

（1）品牌构成的显性要素

显性要素是品牌外在的、具象的因素，可直接给予消费者视觉上的冲击和感觉上的印象，主要包括品牌名称、标志与图标、标记、标准字、标准色、标准包装、广告曲调等。

品牌名称　品牌名称是一个基本且十分重要的构成要素，它简洁地反映产品的功能和内容。品牌名称不仅能将产品本身的内容加以概括，而且还反映着企业的经营理念、价值观念、文化等。它在整个品牌中起着提纲挈领的作用，是消费者记忆品牌和品牌传播的主要依据。

品牌标志与图标　这是品牌用以激发视觉感知的一种识别体系，它能给人以更具体、更清晰的形象记忆，帮助消费者更好地识别和记忆品牌。

品牌标记　标记是品牌图标的一个特殊类型，它不但具象，而且往往取材于现实生活。标记通常是通过广告推出的。在广告和包装设计中，标记起着非常重要的作用。

品牌标准字 标准字是品牌中可以读出来的文字部分，它常常是品牌的名称或企业的经营口号、经营理念、广告语等。

品牌标准色 标准色是指用以体现自我个性以区别于其他产品的色彩体系。它一般选用鲜明的色彩，将愉悦的、欢快的、活力的、积极向上的情绪传达给消费者。

品牌包装 具体产品的个性包装，代表了与产品一致的品质。

品牌广告 很多品牌产品常常是通过广告深入人心的，富有特色的广告语、代言人、广告歌曲都会使品牌迅速传播。

（2）品牌构成的隐性要素

隐性要素是品牌内在的富有内涵的因素，不会被消费者直接感觉，它存在于品牌形成的整个过程中，是品牌的精神、品牌的核心。主要包括品牌承诺、品牌个性、品牌体验和品牌文化。

品牌承诺 企业对消费者做出产品质量、产品理念等的承诺。一个品牌对消费者而言是一种保证，企业要始终如一地履行他们的诺言。产品本身不可能保持不变，许多优秀的品牌都是在不断变化的，但仍受消费者喜爱，那是因为企业是随着消费者需求的变化将产品变化了，而灌注在产品中的经营理念、价值观始终保持稳定一致。

品牌个性 斯蒂芬 · 金曾指出："用人作比喻很容易使消费者接受品牌。"就像每个人有自己的人格一样，每个品牌也都应该有它自己的"风格"，品牌不同于商标，它不仅是一种符号，更是一种个性的展现。大卫 · 爱格在《品牌经营法则》中就提到过品牌有五大个性要素：纯真、刺激、称职、教养和强壮。将品牌个性化更容易使消费者接近并接受这个品牌。

品牌体验 品牌体验是品牌与顾客之间的互动行为过程，是顾客对品牌的具体经历和感受。它包含了顾客和品牌或供应商之间的每一次互动——从最初的认识，通过选择、购买、使用，到坚持重复购买。

品牌文化 通过赋予品牌深刻而丰富的文化内涵，建立鲜明的品牌定位，并充分利用各种强有效的内外部传播途径形成消费者对品牌在精神上的高度认同，创造品牌信仰，最终形成强烈的品牌忠诚。

相关链接

品牌的由来

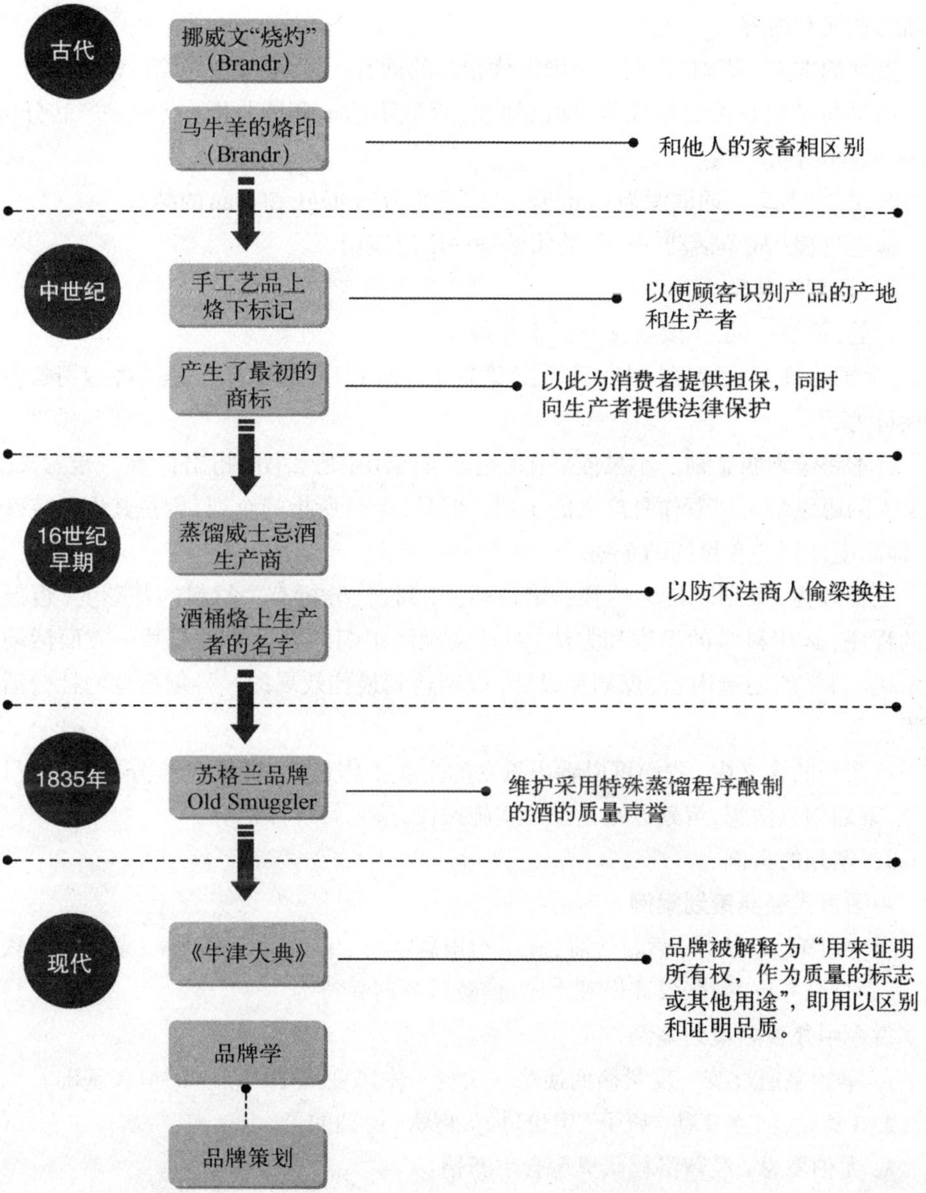

随着时间的推移，商业竞争格局以及零售业形态不断变迁，品牌承载的含义也越来越丰富，形成了专门的研究领域——品牌学。品牌策划是品牌学次级分科。

图1-1　品牌的由来与发展

（二）策划

1．策划的本义

策划是人类有史以来一直存在的一项古老的活动，并随着时代的进步不断被赋予新的意义和内容。

策划的本义：策画、企划。中国古代相关的词有：谋、计、图、筹、策、算、思、预。

最早与策划有关的是战争，知己知彼，百战不殆＝环境分析：己——产品分析；彼——竞争分析。

英文“策划”一词词源为strategy，以后演变为strategy和plan的结合。

演进过程：战争活动——公关领域——广泛应用。

2．策划的含义

目前，策划一词，主要含义有以下几种：

《美国哈佛企业管理丛书》认为：“策划是一种程序，在本质上是一种运用脑力的理性行为。”

日本将策划叫企划。小泉俊一在《企划书实用手册》书中指出：“在一定意义上，凡是人的思维都可以看作是广义的企划。但是，今日所指的企划，则是其中的特殊内容，即高度计划的有目的的企划。”

笔者以为，策划就是为达到一定目标，在调查、分析有关材料的基础上，遵循一定的程序，运用科学的思维和方法，对社会经济组织的整体活动或某一方面活动进行系统、科学的创造构思、谋划和设计，以期达到最佳效果的一种创造性的社会活动过程。

从策划的含义中，我们可以看出策划的主要工作包括：策划调查分析，策划目标定位，策划创意构想，策划方案论证及实施操作，策划管理评估等。

3．策划的案例

中国古代经典策划案例

隆中对策、空城计、草船借箭、齐王与田忌赛马、邹忌讽齐王纳谏、孝公识贤轶变法、苏秦合纵齐抗秦、张仪连横破六国、信陵冒死窃兵符等。

古今中外著名策划案例

1. 秦始皇通过统一度量衡而使第一次统一中国变成中国统一的恒久基础。

2. 1美元，洛克菲勒“疯子”定价，损失巨大，得到的更大。

3. 尤伯罗思：经营洛杉矶奥运会出新招。

4. 2008年8月8日，第29届北京奥运会在北京奥林匹克公园内的国家体育场“鸟巢”举行，实现中国人百年梦想。

（三）品牌策划

品牌策划是策划的一种类型，是策划在企业品牌管理中的运用，是策划者智慧和心血的结晶，是成功的先导，是“运筹帷幄，决胜千里”的艺术。品牌策划的含义与特征主要如下：

1．品牌策划的含义

品牌策划是以品牌沟通及消费者心目中品牌形象的整体提升为目标，借助一定的科学方法和艺术，为品牌决策、计划而构思、设计、制作品牌策划方案的过程。所以品牌策划是借助名字、术语、标识、设计及其组成的各种信息集合，为达到品牌拥有者特定的目的、目标而进行设计、谋划，为品牌拥有者提供创意、思路、方法与对策。

品牌策划的实质就是使企业品牌或产品品牌、服务品牌在消费者脑海中形成一种个性化的区隔，并使消费者与企业品牌或产品品牌、服务品牌之间形成统一的价值观，从而建立起自己的品牌形象。其核心在于如何让品牌深入到消费者心坎里去，让消费者认识品牌、了解品牌、信任品牌到最后忠诚品牌。

2．品牌策划的特征

品牌策划的特征主要体现在以下几个方面：

系统性　品牌策划是一个庞大的系统工程，各个策划子系统组成一个大系统，缺一不可，密切联系，有机统一。在品牌策划中需要去做大量的工作，包括对各种信息的收集、对目标顾客的心理期望的掌握、对品牌形象的设计、对传播方式的选择以及对品牌营销的推广等，是一个集收集、分析、控制、反馈、决策等多项工作于一体的综合性的系统工程，面对这样一个复杂的系统工程，如果不进行科学的策划，就很难将具体的活动开展下去。

前瞻性　品牌策划必须具有前瞻性，也就是说策划人要超前、有预见性，这样才能抢占先机，出奇制胜。品牌策划的超前眼光和预见能力，在各个阶段都要体现出来：在品牌调研阶段，既要满足当前品牌决策的需要，又要分析变化的未来趋势，预见今后的发展；在品牌规划阶段，既要揣摩透消费者的价值观、审美观，打动他们的内心，又要在提炼品牌核心价值时充分考虑前瞻性和包容力，为今后品牌延伸预埋管线；在品牌形象塑造阶段，既要以高瞻远瞩的姿态，着眼未来，又要注重品牌形象的系统性、前瞻性，即重视品牌标识系统、品牌规划体系等；在品牌营销推广阶段，要弄清当时的市场状况，并在公共关系、广告发布、销售价格、推广时间等方面有超前的眼光等。

创造性　品牌策划要追求新意、独创，永不雷同。品牌策划创新，首先表现为概念新、主题新。因为主题概念是品牌的灵魂，是品牌发展的指导原则，只有概念主题有了新意，才能使品牌有个性，才能使品牌产品具有与众不同的内容、形式和气质。其次表现为方法新、手段新。品牌策划的方法与手段虽有共性，但运用在不同的场合、不同的地方，所产生的效果也不一样。还要通过不断的品牌策划实践，创造出新的方法和手段来。创新带来特色，特色不仅意味着与众不同，而且意味着额外的价值。

可操作性 品牌策划方案的可操作性不仅取决于策划者的思维本身，还取决于决策者和执行者的理解能力，策划者必须要把决策者和执行者的理解能力考虑到策划思维中去。首先在实际市场环境中有可操作的条件，市场条件不允许，想操作好是相当困难的；其次品牌策划方案要易于操作、容易实施；再次在具体的实施上要有可操作的方法。

二、品牌策划的内容与原则

关于如何打造品牌、如何建设品牌、如何发展品牌，目前还没有形成成熟系统的理论体系。笔者认为企业品牌策划的核心是最大化提升品牌资产。其基本内容和主要原则包括如下：

（一）品牌策划的内容

1．**品牌市场调研** 通过对市场环境、竞争环境、消费者分析、自身状况等要素的洞察，发掘企业和品牌的市场机会点和未来成功关键要素，为后续品牌工作奠定良好的基础。

2．**品牌战略规划** 在品牌调研与分析基础上，规划品牌战略，进行品牌定位，提炼品牌核心价值，组合品牌架构，界定品牌传播调性，形成品牌发展的基本宪法，为后续品牌工作提供方向指引。

3．**品牌形象设计** 在品牌定位的基础之上，通过品牌命名、品牌标志、包装风格、广告创意、终端形象、宣传物料等载体，将品牌核心概念有的放矢地传递给目标受众。

4．**品牌传播推广** 在品牌战略的基础上，规划品牌传播的发展节奏，确定品牌传播基本组合、推广模式、工具，形成品牌整合营销传播计划，并协助企业实施。

5．**品牌维系保护** 品牌建设是一个持续进行的过程，外部环境亦处于动态变化中。品牌推广展开后，需要对市场一线信息、品牌的市场表现、消费者认知等情况进行实时跟踪，建立信息反馈机制，以进一步修正、完善或调整品牌沟通计划，以适应不断变化的市场需要。

6．**品牌延伸扩张**　将某一知名品牌或某一具有市场影响力的成功品牌扩展到与成名产品或原产品不尽相同的产品上，以凭借现有成功品牌推出新产品的过程。包括：品牌延伸的路径、准则及步骤、风险规避以及品牌创新的方向与策略等。

7．**品牌资产管理**　品牌资产是企业的重要资产，是节约企业市场活动费用的有效手段，又是提升企业产品溢价的源泉，是取得市场竞争优势的法宝。提升品牌的资产价值可从以下几个方面入手：品牌忠诚度、品牌认知度、品牌知名度、品牌联想、其他专有资产（如商标、专利、渠道关系等），这些资产通过多种方式向消费者和企业提供价值。

（二）品牌策划的原则

1．**科学性原则**　品牌策划不是盲目的，只有用科学的方法、程序才可能成功；品牌策划应注重市场调研，了解公众，了解品牌树立的对象，并及时反馈。

2．**个性原则**　每个品牌，每个企业都有其不同的情况、要求，品牌的外形、内涵、气质、个性等也不会一样，这种条件下就要求品牌策划者能具体问题具体分析，走出适合一个品牌的个性化的道路来。

3．**全面性原则**　品牌策划涉及企业、广告公司、媒介、竞争对手、政府、消费者、其他社会公众、企业合作者，品牌策划时应充分考虑到各种关系的涉及者，综合衡量，其中最主要的是企业及合作者、媒介、竞争对手、消费者。

4．**持之以恒的原则**　品牌策划绝不是权宜之计，也不是一蹴而就的，而是一项艰巨而复杂的系统工程：需要全体员工长期不懈的努力。为此，品牌策划人及企业经营者必须树立全局观念，从长远考虑，统筹安排，有计划地坚持不懈地进行。

三、品牌策划的分类

品牌策划的类型可以按以下标准分类：

（一）根据品牌的知名度和辐射区域划分

将品牌策划划分为地区品牌策划、国内品牌策划、国际品牌策划。地区品牌策划是指在一个区域之内生产销售的品牌策划。国内品牌策划是指国内知名度较高，产品在全国范围销售的品牌策划，例如海尔、娃哈哈品牌策划等。国际品牌是指在国际市场上知名度较高，产品辐射全球的品牌，例如可口可乐、麦当劳、万宝路、奔驰、微软、苹果等品牌策划。

相关链接

国际知名品牌：就是在国际市场上具有杰出表现、得到公众广泛认可和偏爱、产生巨大效应、具有强大竞争优势的产品品牌、服务品牌和网络品牌。其特征主要有以下几点：

第一，具有广泛的知名度、认知度、美誉度、联想度、偏好度、满意度、忠诚度等。第二，具有巨大的经济价值。第三，具有较高的国际市场占有率和市场全球化程度。第四，具有高度的超越地理文化边界的能力。第五，拥有完整的全球化品牌规划。第六，具有高度的知识产权保护。

（二）根据产品生产经营的不同环节划分

将品牌策划划分为制造商品牌策划和经营商品牌策划。制造商品牌策划是指制造商为自己生产制造的产品设计的品牌策划，如SONY（索尼）、奔驰、长虹等品牌策划。经销商品牌策划是经销商根据自身的需求和对市场的了解，结合企业发展需要的品牌策划。

（三）根据品牌的来源划分

将品牌策划划分为自有品牌策划和外来品牌策划。自有品牌策划是企业依据自身需要的品牌策划，如本田、中国移动、全聚德等品牌策划。外来品牌策划是指企业通过特许经营、兼并、收购或其他形式的品牌策划。例如联合利华收购的北京“京华”品牌策划，香港迪生集团收购法国名牌商标S.T. Dupont品牌策划。嫁接品牌策划主要指通过合资、合作方式形成的带有双方品牌的新产品策划。

（四）根据品牌的行业划分

将品牌策划划分为家电品牌策划、食用饮料品牌策划、日用化工业品牌策划、汽车机械品牌策划、商业品牌策划、服务品牌策划、网络信息品牌策划等。

（五）根据品牌的原创性与延伸性划分

将品牌策划划分为主品牌策划、副品牌策划、副副品牌策划，如“海尔”品牌策划，海尔冰箱品牌策划、海尔彩电品牌策划、海尔空调品牌策划等。也可将品牌策划分成母品牌策划、子品牌策划等，如宝洁公司的海飞丝品牌策划、飘柔品牌策划、潘婷品牌策划等。

（六）根据品牌的本体特征划分

将品牌策划划分为个人品牌策划、企业品牌策划、城市品牌策划、国家品牌策划、国际品牌策划等。如刘晓庆、姜文、张艺谋、王楠等个人品牌策划，哈尔滨市冰雪节、宁波国际服装节、CBD节等城市品牌策划，金字塔、万里长城、埃菲尔铁塔、自由女神像等国家品牌策划，联合国、奥运会、国际红十字会等世界级品牌策划。

（七）根据品牌的过程和内容划分

将品牌策划划分为品牌调研策划、品牌战略策划、品牌定位策划、品牌形象策划、品牌设计策划、品牌传播策划、品牌延伸策划、品牌维护策划、品牌文化策划、品牌管理策划等。

四、品牌策划的价值

品牌策划已成为现代企业发展与市场竞争的最重要的策划之一。成功的品牌策划是通过增加可吸引消费者购买的价值来提高产品或服务的盈利能力，简言之，品牌策划不仅对企业有价值，而且对消费者也是有好处的。

（一）消费者为什么喜欢品牌

消费者为什么要花更多钱来购买他们所喜欢的品牌商品，主要是：

1．品牌——购物依据

面对种目繁多的商品，引导消费者选择是品牌的价值之一。因为品牌在消费者心中代表着某个品类或特性，使得消费者产生相关需求的时候可以迅速找到所需产品，直接选购。这样不仅简化了消费者的购买行为，还能极大地减轻消费者的精神负担。

2．品牌——品质保证

品牌能够对产品的品质、性能、服务等提供可靠的保证，从而降低了消费者的购买风险。产品的价格越高，购买过程中暗藏的风险就越大，品牌就越显得重要。例如，在购买电脑的时候，我们有谁能够看懂那些满是数字和专业术语的说明书或宣传材料，又有谁能被这些东西所打动呢？然而一个简单的、知名的“LOGO”却能让我们大多数人放心购买。

3．品牌——美好感受

品牌有助于满足消费者在使用产品过程中的心理预期，使消费者产生美好的感受。无论是买蒙牛，还是喝伊利，每当我们在享用牛奶的同时，内心还会感受到内蒙古大草原那一望无际、鲜碧如画的天然牧场给我们带来的心旷神怡。

4．品牌——个性展示

品牌是消费者自我性格的展示，是一种消费者的自我表现和自我认同。正是品牌代表着自己，消费者才会认同和购买，因为人们都会爱自己。有人问苹果电脑公司的斯蒂夫·乔布斯，为什么会推出五颜六色的电脑，他回答说，人们并不十分在意多少兆和千兆，而是想通过电脑的颜色来表现自我。这种心理需求常常是决定购买的核心，因为品牌已成为人们表达个性、抱负和成就的方式。

5．品牌——身份象征

消费者通过对某品牌的使用，来表现自己的社会地位、经济状况、生活情趣和个人修养等。例如装饰手机、黑莓和iPod已经成为潮流，那些镶嵌着奢华配饰的高科技产品成为消费者新的身份象征物。

6．品牌——相互承诺

如果品牌能够真诚地对待消费者，并信守承诺，消费者就会与品牌厮守终身、荣辱与共。就像结婚时男女双方许下的诺言一样，消费者与品牌彼此许诺，相守终身。品牌不断地为消费者提供优质的产品和服务，并时常关注他的感受，以便及时改进产品；而消费者则一如既往地购买品牌所提供的产品和服务，并且不为其他品牌的降价、促销等诱惑所动。

（二）企业为什么需要品牌

通过品牌策划能够为企业创造长期且可持续的竞争优势和盈利能力，主要是：

1．品牌——区别对手

品牌有助于消费者识别产品的来源，从而使自己与竞争对手区别开来。企业通过给品牌赋予不同的名称、标志、风格等，将自己与其他品牌区别开来。

2．品牌——更多利润

品牌不仅能使产品卖更高的价格，同时还可以避免单纯的价格竞争，保持产品价格的稳定性。一件普通的衬衣也许只要40元，如果将这件衬衣换为普拉达、杰尼亚、登喜路等服饰品牌，价格将会是4 000元以上，从丑小鸭到白天鹅的巨大转变正是品牌溢价的鬼斧神工。这就是品牌的溢价作用，它可以使同样的产品卖更高的价格，因为品牌带给消费者的是附加值。

3．品牌——竞争优势

当品牌成为某一品类的代表时，由此带来的竞争优势是竞争对手无法撼动的，这种竞争优势可以帮助品牌成为所在行业的市场霸主。例如加多宝、王老吉是凉茶的代表，喜之郎是果冻的代表，九阳是豆浆机的代表，格兰仕是微波炉的代表，这些品牌无一例外地成为所在行业的第一。

4．品牌——获得忠诚

当消费者对某一品牌形成偏爱、充分信任之后，他就会习惯地购买这个品牌的产品或服务。习惯是有很大影响力的，在新习惯没有形成之前，已养成的习惯就会占据统治地位，发挥着巨大的作用。消费者的这种习惯，可以称为对品牌的忠诚，这正是品牌值数百亿的原因所在。

5．品牌——利于新品

一个新产品进入市场，风险是相当大的（一般情况下，80%以上的新产品会失败），而且投入成本也相当高。但是品牌可以降低新产品投入市场的风险及难度。企业可以在现有品牌的基础上，运用品牌延伸将新产品引入市场，只要新延伸的产品能与原品牌成功地联系起来，利用其知名度和美誉度，就可以大大增加新产品成功的机会。

6．品牌——聚集资源

品牌可以吸引优秀的人才、供应商、合作伙伴、社会资金、政府政策等来为企业服务。作为一个人才，你是去品牌企业工作，还是去一家一般的企业工作？作为一个商人，你是和品牌企业合作，还是和一家一般的企业合作？作为一个投资人，你是将钱投给品牌企业，还是投给一家不知名的企业？作为一个政府官员，你是将政策向品牌企业倾斜，还是向一家小企业倾斜？答案很明显，无论是你还是我，我们都会无一例外地选择前者，也就是这些响当当的品牌。

7．品牌——渠道支持

品牌可以得到分销商、批发商、零售商以及其他中间商的积极响应和支持。这些销售渠道的成员对品牌有直接的帮助，而且至关重要，有时能使该品牌获得成功。这些销售渠道成员在了解消费者对该品牌可能的需求以后，甚至可能不向生产商要求任何形式的营销支持，而更愿意接受生产商提出的存货、订货、陈列产品等营销建议。他们也更愿意通过商业促销，要求更少的上架费用，为商品提供更多的陈列空间和更醒目的货架陈列位置等。

8．品牌——延长生命

一般而言，产品都有一个生命周期，会经历从投放市场到被市场淘汰的整个过程，包括引入、成长、成熟和衰退四个阶段。但是品牌却不同，它可以超越产品的生命周期。一个品牌一旦拥有广大的忠诚顾客，其领导地位就可以经久不变。美国波士顿咨询集团研究了30大类产品中的市场领先品牌，发现在1929年的30个领袖品牌中有27个在1988年依然居市场第一。

9．品牌——无限资产

品牌资产作为虚拟资产，不但不会折旧和损失，反而会通过消费者一次次的购买不断增值。与品牌虚拟资产相对的实物资产，如工厂厂房、机器设备等是会自然折旧的，而你拥有的油田、矿产等资产也是不能再生的。也就是你每次交易获得的是现金，支付的是你的资产，但品牌资产是不会因为消费者的购买而转移的。

第二节　如何进行品牌策划

从品牌策划科学的层面来说，品牌策划其实是一个集收集、分析、控制、反馈、决策等多项工作于一体的综合性的系统工程，主要包括品牌策划师与专业能力、品牌策划的工作内容与基本流程等。

一、品牌策划师与能力

（一）品牌策划师

1．**名称**：品牌策划师。

2．**定义**：从事品牌规划、品牌塑造、品牌推广、品牌维护、品牌运营等工作的专业人员。

3．**工作内容**：（1）确定品牌精髓、核心定位和品牌个性等；（2）确定品牌标识，包括品牌名称、标志、标准字、标准色及其组合应用；（3）制订品牌目标和品牌制度；（4）提高品牌知名度、美誉度和忠诚度；（5）做好品牌组合、品牌延伸和品牌特许经营工作等。

4．**职业道德要求**：遵纪守法，敬业爱岗，严守保密制度。实事求是，工作认真，精研业务，尽职尽责，具有团队和创新精神。

5．**基础知识要求**：市场营销学、消费心理学、消费者行为学、公共关系学、广告学、传播学、商务交流、设计学、管理学、组织行为学、商品学、计算机、知识产权、商品质量相关法律等知识。

（二）专业能力

品牌策划师划分为三个等级：助理品牌策划师、品牌策划师、高级品牌策划师。其工作要求与专业能力：

1．助理品牌策划师

（1）*品牌要素建构*　能够进行市场调研问卷的甄别和验收工作，通过现场、媒体、统计资料等各种途径收集品牌相关的市场信息；能够进行顾客分类，概括不同顾客群的相似点和差异点；组织顾客访谈，深入了解顾客行为特点和潜在需求；进行产品功能价值点的总结和概括，提出品牌定位建议方案；能够协助选择品牌要素类型，设计和创建品牌要素。

（2）*品牌系统管理*　能够按照要求编制品牌营销报表和文件，进行品牌系统管理文件存档和管理；能够协助实施新品牌营销组合方案、传播推广计划和品牌策划计划；能够收集销售代表和经销商品牌营销信息，执行人员和渠道品牌绩效激励计划。

（3）品牌传播推广　能够协助实施品牌广告和公关计划并进行效果监测；能够收集品牌促销信息，组织实施品牌促销计划，进行促销品的制作和发放管理、终端促销宣传策划和陈列管理等工作；能够收集品牌展览信息，组织品牌展览布展、陈列和接待等活动。

（4）品牌资产管理　能够进行商标注册查询，完成商标申请和注册工作；能够了解类似商标信息，提出商标保护和管理建议。

2．品牌策划师

（1）品牌要素建构　能够分析品牌市场调研成果、顾客需求特点和趋势以及品牌市场竞争格局；能够进行目标顾客定位和市场竞争定位，确定品牌定位；能够进行品牌要素选择并且提出品牌要素构成方案，制定品牌要素建立计划并且组织实施。

（2）品牌系统管理　能够分析品牌市场营销现状、存在的机会和问题，制订品牌营销目标、营销战略、营销行动方案、预计损益表和营销控制方案并实施；能够制订品牌管理目标和原则以及管理制度，与研发、制造、市场和销售等业务相关部门进行交涉合作；能够制订品牌的销售目标和奖励制度、人员和渠道品牌绩效激励计划，并能够培训下属和进行绩效评估；能够主持及驱动新产品开发，协助制订新产品开发计划，并与研发部门共同组织实施，制定新产品上市计划并组织实施。

（3）品牌传播推广　能够制订品牌推广计划、整合传播方案和推广预算；能够编制品牌广告和公关宣传方案，组织品牌信息发布会，与公关、媒体广告策划、市场研究等品牌服务部门进行交涉合作；能够制订品牌终端推广和阶段促销计划，制订并且评估品牌促销方案；能够制订品牌展览计划，组织品牌展览活动。

（4）品牌资产管理　能够主持商标创意设计和申请注册工作，制订并实施商标管理制度和措施；能够制订品牌保护管理制度，组织实施品牌保护专项和日常活动。

3．高级品牌策划师

（1）品牌要素建构　能够分析品牌市场调研成果和市场竞争格局、顾客需求特点和趋势；能够识别品牌目标顾客区隔，分析类别中不同品牌生命周期，整合协调品牌定位。

（2）品牌系统管理　能够制订品牌营销目标、营销战略、营销行动方案、预计损益表和营销渠道建设方案；能够制订并组织实施品牌管理制度，审核品牌管理制度和措施的制定并监督实施，协调研发、制造、市场和销售等业务相关部门的业务协同职能，与人事、财务、供应和后勤等支持部门进行品牌支持交涉合作，并能够培训和激励下属；能够编制品牌经费预算，审核和监督品牌预算的制订与实施；能够制订新产品开发规划，与企业研发负责人共同审查新产品开发计划。

（3）品牌传播推广　能够制订并实施品牌整合传播推广计划、品牌广告计划和品牌公关宣传计划，协调公关、广告、市场研究等品牌外部服务部门的合作职能；能够制订并实施品牌促销计划，审查并监督实施品牌促销计划。

（4）品牌资产管理　能够制订品牌运作监控计划，组织品牌运作信息收集工作；能够分析品牌受损问题，策划和组织品牌保护活动；能够制订品牌危机处理方案并组织实施，提出品牌危机防范计划并监督执行。

（5）品牌战略规划　能够根据品牌战略目标和原则制订品牌发展规划，审查和批准品牌发展规划；能够提出品牌延伸方案并组织实施，提出品牌重建与退出方案并组织实施；能够设计品牌架构体系，确定品牌架构体系中各品牌的角色和管理规范。

二、品牌策划的流程

（一）品牌策划的十大步骤

国际品牌专家、奥美整合传播集团大中华区总裁宋秩铭，总结出了强势品牌的特征和建立品牌的步骤。笔者以其为基础，将品牌策划分为如下步骤：

1. 决定产品品牌化

企业根据市场需要与资源特征给产品设计一个富有个性的品牌，并取得商标权，实行企业化经营，使产品在经营过程中不断得到消费者的认可，树立品牌形象，扩大市场占有率，实现经营目标。

2. 制订品牌目标

企业按照经营方向，制定5—10年的品牌目标，推出品牌时所要达到的理想中的状态，是品牌战略方向的具体化与定量化，如质量水平、市场占有率、市场影响力、品牌美誉度等。

3. 建立品牌识别体系

建立清晰的品牌识别体系，包括品牌核心价值、品牌基本识别和品牌延伸识别等方面内容。

4. 确立消费关系

当企业面对很多消费者时，就要先确认产品品牌跟消费者的关系，包括探讨品牌影响、消费者认定价值、厂商认定价值等。

5. 制订品牌策略

企业是单一品牌还是多元品牌，是母体品牌还是副品牌，是企业品牌还是产品品牌。当这些问题弄清楚之后，品牌识别系统才可以调整。

6. 明确社会责任

为社会提供优质安全健康的产品和服务是企业社会责任的主要内容之一。企业提升质量管理水平,确保产品质量安全,切实维护消费者权益,能够引导消费、满足需求。质量优良的产品和服务,有助于提升品牌竞争力和品牌信誉形象,提高市场竞争力,有助于创造消费、引导消费、拉动经济。

7. 品牌整合传播

品牌整合传播是指对品牌形象要素进行优化组合,通过媒体宣传推广的一站式综合服务。包括广告传播、新闻传播、公关传播、销售促进传播、人际传播、网络传播等。例如品牌整合传播的领先的电子商务形式和平台。它以品牌文化价值的核心诉求为基点,最大化地利用网络整合和数字营销的手段,努力实现品牌与品牌之间的服务整合对接和需要。

8. 培育品牌忠诚度

客户的忠诚度是指客户满意后从而产生的对某种产品与服务品牌或公司的信赖、维护和希望重复购买的一种心理倾向,客户忠诚实际上是一种客户行为的持续性。实践证明,20%的顾客买80%的产品销量,面临的挑战就是如何取得20%的顾客资料库。越来越多的数据证明,取得新客户的成本比维持一个老客户的成本高很多。开发新客户的时候,整个公司的营运利润必然会下降,一对一的传播会越来越重要,一对一的传播实际上可以逐渐创造效果。

9. 健全品牌评估系统

品牌评估可以填补短缺财务评估和长期策略分析间的落差,取得一个平衡点。主要内容包括:品牌寿命、品牌名称、商标、品牌个性和意象、品牌产品类别和功能、消费者态度和购买倾向、品牌媒体支持、品牌联想度和忠诚度、专利权等;评估方法大致可以从企业的成本、盈利、市值等方面去考虑。

10. 品牌建设持之以恒

企业品牌的建设是一个持久的过程,需要时间的沉淀。它经历着品牌战略与定位、品牌架构与设计、品牌传播与推广、品牌延伸与管理等循序渐进的过程。那种短时间内建设的品牌,并不是完全意义上的品牌,仅仅只能说是一个符号。

(二) 典型的品牌策划工作流程

品牌策划是一个系统化的工作体系,典型的品牌策划工作的全过程可分为三个阶段、六个工序。三个阶段即品牌策划前期准备工作阶段、品牌策划中期主体工作阶段、品牌策划后期实施工作阶段。三个阶段又可细分为项目与调研、诊断与分析、目标与定位、创意与方案、策略与组合、管理与评估等六个典型的工序,可用一个工作基本流程图表示，如图1-2所示。

1．项目与调研

项目与调研是品牌策划的前提。在此工作阶段，一是要寻求品牌策划的项目，并通过品牌策划公司客户服务部进行相关的商务谈判，确认项目合约。二是在获取策划项目的基础上，品牌策划主管或项目负责人充分参与客户沟通环节，准确地领会客户对未来品牌策划活动的构想及要求。三是进行相关的项目调研、收集资料以及数据采集等必要的技术准备。四是初步进行项目工作分析和任务拟定。

2．诊断与分析

诊断与分析是品牌策划的基础。在此工作阶段，一是市场的诊断与分析，例如宏观环境、行业动态和竞争对手等方面的诊断与分析。二是企业的诊断与分析。包括对原品牌名称、标志、色彩等基本要素的诊断与分析，对企业的理念、行为的诊断与分析，对营销的诊断与分析，对广告的诊断与分析等。在品牌诊断与分析的基础上，提交报告，为制订出品牌目标、品牌战略与品牌组合策略及措施等打好基础。

3．目标与定位

目标与定位是品牌策划的核心，也是主体工作的起始点。在此阶段，一是确立品牌目标。召开项目策划组会议讨论要解决的问题，并根据讨论意见，择善而取，制订企

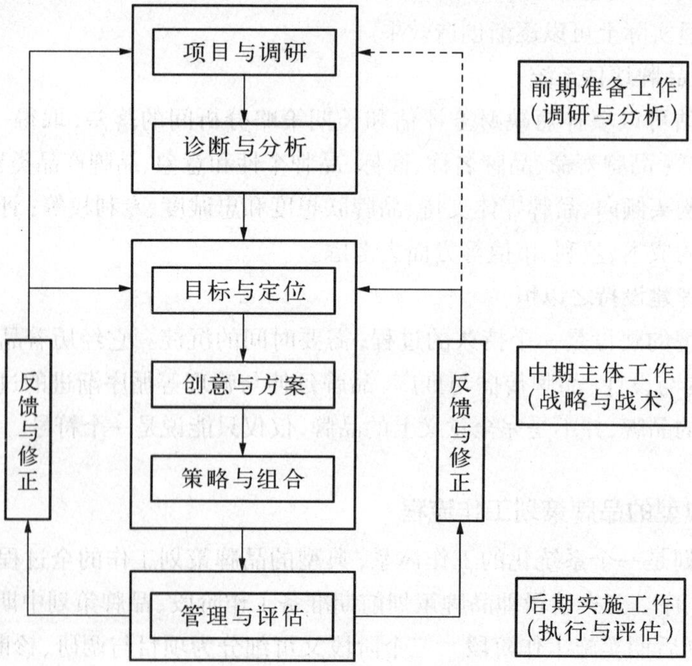

图1-2　品牌策划工作流程

业品牌资产目标与品牌定位。也就是要在品牌战略规划的指导下,建立品牌认同系统。然后是品牌定位即品牌策划者拿出来向消费者展示的那部分品牌认同。二是品牌量化目标。如提高品牌知名度、品牌美誉度和品牌忠诚度等。目标的量化处理,可以使品牌策划方案实施有数量的标准衡量,为开展品牌创意策划提供依据,为拟定行动方案提供基础。三是目标要切实可行。品牌策划目标既要符合企业实际,要有提高企业经营指标的标准,又要具有挑战性,是企业通过努力能够达到的,以真正产生品牌销售力。

4．创意与方案

创意与方案是品牌策划的灵魂和生命。在此阶段,一是寻求品牌策划线索。在设定好品牌策划目标与品牌定位后,是要动脑筋思考具体方案的时候,要以什么样的品牌创意构成企划,以及品牌创意是如何提出来的,这就是寻求企划线索及寻求创意的过程。二是产生创意。创意是品牌策划的必备要素,创意是将暗示、灵感、突发念头等层次的想法,酝酿成可能实现的构想乃至有结构的可能实现的构想层次的想法。三是提交品牌方案或品牌策划书。品牌策划方案包括品牌的目标、战略、策略、规划与管理。品牌创意与方案要多次征询企业以及有关方面意见,并修改、完善和最终确定品牌策划书。

5．策略与组合

策略与组合是品牌策划的关键。也就是说品牌策划的关键是有机组合策划的各要素,最大化提升品牌资产。在此阶段,一是在全面科学的品牌调研与诊断基础上,规划以核心价值为中心的品牌识别系统,使品牌识别与企业营销传播活动的对接具有可操作性。二是规划科学合理的品牌化战略与品牌架构。三是对品牌延伸的各个环节进行科学和前瞻性规划,实现企业的跨越式发展。四是创造性地策划低成本提升品牌资产的整合营销传播策略。

6．管理与评估

管理与评估是品牌策划的保证。品牌策划不是以建立一个品牌形象为工作的告终,而是创建具有鲜明的核心价值与个性、丰富的品牌联想、高品牌知名度、高溢价能力、高品牌忠诚度和高价值感的强势大品牌,累积丰厚的品牌资产。在此阶段,一是调整。按照客户要求对存在分歧的问题进行分析研究,提出可选择性解决建议;双方共同分析存在的问题和难点,商定可能的解决方案;随时根据市场的反馈及时对品牌方案进行调整。二是执行。根据品牌策划的要求,实施各项推广方案及提升策略,包括差异化、延伸扩张、品牌叙事,以及加强企业内部管理等工作。三是评估。方案实施后,其效果如何,要用特定的标准、方法及报告来进行检测和评价。品牌效果评估的主要工作内容是了解品牌打造工作是否按期、保质的完成,是否达到了预期的效果。通过评估工作,还要确定工作中的问题,是否需要对品牌进行二次锻造,是否开展二期工程。具体地说,品牌策划工作任务及步骤,可见图 1-3:

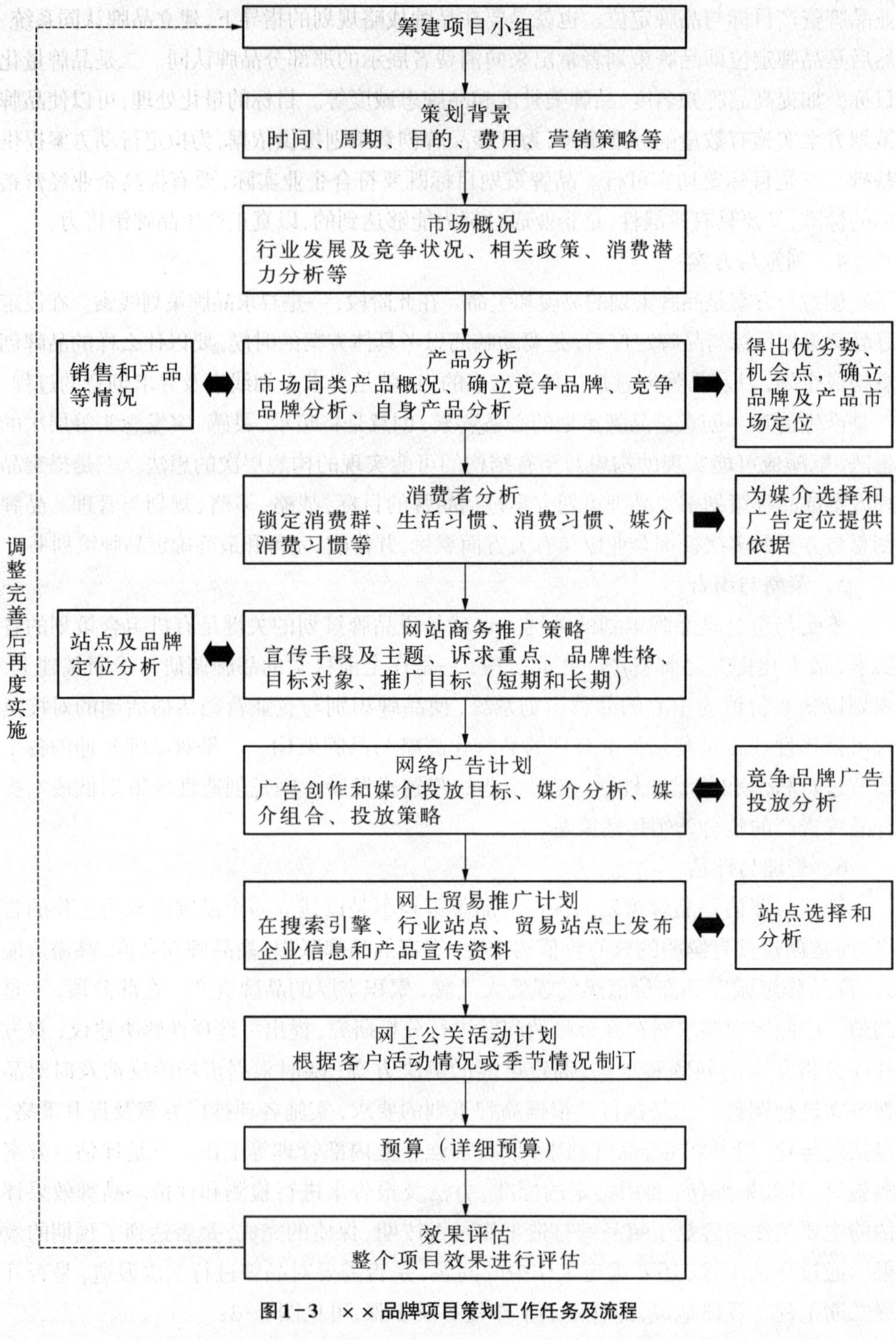

图1-3　××品牌项目策划工作任务及流程

三、品牌策划的技巧

品牌策划是一项复杂的工作，它综合众多的属性和价值，形成了一个复杂的混合体，其中许多是无形的东西。如何创建品牌，其方法与技巧主要是：

（一）精定位，巧命名

凡事预则立，不预则废。品牌定位是品牌经营的首要任务，是品牌建设的基础，是品牌经营成功的前提；品牌定位在品牌经营和市场营销中有着不可估量的作用，品牌定位是品牌与这一品牌所对应的目标消费者群建立的一种内在联系，品牌定位是市场定位的核心和集中表现。

从发展的角度看，对于一个品牌来说，最重要的就是品牌命名。根据“名不正、则言不顺，言不顺、则事不成”这句名言延伸出的一个成语——名正言顺，一个好的品牌名称，能赢得目标消费群对品牌的关注、记忆和认同，它是企业最重要的无形资产。

（二）设蓝图，筑平台

要设计出品牌战略蓝图，必须先进行品牌审计，来评估品牌的识别特征和资产价值，找出它的优势所在，目的是确定品牌战略重点。品牌战略蓝图的最重要方面是构筑品牌战略平台。如果平台构筑有误，品牌战略蓝图就丧失了基础，结果会造成品牌发展的随意性，最终可能导致形象的失控。

构筑品牌战略平台，对品牌个性以及想要在消费者心目中占据的特定位置进行小心选择，悉心培养和精心管理。世界一流品牌始终能对顾客产生稳定的吸引力，这是因为它们拥有一个品牌战略平台作为行动蓝图，而所有的营销组合都尽量在这一平台基础上开展实施。

（三）讲故事，好形象

品牌的产生以及过程就是品牌故事。翻开品牌的历史，都会发现拥有自己的品牌故事，它对公司的营销起着正面积极的作用，对目标消费者造成一定的思维影响，并使其更容易认可品牌的价值观和文化观，一旦产生共鸣，便会对品牌产生信任感，并且不轻易改变；品牌故事的塑造，必须遵循真实性、趣味性、独特性原则。

品牌形象有广义和狭义之分，广义的品牌形象是品牌在消费者心目中的总体印象，狭义的品牌形象是指品牌的BVI系统——LOGO、标准字、标准色、标准组合及BVI应用物品等；BVI系统是品牌建设之必要条件，倘若企业没有导入规范的BVI系统，企业的品牌建设则将很难实现。另外，企业要想创建品牌就必须在消费者心目中留下独特鲜明的印象，如热情、诚信、高贵等；品牌形象塑造应根据市场需求和消费群心理，突破思维定势，发掘品牌的价值，以良好的品牌形象打动消费者。

（四）广传播，慎延伸

通过品牌的有效传播，可以使品牌为广大消费者和社会公众所认知，使品牌得以迅速发展。同时，品牌的有效传播，还可以实现品牌与目标市场的有效对接，为品牌及产品进占市场、拓展市场奠定宣传基础；品牌传播是诉求品牌个性的手段，也是形成品牌文化的重要组成部分。品牌推广中要善于利用广告、公关等宣传手段，也要善于利用名人、事件等推动因素，把握品牌质量、品牌服务，树立长远发展战略。

品牌延伸从表面上看是扩展了新的产品或产品组合，实际上从品牌内涵的角度，品牌延伸还包含有品牌情感诉求的扩展。品牌延伸需要坚持的基本原则：其一，在品牌关联度高的产品范围内延伸；其二，向品牌联想性强的产业延伸；其三，品牌延伸不能稀释原有的品牌形象，不能引起品牌间的相互冲突。

（五）要创新，管品牌

品牌像动植物一样，也会经历一个出生、成长、成熟和衰老的过程。如何解决品牌的衰老问题呢？这就需要对品牌创新。通常，企业品牌策划可以从以下几方面对品牌创新：为品牌开发新的产品载体、提升品牌的产品载体形象、对品牌的LOGO进行升级改造、更新品牌理念及广告诉求等。

管理是创建品牌的保证，是品牌创新的生命线。品牌创新是一项包括产品、组织、技术、价值、文化等多种创新在内的复杂的系统工程，它涉及品牌经营活动的程序化和程序化运用。管理既高于这些活动，又被包含在这些活动中，贯穿于活动的全过程，成为品牌创新的绩效基础。

案　例

方太集团在选择进入吸油烟机行业前进行了市场调研，发现当时家电行业有几百家企业在做，但是全部都集中在中低端市场，而高端品牌被清一色的国际品牌占据，由于不熟悉中国烹饪方式，这些国际品牌并没有进入吸油烟机市场。于是，方太集团认为做“中国本土第一个高端的家电品牌”是一个差异化市场。并且，方太集团非常清楚地定位于只做吸油烟机，即专业化，在把吸油烟机做到第一品牌之后再延伸到厨电的其他产品。因此，从一开始，方太集团的定位就是方太厨电的专业化、高端化、精品化。定位明确之后，还要为品牌起名字。“简单、易记、容易上口、联想、档次”成为品牌名称的衡量标准。以一位香港著名主持人“方太”命名的品牌不仅使人们一看到品牌就联想到厨具、吸油烟机行业，而且易记，具亲和力。而其广告片推广语很多人至今仍记忆犹新：“炒菜有方太，抽油烟机更要有方太。”将品牌名字与产品、行业紧密结合，更强化了消费者对品牌的认知。

四、品牌策划的误区

（一）品牌策划的误读

现在一些企业把品牌设计和品牌策划混为一谈，或者把它们的职能和权限模糊了，使得很多企业在寻找品牌策划服务时走了不少弯路。笔者认为一般的品牌设计策划注重于品牌的LOGO设计以及品牌VI视觉识别体系，一般的营销策划则注重于产品的销售。品牌策划之道，是“双剑合璧”的品牌经营模式。既注重了品牌的建立与品牌资产的积累，也强调了在品牌经营过程中对营销的重视。事实上国内的相应的品牌设计策划和品牌营销策划机构在服务内容、服务方式、服务特点是不相同的。

1．品牌策划公司

企业名称基本上为××营销策划有限公司或者××品牌策划机构，其主营业务为品牌策划和营销策划或者整合营销策划，这样的公司主要是帮助企业进行营销战略规划、市场营销计划、市场营销策略体系构建、营销管理体系构建、网络营销体系构建、品牌定位、品牌创建、品牌资产创建、品牌整合营销传播、提升销量、提高市场占有率、新产品上市、营销渠道系统构建、样板市场打造及招商、分销及终端网络构建等品牌策划和营销策划服务，它们一般拥有具有相当实战能力的营销策划专家组成的营销策划团队和项目执行团队，品牌创意设计团队和专业文案团队是其辅助团队，除了上述服务之外，它还可以为企业提供品牌设计、包装设计、广告设计、广告片制作、其他宣传视频制作等服务。

2．品牌设计公司

企业名称基本上为××品牌策划有限公司或者××品牌设计机构，也有在名字里添加创意两个字的，多数为传统的平面设计公司转型过来的公司，主营业务基本上以LOGO设计、VI视觉识别体系设计、平面广告设计、包装设计、宣传物料设计等为主，品牌策划包括一些品牌定位、品牌元素创意设计等。公司的创始人一般来自美术、设计、艺术领域，很少出身于市场营销专业，它们的核心团队也是来自上述领域。这些公司一般不涉足品牌营销策划服务。

3. **其他策划公司**

其他类型的策划公司，不典型，却很多。例如很多广告公司会被命名为营销策划公司，但其主营业务可能主要集中在广告层面，包括广告的创意、制作、发布、监控等。又如很多公关公司会帮助企业做一些公关事件宣传推广、网络广告公关推广等服务，还有一些主攻网络营销的营销策划公司，这些企业通过其专业的网络营销技能来为企业提供网络营销服务。如今，网络营销风起云涌，传统互联网、移动互联网和电子商务的发展都使网络营销成为营销策划的主流，任何营销策划公司都不能够忽略网络营销，任何被服务的企业也都需要进行网络营销。由于网络营销策划公司服务范围仅限于网络，其往往无法帮助企业做线下营销策划。

（二）品牌策划的误区

品牌不可或缺，其在市场营销过程中发挥的作用越来越明显。然而，在中国，很多企业尚未充分领悟到品牌的作用，更缺乏品牌建设经验，对于品牌的认知还比较浅显，因此，包括许多大中型企业在内的绝大多数企业忽视了品牌策划工作，结果在品牌创建过程中，仅仅停留在表象，却忽略了品牌的本质，以至于品牌无法与市场营销计划进行有效的结合、发挥作用。结合企业品牌策划的实战经验和理论研究，列举以下十点不足。

1. **脚踩西瓜皮**

凡事预则立，不预则废。企业做品牌最忌脚踩西瓜皮，没有品牌战略规划。其原因有三。其一，看问题局限于表象。其二，受错误观念误导。其三，自以为是，盲目自大。

许多大品牌都在铺天盖地地打广告，有些企业家看不到广告的背后是什么，以及这种现象的背后是什么，就“顺理成章”地误以为做品牌就是做广告。这就像冰山，我们能够看见的水面上的冰山，实质上只占整个冰山的一小部分。冰山的大部分都隐藏在水下面，我们在水面上是看不清的。

2. **病急乱投医**

品牌竞争的时代，越来越多的企业认识到品牌的力量。然而，也有企业家存有这样的顾虑：非常渴望塑造自己的品牌，但是身边企业失败的惨痛教训又在提醒自己，千万不要急于塑造自己的品牌，否则自己也很快会成为别人的教训。事实是：一些企业做品牌策划时或者太冒进，或者太投机，这才是造成策划失败的主要原因。

3. **大手笔投入**

有些企业进入了一个误区：做品牌一定需要大的投入。有了大投入才能够上央视，并在央视黄金时段“荣耀登场”。事实则不然，品牌塑造不一定需要大投入，而且有很多策略都可以保障企业在不进行大投入的条件下，就可以一步一步塑造自己的强势品牌。

4．单纯做广告

企业做品牌宣传可以用这么一句通俗的话：新闻是娘，广告是爹。企业要塑造品牌，只做广告是不明智的，但只靠新闻传播也是不可取的。企业的品牌宣传应依靠广告和新闻同步进行，通俗地说，品牌宣传既不能没有爹，也不能没有娘。

5．跟风请明星

明星代言是很普遍的一种现象，大企业请大牌明星，中小企业同样凑热闹请个小明星。因明星本身的知名度，其代言的品牌可能在短时间内扩大知名度。但企业塑造品牌也不一定要请明星代言，运用好品牌推广策略，做好事件公关同样能使品牌得以推广和提升。

6．“一心”做招商

招商不能只用“一颗心”来招商，企业要用“两颗心”做招商。一方面，产品卖给谁，怎么卖，要把思路理清楚，方法弄对路，然后再去招商；另一方面，企业应该用心从加盟商角度出发，将心比心多为加盟商考虑。

7．“空口”抓质量

质量代表企业的形象，是企业的生命所在，不论企业大小，不论企业处于何种阶段，企业要有持续的好效益，就必须对产品有一定的质量标准与要求，产品质量是品牌之本，一定要回归到应有的位置，企业处于“发展阶段”时，对产品质量更应该高度重视，才有可能获得消费者和经销商的长期垂青，在市场上立于不败之地。

8．使用低价格

一些企业在进行品牌建设过程中，都很擅长使用价格手段，经常以低廉的价格夺取市场份额，以为这样就可以迅速树立品牌地位和提升品牌的价值。这种并非基于消费者需求和对品牌认可的市场份额的增长是脆弱的，对于日益成熟的消费者来讲，单纯的价格优势已不再有强大的吸引力，“便宜”同样可能是虚有其表、质量拙劣、贫弱的代名词。

9．咨询依赖症

诸多企业认识到了咨询公司的价值，但在实际合作过程中又过分依赖咨询公司，以为咨询公司能代替企业做任何事情，其实不然。这个世界绝对没有万能的咨询公司，过去没有，现在没有，将来也不会有。咨询公司总的来说只是为企业提供方式和方法，最终怎样理解运用这些策略，怎么去深入执行，主要还得依靠企业自己。

10. 过把瘾就停

有些企业以为做品牌是一蹴而就的事情，认为砸钱做点广告，或者做个有创意的公关事件就能把品牌做起来。这些企业往往没有恒心来做品牌，刚开始兴致勃勃想做品牌，但是，一旦遇到问题和障碍，或失去了新鲜感，就立即懈怠下来。做品牌怎么能过把瘾就停？

总之，在企业品牌策划中，容易存在主题不够鲜明、背景了解不够充分、品牌诊断调研分析不够全面、活动目的不够明确、总体思路不够清晰、方案策划不够翔实、保障不够有力、战略和战术不够系统或明确、客户分类不够规范和细化、渠道选择不够合理、效果评估不够深刻、费用预算和应急措施缺失等问题。这些问题的存在，制约了企业品牌策划的总体执行效果，对品牌培育造成不利影响。

相关链接

品牌策划机构、网站及杂志

A. 国际机构

跨国智囊团——国际应用系统分析研究所、“世界智库”的杰出代表——美国兰德公司、现代咨询业的巨人——美国麦肯锡管理顾问公司、现代咨询领域的多面手——美国斯坦福国际咨询研究所、追赶兰德的智库——日本野村综合研究所、战略问题的高手——德国罗兰·贝格公司。

B. 品牌网站

全球品牌网、世界品牌实验室、中国品牌建设网、品牌中国网、中国品牌策划网、中国品牌策划师网、中国品牌杂志网站、中国策划专家网、CBSA中国策划网、中华策划网、中国策划协会、中国策划师网、中国注册策划师网、中国策划研究院、中国策划人才网、中国商务策划师网、视觉中国、中国设计之窗等。

C. 品牌杂志

《中国品牌》、《中国名牌》、《中国品牌防伪》、《销售与市场》、《中国广告》、《国际公关》、《传媒观察》、《互联网天地》、《创意世界》、《新闻界》、《当代传播》、《BranD》等。

策划提示

A. 品牌新定义：数字品牌

数字时代前，品牌是“消费者意识中感知的集合”。而在数字时代，互联网变成“外脑”，逐渐成为人脑的外在延伸，并与内脑无缝结合共同成为消费者的“认知和决策中心”。根据这一转变，我们将数字时代的品牌定义为：“数字品牌是指在新媒介环境下借助数字媒介与消费者沟通的企业，通过数字媒介传播的所有区别于其他企业的信息和体验的综合并为消费者所感知的内容，这些内容是以数字化形式呈现的，可以在消费者需要的时候与其互动，通过与消费者建立关联来巩固关系。”数字品牌具有互动、关系、整合、体验等特点。品牌新定义明确了数字时代互联网在消费者决策过程中的重要作用，揭示了数字化时代对营销影响的本质，品牌的定义、定位、沟通、媒体策略都应该顺应这种变化。因此，品牌策划除了重视品牌在“消费者大脑中感知的集合”这一传统内涵外，还需要特别关注品牌在互联网上的活跃内容，也就是品牌的数字资产。

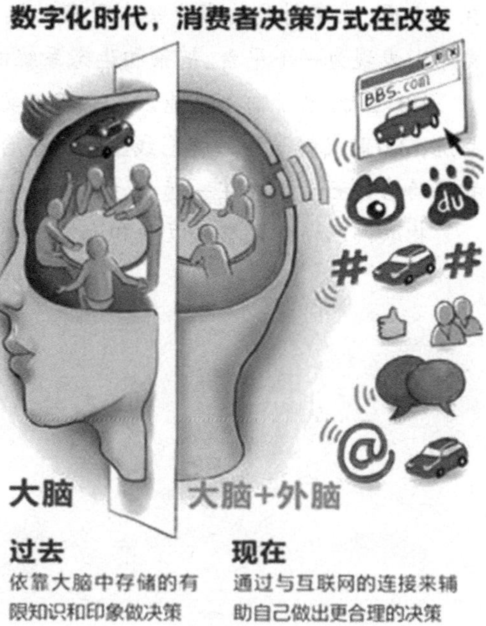

B. 品牌策划创新：智慧领航

品牌策划是一个不断创新的过程，不仅需要掌握相关专业技能和知识，更需要以智者的悟性和人类的智慧作指导。

什么是智慧？通俗一点说，智慧就是“耳目通达，融会贯通；算度精准，能文善辩；行动迅捷，随机应变；谋虑深远，决胜千里”。智慧具有感知、互联和智能化等特点。

智慧品牌是以数字为基础，充分利用物联网、云计算等新技术，构建的以全面透彻的感知、宽带泛在的互联、智能融合的应用为特征的品牌新形态。智慧品牌具有智慧城市品牌、智慧旅游品牌、智慧社区品牌、智慧园区品牌、智慧企业品牌、智慧产品品牌等类型。

在品牌策划的各个阶段，由于工作性质的不同，采用的智慧也不同。认识智慧在品牌策划中的类型、性质、特征、作用，不但能启发人们对智慧的运用，还能鼓励对其本身智慧的开发。在品牌策划中，从比较宏观的角度，主动融入哲学意义上的智慧思维，做到“思前于行、行赖于思”，对智慧的含义、结构、质地、类型及其哲学意义有一个深刻的认识，将会有利于扩散品牌策划的创新思维，提高品牌策划的质量，进而影响品牌的活力指数和品牌的发展方向。

数字时代最核心的特征就是每个人24小时连线。数字时代对商业的影响则体现在三方面，数字时代的客户集中于移动终端，客户呈现出社交的需求，而未来商业的竞争则表现为一个平台、链条和生态系统的竞争。

1.0时代，电子商务可能只是在淘宝卖货；2.0时代是淘宝树立了一些明星的网货品牌；3.0时代就是淘品牌们线上线下整合的时代，也叫OAO模式，将电子商务、线下和移动店铺三者融合在一起。

物联网、云计算、移动互联和大数据技术是实现品牌智慧化的四大关键技术。

第二章

占领心智——品牌战略规划

品牌战略由品牌战略的规划、架构和定位等方面构成。品牌战略规划是建立以塑造强势品牌为核心的企业战略，将品牌建设提升到企业经营战略的高度，其核心在于建立与众不同的品牌识别，为品牌建设设立目标、方向、原则与指导策略，为日后的具体品牌建设战术与行为制定“宪法”。

第一节　品牌战略概述

在企业战略策划体系中，品牌战略是一种职能战略，一方面，它要服从企业总体战略所确立的目标和总体战略规划；另一方面，它要与各个子战略之间相互协调。

一、品牌战略概述

（一）品牌战略的内涵、特征和作用

1．品牌战略的内涵

（1）战略　战略（strategy）一词最早是军事概念。在西方，“strategy”一词源于希腊语“strategos”，意为军事将领、地方行政长官。后来演变成军事术语，指军事将领指挥军队作战的谋略。在中国，战略一词历史久远，“战”指战争，略指“谋略”。春秋时期孙武的《孙子兵法》被认为是中国最早对战略进行全局筹划的著作。在现代“战略”一词被引申至政治和经济领域，其含义演变为泛指统领性的、全局性的、左右胜败的谋略、方案和对策。

（2）品牌战略　品牌战略是指企业为提升其竞争优势，围绕产品或企业品牌所

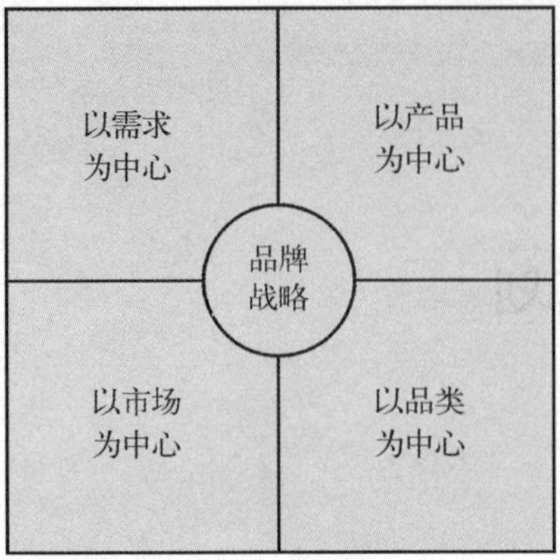

图2-1 四种典型的品牌战略模型

制定的一系列长期性的、带有根本性的总体发展规划和行动方案。品牌战略的本质是将品牌作为核心竞争力，以获取差别利润与价值，从而确保企业的长远发展。

不同企业因为产品不同，面对的市场不同，品牌理解不同，文化不同，思维方式的不同。领导层的个人风格不同等诸差异，从而导致企业所采用的品牌战略也不尽相同。

四种典型的品牌战略模型：以需求为中心，例如宝洁就是典型代表；以产品为中心，例如苹果电脑就是典型代表；以品类为中心，例如加多宝、王老吉就具有这种特点；以市场为中心，例如娃哈哈就具有这种特点。

策划提示

在企业战略中，包含企业经营战略、企业发展战略、企业营销战略、企业竞争战略、企业资源战略、企业设计战略等，其中企业品牌战略应该是企业战略中的核心部分。

2．品牌战略的特征

建立以塑造强势品牌为核心的企业战略，将品牌建设提升到企业经营战略的高度，其核心在于建立与众不同的品牌识别，为品牌建设设立目标、方向、原则与指导策略，为日后的具体品牌建设战术与行为制定“宪法”。其特征如下：

（1）全局性　品牌战略的策划要求从全局出发，在全局观指导下的品牌战略才具有生命力，才可以达到扩大品牌资产和提高品牌价值的目标。

（2）长期性　品牌战略是在市场调查的基础上经过分析研究制订的，是一个长期的概念，最常见的是五年发展战略，它的着眼点不在于短期提升品牌的经营业绩，而在于品牌的长远发展大计，具有相对稳定性。

（3）导向性　品牌战略制订的目的在于为品牌发展指明方向，是指导品牌定位、品牌发展和品牌传播等一系列活动的准绳。

（4）创新性　品牌战略策划是企业自身评估的过程，是企业根据自身愿景与优势进行挖掘创新的过程。品牌战略围绕“以品牌为核心”进行，成为企业专业服务定位的创新。

3．品牌战略的作用

（1）可以提升品牌溢价与附加值　在同等成本、技术、功能与品质下可以比其他竞争品牌卖出更高的价格。

（2）降低对促销与价格战的依赖　消费者对品牌的情感和审美认同的价值在整体顾客价值中的构成权重越来越高。

（3）吸引新顾客，提升顾客满意度　顾客喜欢某个品牌后，会形成正面心理暗示“我买的就是好的”，在这种心理机制驱动下，顾客会选择性地记住有利于这个品牌的信心。

（二）品牌战略的前提

企业的品牌战略必须建立在一定的客观环境基础上，不能仅靠主观臆断，所以，准确地把握分析环境是成功进行品牌战略策划的前提。

1．品牌市场需求分析

消费者对品牌的需求表现为两种。一是功能性需求，即要求品牌具有作为标志帮助消费者或用户识别企业的特定产品的功能。二是情感性需求，即要求品牌能够寄托消费者或用户的某种感情，如愉悦、信任、崇拜、敬仰、联想、自豪、舒适等。

分析市场需求一般从市场调查开始。企业市场调查不仅限于产品的调查，而且要对品牌进行调查研究。

2．竞争者品牌战略分析

对一个企业来说，广义的竞争者是来自多方面的。企业与自己的顾客、供应商之间，都存在着某种意义上的竞争关系。狭义地讲，竞争者是那些与本企业提供的产品或服务类似，并且服务的目标顾客也相似的其他企业。品牌竞争者是市场竞争者的一种类型，指生产相同规格、型号、款式的产品，但品牌不同的竞争者。以奶茶为例，统一、香飘飘、优乐美、麒麟、娃哈哈等众多产品之间就互为品牌竞争者。如下表：

表2-1　品牌不同的竞争者

奶茶品牌	品牌主张	个性化特点	包装	评　价
统一奶茶	“欢乐的传递者”“统一奶茶，感受不同”	十二星座包装	时尚	时尚的包装能够吸引时尚人群
香飘飘奶茶	奶茶就要香飘飘	杯装奶茶市场的领导者	温暖	

续 表

奶茶品牌	品牌主张	个性化特点	包装	评价
优乐美奶茶	你就是我的优乐美	周杰伦代言，明星效应	浪漫	吸引了一大批浪漫情结的小女生
麒麟——午后の奶茶系列	每个人心中都有一个自己的舞台，就算再过10年也一样精彩	海外产品，国人崇洋效应	高雅	高雅的包装能够引起白领的购买欲
娃哈哈“启力”呦呦奶茶	呦呦奶茶，呦呦优优	大量广告、促销轰炸	朴实	
各种零售奶茶店		便利性很强，而且可冷可热，加盟费便宜	方便	最常见的奶茶销售方式，销售面广，但内部竞争也很激烈

3．品牌政策环境分析

国家对企业品牌的法律保护和知名品牌的产业支持政策。

党的十六大报告明确提出，中国要“形成一批有实力的跨国企业和著名品牌”；在国民经济和社会发展“十一五”规划中指出，“十一五”时期经济社会发展的目标之一就是要“形成一批拥有自主知识产权和知名品牌、国际竞争力较强的优势企业”。党的十七大报告强调，建设创新型国家，要形成一批拥有自主知识产权和知名品牌、国际竞争力的优势产业，加快培育我国的跨国公司和国际知名品牌。党的十八大报告又再次强调，“形成以技术、品牌、质量、服务为核心的出口竞争新优势”，是对改革开放30多年来形成的传统出口模式的挑战，是对以劳动密集、廉价低级制造业为出口导向模式的变革。

4．企业品牌资源条件分析

品牌资源就是由一系列表明企业或企业产品身份的无形因素所组成的资源。品牌资源又可细分为产品品牌、服务品牌和企业品牌三类。品牌资源尤其是成为名牌对企业经营成败至关重要，名牌对企业维系顾客忠诚、开拓新市场、推广新的产品等方面具有无可比拟的优势。

二、品牌战略的内容

一般来说，品牌战略策划的内容主要是品牌化决策、品牌模式选择、品牌识别界定、品牌延伸规划、品牌管理规划与品牌远景设立等六个方面。如图2-2示：

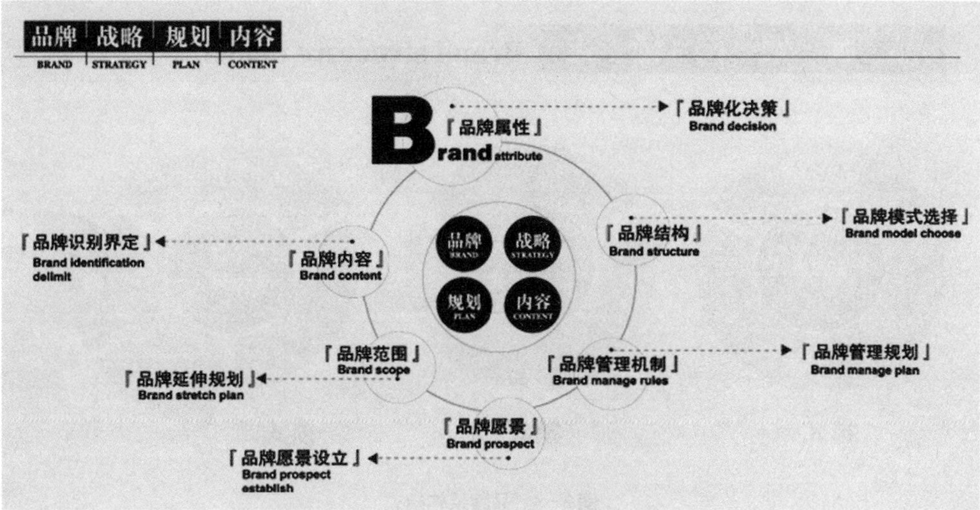

图2-2　品牌战略规划的内容

（一）品牌化决策

品牌化决策解决的是品牌的属性问题（要思考企业的资源禀赋）。是选择制造商品牌还是经销商品牌？是塑造企业品牌还是产品品牌？是自创品牌还是外购或加盟品牌？

实　例

百胜—苏宁跨界合作。“购物—餐饮生活圈”新商业模式。百胜集团在苏宁遍布全国的商业物业内开设肯德基、必胜客、必胜宅急送、东方既白和小肥羊等品牌餐厅，并制订了未来5年开设150家的战略目标。为消费者提供购物、餐饮、休闲一站式消费购物服务体验。

（二）品牌模式的选择

品牌模式的选择，解决的是品牌的结构问题。是选择综合性的单一品牌，还是多元化的多品牌？是联合品牌，还是主副品牌？是背书品牌，还是担保品牌？三种模式如下页图：

实　例

日本丰田汽车在进入美国的高档轿车市场时，没有继续使用“TOYOTA”，而是另立一个完全崭新的独立品牌“凌志”（LEXUS，现名“雷克萨斯”），以尽量避免其给“凌志”带来低档化印象，以至于成就了一个可以与宝马、奔驰、保时捷、凯迪拉克相媲美的高档轿车品牌，曾一度占据了美国高档轿车市场。

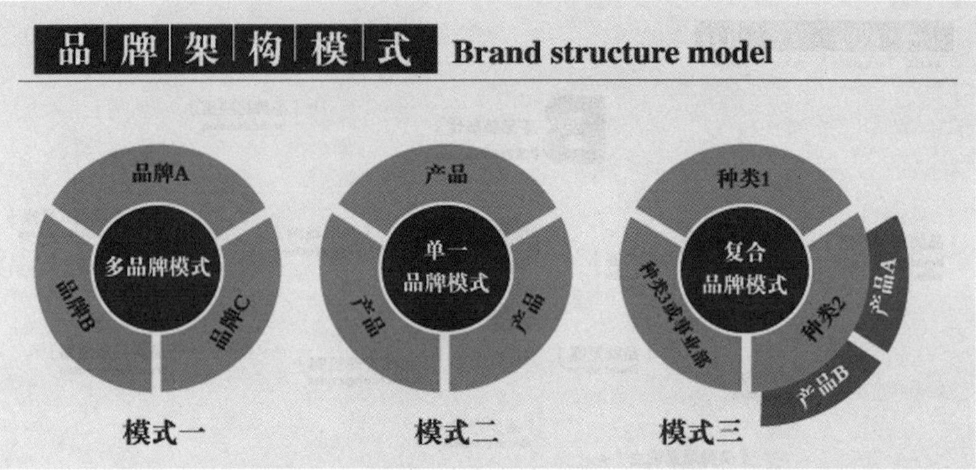

图2-3　品牌架构模式

（三）品牌识别界定

品牌识别系统由BMI（品牌理念识别）、BBI（品牌行为识别）和BVI（品牌视觉识别）三个基本要素构成。它规范了品牌的思想、行为、外表等。它为品牌在视觉、听觉、触觉等方面的表现确立基本标准，使品牌识别与企业营销传播活动的对接具有可操作性。

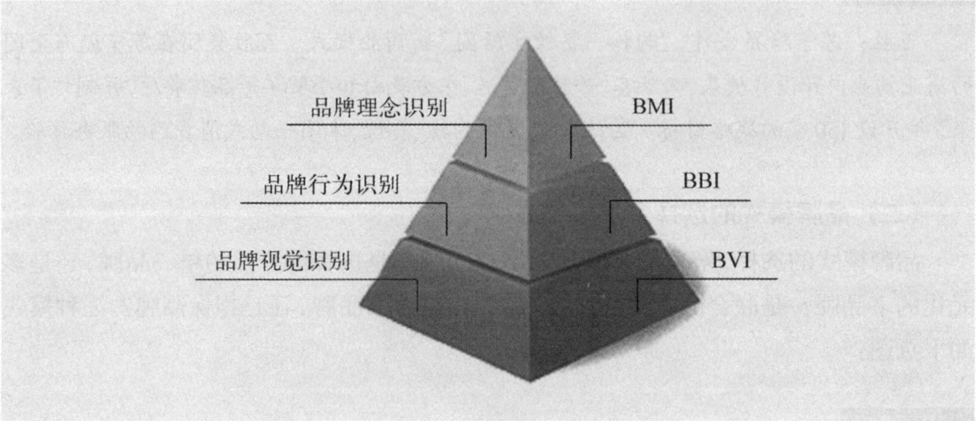

图2-4　BIS品牌识别系统

实　例

海信的品牌战略规划，不仅仅明确了海信"创新科技，立信百年"的品牌核心价值，还提出了"创新就是生活"的品牌理念，同时导入了全新的VI视觉识别系统。通过一系列以品牌的核心价值为统帅的营销传播，一改以往模糊混乱的品牌形象，以清晰的品牌识别一举成为家电行业首屈一指的“技术流”品牌。

图2-5 海信品牌

（四）品牌延伸规划

一是延伸的新产品应与原产品符合同一品牌核心价值。例如，金利来品牌核心价值是“男人的世界”，但曾一度推出女装皮具，结果收效甚微。二是新老产品的产品属性应具有相关性。例如，三九胃泰曾推出三九啤酒，结果惨败而归。三是延伸的新产品必须具有较好的市场前景。

实 例

阿玛尼品牌金字塔最顶端的是高级定制品牌 Giorgio Armani Prive，以下依次为面向35—50岁人群的高级成衣品牌、也是核心主打的Giorgio Armani，定价比主线低20%的Armani Collezion、Emporio Armani，以及定位于18—30岁的牛仔休闲品牌 Armani Jeans，位于最底层的则是针对潮流一族的副牌 AIX Armani Exchange（见下图）。

图2-6 阿玛尼品牌金字塔

（五）品牌管理规划

首先，要完整理解品牌资产的构成，透彻理解品牌资产各项指标如知名度、品质认可度、品牌联想、溢价能力、品牌忠诚度的内涵及相互之间的关系。

其次，在此基础上，结合企业的实际，制定品牌建设所要达到的品牌资产目标，使企业的品牌创建工作有一个明确的方向，做到有的放矢，减少不必要的浪费。

第三，围绕品牌资产目标，创造性地策划低成本提升品牌资产的营销传播策略，并要不断检核品牌资产提升目标的完成情况，调整下一步的品牌资产建设目标与策略。

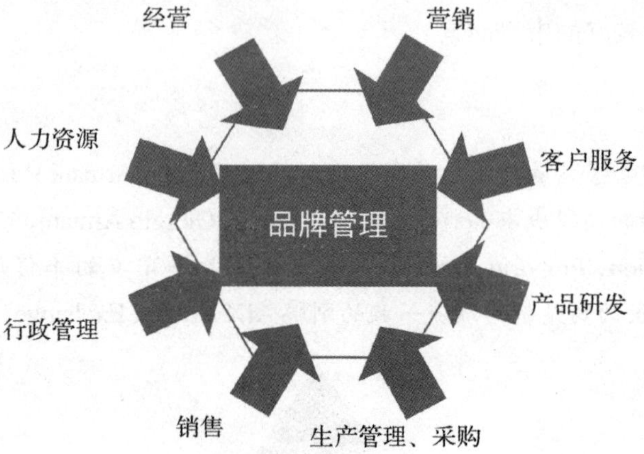

图2-7　品牌管理规划

（六）品牌愿景设立

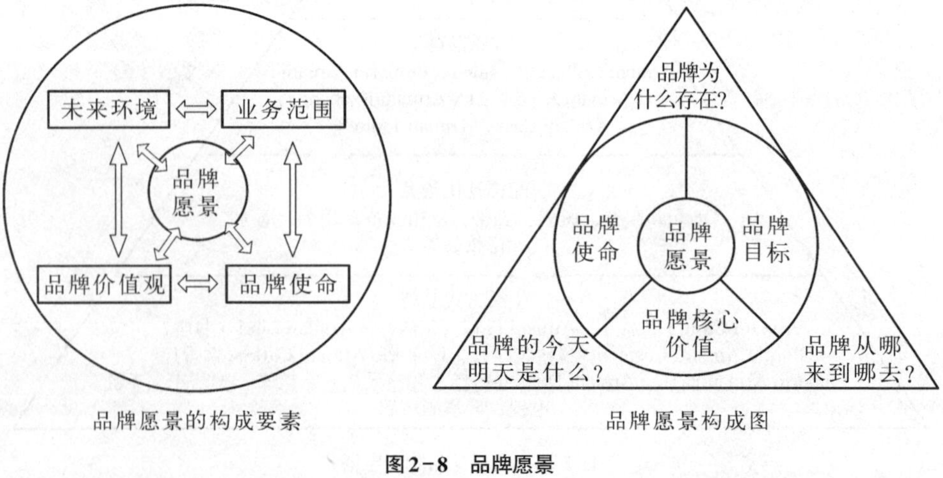

图2-8　品牌愿景

品牌愿景是贯穿品牌的始终，在品牌规划之初，品牌愿景最先为品牌提出一种假设愿景，这种愿景是一种理想的顾客价值假设，假设之后，我们要求证这一价值的现实性、合理性、可行性。

在品牌战略规划中，我们求证这一假设的愿景便形成了前面我们所讲的五项：品牌化决策、品牌模式、品牌识别界定、品牌延伸、品牌管理的初步规划。最后在上述规划的基础上，再为品牌的发展设立一个切实的、可行的、合理的愿景，并明确品牌发展的各阶段目标与衡量指标，这就是一个完整的品牌战略规划。

三、品牌战略的实施

一般来说，品牌战略策划包括以下几个流程及步骤：

（一）品牌诊断与定位

品牌诊断与定位包括：品牌所在的宏观环境、竞争对手、品牌与消费者的关系、品牌在消费者心中的认知、品牌当前的资产情况以及企业自身资源，还要诊断企业的战略目标、品牌架构、品牌组织等。

品牌体检诊断从调研问卷设计、质量控制到统计分析、得出结论，为品牌战略规划后面几步奠定基础。

实　例

王老吉经过细致的市场调查，发现消费者在饮食时特别希望能够预防上火，而目前市场上的可乐、茶饮料、矿泉水、果汁等显然不具备这一功能，于是找准了“预防上火”的品牌诉求点，使王老吉脱颖而出，迅速飙红。

图2-9　王老吉

（二）设计品牌愿景和目标

品牌愿景就像灯塔的光线为行船指引着清晰的方向。简单地说，品牌愿景就是告诉消费者、股东及员工：品牌未来的发展的方向是什么，品牌未来要达到什么目标。

实 例

三星的品牌愿景是“成为数字融合革命的领导者”；索尼的品牌愿景是“娱乐全人类——成为全球娱乐电子消费品的领导品牌”；海信的品牌愿景是“中国的索尼”。

图2-10　三星、海信品牌产品广告

策划要认真思索以下这些问题：

1. 我们想进入的市场、产品线以及通路是什么？ 2. 公司的策略及财务目标是什么？品牌又在这些目标里扮演什么角色？ 3. 今天，我们品牌的地位如何？明天又是怎样？ 4. 可以投入哪些资源？ 5. 现在的品牌可以让我们达到预期目标吗？

（三）提炼品牌核心价值

提炼品牌核心价值（品牌DNA）应遵循以下原则：

一是品牌核心价值应有鲜明的个性。二是品牌核心价值要能拨动消费者心弦。三是品牌核心价值要有包容性，为品牌延伸预埋管线、提高品牌扩张能力。四是品牌核心价值有利于获得较高溢价。

实 例

跨地区跨行业经营的大型多元化企业白沙集团的品牌核心价值是“飞翔”，广告口号是“鹤舞白沙、我心飞翔”，它给人们一种美好的向往。它把企业的理想、文化、产品和消费者追求的境界连在一起，容易得到人们心灵的共鸣。在品牌传播和营销

图2-11 白沙品牌广告

活动中，白沙集团积极打造品牌个性，以白鹤飞舞的样子作为象征，结合体育事件，用体育新星刘翔作为形象代言人，把品牌核心价值“飞翔”的概念，表现得淋漓尽致，从而达到提升品牌价值的目的。

（四）制订品牌中长期战略

品牌立法由品牌战略架构和品牌识别系统构成。

品牌战略架构主要确定以下问题：企业是采取单一品牌战略，还是多品牌战略，担保品牌战略；企业发展新产品，是用新品牌，还是用老品牌来延伸，或是采用副品牌来彰显新产品个性；新品牌、副品牌的数量多少合适；如何发挥副品牌反作用于主品牌的作用等。

实 例

雀巢公司曾经推出“飘蓝”矿泉水，但投入巨大，收效甚微，而后改用“雀巢”作为矿泉水的品牌，结果未做很大的广告投入，产品很快占领了市场。如果雀巢公司没有及时果断采取措施，那么，成千上万的费用就会白白流走。

（五）设置品牌机构和人才

对于实力雄厚、品牌较多的企业可以借鉴宝洁的经验，宝洁的品牌管理部门中，品牌经理几乎就是某个品牌的“小总经理”，他们要负责解决有关品牌的一切问题，通过交流、说服调动公司所有的资源，为品牌建设服务。

以品牌为核心竞争力的企业，可以成立一个由精通品牌的公司副总挂帅、市场部或公关企划部主要负责、其他部门参与的品牌管理组织，从而有效组织调动公司各部门资源，为品牌建设服务。

品牌管理组织应拥有产品开发制造权、市场费用支配权、产品价格制定权等，从而把握品牌发展的大方向。

图2-12　宝洁

目前，我国一些企业品牌管理的组织机构设置并不科学。许多企业品牌经理设置在市场部中，等同于一般意义上的广告经理，他们的作用也只是广告宣传、视觉设计等，并没有在品牌战略管理层面发挥作用。

（六）品牌传播与推广

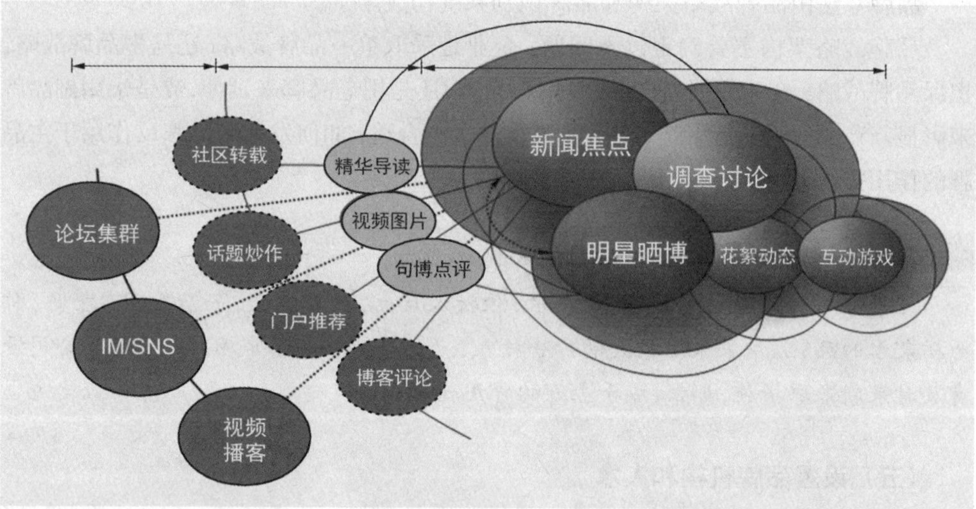

图2-13　品牌传播与推广

品牌战略一旦确定，就应该进行全方位、多角度的品牌传播与推广，使品牌深入人心。

品牌传播与推广应把握以下原则：一是合理布局运用广告、公关赞助、新闻炒作、市场生动化、关系营销、销售促进等多种手段；二是根据目标消费群的触媒习惯选择合适的媒体，确定媒体沟通策略；三是品牌传播要遵守聚焦原则。

脑白金的广告轰炸脱颖而出，星巴克的无广告经营一枝独秀。

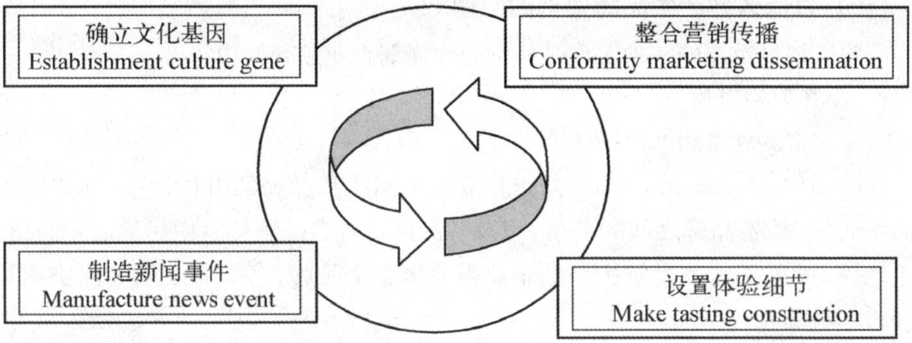

图2-14　品牌活动营销流程

（七）持之以恒

一个强大的品牌不是由创意打造的，而是由“持之以恒”打造的。同一时期内，产品的包装、广告、公关、市场生动化等都应围绕同一主题和形象。品牌不同时期的不同表达主题都应围绕同一品牌核心价值。叱咤风云的强势品牌，无一不是几十年如一日地坚守品牌对消费者的承诺。

实　例

可口可乐演绎“乐观向上”百年未变，吉利诠释“男人的选择”达100年，力士传达“滋润高贵”的形象已有70年，万宝路表现“阳刚豪迈”也有50年，钻石广告语“钻石恒久远，一颗永流传”已流传了60年等。

第二节　品牌架构组合

品牌架构是一个企业不同产品品牌的组合，它具体规定了品牌的作用、各品牌之间的关系，以及各自在品牌体系中扮演的不同角色。合理的品牌架构有助于寻找共性以产生协同作用，条理清晰地管理多个品牌，减少对品牌识别的损害，快速高效地做出调整，更加合理地在各品牌中分配资源。

一、品牌架构组合的设计

品牌架构组合设计的目标在于：建立有效的、强大的品牌；配置创建品牌的资源；利于品牌扩张；进行战略整合；平衡品牌资产；提供选择未来发展模式的指导。

（一）为什么会产生品牌架构的问题

品牌策划很重要的一项工作是科学合理规划企业品牌架构。

1．品牌架构概述

（1）何谓品牌架构？

品牌架构（brand structure）是指企业中不同产品品牌的组合，它具体规定了各个品牌的作用、各品牌之间的关系，以及各品牌在各自品牌体系中扮演的不同角色。简单地说，品牌架构就是解决一个企业需要多少个品牌、各品牌之间如何协调共处的问题。

（2）品牌架构问题

可以归结为三类：企业销售策略；业务或资本扩张；产品线延伸。

（3）品牌架构解决什么问题

集团品牌与产业品牌、产品品牌的关系如何界定；各层级品牌一体化时如何定位各自的品牌内涵；应采用单品牌策略还是采用多品牌策略；并购中的品牌整合保留还是放弃。

以下通过三个案例进一步说明品牌架构上的这些问题。

2．品牌架构实例

（1）上海通用汽车品牌架构

上海通用品牌架构：凯迪拉克品牌定位：敢为天下先，30—45岁的男性；别克品牌定位：公商务精英，心静、思远，志在千里；雪佛兰品牌定位：大众化的、值得信赖的，23—40岁的大众人群。如图2－15所示：

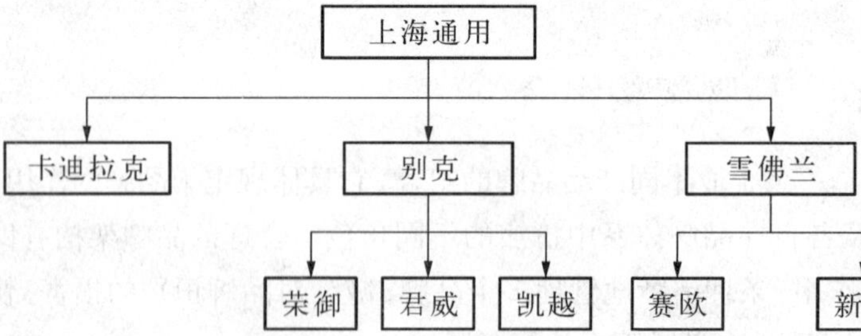

图2－15　上海通用品牌架构

（2）奇瑞汽车品牌架构

奇瑞汽车旗下拥有奇瑞、开瑞、瑞麒、威麟四大品牌，现在奇瑞品牌下面又有五大子品牌旗云、QQ、A系列、瑞虎、风云。如图2－16所示：

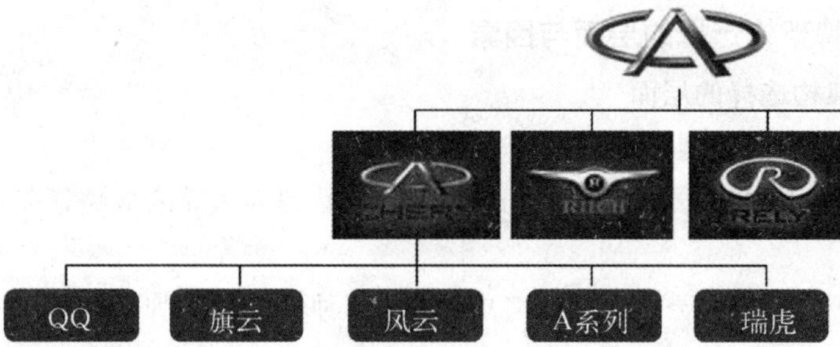

图2-16　奇瑞汽车品牌架构

（3）丰田汽车品牌架构

丰田汽车拥有数十个产品品牌、庞大的品牌体系，其品牌体系具有层级分明、定位明确、条理清楚、系统整合的特点，保持了每个品牌纯正的个性和基因。

丰田汽车可以划分为四个层级，最高层级为企业品牌，也就是丰田汽车；第二层级为业务伞（母）品牌，包括Toyota、Lexus、Scion、Daihatsu、Hino 5个伞品牌（不包括Subaru等联营品牌）；第三层级为产品品牌，如Toyota伞品牌下包括Camry、Corolla、Corona、Crown等数十个产品子品牌；第四层级为产品标识，如同样为Corolla，又具体细分为运动款、标准款、天窗版、LE版等多种型号，以示不同产品的区别。如图2-17所示：

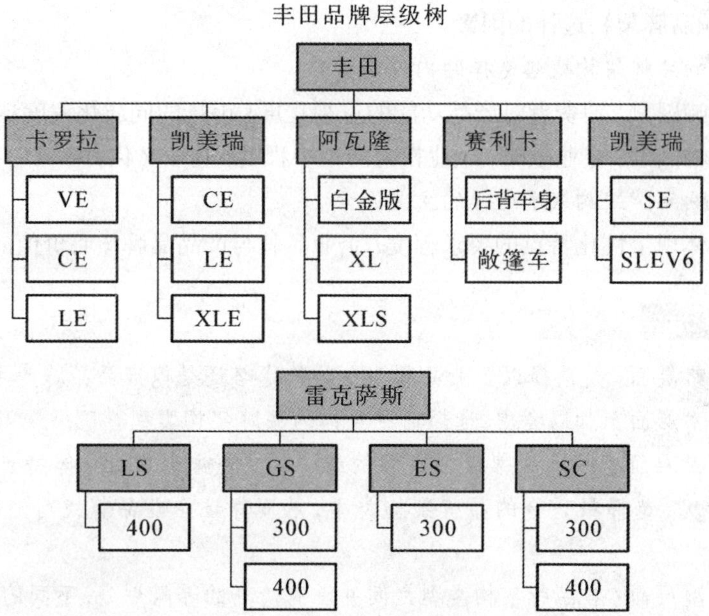

图2-17　丰田汽车品牌架构

（二）影响品牌架构选择的层面与因素

1. 影响品牌架构选择的层面

策划集团型企业品牌架构：

（1）战略层面　从战略层面考虑，是选择以集团品牌为主导的战略还是以产品品牌为主导的战略。

（2）战术层面　从战术层面上加以考虑，选择何种具体的品牌架构类型。如图2-18所示：

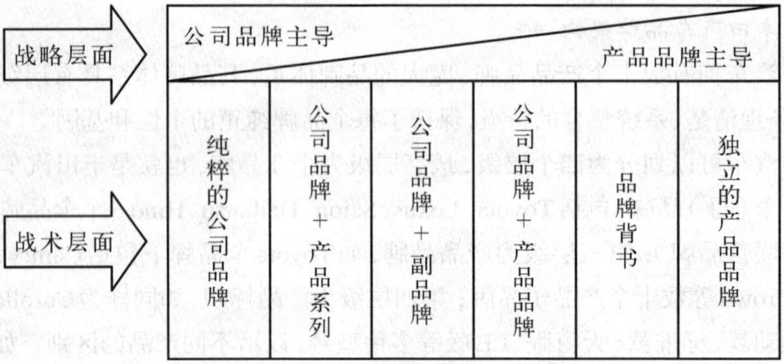

图2-18　集团型企业品牌架构

2. 影响品牌架构选择的因素

（1）影响品牌架构战略选择的内外因素

外部影响因素：消费者对产品功能的重视程度；市场的同质化程度；社会文化。

内部影响因素：企业战略；企业权力的集中程度；企业文化。

（2）影响品牌架构战术选择的主要因素

产品对体现个性化特点的要求程度；企业品牌与产品品牌核心价值的兼容程度。

策划提示

首先战略层面：是选择以企业品牌为主导的战略还是以产品品牌为主导的战略，而后再从战术层面上加以考虑，选择何种具体的品牌架构类型。

其次产品层面：保证品牌组合战略的统一性，根据产品的具体特点、要求和企业自身的情况，选择最适合的品牌架构类型，从而保证企业品牌战略能得到最好的发展。

再次类型层面：各品牌架构类型之间并没有清晰的界限划分，不同的品牌架构类型也可在一个企业内部因时、因地制宜地交替或并行使用。

（三）设计品牌架构的作用

品牌架构主要在界定业务范围和业务重点，让消费者清晰地认知品牌，进行有效的品牌延伸和品牌区隔，扩大品牌的资产，防范品牌风险等方面发挥作用。

实 例

阿迪达斯品牌金字塔：运动表现系列、运动经典系列即三叶草、运动时尚系列三大系列。

以消费者对于运动的热衷程度为基本维度，阿迪达斯将全球消费者细分为七大类（图2－19），最左边是配备专业运动装备的职业运动员，最右边是对运动装备几乎没有需求但对时尚度有要求的普通人，阿迪达斯试图吸引从左到右的全部消费者，重点瞄准中间那部分主流大众。这个品牌谱系中既包括平价的NEO，也包括较为昂贵的Y－3，侧重功能性的运动表现系列和侧重时尚的三叶草等。如图2－19所示：

图2－19 阿迪达斯品牌架构

二、品牌架构组合的类型

广义的或常见的品牌架构主要有单一品牌架构、主副品牌架构、背书品牌架构和独立品牌架构等类型。广义的品牌架构图表一览：

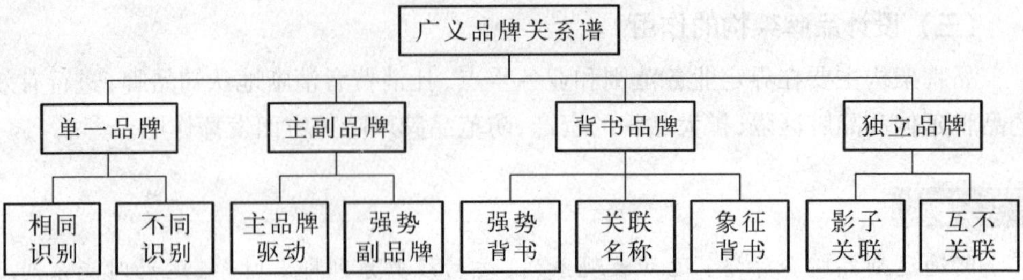

图2-20　广义的品牌架构

（一）单一品牌的基本架构

1. 单一品牌架构的含义

单一品牌架构又称统一品牌架构，指的是企业以一个品牌为中心，统帅不同的产品或业务。也就是企业的业务和产品单元，无论产品品种、性质、功能、目标市场和定位有什么不同，统一使用一种品牌。

2. 单一品牌架构的优劣势

优势：有利于以主品牌为核心的不同产品在市场上扩张；有利于培育和维系客户忠诚；有利于在消费者心目中建立统一的品牌形象和企业形象。

劣势：容易忽视产品的个性宣传，降低品牌的影响力；利于品牌的纵向延伸；容易造成品牌形象的冲突；容易造成一荣俱荣、一损俱损的后果。

3. 单一品牌架构的个案

典型品牌：宝马集团是采用单一品牌架构的典范。宝马集团在自有的产品中，虽然针对不同的消费群体，推出了汽车、服饰、自行车、摩托车等有差异化品牌个性的产品，但在传播过程中，全部统一使用宝马品牌，将所有的产品都纳入“终极驾驶机车”的品牌内涵之下。

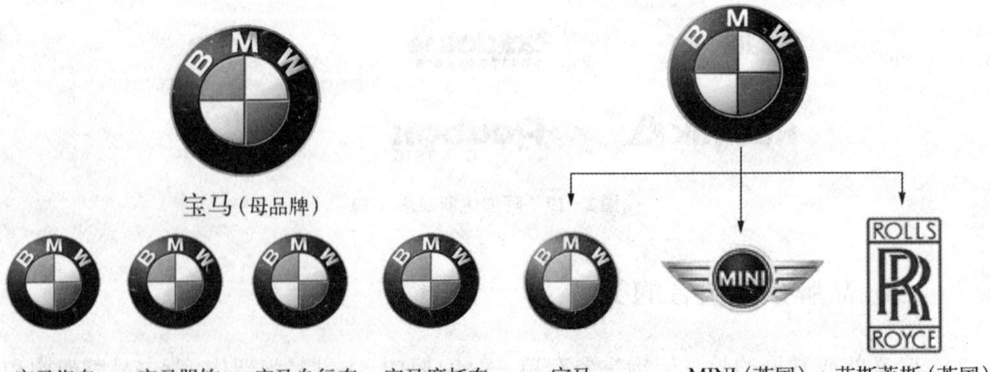

图2-21　宝马集团单一品牌架构

维珍是单一品牌架构的典型，其作为主品牌覆盖了所有的经营领域：从唱片到传媒，从化妆品到饮料，从服饰到铁路，从航空到财经，从婚纱到电信，从博彩到火箭，甚至还有避孕套。

图2-22　维珍集团单一品牌架构

策划提示

由于单一品牌架构具有使用风险大和不利于商品多元化的缺点，因此单独使用单一品牌架构的集团型企业已经很少。大多数的集团型企业在采取单一品牌架构的同时，一般还同时使用其他的品牌架构。比如，宝马集团在自己研发生产的产品上虽然还是坚持采用单一品牌架构，但是在并购产品如MINI、劳斯莱斯等产品时，还是保留了其原来的品牌名称和品牌个性。

（二）主副品牌的基本架构

1. 主副品牌的含义

主副品牌组合又称双品牌架构，是指企业以一个主品牌涵盖企业的系列产品，同时针对不同产品建设副品牌，以副品牌来突出不同产品的价值定位和个性形象，满足消费者的不同需求。

例如,“海尔——探路者”、“东芝——火箭炮”、“TCL——王牌”、“康佳——彩霸”。

表2-2　海尔家电产品部分副品牌

洗衣机	波轮式	神童王、小神童、小小神童、小神螺
	滚筒式	圆梦、小丽人、丽达、玛格丽特
空　调	窗　机	小英才、小小英才
	柜　机	小元帅、大元帅、金元帅
	挂　机	小超人、新超人、小状元、金状元
彩　电		探路者、美高美、宝德龙
冰　箱		小统帅、金统帅、超市统帅、果菜王、双王子
冷　柜		水晶王、珍珠王、钻石王、雪王子、小富豪
热水器		小海象、金海象、银海象、小海贝

2．主品牌与副品牌关系

主品牌是指主品牌在各个领域扮演着主要驱动者的角色；副品牌在促成购买决策和使用经历方面仅扮演着次要的角色。

吉列(sensor)是采取强势副品牌组合的典型。其创新的剃刀技术创造了独特的品牌识别和体验,从而赢得了忠实的顾客。

3．主副品牌架构的优劣势

优点：通过利用主品牌的影响力来推广新产品。通过副品牌可以体现产品品牌内涵的差异性。

缺点：当某一副品牌产品出现问题,会对主品牌产生负面影响。宣传不当时会出现副品牌“喧宾夺主”的现象。

4．主副品牌的个案

典型品牌：美的是国内副品牌战略运用较为成功的企业之一。美的空调的产品类别繁多,如何让消费者记住并能够对各个定位不同的产品进行区分,副品牌战略是良好的解决之道。美的空调曾经利用“星座”名称作为副品牌来命名不同的产品,一来可以同“明星”联系起来,不致使原有品牌资产流失；二来“星”代表宇宙、科技；三来“星”是冷色调,代表夜晚、安静、凉爽。于是一系列副品牌如“冷静星”、“超静星”、“智灵星”、“健康星”等不同定位的产品推出市场。

索尼主副品牌架构：副品牌策略在家电业。SONY拥有walkman、vaio、PSP等一系列副品牌。

策划提示

在策划主副品牌时，切忌避免过度使用的风险；进行品牌延伸时，多样化的产品会使消费者眼花缭乱，不清楚哪一款才是真正适合自己的，从而感到困惑和挫折。

表2-3 其他家电企业部分副品牌

美的(Midea)	空调	数智星、天朗星、冷静星、清亮星、清爽星、营养星
	电火锅	好伙伴
长虹(Changhong)	彩电	红太阳、金太阳、红双喜、精显、锐驰、智多星
	空调	花仙子、大清爽、小清爽、大清快、小清快
惠尔浦(Whirlpool)	滚筒式	雅典娜、维纳斯
	波轮式	惠静、惠洁
东芝(Toshiba)	彩电	梦剧场、飞视、火箭炮、冲激
TCL	彩电	王牌(钛金、灵通眼、银佳、如画、美少女)
	空调	小风神
	无绳电话	美之声
科龙(Kelon)	冰箱	天王座、天琴座、太阳座、巨星座、仙子座
	空调	生态健康龙、生态全能龙、智慧龙、舒适双龙
容声(Ronshen)	冰箱	精锐一族、经典一族、精明一族
康佳(Konka)	彩电	小画仙、福临门、金香槟、银天使
	冰箱	银天使、雪仙子
松下(Panasonic)	彩电	画王、锐屏、GIGA

表2-4 美的小家电部分副品牌

燃气灶	风扇	电饭煲	饮水机	电磁炉
蓝色卫士	风雅	至尊煲	太空博士	品珍炉
蓝色佳人	风灵	全能煲	商务博士	数码炉
蓝色精灵	风采	恐龙蛋	清凉博士	

（三）背书品牌的基本架构

1．背书品牌架构的含义

背书品牌架构又称担保品牌组合，是通过企业品牌给受托（产品或业务）品牌背书或提供担保，为受托品牌带来推广的便利。

2．背书品牌架构的优劣势

优劣：帮助企业快速切入目标市场。更完整、突出地体现独立产品品牌个性。

缺点：当受托品牌出现问题时，背书品牌也会受到牵连。

3．背书品牌的个案

典型品牌：宝洁公司主要采用的就是背书品牌架构。宝洁公司在推出它旗下的许多产品时，往往会给它打上宝洁的印记。如“潘婷——宝洁公司优质产品”，以加强产品的权威感，提高消费者的信任度。

宝洁（母品牌）

图2－23　宝洁的背书品牌架构

联合利华是采取象征背书架构的典型，将旗下的从既有品牌到新推出或收购的品牌，从全球品牌、区域品牌到地方品牌，在外包装和媒体广告等视觉展示上都打上联合利华的名称、标识以及识别口号。

麦当劳是采取关联名称架构的典型，麦当劳用“Mc”作为前缀或后缀推出了100多个产品品牌，包括Big Mac、Chicken McNuggets、Chicken McSwiss、McDonuts、Egg Mc Muffin、McWings、McFortune cookie和Mc Rid等。

图2-24　联合利华的象征背书架构

3M是采取强势背书架构的典型，目前成为拥有67 000多种产品、45个核心技术平台的创新巨人，它们本身都有独特的价值主张和强有力的品牌联想，如Post-it已经成为即时贴的代名词，Scotch-Brite本身也就意味着百洁布，Thinsulate被认为是保温性最好的超薄保暖材料。

策划提示

背书品牌架构在使用时应注意背书品牌能为受托品牌带来正面的、好的影响。如果背书品牌不能为受托品牌带来正面的影响，或者背书品牌与受托品牌的品牌内涵相差太大时，则不能使用背书品牌架构。比如在美容化妆品领域中SK-Ⅱ以及玉兰油也同样是宝洁的产品，但是却没有使用背书品牌。是因为宝洁在人们心目中已经成为大众消费品的代表，它大量出现在洗涤、卫生用品的领域，如果再把它使用在高档化妆品上，很可能会影响这些产品的身价。

（四）独立品牌的基本架构

1．独立品牌架构的含义

独立品牌架构指在不同的产品市场类别使用不同的品牌，这些品牌彼此之间是相互独立、互不关联的，每个品牌都以在某个目标市场施展自己最大的影响力为核心。

2．独立品牌架构的优劣势

优点：品牌定位会更加精准；市场风险相对较小。

缺点：品牌建设成本较高；品牌建设时间较长；品牌管理的难度较大。

3．独立品牌的个案

典型品牌：全球最大的奢侈品集团LVMH采用的就是独立的品牌架构。路易威登、酩悦香槟、迪奥、纪梵希、倩碧、娇兰等都是LVMH麾下的品牌，但LVMH从未主动宣传这一点，上述各个品牌是彼此完全独立的。LVMH正是靠企业品牌与产品品牌完全脱钩的品牌架构，保持了每个品牌纯正的个性和基因。

目前，LVMH旗下有奢侈品牌60多个。从1987年至21世纪初，LVMH历时15年搭建了如今庞大的奢侈品集团。

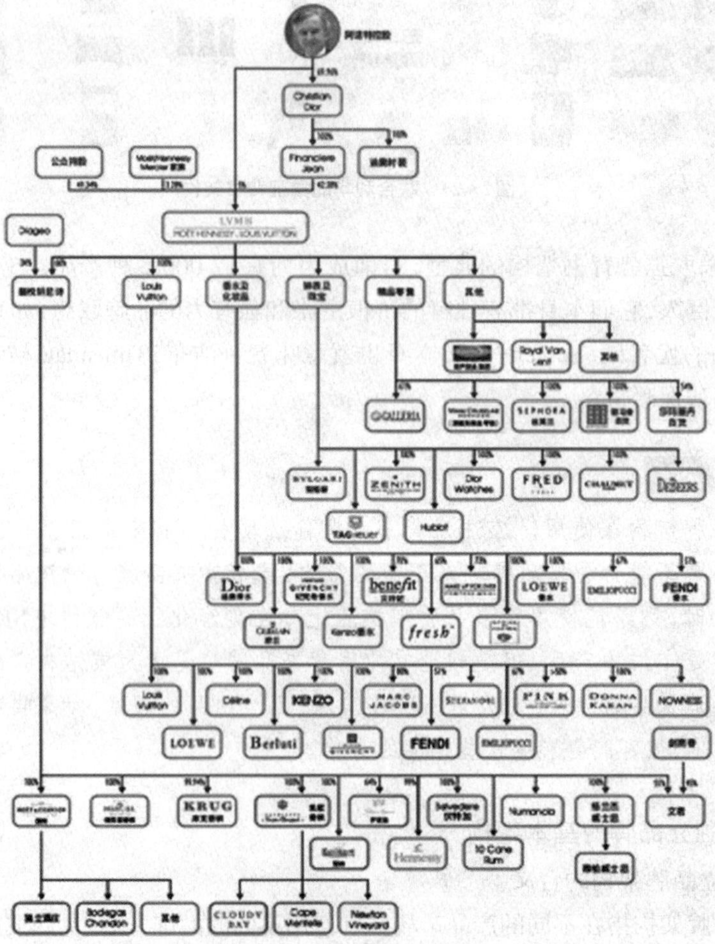

图2-25　LVMH独立的品牌架构

策划提示

独立品牌一般是与特定商品或商品的功能、属性等有很强的对应联想，或者是有很强的文化个性的品牌。这类品牌一般不宜进行品牌延伸，或者品牌延伸的范围较窄。同时创立一个新的品牌也需要投入较多的资源和时间，因此，在采用独立品牌架构时应充分考虑企业需要付出的成本和创建品牌的周期性。

归纳与小结

1. 不同的品牌架构组成形式与相对应的行业或企业

表2－5　不同行业的品牌架构对比

行　业	品　牌　架　构			
	单一品牌	多品牌	背书品牌	主副品牌
汽车	宝马	福特	大众	奇瑞
食用油	鲁花	嘉里粮油		
洗涤日化	满婷	宝洁、联合利华		
家电	飞利浦	惠而浦	索尼	GE
饮料、食品	娃哈哈	可口可乐	雀巢	维珍

2. 各类型品牌架构在实际应用中的区别

表2－6　各类型品牌架构特点与应用

特点	单一品牌架构	主副品牌架构	背书品牌架构	独立品牌架构
名称	统一的品牌名称	主品牌+副品牌	只体现受托品牌的名称	只体现独立品牌的名称
包装	包装上体现统一的品牌标识	大多数重点突出主品牌的标识，副品牌标志的曝光空间相对较小	重点突出受托品牌的标识，背书品牌的标识很不起眼	只体现独立品牌的标识
广告	广告时体现统一的品牌标识和宣传语	一般是把主副品牌连在一起，同时出现在广告的画面、配音与书面中；但在广告的结尾一般会再次强调主品牌	几乎全部以受托品牌为主，在平面广告的右下角一般会出现背书品牌，在电视广告最后的标版会打出背书品牌的字幕	只体现独立品牌的标识和宣传语

续 表

特点	单一品牌架构	主副品牌架构	背书品牌架构	独立品牌架构
消费者认同产品的原因	对企业品牌的认同	主要是因为认同主品牌从而认同产品，副品牌只是起到了帮助识别同品牌不同类别产品的作用	主要因为认同受托品牌而认同产品，但背书品牌可以让消费者觉得更加放心	对独立品牌的认同

第三节 品牌定位

品牌定位是从品牌的内容和形式层面出发，使品牌能在目标消费者心目中占有一个独特的、有价值的位置，它是品牌建设的基础，是品牌经营的前提，是关系品牌战略成功与否的重要因素。精准的品牌定位对于企业品牌发展具有十分重要的意义。

一、品牌定位概述

品牌定位是品牌战略的核心。品牌定位战略就是旨在建立新秩序，确立新价值，从更长远的角度实现长久占领市场的目标。品牌定位决定品牌特性以及品牌未来发展的动力。

图2-26 艾·里斯（左）和杰克·特劳特（右）

（一）品牌定位的含义与实质

1．定位

（1）定位的提出　1969年，艾·里斯和杰克·特劳特在美国营销杂志《广告时代》和《工业营销》上发表了一系列文章，首次提出了“定位”这一概念。他们认为“定位是你对未来潜在顾客心灵所下的功夫，也就是把产品定位在你未来顾客的心中”。营销定位可以从一件商品、一项服务，甚至一家公司、一个机构开始，但它并不是要你在产品上做什么重大改变，而是要你在产品的名称、品牌、价格、包装、服务上下功夫，为自己的产品在市场上树立一个明确的、有别于竞争者产品的、符合消费者需要的形象，其目的是在潜在消费者心中得到有利的地位。简言之，“定位就是如何在预期顾客的头脑里独树一帜”。

（2）定位的发展　20世纪70年代以后，他们又相继出版了《定位》《营销战》《营销革命》等著作。定位理论日趋成熟，从而宣告了一个营销新时代——“定位时代”的到来。

2001年美国营销学会被评选为有史以来对美国营销观念影响最大的组织。

2．品牌定位

在对品牌定位下定义之前，首先区分一下市场定位、产品定位和品牌定位三个概念。如下表所示：

表2-7　市场定位、品牌定位比较

	市场定位	产品定位	品牌定位
出发点	企业产品、企业形象	产品特征、产品组合	品牌内容、形式
对　象	目标消费市场	产品	目标消费群体心智、顾客心智
目　的	获取细分市场竞争力	满足特定市场需求	获取消费者认同

（1）品牌定位的基本含义　品牌定位是在对特定的品牌在文化取向及个性差异上的商业性决策，它是建立一个与目标市场有关的品牌形象的过程和结果。换言之，即指为某个特定品牌确定一个适当的市场位置，使商品在消费者的心中占据一个特殊的位置。

（2）品牌定位是品牌经营的首要任务　品牌定位是品牌建设的基础，是品牌策划成功的前提。品牌定位在品牌经营和市场营销中有着不可估量的作用。品牌定位是品牌与这一品牌所对应的目标消费者群建立的一种内在的联系。

（3）品牌定位是市场定位的核心和集中表现　企业一旦选定了目标市场，就要设计并塑造自己相应的产品、品牌及企业形象，以争取目标消费者的认同。由于市场定位的最终目标是为了实现产品销售，而品牌是企业传播产品相关信息的基础，还是消费者选购产品的主要依据，因而品牌成为产品与消费者连接的桥梁，品牌定位也就成为市场定位的核心和集中表现。

实 例

香港各家银行定位

汇丰银行：患难与共，伴同成长。旨在与顾客建立同舟共济、共谋发展的亲密朋友关系。

恒生银行：充满人情味的、服务态度最佳的银行。通过走感性路线赢得顾客心。

渣打银行：历史悠久、安全可靠。树立了可信赖的形象，传达了让顾客放心的信息。

中国银行：有强大后盾的中资银行。直接针对有民族情结、信赖中资的目标顾客群。

廖创兴银行：助你创业兴家。以中小工商业者为目标对象，为他们排忧解难，赢得事业的成功。

在香港，金融业之兴旺发达，用“银行多过米铺”这句话来形容毫不过分。在这一弹丸之地，各银行使出全身解数，走出了一条细分市场、利用定位策略突出各自优势之路，使得香港的金融业呈现出一派百家争鸣、百花齐放的繁荣景象。

（二）品牌定位的内容、目的和意义

1．品牌定位的内容

今天，品牌定位已经从“产品功能诉求”、“品牌感性诉求”过渡到“品牌文化诉求”。品牌定位一般包括以下基本内容：

（1）品牌区隔建立

品牌区隔就是要让你的品牌（产品）在消费者的心智中实现区隔，抢占心智资源。简单说，定位=区隔。拥有一个特性是建立品牌区隔最好的方法。例如，加多宝凉茶品牌定位为“预防上火的饮料”，从而在众多的饮料品牌中建立了区隔，也解决了困扰行业已久的凉茶是“药”还是“食”的身份问题，不仅在地域方面打开北方市场，并且在时间方面打开了冬季市场，一跃成为凉茶行业的领导品牌。

（2）品牌聚焦差异化

品牌定位以产品定位为基础，以消费者需求为核心，以差异化为标准。企业应选择与竞争对手不同的品牌定位，包括功能定位和诉求定位，这样不仅有利于塑造个性化的品牌形象，而且可以规避与竞争对手的简单竞争，更可以保证自己的品牌能够成为顾客的“第一选择”。

（3）品牌重新定位

企业品牌之所以需要重新定位，是因为出现了需要重新定位的一些客观情况。

这些情况大致可以归纳为以下几方面：一是扭转原有定位存在的问题。二是出于市场竞争的需要。三是目标人群的消费观念发生了变化。

以上我们可以看出，品牌定位内容极其丰富，并且完全不同于市场定位或产品定位。

2．品牌定位的目的

（1）品牌定位就是在消费者头脑中占据一个有利的位置

品牌定位的目的就是将产品转化为品牌，以利于潜在顾客的正确认识。成功的品牌都有一个特征，就是以一种始终如一的形式将品牌的功能与消费者的心理需要连接起来，通过这种方式将品牌定位信息准确传达给消费者。做品牌必须挖掘消费者感兴趣的某一点，当消费者产生这一方面的需求时，首先就会想到它的品牌的定位，就是为自己的品牌在市场上树立一个明确的、有别于竞争对手的、符合消费者需要的形象，目的是在潜在消费者心中占据一个有利的位置。

（2）品牌定位就是如何使一个品牌成为领导者品牌

领导者品牌的含义具有两个层次：一是消费者在不同品牌中进行选择的时候，所能想到的第一个品牌；二是领导者品牌与同类品牌相比，在市场占有率上要处于第一位置。成为领导者品牌对一个企业有以下意义：它会具有其他品牌所不具有的优势；“最大”一般也会被认为是最好；领导者品牌意味着恒久不变的竞争优势。

（3）品牌定位是品牌传播的客观基础与前提条件

良好的品牌定位是品牌经营成功的前提，为企业进占市场、拓展市场起到导航作用。如若不能有效地对品牌进行定位，以树立独特的消费者可认同的品牌个性与形象，必然会使产品淹没在众多产品质量、性能及服务相近的商品中。品牌定位是品牌传播的客观基础，品牌传播依赖于品牌定位，没有品牌整体形象的预先设计即品牌定位，那么，品牌传播就难免盲从而缺乏一致性。总之，经过多种品牌运营手段的整合运用，品牌定位所确定的品牌整体形象即会驻留在消费者心中，这是品牌经营的直接结果，也是品牌经营的直接目的。

3．品牌定位的意义

品牌策划的首要任务是品牌定位，而后继的品牌识别设计、品牌传播诉求、品牌形象塑造以及品牌延伸等策略都是基于品牌定位展开的。品牌定位战略的意义如下：

（1）创造品牌核心价值

成功的品牌定位可以充分体现品牌的独特个性、差异化优势，这正是品牌的核心价值所在。

（2）与消费者建立长期的、稳固的关系

当消费者可以真正感受到品牌优势和特征，并且被品牌的独特个性所吸引时，品牌与消费者之间建立长期、稳固的关系就成为可能。

（3）为企业的产品开发和营销计划指引方向

品牌定位的确定可以使企业实现资源的聚合，产品开发从此必须实践该品牌向消费者所作出的承诺，各种短期营销计划不能够偏离品牌定位的指向，企业要根据品牌定位来塑造自身。

实 例

贝克：德国人最受欢迎的德国啤酒

当年德国“贝克”啤酒进入美国市场的时候，已经有一个德国啤酒（勒文布劳Lowenbrau）先期进入美国，而且还很受美国消费者欢迎。在这种形式下，贝克啤酒应该怎样定位才能顺利进入美国市场并与对手竞争？贝克啤酒巧妙地策划了这样一则广告：“你已经品尝过在美国最受欢迎的德国啤酒，现在请你品尝一下在德国最受欢迎的德国啤酒。”

这则广告并没有在产品本身上做文章，并没有宣传产品本身的属性和特点，而是巧妙地制造和传播了一个定位的观念：“勒文布劳”是美国人最喜欢的德国啤酒，“贝克”则是德国人最喜欢的德国啤酒。这实际上是在暗示美国消费者：美国人最喜欢的德国啤酒不能算是正宗的德国啤酒，只有德国人最喜欢的德国啤酒才是正宗的德国啤酒，如果想喝正宗的德国啤酒，应该选择贝克啤酒。结果，这个定位传播使贝克啤酒在美国流行开来，销量逐年提高，而勒文布劳啤酒却最终不得不退出美国市场。

二、品牌定位的过程

品牌初次定位形成，可以分为找位、选位、提位、到位、调位、评估六项来完成。品牌定位和市场定位密切相关，品牌定位是市场定位的核心，是市场定位的扩展的延伸，是实现市场定位的手段，因此，品牌定位的过程也就是市场定位的过程，其核心是STP，即细分市场（Segmenting），选择目标市场（Targeting）和品牌的具体定位（Positioning），它们之间的关系可用下图表示：

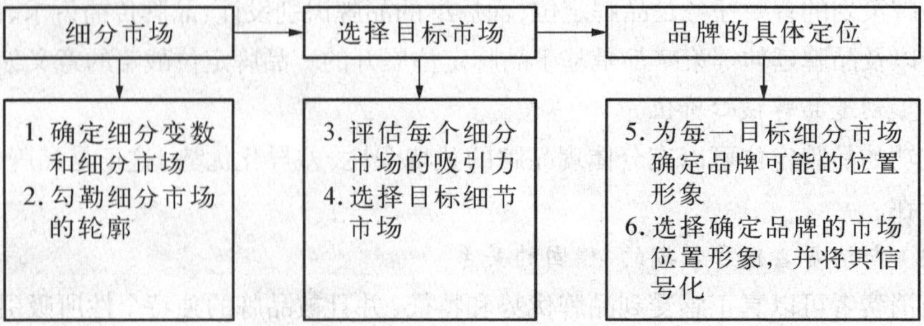

图2-27 品牌定位策划流程图

(一) 市场细分

1. 何谓市场细分

市场细分是指策划者按照消费者的欲望、需求和购买习惯及行为等因素，把整个市场细分为多个子市场，以确定品牌在市场中的位置。

策划提示

市场细分要做到"三点"：区隔点、需求点、支持点。

一是"区隔点"：与众不同才能印象深刻。区隔点就是品牌与竞争对手在定位上的有效区别。除非你能在消费者心中建立起品牌区隔，否则消费者找不到选择的理由。二是"需求点"：重点是发现消费者需求。"需求点"是指品牌的定位是消费者真正有需求的，有市场的，否则你的定位再好消费者不买账，最终也是竹篮打水一场空。三是"支持点"：不但要说到，还要做到。"支持点"是指有了区隔点、需求点，品牌自身还要找到支持该定位的依据，让消费者觉得真实可信，否则就是忽悠消费者，只能一时，不可长久。

实　例

苹果为什么这样进行市场细分

当苹果iPad推向市场时，业界很多专家对该产品都表示怀疑，因为这个产品明显有很多缺陷，如没有USB接口、没有物理键盘、没有摄像头、在编辑长文档的时候比较痛苦、不能执行多任务等。后来，媒体记者带着专家们的质疑采访乔布斯，他的回答揭示了问题的真相："iPad是为信息消费者而不是为信息制造者开发的！"

很显然，苹果将电脑顾客划分为信息消费者和信息制造者两个细分市场，iPad的目标客户就是信息消费者，他们的主要需求是上网、方便、炫酷、快速、玩游戏、分享照片等。事实证明iPad对目标客户的核心需求都满足得非常好，成为一个革命性的产品。

2. 市场细分的依据

在品牌定位策划中我们会碰到这样的问题，我们品牌产品应该面对哪一类或者哪几类消费者？这个问题就要求我们按照一定的基础和标准将一个市场划成若干部分，其中每一部分的消费者的需求状况、购买反应，或其他特征具有较高程度的同质性，而各部分之间的消费者具有较大的异质性，然后选择一个或几个我们的品牌产品有市场机会的部分作为目标市场，这样的过程就是市场细分的过程。其市场细分的依据如下图：

	以地理位置、人口特征为基准的细分市场	以需求为基准的细分市场	以心理生活方式为基准的细分市场
	→	对行为的预测性提高	→
优势	• 易于辨认 • 易于集中媒介沟通渠道 • 易于组织分销	• 是驱动因素 • 在市场日趋成熟复杂和多样化的形式下更显重要 • 可以帮助营销活动的方方面面建立策略，赢得目标人群	• 是驱动因素 • 为消费者人格背景提供更完整的信息 • 为广告渠道策划提供思路
不足	• 描述性的因素，不足以预测其未来购买行为	• 如果不结合其他信息就用处不大	• 对产品、服务的具体方向往往不能给出明确的定位
举例	品牌×牙膏主要销于南方，购买者是教育程度高的女性	品牌×牙膏使用者在寻找具有防止龋齿有效手段的产品	品牌×牙膏的使用者非常关心自己和家人的健康，具有责任心强的品质

图2-28　市场细分的依据

策划提示

（1）企业内外部生态环境检测

企业现行战略研讨与解读；品牌产品浸入式访谈；内外部资源探索与盘整研讨会；市场生态环境检测与分析；主流技术趋势研读；品牌产品线结构有机化梳理；品牌产品诉求解构与剖析；品牌产品组合元素拆解与分析；品牌产品关键集合元素罗列与模拟；品牌产品概念原型简化与堆砌；市场现状与机会点搜索与剖析；核心竞争者挖掘与比对分析；竞争优势DNA萃取；差异化优势分析与构思；“R－W－W”模式构思筛选；核心概念测试与调整；品牌产品差异性分析研讨会；标杆案例分享。

（2）目标消费群体洞察

消费生态环境检测与趋势分析；消费群体特征罗列与特性扫描；目标市场消化人群消费行为与干扰因素剖析；目标人群细分与核心消费群体锁定；核心消费群体整体需求特征延展与剖析；核心消费群体整体需求识别；核心消费群体消费选择倾向与关键评判标准提炼；目标消费群体核心需求特征提炼；目标群体产品操作体验分析与升级；情境中产品操作诉求解读与潜在需求提炼；品牌产品核心诉求归纳与关键元素规划；品牌产品价值升级与新品类微创新内部研讨会；品牌产品属性与风格特征规范。

3．市场细分的步骤

（1）正确选择市场范围　企业根据自身的经营条件和经营能力确定进入市场的

范围，如进入什么行业，生产什么品牌产品，提供什么服务。

（2）列出市场范围内所有潜在顾客的需求情况　根据细分标准，比较全面地列出潜在顾客的基本需求，作为以后深入研究的基本资料和依据。

（3）分析潜在顾客的不同需求，初步划分市场　企业将所列出的各种需求通过抽样调查进一步搜集有关市场信息与顾客背景资料，然后初步划分出一些差异最大的细分市场，至少从中选出三个分市场。

（4）筛选　根据有效市场细分的条件，对所有细分市场进行分析研究，剔除不合要求、无用的细分市场。

（5）为细分市场定名　为便于操作，可结合各细分市场上顾客的特点，用形象化、直观化的方法细分市场。如某旅游市场分为商人型、舒适型、好奇型、冒险型、享受型、经常外出型等。

（6）复核　进一步对细分后选择的子市场进行调查研究，充分认识各细分市场的特点、本企业所开发的细分市场的规模、潜在需求，还需要对哪些特点进一步分析研究等。

（7）决定细分市场规模，选定目标市场　企业在各子市场中选择与本企业经营优势和特色相一致的子市场，作为目标市场。没有这一步，就投有达到细分市场的目的。

经过以上七个步骤，企业便完成了市场细分的工作，就可以根据自身的实际情况确定目标市场并采取相应的目标市场策略。

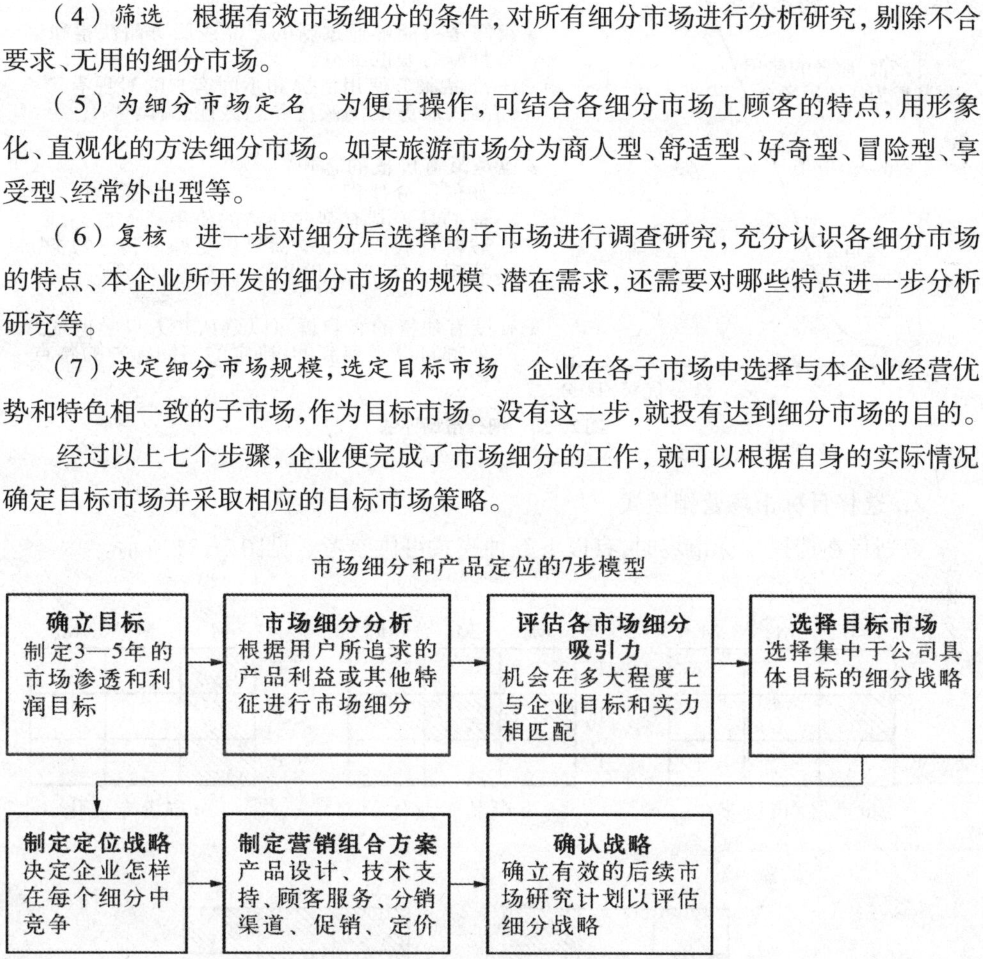

图2-29　市场细分步骤

（二）目标市场选择

怎样选择最有吸引力的目标市场？策划思路与技巧：评估细分市场、选择目标市场模式和选择目标市场策略。

1. 评估细分市场

一般来讲，细分市场的评估主要内容，见图2－30所示：

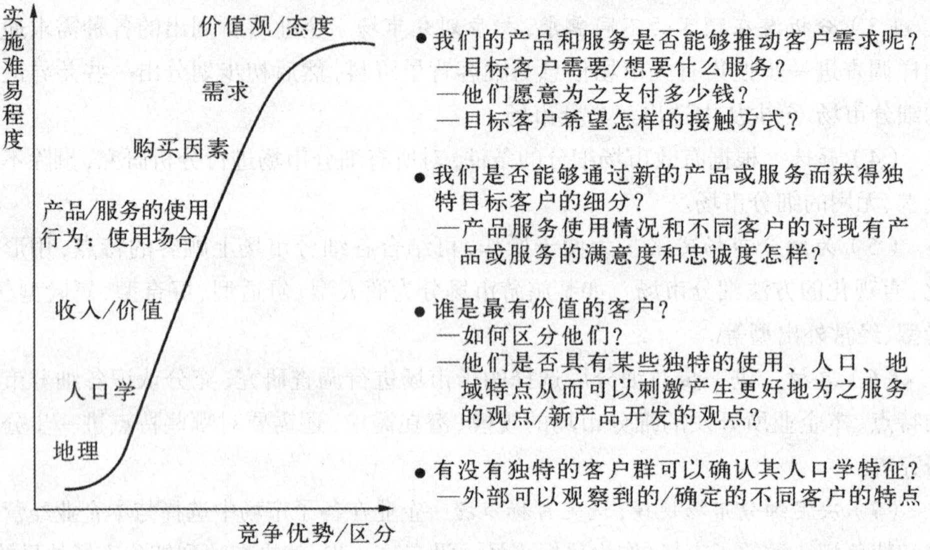

图2－30 细分市场评估

2. 选择目标市场营销模式

策划者在选择目标市场时，有以下五种模式可供参考。见图2－31所示。

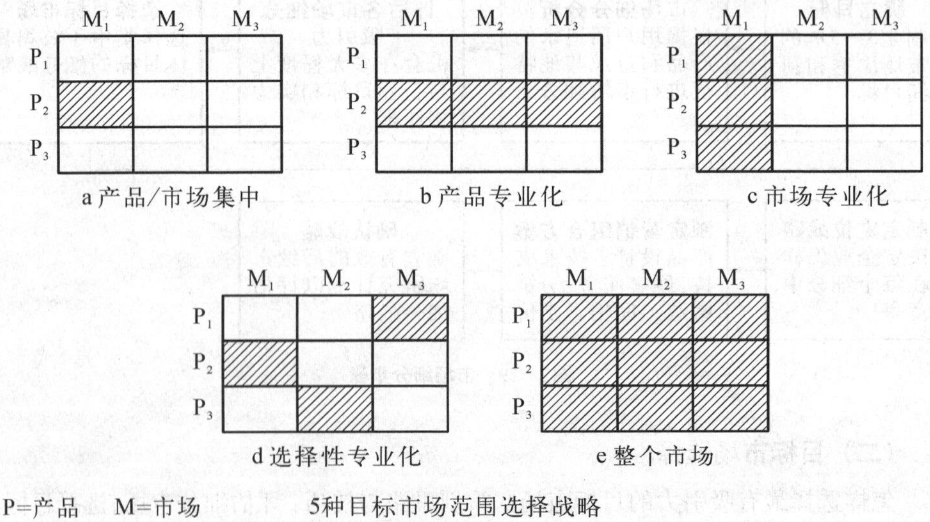

图2－31 目标市场模式选择

（1）密集单一市场

企业只生产一种产品，向某一特定的顾客群体提供该产品。企业发展初期，该模式有利于更清楚地细分市场需求。但风险大，如女性缩减需求。

（2）有选择的专门化

选择若干个细分市场，各细分市场都有吸引力并符合公司需要，但之间少有联系，每个细分市场都有可能盈利。如无线广播电台既想吸引年轻听众，又想吸引老年听众，则节目既安排流行音乐，又有京剧等。

（3）市场专门化

为满足某顾客群体的各种需要而服务，如教学仪器厂为大学生产桌椅、黑板等各种教学仪器。但风险较大，当大学削减财政预算时，公司会产生危机。

（4）产品专门化

公司集中生产一种产品，公司向各类顾客销售这种产品。如某公司只生产显微镜而不生产其他仪器设备，并把显微镜销售给大学实验室、政府实验室、企业实验室等。但产品被全新技术取代时有风险。

（5）完全覆盖市场

想用各种产品满足各种顾客群体需要。只有大公司如通用、IBM、可口可乐等集团公司有实力采用。

3. 选择目标市场营销策略

目标市场选择策略应该根据企业资源情况、产品的特点、市场的特点、产品的寿命周期和竞争对手等，主要有三种营销策略。见图2-32所示：

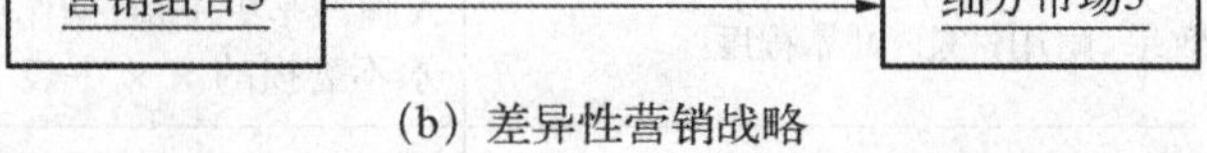

(a) 无差异性营销战略

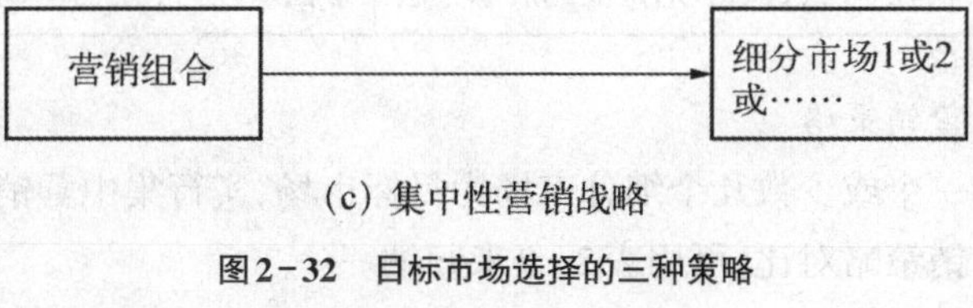

(b) 差异性营销战略

(c) 集中性营销战略

图2-32 目标市场选择的三种策略

（1）无差异性营销策略

企业只推出一种产品，采取单一的市场营销组和手段，去吸引所有顾客的市场策略。

实 例

可口可乐

20世纪60年代以前，美国可口可乐公司，以单一的品种、标准的瓶装、统一的广告宣传，长期占领世界非酒类饮料市场。

（2）差异性营销策略

企业将整体市场细分为多个市场后，选择其中的两个以上甚至全部市场作为目标市场，为各细分市场制订不同的营销组合策略。

实 例

宝洁产品

宝洁公司洗衣粉类有强力去污的“碧浪”、“汰渍”，还有物美价廉的“熊猫”。洗发用品有去头屑专家形象的“海飞丝”、护秀发健康的“潘婷”、每一面都美的“飘柔”、创造柔顺亮直的“沙宣”等。他们生产多种规格、多种花色的品种以满足各种消费者的需要。通过不同的产品来满足各个细分子市场的需要，可以为企业吸引到更多的消费者，扩大企业的销售额，增加企业在市场上的竞争力。

产品实体差异化包括产品特色、产品质量、产品式样等方面，见表2-8。

表2-8 产品差异性营销策略

	内 容	举 要
产品特色	产品功能、技术含量、包装、服务	牙膏的防蛀、增白；IBM就是服务
产品质量	使用效果、耐用性能、可靠程度	A牌汽车更平稳、操作更容易、速度更快；永不磨损的××手表
产品式样	产品特有的样式、风格、对产品的展示方法	多面剃须刀；平面电视、超平电视

（3）集中性营销策略

企业只选择一个或少数几个细分市场为目标市场，实行集中营销。

上述三种营销策略对比，可用表2-9来归纳。

表2-9　三种营销策略对比

整体（无差异型）	集中（密集型）	差异（细分型）
单一产品 整体市场 统一营销组合 经济性好 风险大、难适应差异需求	少数性质类同产品 少数、高占有率市场 专业（产品）营销组合 专业经济性较好 风险较大、在专业竞争对手之间展开	细分多样化产品 细分市场 差异、针对性营销组合 经营成本高 风险小
相差性：整体 ——→ 集中 ——→ 差异		

相关链接

1.（美）里斯，（美）特劳特：《定位》，谢伟山，苑爱冬译，机械工业出版社，2011。

2. 李飞，《定位案例》、《定位地图》、《定位故事》，经济科学出版社，2008。

3.《定位理论四阶段与中国企业定位重点》，《销售与市场（管理版）》2011年第12期。

定位理论是一个不断进化的营销体系，随着市场环境的演变在不断升级和发展。定位理论经历了四个重要的发展阶段：20世纪70年代的营销游戏：定位；20世纪80年代的营销游戏：营销战；20世纪90年代的营销游戏：聚焦；新世纪的营销游戏：分化。

（三）品牌定位

品牌定位过程的四个阶段主要如下。

1. 查明当前品牌状态

这一步骤的主要任务是要回答以下三个问题：一是公司面临的机遇和挑战如何？这样做是为了对企业和品牌的当前情况有一个清楚的认识，这能让企业更好地进行商业机会识别和评估。二是企业的品牌如何？包括品牌当前的定位、品牌原来的定位以及品牌定位之间是如何进化的，最重要的是了解企业和品牌在今天代表的意义。三是针对竞争者的品牌定位和潜在顾客的真正需要的利益要求企业应该及能够做什么？包括是什么让该企业和品牌在众多竞争者中脱颖而出？驱动企业和品牌发展的资产动力是什么？在将企业和品牌资产信息传达给客户群时，以往都有哪些做法？

策划提示

策划人对企业品牌的现状研究更深时，还需要对企业和品牌有一个明晰的理解，这种理解应包括对当前品牌和客户进行回顾。关键问题是：一是谁是当前的目标客户群？这些客户的个人资料怎样？他们购买的原因是什么？购买模式如何？用户模式是怎样的？要回答这些问题，策划人员必须通过一切调研手段，系统地设计、搜索、分析并报告有关上述问题的资料和研究结果。二是是否对所有的产品都实施同一种品牌战略？是否对同一个品牌下的不同产品实施不同的战略？其中应包括查明该企业的品牌是细分市场上的行业领先者，还是行业中的次级品牌。

2．确定品牌象征意义

策划人奠定了一个坚实的企业品牌基础之后，需要了解消费者对于当前企业品牌的看法。这将是品牌开展定位策划工作的一个出发点。首先，策划人需要获取各种数据，包括确认该企业在市场和行业机会中的关键增长区域；纵观市场竞争格局，审视品牌定位；衡量当前的品牌资产；识别哪些是品牌资产增长的商业机会。一个明确的目标应包括以下三点：其一，了解当前消费者的消费观念以及消费者对于品牌有着怎样的需求。其二，确认在不疏远现有客户忠诚度基础的前提下，企业品牌能做多大的改变。其三，确认如何对品牌进行定位，以便吸引住新用户并最终让他们成为忠诚的购买者和忠诚的用户。

策划提示

在品牌定位的过程中，策划人一是就品牌的一些关键问题直接向消费者和用户提问，提问的内容包括：为什么选择该企业的品牌？让消费者做出购买决策的关键因素是什么？除了这些一般性的问题外，还要设法了解消费者的购买原因，查明他们的需求层次，目前企业的品牌能满足哪些需求以及各种适用的场合，同时还要将企业的品牌资产一一展示。二是策划人最重要的职能之一，在消费群和忠诚消费者中找出品牌亲和团队都有哪些共同特征，了解他们的生活方式和行为模式，以便能更好地了解品牌客户的情况。从物流的最佳角度看，策划团队可以分成小组开展工作。经历了这个过程，策划人将能够确认品牌已经满足的和未满足的需求，在行业和细分市场上，确认品牌令人满意和尚不满意的因素，以及找出当前驱动品牌资产增长的因素。从某种意义上讲，这能让策划人为消费者和终端客户提供一个品牌价值尺度。这样，策划人将不仅仅只是了解到自己品牌的现状，还能将之作为一种直接参照，了解品牌在今后应该如何发展。三是品牌策划团队的最终目标是识别各种商业机会，包括审视企业品牌的增长领域以及未满足的消费者和用户需求等。而一旦找到了品牌当前的资产价值，下一步就是召开品牌定位研讨会。

3．开发品牌定位平台

这一步骤的主要任务是找到品牌的增长空间，即如何能够扩展、延伸品牌。其目的是利用所有的营销调查结果——包括品牌、行业及消费者信息，对品牌内容及品牌意义进行定位或重新定位。这么做的关键理由在于：确定出成功有效的品牌定位或重新定位战略将有助于留住现有客户以及获得新客户。当策划人开始进行品牌定位或重新定位时，必须牢记，品牌定位必须紧紧抓住一点，即希望品牌给消费者留下一种怎样的印象。

这个阶段的最终成果包括对关键的品牌定位平台形成明晰而简洁的共识，从而最终确立品牌定位战略。其中将针对保留现有客户以及获得新用户的重点，让企业了解消费者对于品牌定位的态度。此外，该阶段还将展示品牌定位成果，详细说明开展工作的理由。

策划提示

在这一进程中，策划人一是将开发创造一些主要的品牌定位平台，展示品牌提升空间的大小，以便保持住现有的客户及获得新客户。因此，策划人要提出这样一些问题：企业希望拥有怎样的品牌？该品牌将为消费者带来什么利益？如何推动品牌产品的购买力？二是设计两个关键内容：第一个部分是确定品牌愿景，包括对品牌当前所处发展阶段的研究，以及对品牌今后应该如何发展进行思考，同时制订短期和长期品牌发展计划。第二个部分是延伸品牌。从本质上讲，应该综合策划人所获得的所有信息，以品牌发展方向为目标，审视消费者对品牌的看法。在这一过程中，策划人应把品牌在未来发展中的运用及延伸考虑在内。三是开发了品牌定位平台之后，必须对其进行测试，验证它是否适用于消费群及主要客户，从而最终完善品牌定位平台。

4. 提炼品牌定位报告

在品牌定位的最后阶段，策划人一是必须做出品牌定位策划方案或报告，以便将相关信息传达给企业的高级管理层和领导者，传达的信息应包括品牌建设团队的介绍以及开发情况，还要介绍负责品牌定位建设的高级领导层的相关信息。在高级领导层通过了品牌定位战略之后，仍有许多必要的工作要做，但主要的焦点已经转移，即从原来的调查和开发转移到对品牌定位的巩固、市场营销和沟通上。二是必须对品牌定位加以完善。其中应包括最后考虑和确认来自消费者、客户、供应商、代理商以及自己的品牌建设团队等各个方面的意见回馈，以确保最终的实际定位工作和预期定位工作保持一致性。

策划提示

在品牌定位的最后阶段，策划人一是创建一本“品牌识别手册”。它能为品牌定位建设工作提供一个明确的方向。最重要的是，这本手册对品牌定位如何实现企业的发展目标做出了描述。这本"品牌识别手册"讲述了创建该品牌定位的理由，以及当前的行业竞争趋势和消费者态度。其目的是将所有的市场研究和调查结果，包括品牌定位的理由等，明晰而简洁地传达给各个后续品牌建设部门、品牌支持团队和机构等。结论是，"品牌识别手册"能确保品牌定位建设工作的统一性，以及争取到决策层和集团的支持。二是创造一个"品牌景观"。它包括创造出一个可视图像和音乐结合的作品，能将新的品牌定位融入人们的工作、生活中；该作品能和品牌策划团队以及各品牌支持团队一起分享，它也是向各个成员传达品牌信息的一个核心方法。因为，品牌景观在以后会运用到所有的品牌部门中，它作为一种"品牌传播指导原则"，将应用到包括包装、营销、传播等各个方面；它存在的价值在于：确保在和各种媒介和合作伙伴打交道的过程中，保持品牌定位传播的一致性。

三、品牌定位的策略、方法和技术

下面我们就以具体案例来分析品牌定位策划所常用的一些策略、方法和技术。

（一）品牌定位策略

1. 针锋相对的品牌定位策略

实　例

可乐争霸战

（1）挑战途径

攻击市场领先者。在饮料行业，可口可乐和百事可乐一个是市场领导者，一个是市场挑战者。世界上第一瓶可口可乐于1886年诞生于美国，距今已有120多年的历史。这种神奇的饮料以它不可抗拒的魅力征服了全世界数以亿计的消费者，成为"世界饮料之王"。作为市场后起者，有两种策略可供选择：向市场领导者发起攻击以夺取更多的市场份额——挑战者策略；或者是参与竞争，但不让市场份额发生重大改变——追随者策略。显然，经过近半个世纪的实践，百事可乐深刻地意识到，后一种选择连公司的生存都不能保障，是行不通的。于是，百事可乐向可口可乐发出强有力的挑战，并在与可口可乐的交锋中越战越强，最终形成分庭抗礼之势。

（2）挑战策略

以价格战手段进行的正面进攻+以细分市场为手段进行的侧翼进攻+以地理性侧翼进攻将战火蔓延到全世界。

（3）挑战结果

百事可乐与可口可乐的销售差距从1960年的2.6∶1，缩小到1986年的1.16∶1，可口可乐的领导地位首次出现危机。在1986年底，百事可乐的销售额一度超过了可口可乐，到1986年古典可口可乐才夺回宝座。

百事可乐从产品命名开始便矛头直指强势对手可口可乐，到更新包装低价攻击，再到寻求可口可乐的弱势市场谋划布局，直至精心设计CF演绎品牌内涵，无一不表现出百事可乐对市场和消费者的深刻理解与独到诠释。

百事可乐把公共关系、广告宣传、人员推销、营业推广等促销策略集于一身，在整合营销传播中，各种宣传媒介和信息载体相辅相成，相互配合，相得益彰。主要是名人广告、独特的音乐推销、大手笔公关活动、变化多端的事件营销、网络营销策略等，与可口可乐针锋相对。

相关链接

1. 魏浩浩，《可口可乐VS百事可乐：百年双雄战》，《走向世界》2012年第6期。

2. 桂琳、陈剑，《可口可乐和百事可乐的竞争对抗分析》，《时代经贸》2008年第9期。

（请你到网上搜搜）

2．填补空隙的品牌定位策略

寻求消费者心目中的空隙，然后加以填补。其中有价格（高低）、性别、年龄、一天中的时段、分销渠道、大量使用者的位置等各种空隙。

实 例

维珍：永远的“补缺者”

（1）补缺利基

从1970年到现在，维珍集团成为英国最大的私人企业，旗下拥有200多家大小公司，涉足航空、金融、铁路、唱片、婚纱直至避孕套，俨然半个国民生产部门。布兰森曾经说过，如果有谁愿意的话，他可以这样度过一生：喝着维珍可乐长大，到维珍唱片大卖场买维珍电台上放过的唱片，去维珍院线看电影，通过virgin.net交上一个女朋友，和她坐维珍航空去度假，享受维珍假日无微不至的服务，然后由维珍新娘安排一场盛大的婚礼，幸福地消费大量virgin避孕套，直到最后拿着维珍养老保险进坟墓。当然，如果不幸福的话，维珍还提供了大量的伏特加以供选择。

（2）补缺策略

维珍集团总是选择进入那些已经相对成熟的行业，给消费者提供创新的产品和服务。它始终把握住一个行业补缺者的角色，以自己独创的商业模式，创造补缺市场、扩大补缺市场、保护补缺市场，在行业中牢牢站立并且获得成功。

（3）补缺结果

维珍品牌在英国的认知度达到了96%，从金融服务业到航空业，从铁路运输业到饮料业，消费者公认这个品牌代表了质量高、价格廉，而且时刻紧随时尚的消费趋势，这是其他品牌无法与之相比的。

维珍公司将目标顾客定位于“不循规蹈矩的、反叛的年轻人”，向他们提供的是那些行业领导者没意识到或不屑于做的空白市场。维珍创出了足够多的新产品准确地填补了这些价值缺口，既与已有市场上竞争激烈的产品不同，又与目标顾客的需求非常吻合，如维珍航空，维珍移动通信，维珍可乐等。

维珍发现价值缺口的能力、价值创新的能力、利用品牌资产的能力、形成核心流程的能力成为其强大的利润推动器，这也是其作为市场补缺者成功的关键所在。

3．重新定位的品牌再定位策略

品牌再定位包括：产品重新定位、形象重新定位、无形的重新定位和有形的重新定位等。见图2－33所示。

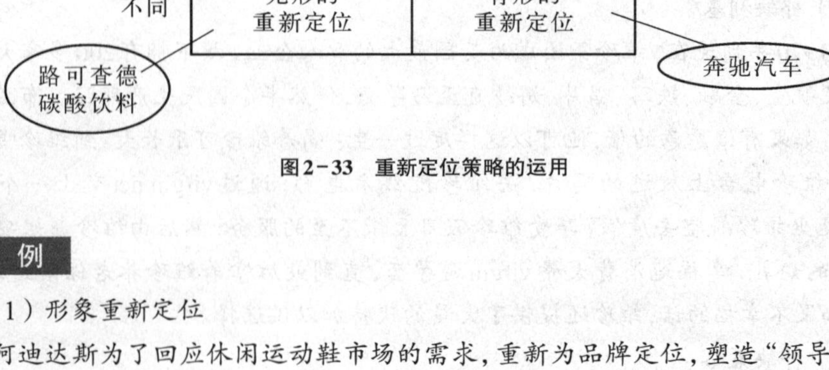

图2－33　重新定位策略的运用

实　例

（1）形象重新定位

阿迪达斯为了回应休闲运动鞋市场的需求，重新为品牌定位，塑造“领导街头流行”的形象，扎根地方。

（2）产品重新定位

1992年，英国联合酒厂集团（Allied Breweries）重新改变旗下卡索门啤酒（Castlemaine）的配方与包装容量，以改善销售诉求。卡索门酒精含量从3.7%提高至3.9%及4%，前者专攻夜间Pub通路，后者则切入日间超市通路，同时将罐装容量从440毫升增至600毫升。

（3）无形的重新定位

英国路可查德（Lucozade）碳酸饮料原本是诉求补充病中儿童能量的饮品，后来公司从调查中发现，妈妈族群亦经常在午间饮用提神，于是将品牌重新定位，将诉求延伸至妇女市场。最后，路可查德"补充能量"之品牌属性，借由广告活动将诉求范围进一步扩及年轻人市场。

（4）有形的重新定位

奔驰汽车运用的有形的重新定位策略主要是发展新产品，诉求新的目标顾客群。奔驰所采取的方式是在既有的市场降低研发及生产成本，因应日本高级车的低价威胁。

策划提示

品牌再定位内容与品牌定位大体上相似，但不同之处是重要的，应当引起策划人注意：

1. 品牌再定位必须注意新定位与旧定位的连续性关系，目的在于顺利继承旧定位时代所累积起来的宝贵品牌资产，并保持品牌形象一定程度上的统一，亦方便顾客快速接受新定位；

2. 再定位的企业品牌，往往存在旧品牌定位模糊或失误或老化的三大问题，不同的问题应该采取不同的再定位策略：模糊的使之尖锐清晰；失误的则应该推倒重来；老化的则应该从原有文化中发掘出新的第一特征，即新的品牌概念，而不宜另造文化；

3. 只有在一些特定条件下，品牌再定位才能完全与过去相脱离，如目标市场更换，万宝路香烟由女士香烟变成男士香烟时即如此；否则应该慎重对待根本转变。

（二）品牌定位的方法

每个行业的不同，品牌定位策划也可能不一样。在选择品牌定位策划时，可以从产品本身、企业内涵、竞争品牌和消费者四个方面来斟酌，可以单独使用某策略，也可以把几个策略组合使用。其品牌定位的具体方法，可用表2－10来归纳。

表2-10 品牌定位的方法

种 类	含 义	案 例
功效定位	强调产品的功效	飘柔的承诺是“柔顺”，海飞丝是“去头屑”，潘婷是“健康亮泽”；舒肤佳强调“有效去除细菌”
品质定位	以产品优良的或独特的品质	蒙牛高钙奶宣扬“好钙源自好奶”；创佳彩电强调“专业制造，国际品质”；乐百氏纯净水的“27层净化”
质价定位	宣传产品的价廉物美和物有所值	戴尔电脑强调“物超所值，实惠之选”；雕牌“只选对的，不买贵的”暗示雕牌的实惠价格
情感定位	将人类情感中的关怀、牵挂、思念、温暖、怀旧、爱等情感内涵融入品牌	浙江纳爱斯的雕牌洗衣粉“下岗片”
情景定位	品牌与一定环境、场合下产品的使用情况联系起来，唤起消费者的联想	雀巢咖啡提示工作场合喝咖啡，会让上班族口渴、疲倦时想到雀巢；喜之郎果冻“工作休闲来一个，游山玩水来一个，朋友聚会来一个，健身娱乐来一个”
生活情调定位	使产品融入消费者的生活，成为消费者的生活内容，使品牌更加生活化	青岛纯生啤酒的“鲜活滋味，激活人生”；美的空调的“原来生活可以更美的”
自我表现定位	勾画独特的品牌形象，宣扬独特的品牌个性，使品牌成为消费者表达个人价值与审美情趣的载体	贝克啤酒，“喝贝克，听自己的”；美特斯邦威“不走寻常路”
企业理念定位策略	用企业的具有鲜明特点的经营理念和企业精神作为品牌的定位诉求	诺基亚的“科技以人为本”；招商银行的“因您而变”
生活理念定位策略	将品牌形象和生活理念联系在一起，将品牌形象人性化	劲霸男装只强调“奋斗，成就男人”，这让男人深感依恋，让男人有一种奋斗的动力
首席定位	追求品牌成为本行业中领导者的市场定位	七喜汽水是非可乐型饮料的第一；双汇强调“开创中国肉类品牌”；波导手机宣称“连续三年全国销量第一”；雅戈尔宣称是“衬衫专家”
加强定位	在消费者心目中加强自己现在形象的定位	亚都公司恒温换气机告诉消费者“我不是空调”
比附定位	以竞争者参照来定位品牌，以名牌之光使自己的品牌生辉	艾维斯汽车出租公司“我们是第二，但我们要迎头赶上”；蒙牛乳业宣称“做内蒙古第二品牌”、“千里草原腾起伊利集团、蒙牛乳业为内蒙古喝彩”
空档定位	找到了一个市场空白地带，使定位获得成功	杏仁味露露饮料由于具有醇香、降血压、降血脂、补充蛋白质等多种功效，因而将其定位为“露露一致，众口不再难调”

续 表

种 类	含 义	案 例
类别定位	把产品与特定的产品类别联系起来进行定位	七喜饮料为“非可乐”饮料；太平洋海洋世界为“教育机构”
对比定位	通过与竞争对手的客观比较来确定自己	美国克莱斯勒汽车公司宣布自己是美国“三大汽车公司之一”；农夫山泉确定只出品天然水
档次定位	不同档次的品牌带给消费者不同的心理感受和体验	劳力士、浪琴表达“高贵、成就、完美、优雅”的形象和地位；奥迪宣称“撼动世界的豪华新定义”，显示出产品的尊贵和气派
历史定位	以产品悠久的历史建立品牌识别	香格里拉—藏秘青稞干红“来自天籁，始于1848年，跨越三个世纪，傲然独立”；泸州老窖“您品味的历史，430年，国窖1673”
文化定位	突出品牌文化内涵，以形成品牌的个性化差异	“孔府家酒，让人想家”；金六福酒“福”文化
概念定位	使产品、品牌在消费者心智中占据一个新的位置	商务通“手机，CALL机，商务通一个都不能少”
形态定位	根据产品独特外部形态特点来作为品牌识别	夏新会“跳舞”的A8手机，让人耳目一新；海尔的“奔风”手机，强调独具一格的“笔形”
消费群体定位	直接以产品的消费群体为诉求对象	金利来定位为“男人的世界”；哈药的护彤定位为“儿童感冒药”
高级群体定位	借助群体的声望、集体概念或模糊数学的手法，强调自己是这一高级群体的一员	克莱斯勒汽车公司宣布自己是美国“三大汽车公司之一”；雕牌、冷酸灵都打出“中国驰名商标”的口号，给人深刻的印象；双鹿空调强调“国家免检产品”
服务定位	依靠特色服务增加自身魅力，依靠优质服务赢取顾客忠诚	“IBM就是服务”

策划提示

1. 品牌定位是战略性的，而不是战术性的

品牌定位不是一种短期的战术行为。要定位，就要对自己的品牌和竞争对手的品牌的当前形象和目标形象均有透彻的了解，从而精心选择一个独一无二的定位。

2. 品牌定位追求长期竞争优势，同时是一项长期性的工作

品牌定位应当是一项坚持不懈的工作。一旦公司着手开展一场活动，意在实现品牌定位目标，并且改变市场认识，那么营销宣传也必须持之以恒，前后一致。

3. 品牌定位是对顾客认识的管理

品牌定位很重要的一点，是确立一个尽可能远离其他品牌的定位，否则，就难以做到与众不同。要做到这一点，公司必须透彻了解相近品牌的全部属性，透彻了解满足消费者的哪些需求才能吸引他们。有时候，这些属性或需求并不是一目了然的，因此，只有借助研究才能提示它们。

4. 品牌定位的误区

定位就是占据一个空间位置、定位仅仅是广告USP策略、定位是定位对象的物理特性和功能利益、定位是市场划分、定位是产品差异化、定位就是竞争优势、定位是公司或组织的发展目标等；还要避免因宣传不当而在顾客心目中造成的误解：定位过低、定位过高、定位模糊与混乱、定位令人怀疑等。

图2-34　品牌定位的误区

（三）品牌定位的技术

怎样才能准确进行品牌定位，首先要进行品牌调研，即通过3C分析法、SWOT分析法和品牌定位图分析法，对品牌在消费者心中的情况进行全面诊断与分析，从而能准确地确立品牌战略定位。确定品牌定位战略的三大方法，具体分述如下：

1. 3C分析法

3C分析法是指针对企业所处的微观环境——消费者（Customer）、竞争者（Competitor）、企业自身（Corporation）三大方面进行全面的营销扫描。营销的本质在于"满足消费者的需求"。可见消费者分析主要包括以下几个方面：消费者的人口统计特征（包括年龄、性别、职业、收入、教育程度等）、消费者的个性特征、消费者的生活方式、消费者的品牌偏好与品牌忠诚、消费者的消费习惯与行为模式等内容。竞争者分析主要包括以下内容：企业的主要竞争品牌、企业在竞争中的地位、竞争品牌的产品特征、竞争品牌的品牌定位与品牌形象、竞争品牌的传播策略等。企业分析主要针对企业的品牌现状进行审计，主要包括以下内容：竞争品牌的传播策略、企业的产品特征、企业现有的目标市场、企业在消费者心目中的品牌形象、企业现有的品牌传播策略、企业现有的品牌知名度、美誉度等。

2．SWOT分析法

SWOT分析法是战略管理理论中最常见的分析工具之一，它是一种综合考虑企业外部环境和内部条件的各种因素，进行系统评价，从而选择最佳经营战略的方法。其中，S是指企业内部所具有的优势（Strengths），W是指企业内部所具有的劣势（Weaknesses），O是指企业外部环境的机会（Opportunities），T是指企业外部环境的威胁（Threats）。对于品牌定位的前期调研与分析而言，SWOT分析工具同样也是适用的，只不过此时所分析的对象更加微观，它主要集中在与企业品牌相关的内容上。

3．品牌定位图分析法

品牌定位图分析法主要用于对市场上各种竞争品牌的定位进行比较分析，相对于前两种分析方法，品牌定位图的调查范围更为狭窄，主要限于对竞争者的分析。由于品牌定位图准确和直观地指出了企业主要竞争品牌的定位布局，因此可以帮助企业迅速找到细分市场上的空隙，从而确立自己的品牌定位。

实 例

可乐三大品牌定位图。下面是可口可乐、百事可乐、非常可乐三大品牌定位图，见下图2-35所示。目前三大品牌的营销定位策略：

可口可乐：中国可乐市场占67.6%份额，老大，传播主题为“要爽由自己”。

百事可乐：中国可乐市场占21.3%份额，老二，传播主题为“渴望无限”。

非常可乐：中国可乐市场占10%份额，老三，传播主题为“中国人自己的可乐”。

1998年娃哈哈集团推出“非常可乐”，响亮地提出“中国人自己的可乐”，向可口可乐、百事可乐吹起了竞争的号角！娃哈哈“非常可乐”竞争优势策略见图2-35所示：

整体而言，可乐的定位主要元素包括：市场区隔、目标市场和差异性优势，“非常可乐”最具

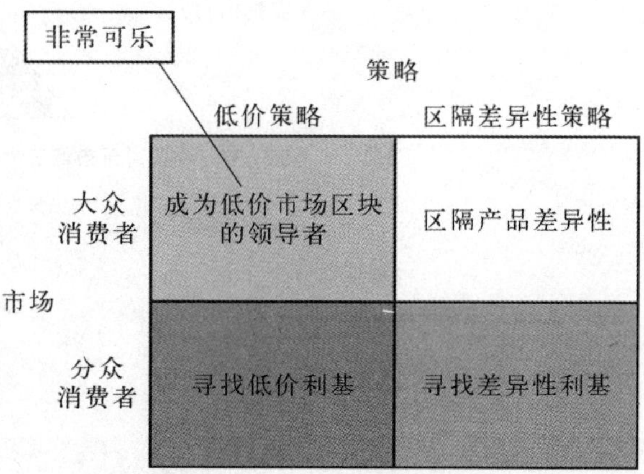

图2-35　娃哈哈“非常可乐”竞争优势策略

竞争力的差异性在于"价格",目前的目标市场非年轻人,而是较年长、民族意识较强烈的族群或家庭,市场区隔方面则以地域区隔法为主(主打二、三线城市)。

中国可乐市场三大品牌定位,见图2-36、2-37所示:

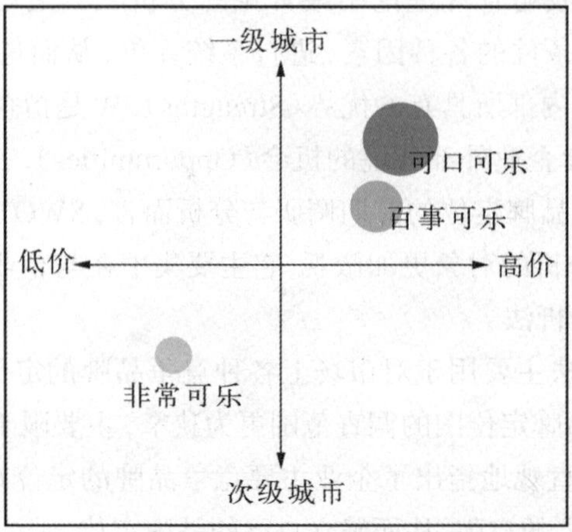

图2-36　中国可乐市场三大品牌定位图

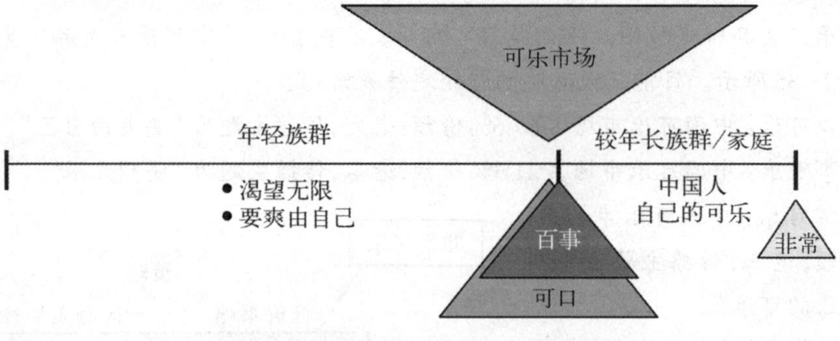

图2-37　中国可乐市场三大品牌定位图

第三章

彰显个性——品牌形象设计

品牌形象是企业通过将某种品牌与目标消费者生活工作中的某种事物、某些事件之间建立起的一种联系。这种被联系的对象经常就是品牌的形象。品牌形象设计是基于正确品牌定义下的符号沟通，它的任务就是通过美善的符号沟通帮助受众储存和提取品牌印记。策划设计在消费者心目中树立一个清晰、健康、良好的企业品牌形象是十分重要的。

第一节　品牌形象塑造

品牌形象是一个综合的概念，它是受感知主体的主观感受、感知方式、感知背景影响的。不同的消费者，对品牌形象的认知和评价很可能是不同的。品牌形象塑造是一项长期而艰巨的任务，它需要按照一定的原则，通过一定的途径，全方位地精心塑造。

一、品牌形象的构成要素

（一）品牌形象的内涵与特征

1. 品牌形象的内涵

（1）品牌形象的含义

品牌形象是一个内涵非常的广泛概念，是消费者对某一品牌的总体印象和判断。这一印象和判断是消费者在与该品牌长期接触的过程中产生的，并通过消费者的品牌联想得以强化。

（2）品牌形象的系统

品牌形象是一个形象系统，包括品牌的外观形象、品牌的功能形象、品牌的情感形象、品牌的文化形象、品牌的社会形象、品牌的心理形象等。

2．品牌形象的特征

（1）客观性　品牌形象虽然是品牌识别在人脑中的主观印象，但品牌形象的基础——品牌识别是客观存在的。从本质上讲，构成品牌识别的诸多要素如产品质量、服务质量、技术水平、公共关系、广告风格等都是客观的。

（2）主观性　品牌形象是公众对品牌的总的看法和根本印象，是公众对品牌感知、理解和联想的总和，因而它具有主观性。同一品牌在不同的人脑中可能会产生不同的品牌形象。这和100个读者就有100个哈姆雷特的道理一样。

（3）稳定性　可口可乐总裁曾经说过：假如有一天可口可乐企业被一把火全部烧光，但仅用“Coca-Cola”这几个字母就可以在世界任何一个地方贷款。因为Coca-Cola品牌形象已留在全世界消费者的心中。

（4）发展性　品牌形象的发展性也可称为时代性，是指品牌要随着时代的步伐和各种条件的变化而作出调整，即对品牌识别作出调整。

（5）传播性　品牌要想在公众心目中树立良好的形象，必须借助各种传播手段。离开了传播媒介有效的、广泛的传播，企业对树立品牌形象的过程就会失去引导和控制。

（二）品牌形象的构成要素

艾克、科勒、克里斯南和贝尔等品牌形象模型，对品牌形象策划设计有着直接的指导意义。笔者认为，品牌形象是消费者对某一品牌的总体印象和判断，其构成包括品牌认知、产品属性认知、品牌联想、品牌价值和品牌忠诚等基本要素。

（1）品牌认知　建构品牌形象的第一步，是指人们对品牌名称、标志、标准色、形象符号等方面的认知程度。

（2）产品属性认知　包含了品质属性、功能结构等产品的自认属性的认知程度，它是构成品牌形象价值的基础，也是消费者获得商品价值的基础。金玉其外败絮其中的商品只能是短暂的，没有持久的市场生命力，即使它包装得再好、形象再美对于消费者而言也是不具意义的。

（3）品牌联想　对于消费者的购买决策具有重大影响，心理研究表明，人们对于一件孤立的事物难以形成稳定的记忆，通常需要与日常生活中息息相关的信息联系在一起才能形成长久、稳定的记忆。品牌联想就是要在消费者心智中建立起这种稳定记忆。

（4）品牌价值　是消费者购买后的判定，肯定或者否定都归纳为消费者对品牌的价值评判即品牌价值。通常人们以商品价格的评价、价格承受区间、主观价值判断来表示。

（5）品牌忠诚　企业建立品牌形象的最终目的是促进消费者的购买行为，通常品牌形象都带有浓重的主观色彩，人们的购买行为主要就体现在品牌忠诚上，包括购买习惯、向他人推荐等。

实　例

“奔驰”广告。以4对乳房来比喻奔驰S-ClasS 8个气囊的柔软性和安全感，带来的视觉冲击力不言而喻，夺人眼球的同时起到很贴切的宣传效果，给人留下了深刻的印象。

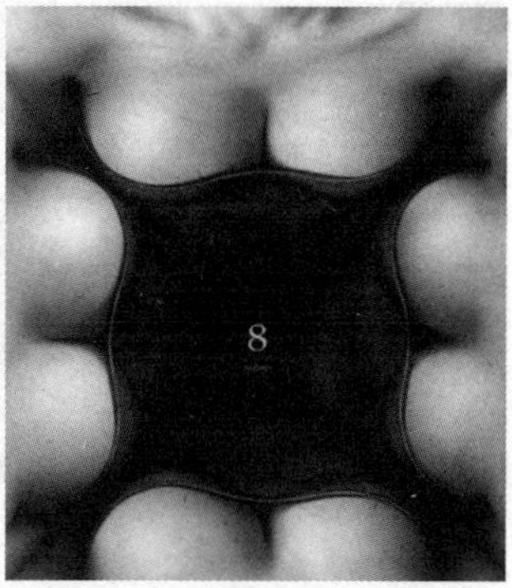

图3-1　奔驰汽车S-ClasS 8个气囊广告

（三）品牌形象塑造的价值

策划人应根据企业的优势、产品或服务的特点、消费者需求、市场状况等因素，确立起品牌核心价值和品牌文化要素。然后以品牌核心价值和品牌文化为指导，设计品牌标识、选择品牌名称组合、定义品牌属性、制订品牌传播方案，通过执行品牌管理的各项职能，让企业所预设的品牌形象进入目标消费者心中。

实　例

VOLVO的品牌形象

当我们看到“VOLVO”这个标志，在脑海中便浮现出各种“沃尔沃”汽车的画面，或是在街边停着的，或是在路上飞驰的，又或者是在广告片中见过的……“沃尔

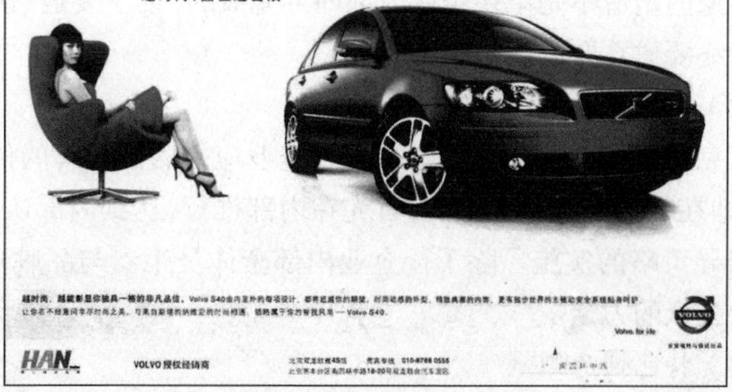

图3-2　VOLVO汽车经典广告

图3-3 VOLVO汽车经典广告

沃”公司的形象是一家国际著名的汽车制造公司;“沃尔沃”汽车厚实、大方、尊贵;驾驶或者乘坐“沃尔沃”汽车的人是成功人士,他们做事稳重、表现谦虚、有才华而不张扬,对事业、对家庭有着强烈的责任感……沃尔沃=安全。

二、品牌形象塑造的原则

品牌形象塑造是通过有意识的品牌建设活动,不断提升品牌形象的过程。它是一项长期而艰巨的任务,需要按照一定的原则,通过一定的途径,全方位地精心策划与设计。

(一)塑造品牌形象的原则

品牌形象是消费者对品牌的评价和印象,这些评价既可以通过购买该品牌产品或服务而产生,也可通过各种新闻媒介的传播来形成。因此,塑造品牌形象应把着眼点建立在与目标消费群便捷有效的沟通平台上。策划人在进行品牌形象塑造时应遵循以下几条准则:

(1)系统性原则

品牌形象塑造涉及多方面因素,要做大量艰苦细致的工作,是一项系统工程。它需要企业增强品牌意识,重视品牌战略,周密计划、科学组织、上下配合、各方协调,不断加强和完善品牌管理需要动员各方面力量,合理利用企业的人、财、物、时间、信息、荣誉等各种资源,并对各种资源优化组合,使之发挥最大作用,产生最佳效益。另外,品牌形象的塑造不是单在企业内部即可完成的,而是要通过公众才能完成,因为品牌形象最终要树立在公众的脑海中。

(2)全员化原则

艾克在《品牌领导》一书中提到,企业应把内部品牌的传播工作放在优先考虑的地位,即在得到外部认同之前,首先在内部推行,达到内部认同,因为内部认知的差异可能误导策略的实施。除了让企业内部全体员工参与品牌形象的塑造之外,就是动员社会公众的力量。

(3)特色性原则

特色性原则是指品牌形象策划上的差异化或个性化。品牌形象设计的目的就是要使该品牌具有独特的个性，以在众多同类品牌中脱颖而出，迅速抓住消费者的心理。因此，特色性原则是品牌形象塑造的重要原则，否则，策划便失去了意义。

实 例

椰树椰汁 我国的椰树集团就是以资源特色为形象而取得成功的。它利用海南岛所特有的椰子、芒果、菠萝、杨桃等热带水果优势以及海南火山口地下优质的矿泉水资源优势，生产各种天然饮料，从而饮誉大江南北。

图3-4 椰树椰汁广告

（4）统一性原则

统一性原则是指品牌识别，即品牌的名称、标志物、标志字、标志色、标志性包装的设计和使用必须标准统一，不能随意变动。

实 例

可口可乐品牌识别的统一性。

图3-5 可口可乐品牌识别的统一性

（5）社会化原则

企业是社会大系统中的一个单位，其生产、经营活动都必须和社会协调一致，服从和满足社会的需求。品牌形象只有得到社会公众的认可和赞同才具有意义，因此，品牌形象的塑造要遵循社会化原则，顺应时代潮流。日本色彩、心理学家小林重顺认为，品牌形象策划的意义就在于公司职员对企业政策的同化和熟悉，以及消费者对企业文化的接受与实现。

（6）情感化原则

品牌形象是品牌对公众情感诉求的集中体现，品牌形象塑造过程要处处融入情感因素，使品牌具有情感魅力，以情动人，这样才能缩小其与公众的距离，实现和公众的良好交流。

实 例

“多喜爱”让人感觉温馨与爱意、“梦洁”让人感觉浪漫与甜蜜、“晚安”让人感觉呵护与关怀等。它们超越单纯的产品关系，将品牌与强大、恒久的情感联系在一起，塑造了“情感品牌”。

图3-6 多喜爱广告

据估算，在20世纪末的美国，要为一个小品牌建立起好的品牌形象，需要花费大约3 000万美元，历时5年时间。由此可见，要建立一个成功的品牌形象绝非一蹴而就的事情，这是一个需要耐心、周密计划、金钱和时间的过程。

（二）品牌形象塑造的途径

（1）重塑品牌意识

企业要想长久发展，必须注重企业品牌意识的培养。要摒弃传统的错误认知，品牌形象的塑造不是单纯的广告宣传，而是重在使顾客认知企业产品和文化，树立良好的企业品牌形象，培养大众的认知度和忠诚度。

（2）推行品牌战略

现代社会已进入品牌力时代，品牌的竞争优势取代产品的竞争优势成为决定企业胜负的关键。品牌形象塑造需要企业全体员工长期的坚持努力，一个缺乏品牌战略意识的企业在塑造品牌形象时不可能取得成功。

（3）明确品牌定位

品牌定位是指企业在市场定位和产品定位的基础上，对特定的品牌在文化取向及个性差异上的商业性决策，它是建立一个与目标市场有关的品牌形象的过程和结果。因此，品牌形象的塑造离不开品牌定位，偏离了目标市场的品牌形象不可能是成功的品牌形象。

（4）重视产品与服务创新

产品形象是品牌形象的内在表现，企业品牌形象的好与坏，取决于产品的水平和质量。为此，企业必须积极引进高科技人才和管理精英，大力推进产品的科研、开发战略，用新材料、新技术、新设计的产品形象满足公众不断变化的社会需求。

（5）树立品牌质量，建立完善服务体系

质量是品牌的基石，所有知名品牌其最明显的特征就是质量优良和服务完善。完善的服务包括销售前的调研、收集资料、征集意见，销售中的咨询、样品、宣传、态度等，销售后的维修、安装、培训等。

（6）优化品牌设计

品牌设计是在企业定位和品牌定位的基础上的视觉沟通。不仅要对品牌识别的各要素进行精心策划与设计，还要使各要素之间协调搭配，形成完整的品牌识别系统，产生最佳的设计效果。

（7）强化品牌营销整合传播

整合营销传播的核心和出发点是消费者，品牌策划工作都要围绕着消费者进行，企业必须建立完整的消费者资料库（用户档案），从而建立和消费者之间的牢固关系，使品牌忠诚成为可能。

（8）重视品牌管理

对于企业而言，建立了品牌形象并不就万事大吉了，品牌管理贯穿企业全部的持续性与稳定性；在空间上，要不断开拓市场，提高市场占有率；在经济上，注重谋求经济效益，提高品牌的价值效应；在社会形象上，企业应积极参与公益活动，不断提高品牌的社会声望。

三、品牌形象塑造的策略

（一）塑造品牌形象的程序

一般来说，塑造品牌形象的程序如下图所示：

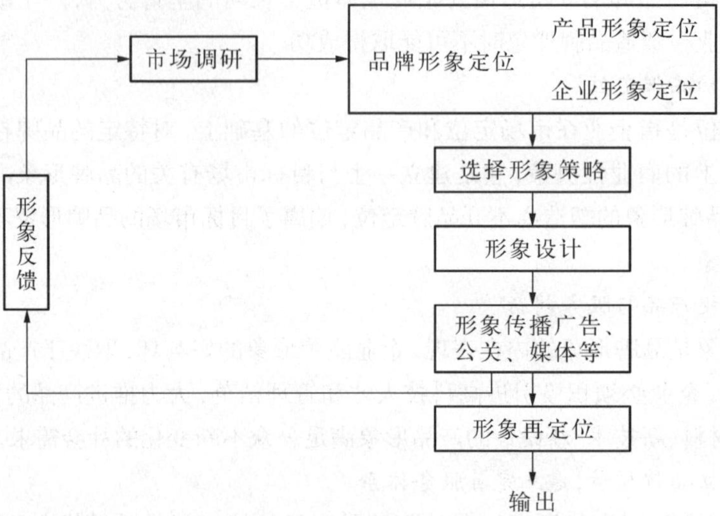

图3-7　塑造品牌形象的一般程序

（1）市场调研

市场调研是树立品牌形象的前奏。品牌形象策划与设计是一种高智商的活动，需要创意和思想的火花，但不是拍拍脑袋就行，必须踏踏实实地进行市场调查，充分掌握市场第一手信息。

（2）品牌形象定位

在调查与分析的基础上，对品牌形象定位。包括产品形象定位、企业形象定位等。

（3）品牌形象策略选择

一般而言，品牌形象策略主要有定势策略、强化策略和迁移策略。

定势策略是指通过现有品牌形象特色和未来市场变化趋势尤其是消费者需求，不断确定与完善品牌形象的策略。强化策略是指不断丰富完善现有品牌形象，以强化其在消费者心中的印象。迁移策略是指企业通过一系列活动，逐渐改变原有品牌形象而转移到新的品牌形象上。

（4）品牌形象设计

品牌形象设计主要包括品牌的名称、标识物和标识语的设计，它们是该品牌区别于其他品牌的重要标志。

（5）品牌形象传播

一方面，企业要通过电视、报纸、杂志等媒介有意识地向公众介绍品牌形象；另一方面要做好公共关系工作，尽快形成品牌的良好形象。硬传播与软传播、线上与线下相结合。

（6）品牌形象再定位

品牌形象的塑造是一个不断重复的循环过程，需要企业在实践中不断地修正、完善和提升。

（二）塑造品牌形象的策略

策划与设计可以从以下几个角度赋予品牌以鲜明的个性：

（1）情感导入策略

品牌不是冷冰冰的牌子，它具有思想、个性和表现力，是沟通企业和消费者的桥梁。情感是人心中最柔软的东西，以情动人、以情诱之是品牌经营者的不二法宝。

实 例

阿莱西，情感的艺术 著名设计师菲利普·斯塔克设计的"Juicy Salif"的柠檬榨汁机，以想象的外太空的蛛形造型，三足宝贝儿的铝质身体，犹如一件小型雕塑作品，给人以丰富的想象和美的享受。

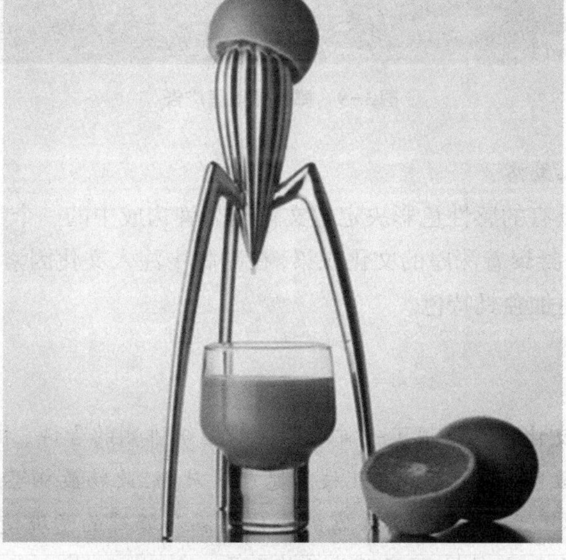

图3-8 "Juicy Salif"的柠檬榨汁机

（2）心理定位策略

在现代社会，随着商品的极大丰富和消费者品位的提高，消费者日益看重商品对自己情感、心理上的满足，而不仅仅是量和质的满足。消费心理的变化表明企业应顺应消费心理，以恰当的心理定位唤起消费者心灵的共鸣，树立独特的品牌形象。

实 例

椰岛鹿龟酒：软文情感诉求释放魅力 “椰岛鹿龟酒”是具有中国传统文化特色的滋补酒之一，喝酒的人对它产生情感依赖。椰岛鹿龟酒在报纸营销宣传上坚定地诉求“父亲的补酒”。

图3-9 椰岛鹿龟酒广告

（3）文化导入策略

品牌形象所具有的感性色彩决定了文化是品牌构成中的一个重要因素。品牌本身就是一种文化，凝聚着深厚的文化积累，在品牌中注入文化因素，使品牌形象更为丰满，更有品位，更加独具特色。

实 例

“红豆”品牌文化 它借用了一首人尽皆知缠绵悱恻的古诗《相思》中的意境，令人浮想联翩：“红豆生南国，春来发几枝。愿君多采撷，此物最相思。”一首名诗，道尽了绵绵相思，诉尽了无数情意，其丰富的文化内涵和缠绵的意境使得“红豆”这一品牌也具有了丰富的内蕴，大大提高了其品牌形象。

（4）专业权威形象策略

专业权威形象策略是一种极具扩张性、竞争性和飞跃性的形象策略，包括品牌形象代言人，是品牌塑造者们聘请或塑造的，能让人们通过对其知名度、职业、形象、个性、品行的联想，产生对某种品牌美好印象的人。

实 例

“沙宣”广告 宝洁公司在推出新品牌洗发水“沙宣”时使用了这一策略。广告中，国际专业美发师沙宣以其娴熟专业的手法为几名靓丽的模特打理出飘逸的长短发式，潇洒无比，令人信服。

（5）品牌体验行销策略

品牌体验行销的方式，为消费者提供了一种身在其中并能亲身体悟的经历，正是这些体验吸引消费者重复购买。

四、品牌形象塑造的关键

（一）品牌形象塑造的误区

近些年，品牌形象作为一个时髦词活跃在工商企业界，充斥于报刊中，也常常挂在人们的嘴边。但是，某些企业常常提到这个词，只是赶时尚、求新奇，并没有多少塑造品牌形象的实际行动，只见刮风，不见下雨。有些企业虽然有投入、有行动，但认识不正确，方法有错误，因而见不到效果，甚至产生负面影响，引起了人们对品牌形象塑造与设计的误解。主要是：缺乏品牌战略意识，错误的品牌形象塑造认知，不准确的品牌形象定位，为形象而形象，等同于品牌标识，过度美化品牌，随意改变品牌形象，老化不可避免，不切实际的塑造方法等。

（二）品牌形象塑造的关键

从实践中来看，以下几个方面值得策划人深思熟虑加以关注：一是品牌形象的人性特征。要在品牌形象与目标消费群之间建立起便捷有效的沟通平台，使两者之间容易产生品牌共鸣，达成认知共识，继而使品牌形象深入人心。二是品牌形象创造生活。中粮悦活品牌创造乐活人生，开心网致力于打造快乐生活，新浪微博改变了新闻的传播方式，苹果等智能手机品牌创造了无限的掌上精彩电子消费体验，等等。三是品牌形象不可能完美无缺。在品牌形象打造过程中，很难做到最完美的品牌形象，只能是日趋完美。四是品牌形象塑造要有战略眼光。万达地产是行业内第一家战略性地打造出商业地产品牌形象，并全方位地实践其商业地产的品牌定位的企业，结果万达成为中国商业地产老大的品牌形象。五是品牌形象诉求不要太多。实践表明，一个比较聚焦的品牌形象比多诉求发散型的品牌形象要更令消费者记忆深刻。

第二节　品牌识别设计

设计品牌识别是品牌形象策划中最为关键的内容和基本步骤之一，品牌设计人员确立每一种消费者符号的作用之前，应认真考虑以下细节：在品牌实践过程中，我们如何使用各项设计？某项设计对于消费者认知、购买以及喜爱这个品牌会起什么作用？

一、品牌识别设计概述

（一）品牌识别系统

1．品牌识别的含义与特征

（1）什么是品牌识别？

品牌识别是品牌设计者希望创造和保持的能引起人们对品牌美好印象的联想物。品牌识别，是一个系统性工程，包括品牌理念识别（BMI）、品牌行为识别（BBI）、品牌视觉识别（BVI）三大识别系统。品牌理念识别是最核心的品牌识别，它影响、制约并统率其他的品牌识别，最终在顾客的心中形成鲜明的品牌形象；品牌行为识别是企业有关品牌的行为总和，它提供了实际层面的品牌价值；品牌视觉识别是品牌的外在形象，它提供传播层面的品牌信息，效果最明显、最直接。三大品牌识别子系统如下图所示：

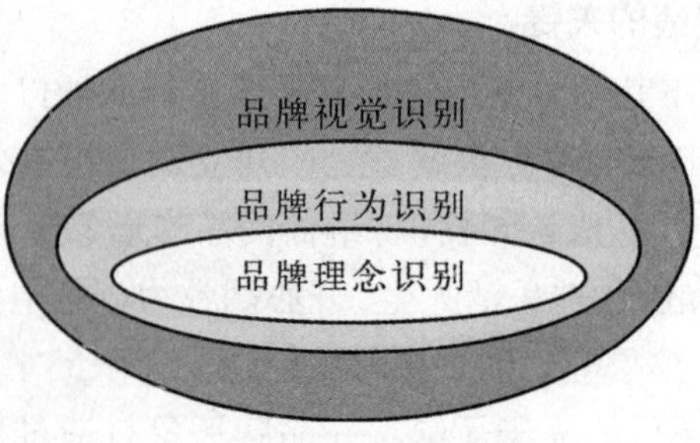

图3-10　BIS品牌识别系统

（2）品牌识别的特征与作用

品牌识别的特征是：**简单独特性**。品牌的这一种识别方法或者识别标志是此品牌所独一无二的鲜明特征，简洁、凝练、准确，最终再现于消费者视觉或听觉生动的概念区别，使其在众多的同类品牌之中一眼即被看出。**持续恒定性**。品牌识别系统的建立不是一朝一夕之功，而是品牌效应长久累积的结果，是一种持之以恒的渗透力与影响力。**联想感知性**。这种品牌识别能够在消费者心智中辟出一块属于品牌的空间，使消费者在接触到这种品牌识别之后，能够联想起由此种品牌带来的心理归属感和满足感。其作用是：驱动品牌形象，积累品牌资产，建立与巩固顾客关系。

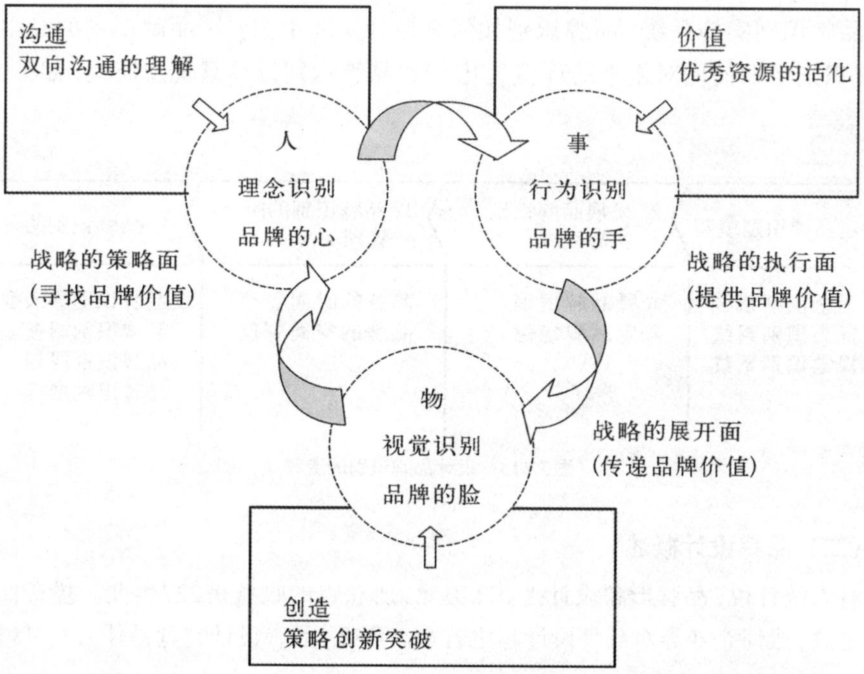

图3-11　品牌识别设计系统

（3）三大品牌识别系统的相互关系

品牌识别实际上是品牌价值的运营系统，其中，品牌理念识别意味着寻找何种品牌价值；品牌行为识别意味着如何形成品牌价值；品牌视觉识别意味着如何向顾客传递已有的品牌价值。三大品牌识别系统相互推动、协调运作，才能设计出独特的品牌形象，带动企业经营的发展。因此，三大品牌识别构成要素既具有很强的层次性，又具有紧密的关联性。如图3-12所示：

1. 寻找价值	2. 提供价值	3. 传递价值
品牌理念识别系统 —品牌利益 —品牌关系 —品牌个性	品牌行为识别系统 —产品行为 —企业行为	品牌视觉识别系统 —视觉符号 —听觉符号 —视听综合符号

图3－12　三大品牌识别系统的相互关系

2. 设计品牌识别的流程

设计品牌识别的一般流程：构建品牌识别模型（我们期望什么样的品牌识别？）；发展品牌识别实施系统（品牌识别如何贯彻到实际中去？）；品牌识别的时空管理（品牌识别应如何应对未来的环境变化？）。品牌识别设计系统及流程，如图3－13所示：

1. 构建品牌识别模型	2. 发展品牌识别实施系统	3. 品牌识别的时空管理	4. 品牌识别的导入
品牌理念识别系统 品牌行为识别系统 品牌视觉识别系统	诠释品牌识别 确定品牌定位	品牌的时间管理 品牌的空间管理	品牌识别导入准备 品牌识别调查 品牌识别规划 品牌识别推行

图3－13　设计品牌识别的流程

（二）品牌设计概述

有人统计说，品牌形象设计上花1美元，所获得的收益是227美元。投资回报率如此之高，难怪企业界对品牌设计趋之若鹜。那么，品牌设计究竟是什么？其魅力来自何处？如何进行品牌设计？

1. 品牌设计的含义

（1）品牌设计与品牌形象

品牌设计和品牌形象紧密相关，因为设计的便是形象，而形象也离不开设计，要准确地将二者区别开来几乎是不可能的。你中有我，我中有你。

如前面所述，品牌形象是消费者对某一品牌的总体印象和判断。所谓品牌设计就是指按照品牌形象的要求所进行的方案策划、图样创作等一系列工作，它是塑造品牌的必由之路和有效途径。

(2) 品牌设计和企业形象设计

广义的品牌设计包括品牌形象设计和CI设计。主要是品牌战略设计、品牌识别设计、品牌产品设计、品牌空间设计。企业形象设计是品牌设计的一个方面。

狭义的品牌设计认为品牌设计主要是指品牌名称、商标、商号、包装装潢等方面的设计。品牌设计是企业形象设计的一个方面。

2. 品牌设计的原则

品牌设计的目的是将品牌个性化为品牌形象，为了更好地实现这一目标，在进行品牌设计和实施时，必须遵循下列五大原则：

(1) 全面兼顾的原则

品牌设计要适应企业内外环境，符合企业的长远发展战略，在实施时具体措施要配套合理，以免因为某一环节的失误影响到全局。

(2) 以消费者为中心的原则

品牌设计要以消费者为中心做到：准确的市场定位；努力满足消费者的需要；尽量尊重消费者的习俗；正确引导消费者的观念。

(3) 实事求是的原则

品牌设计要立足于企业的现实条件，按照品牌定位的目标市场和品牌形象的传播要求来进行。不隐瞒问题、不回避矛盾，树立良好的企业形象。

(4) 求异创新原则

品牌设计必须有创新，发掘企业独特的文化观念，设计不同凡响的视觉标志，运用新颖别致的实施手段。

(5) 两个效益兼顾的原则

品牌设计在追求经济效益的同时，努力追求良好的社会效益，做到两者兼顾。

实　例

午后红茶　品牌设计——从雅致转向雅俗

2007年，统一麒麟推出了PET瓶装午后红茶。麒麟公司调整了销售战略，奥黛丽·赫本形象以及代言音乐停用，借新奶茶麒麟推出全新的VI识别系统。

在每一个午后，当你打开一瓶麒麟午后红茶，你永远都不会知道下一刻要发生怎样的惊喜和惬意，一段恋情？偶像从天而降？一次启迪人生的小叙？一件午后办公室的离奇事件？一次发自内心的感动？一场仲夏午夜的狂想？

麒麟午后红茶——在"午后"价值支撑下的品牌优势：

一是强化品牌价值的独占性："午后"；二是让品牌传播锁定的消费境遇更准确；三是突破传统的异形瓶体设计。

图3-14 午后红茶广告

3．品牌设计的程序

品牌设计的一般程序如下：

（1）调查研究

指品牌设计人员对企业的品牌状况进行情报搜集，并在此基础上分析研究，摸清品牌的知名度、信誉度、美誉度、忠诚度、市场占有率等具体情况，找出品牌系统中存在的问题以及形成问题的原因。

（2）制订计划

主要是确定目标、设计方案、编排内容、评估预算等，一般要形成书面文件。

（3）定位设计

就是对品牌目标进行定位和具体设计。例如，对于美誉度低的品牌，品牌设计应定位在提高美誉度方面；对于知名度低的品牌，品牌设计应定位在提高知名度方面。

（4）效果评估

品牌设计方案实施之后，还必须对品牌和品牌推广的效果进行评估。

二、品牌理念识别设计

品牌理念识别就是指品牌的核心价值，它是一个品牌最独一无二且最有价值的精髓所在，代表着品牌对消费者的终极意义和独特价值，是考验品牌强势程度的重要标志。

品牌核心价值分为三大价值主题：理性价值（品牌利益）、感性价值（品牌关系）和象征性价值（品牌个性）。

（一）理性价值（品牌利益）

理性的品牌核心价值着眼于功能性利益或者相关的产品属性。理性价值对于驱动购买以及顾客满意有直接和明显的作用。如在洗发水类别中理性价值大行其道。

表3-1 洗发水品牌利益

飘　柔	让头发飘逸柔顺
海飞丝	快速去除头屑
潘　婷	补充头发营养，更乌黑亮泽
沙　宣	专业头发护理

（二）感性价值（品牌关系）

感性的品牌核心价值着眼于顾客在购买和使用的过程中产生某种感觉，这种感觉为消费者拥有和使用品牌赋予了更深的意味和营造了密切的关系，强势品牌的识别在理性价值之外往往包含感性价值。如帮宝适除了“让宝宝屁股干爽”之外还“帮助妈妈照顾宝宝”；玉兰油不仅仅是“保湿的精华露”而且还能“让女性感觉比实际年纪更年轻”；飘柔的“令头发飘逸柔顺”使得“女人就是这么自信”。策划人可以在熟悉关系、怀旧关系、自我概念关系、伙伴关系、情感结合关系、承诺关系、依赖关系等七种关系中找到适合的位置并将之具体化。

表3-2 品牌关系

类　型	含　义
熟悉关系	我对这个品牌知之甚详
怀旧关系	这个品牌让我想起生命中某个特别的阶段
自我概念关系	这个品牌与我非常相符

续 表

类 型	含 义
伙伴关系	这个品牌会非常看重我
情感结合关系	如果找不到这个品牌我会非常沮丧
承诺关系	不管生活好坏我都将继续使用这个品牌
依赖关系	一旦我不使用这个品牌，我感到有什么东西正在消失

（三）象征性价值（品牌个性）

象征性的品牌核心价值是品牌成为顾客表达个人主张或宣泄的方式，有个性的品牌就像人一样有血有肉令人难忘。近年来品牌个性在品牌核心识别中的地位越来越重要，以至于不少人认为品牌个性就是品牌的核心价值，品牌个性已经成为一种玄之又玄的神奇力量。如Levi's就代表着“真挚、兴奋、强壮”的个性，确定自我表达性识别元素可以借助“aaker品牌个性尺度”。策划人可以在真挚、刺激、称职、优雅和强壮这五种个性（包括42个次级个性）中作出适当的选择。见表3-3所示：

表3-3 品牌个性维度

品牌个性的五个维度		品牌个性的18个层面		51个品牌人格
		Down-to-earth	务实	务实，顾家，传统
Sincerity	真挚	Honest	诚实	诚实，直率，真实
		Wholesome	健康	健康，原生态
		Cheerful	快乐	快乐，感性，友好
		Daring	大胆	大胆，时尚，兴奋
Excitement	刺激	Spirited	活泼	活力，酷，年轻
		Imaginative	想象	富有想象力，独特
		Up to date	现代	追求最新，独立，当代
		Reliable	可靠	可靠，勤奋，安全
Competence	称职	Intelligent	智能	智能，富有技术，团队协作
		Successful	成功	成功，领导，自信
		Responsible	责任	责任，绿色，充满爱心
		Upper class	高贵	高贵，魅力，漂亮

续　表

品牌个性的五个维度		品牌个性的18个层面		51个品牌人格
Sophistication	优雅	Charming	迷人	迷人,女性,柔滑
		Delicate	精致	精致,含蓄,南方
		Peacefulness	平和	平和,有礼貌的,天真
Ruggedness	强壮	Outdoorsy	户外	户外,男性,北方
		Tough	强壮	强壮,粗犷

三、品牌行为识别设计

品牌行为识别是企业有关品牌方面行为的总和,它产生和提供了所承诺的实际层面的品牌价值。品牌行为识别系统由产品行为识别、企业行为识别构成。如表3-4所示:

表3-4　品牌行为识别构成

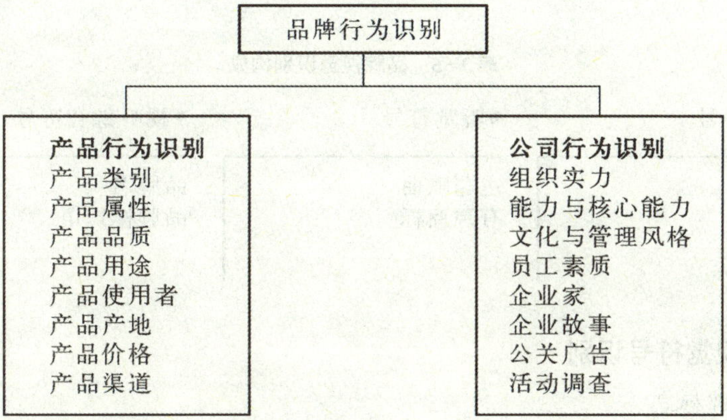

(一)产品行为识别

产品行为识别是品牌行为识别的首要来源,品牌是通过它的载体产品来显示自己的独一无二和超人一等,平庸的产品绝对无法打造非凡的品牌。设计产品识别的元素——产品类别(如施乐就是复印机)、产品属性(如本田代表着强劲动力)、产品品质(如星巴克供应高品质咖啡)、产品使用体验(如佳得乐适于运动后补充体液)、用户形象(如坐奔驰开宝马)、产品原产地(如新西兰奇异果)、产品渠道(如安利直销)。

（二）企业行为识别

企业是品牌的天生父母，为品牌打上了不可磨灭的印记。随着竞争从产品层面向企业层面的转移，企业行为识别的作用越来越重要。企业的行为识别系统基本上由两大部分构成：一是企业内部识别系统，包括企业内部环境的营造、员工教育及员工行为规范化；二是企业外部识别系统，包括市场调查、产品规则、服务水平、广告活动、公共关系、促销活动、文化性活动等。

四、品牌视觉识别设计

品牌视觉识别也可以说是品牌符号识别，符号识别是品牌与竞争者形成区别的基础，是品牌一切信息（消费者对品牌所有联想）的承载体。包括品牌无形要素和有形要素。

设计品牌符号识别要赋予品牌名积极、生动的意义，妙用辅助形，妙用有声商标。品牌名的天然联想要符合消费者的审美，善于立体化地运用各种符号识别。

设计品牌视觉识别主要包括视觉符号、听觉符号、视听综合符号。如表3－5所示：

表3－5　品牌视觉识别构成

•视觉符号	•听觉符号	•视听综合符号
标志 象征物 代言人	主题歌曲 有声商标	品牌名 品牌标识语

（一）视觉符号识别

（1）品牌标志

标志是品牌识别传播的重要载体，它能够将品牌的价值理念用艺术的方式传递给顾客，进而影响到品牌形象的形成。标志作为一种人类共通的视觉语言，不仅要传达特定的信息和意义，还要在视觉上有准确、合理的表达。意念准确、便于记忆、视觉美感是标志设计必须具备的三个条件。一个完整的商标是由名称、文字、图形、色彩四部分构成。

实　例

耐克勾、花旗伞、麦当劳金拱门、奥迪四环和劳力士皇冠都有很高的识别性和价值感，标志特殊的好处在于其非文字性因而能够跨越不同的文化环境。

品牌标志的设计原则：识别性、领导性、造型性和时代性。

实 例

“鳄鱼”、“彪马”、“报喜鸟”、“七匹狼”等品牌标志。

实 例

“李宁”和“太阳神”标志在形象系统中的组合应用。

品牌标志的设计形态及表现。总体来说趋于多样化发展，既有简易化形态的字体标志设计，又有立方体抽象建筑化形态设计，有浪漫的纹样装饰图腾的设计，还有偏向文化、人物头像、卡通图像、字体变化等图形的设计等。

实 例

中国申奥标志设计就是采用中国书法的手法，从中国传统武术——太极的武术姿势演变得到了这个极具中国文化特色的优秀的图形符号。

实 例

TCL、海信等品牌标志就直接对英文字母进行了设计，简单、通用性强。

实 例

中国红十字会标志设计就是采用正形为四片叶形，负形为十字形。

实 例

康师傅品牌标志采用的是卡通形象。

实 例

七匹狼男装以及报喜鸟服装都是采用与品牌名称相对应的动物的形态，而李宁运动品牌标志是对英文字母“L”进行变形，如同飞扬的红旗或燃烧的火炬飘扬在中国大地上空。

MOTOROLA

图3-15 摩托罗拉标志

（2）象征物

象征物常常用隐喻的方式传达品牌的识别和个性情感。例如劲量兔子、百威蜥蝎、皮尔斯伯里绿巨人、七喜小子等，但象征除了卡通形象之外还可以人格化，如万宝路牛仔等。

在象征物设计中，吉祥物设计以其醒目、活泼、趣味性而受到消费者的青睐。吉祥物的形象利用人物、植物、动物等作为基本素材，经过设计师的夸张、变形、幽默，具有很强的可塑性，比品牌标志、标准字更富弹性、更富有人情味。

吉祥物不但吸引人而且生动，并能保持一贯性，可以长期反复使用，在消费者的心中逐渐形成品牌或品牌的印象。如果能巧妙地利用品牌吉祥物的感染力、表现力和亲和力，就能与消费者和社会大众建立起亲密的关系并成为朋友。

实 例

福娃是五个可爱的亲密小伙伴，他们的造型融入了鱼、大熊猫、藏羚羊、燕子以及奥林匹克圣火的形象。原型和头饰蕴含着与海洋、森林、火、大地和天空的联系，其形象设计创造性地应用了中国传统艺术，展现了中国的灿烂文化。

图3-16　劲量兔子、万宝路

（3）品牌代言人

品牌代言人是指为企业或组织的赢利性或公益性目标而进行信息传播服务的特殊人员。如价值不菲的世界名表OMEGA曾聘用超级名模辛迪·克劳馥作代言。如步步高无绳电话就是以造型独特、话语俏皮的普通人为其品牌代言人，受众记住了步步高的同时，也记住了这位总爱叫“小丽”的男人，甚至在听到“小丽啊”三个字时，我们会立刻想到步步高。

（二）听觉符号识别

听觉符号识别是通过听觉刺激来传达品牌的方式，包括主题歌曲、有声商标等。

听觉识别的独特作用在于可以通过传唱形成二次或重复传播。

（1）主题歌曲

主题歌曲既可以视为有声商标的延续，也可以视为识别语的延续。

例如，可口可乐脍炙人口的“我愿教会世界唱歌，歌声完美和谐；我愿永远与世界同在，请他来上一杯可乐”。

（2）有声商标

消费者有声商标记忆的深刻程度不亚于品牌名、图形标志、字体等常规的符号识别，而且有声商标能低成本提高品牌的知名度与消费者对品牌的审美好感。因此，企业要善用有声商标这一新型的符号识别。例如，麦当劳尽人皆知的“更多选择、更多欢笑就在麦当劳”。“汇源——果汁”、“It is Konka”、“佳乐，佳乐，真情流动”等。

（三）视听综合符号识别

综合符号是既能通过视觉也能通过听觉来产生认知的符号，包括品牌名称、品牌标识语等。

1. 品牌名称

品牌名称是最重要品牌符号，因为所有的识别资产都与名称相连。一个好的名字无疑是一笔巨大的资产，这就是美孚石油动用7 000多人、耗资1亿美元给自己取了一个满意的新名字（EXXON）的原因所在。

赋予品牌积极、生动的意义，则可使识别符号更易于记忆和认同。“TCL”寓意“Today China Lion——今日中国雄师”、“Hisense”代表着“高品质、高贵典雅的气质”，赋予品牌积极、生动的意义，会使品牌具有传播话题和独特的记忆点，并增进消费者对品牌的认同与推崇，如TCL的品牌名让不少人对TCL产生敬意。

品牌名称策划真经可归纳为六言：命名要别出心裁、命名要名副其实、命名要美在极处、命名要入乡随俗、命名要合乎时尚、命名要空前绝后。具体包括品牌命名的原则、步骤、策略和方法。

（1）品牌命名的原则

受法律保护原则。

实 例

在保暖内衣大战中，“南极人”品牌就是由于缺乏保护，而被数十个厂家共用，一个厂家所投放的广告费为大家做了公共费用，最后消费者逐渐对其失去了信任。

适应市场环境原则。

实 例

NIKE在中国翻译成“耐克”：经久耐用、克敌制胜，与原意“胜利女神”不谋而合。

易读易记原则。

实 例

IBM本来的品牌名为“国际商用机器公司”，但简化为IBM后不仅更加国际化了，而且简洁。TCL也属此类。摩托罗拉改为“MOTO”更是一个好的借鉴。

暗示产品属性原则。

实 例

五粮液、雪碧、佳洁士、创可贴、美加净等。劲量用于电池，恰当地表达了产品持久强劲的特点；固特异用于轮胎，准确地展现了产品坚固耐用的属性；“999胃泰”，它暗示该产品在医治胃病上的专长。类似的还有“捷达”轿车、“洁银”牙膏、“美尔雅”服装等。

启发品牌联想原则。

实 例

孔府家酒：悠久的历史，灿烂的文化，中国的儒文化。

（2）品牌命名的步骤　前期调查；确立目标；选择策略；动脑会议；审查筛选；目标人群测试；确定名称。

（3）品牌命名的策略　品牌名的传播力要强；品牌名的亲和力要浓；品牌名的保护性要好。

实 例

脑白金、泰诺、曲美这些成功的品牌都是以注册商品名来给产品命名的，而消炎药利君沙不但用注册商品名给产品命名，而且为了防止相似品牌的出现，还进行了与注册商品名的近似注册，以全面保护品牌不受侵犯。

（4）品牌命名的方法　立势命名法；醒势命名法；取势命名法；审势命名法；预势命名法；借势命名法；溶势命名法。

实　例

可口可乐就推出喜庆的胖阿福卡通形象的广告片，一直取势于中国人喜爱吉祥、好运；百事可乐深受启发，跟着推出一句“祝你百事可乐”广告语，品牌与广告语融合得非常完美！

实　例

飘柔：让你的秀发更飘逸、更柔顺，飘柔广告诉求“就是这样自信”；帮宝适：能够帮助宝宝获得舒适感受的产品；舒肤佳：对皮肤又“舒”又“佳”等。

2．品牌标识语

品牌标识语既能提供品牌识别，又能够提供更多的信息和额外的联想，这是品牌标志和品牌名称所无法比拟的。例如戴比尔斯的“钻石恒久远，一颗永流传”、麦斯威尔的“滴滴香浓，意犹未尽”、耐克的“Just Do It”、尊尼获加威士忌的“Keep Walking”等经典之作。

策划提示

（1）塑造品牌形象是品牌策划的主要任务

形象是品牌的灵魂，塑造出一个理想的品牌目标形象将赋予品牌强大的生命力，而品牌的目标形象假如塑造得不合理，将会导致整个品牌营销计划的失败。只有正确地塑造品牌形象，品牌营销活动才显得有意义，所以首先必须对品牌目标形象进行科学的设计策划，尽可能地设计出一个理想的品牌形象来。

（2）品牌心理形象是品牌形象系统中最核心形象

在品牌的形象系统中，最核心的形象就是品牌的心理形象，它是品牌形象系统中最深层的形象，是品牌的灵魂形象，然后才是品牌的社会形象、文化形象、情感形象、功能形象和外观形象。

（3）品牌形象策划的最终目的是被消费者所认同

品牌形象策划的最终目的，是要让品牌的目标形象能够被消费者所认同，能够与消费者的心理产生强烈的共振，只有这样的品牌形象才是成功的形象，这样的品牌才是有价值、有生命力的品牌。

设计提示

（1）品牌理念识别

策划人要深知真正伟大的公司都具备着一种不可或缺的优点，那就是：有着坚定不移的信念与远大的抱负。在应对瞬息万变的市场时，企业总会提出一些不变与可变的观念，策划人具备了应对连续变化的杰出管理、规划能力，以严谨而科学的手段帮助客户制订愿景规划、构筑品牌核心理念、协助完善发展战略，从而确立客户的经营主张与个性。

（2）品牌行为识别

品牌设计在确立经营主张以及提炼企业个性后，需要有识别形式将其向外界传达。这种识别形式有静态视觉和动态行为，行为识别是一种动态的识别形式，它通过各种行为或活动将企业理念进行观测、执行、实施。这种动态识别的基础是建立在沟通上，对内，通过培训等多种手段强化内部员工的沟通能力；对外，通过规则指定规范企业的对外沟通方式。这样，客户的品牌理念能够多点多层面的被外界所感知和观测，从而留下深刻印象。

（3）品牌视觉识别

客户总是拥有各自的行业特色与个性差异，设计人始终以创新的观念与量身打造的眼光去审视这些差异，通过科学的调研与严谨的分析，为客户设定从形象定位到设计策略，从创意开发到设计管理的系统运作方案。使VI设计不仅具备美的视觉享受，更成为市场营销中对视觉形象进行有效管理的利器。其目标就是将品牌战略视觉化，通过独特的设计给品牌带来生命力，从而帮助客户顺畅实现其宏伟战略。

第四章

开辟通路——品牌传播推广

当今的社会正处于一个大时代：大信息、大智慧、大数据技术的进步引爆了一场信息传播与人们行为方式的大变革。随着新媒体的出现，人们停留在传统媒体上的时间日趋减少，越来越多的企业将互联网、移动媒体、数字电视等新兴媒介视为品牌传播推广的主战场，企业以品牌的核心价值为原则，在品牌识别系统的整体框架下，选择广告、公关、销售、人际等传播方式，将特定品牌推广出去，以建立品牌形象，促进市场销售。

第一节　品牌传播概述

传播是品牌力塑造的主要途径，在传播中建立品牌文化与品牌联想，创造品牌新的价值。

一、品牌传播的实质

（一）品牌传播的含义与特征

1．品牌传播的含义

（1）品牌传播是指品牌所有者通过各种传播推广手段持续地与目标受众交流，最优化地增加品牌资产的过程。

（2）品牌传播即通过广告、公共关系、新闻报道、人际交往、产品或服务销售等传播手段，其实质就是对品牌信息的传播，目的在于最优化地提高品牌在目标受众心目中的认知度、美誉度、和谐度。

2．品牌传播的特征

互联网时代品牌传播具有信息的聚合性、受众的目标性、媒体的多元性、操作的系统性等特征。

（1）信息的聚合性　品牌表层因素如名称、图案、色彩、包装等，其信息含量尚是有限的，但“产品的特点”、“利益与服务的允诺”、“品牌认知”、“品牌联想”等品牌深层次的因素，却无疑聚合了丰富的信息。它们构成了品牌传播的信息源，也就决定了品牌传播本身信息的聚合性。品牌传播策划者，在具体操作品牌传播实务时，需辩证地进行信息取舍，做到所传播的品牌信息“合”则有基础，“聚”则能传神。

（2）受众的目标性　从传播角度上看，品牌的传播者最关注的是目标受众，因为“品牌”打动“受众”，“受众”则会产生有益于品牌的行为——不仅仅是直接带动销售而且还引发各种各样的间接行为，如企业领袖会对品牌进行二次传播、潜在消费者将转化为知晓消费者。品牌传播策划者，只有确立了明确的目标受众，传播中的受众本位意识才能得到体现，受众的接受需求才能得到满足，相应的品牌传播才是卓有成效的。

（3）媒介的多元性　在传播技术革命性变更的今天，新媒介的诞生与传统媒介的新生，共同打造出一个传播媒介多元化的新格局。这为“品牌传播”提供了机遇，也对媒介运用的多元化整合提出了新挑战。传统的大众传播媒介，如报纸、杂志、电视、广播、路牌、海报、DM、车体、灯箱等，对现代社会的受众来说，依然魅力犹存；对它们的选择组合本身就具有多元性。而新媒体的诞生，则使品牌传播的媒介多元性更加突出。如此，品牌传播在新旧媒介的选择中，就有了多元性的前提。

（4）操作的系统性　在品牌传播中，其系统的构成主要为品牌的拥有者与品牌的受众，二者由特定的信息、特定的媒介、特定的传播方式、相应的传播效果（如受众对品牌产品的消费、对品牌的评价）、相应的传播反馈等信息互动环节彼此构成。由于品牌传播追求的不仅是近期传播效果的最佳化，而且是长远的品牌效应，因此品牌传播总是在品牌拥有者与受众的互动关系中，遵循系统性原则进行操作。

（二）品牌传播的要素与作用

1. 品牌传播的构成要素

品牌传播主要由传播对象、传播内容及传播方式等要素构成。

（1）传播对象　即目标受众，是指品牌传播主体根据品牌传播活动的目标而需要吸引和交流的信息接收者，既包括企业外部群体（如消费市场、企业间交易市场、非盈利市场等），也包括企业内部群体（如员工）。

（2）品牌传播内容　即品牌信息，是指运用文字、图像、感觉、口味、气味、声音等多种感官形态，将品牌信息译成编码，以影响信息接受者，达成传播目标。

（3）品牌传播方式　即企业根据制订的品牌传播策略选择适当的传播载体、时机及工具。

2．品牌传播的作用

主要是提高品牌知名度、确立品牌认知度、扩展品牌联想、建立品牌忠诚度、增加品牌资产。

二、品牌传播的模式

（一）一般传播模式

要探析品牌传播推广的规律，首先认识信息传播的一般模式。

1．大众传播模式

哈罗德·拉斯韦尔（H. Lasswell）是美国政治家，他在1948年提出来的拉斯韦尔传播模式也称为“5W”传播模式，揭示了传播的基本过程，如下图所示：

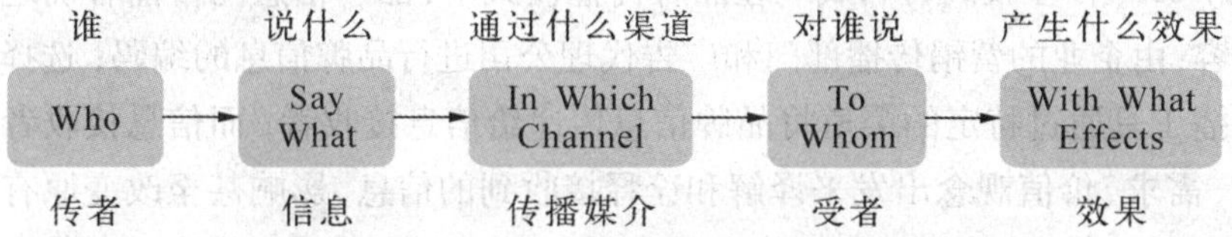

图4-1　大众传播模式

2．营销沟通模式

科特勒在《营销管理》中总结了由9个要素组成的营销沟通模式，其中两个要素表示沟通的主要参与者、发送者和接受者；另外两个表示沟通的主要工具、信息和媒体；还有四个表示沟通的主要职能、编码、解码、反应和反馈；最后一个要素属于系统中的干扰，是噪声。各种要素可以通过一个具体图式表示：

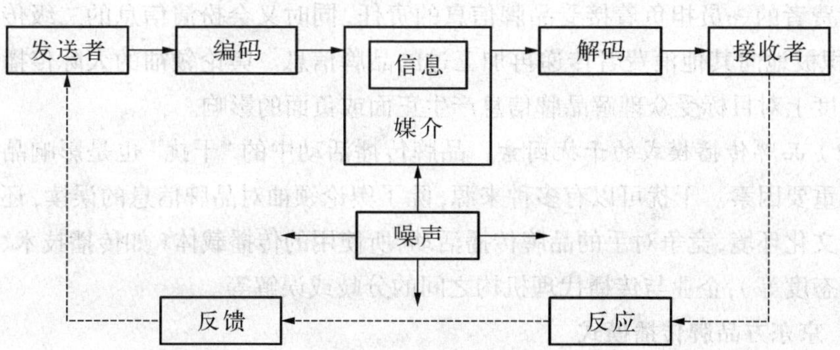

图4-2　营销沟通模式

- 发送者：把信息传送给另一方的人（又称信息源或者沟通者）。
- 编码：把沟通内容编为符号形式的过程。
- 信息：发送者所传送的一组符号。
- 媒体：发送者向接收者传播信息所通过的途径。
- 解码：接收者确认发送者所传递符号的含义。
- 接收者：接收另一方信息的人（又称受众或信息传播终点）。
- 反应：接收者在获得信息后所作出的一系列反应。
- 反馈：接收者向发送者传递回去的那部分反应。
- 噪声：沟通过程中非计划的干扰或歪曲，其结果使接收者接受了与发送者所传递出的信息不同的信息。

（二）品牌传播沟通模式

1．品牌传播的模式解构

（1）品牌传播模式的含义　品牌传播模式由品牌的拥有者与品牌的受众构成，双方经由特定的品牌信息、特定的传播媒介、特定的传播方式、相应的传播效果、相应的传播反馈等信息互动环节，而彼此构成。

（2）品牌传播模式的构成　在品牌传播模式中，品牌信息的传播者确定传播的核心内容，由企业的营销传播部门和广告代理公司进行品牌信息的编码；选择并组合多种传播工具通过特定的渠道将品牌信息传递给信息接收者；而信息接收者从自身的经验、需求、价值观念出发来译解和诠释接收到的信息，影响甚至改变原有的品牌消费观念及形态；接收者对品牌信息的接受、理解和反应情况，将通过企业有意或无意的行为进行搜集；再根据反馈的信息检验传播过程和预期目标的契合程度，如有偏差则采取一定措施纠正原有的品牌传播策略，形成良性循环。

2．品牌传播模式的多级传播及干扰因素

（1）品牌传播模式的多级传播　品牌传播活动是由多级传播体系构成。传播发送者和接收者之间没有直接关系，受众接收的信息有可能不是原生态的信息，而是经过衍生和修饰的。其中的连接环节通常是舆论领袖型的信息接收者，他们一方面既作为消费者的一员担负着接受品牌信息的责任，同时又会扮演信息的二级传播者的角色，积极地向其他消费者传递再加工过的品牌信息。舆论领袖的人际传播能够在很大程度上对目标受众理解品牌信息产生正面或负面的影响。

（2）品牌传播模式的干扰因素　品牌传播活动中的“干扰”也是影响品牌传播效果的重要因素。干扰可以有多种来源，除了舆论领袖对品牌信息的误读，还有当时的社会文化环境，竞争对手的品牌传播活动，所使用的传播载体（如传播技术、受众对媒体的态度等），企业与传播代理机构之间的分歧或误解等。

3．京东方品牌传播模式

（1）京东方基本情况　京东方的核心业务是各种核心显示器件的研发制造和显

示器整机的EMS服务，是一家典型的B2B企业。“京东方”、“BOE”、“VIEWIZ”、“AOC”是京东方的核心品牌，承载着京东方科技显示领域的核心业务，代表京东方的高科技企业品牌形象，是京东方科技品牌战略的重心。

（2）京东方品牌传播的做法　如何有效利用品牌建设和传播的各种方法是品牌建设的关键，京东方根据企业发展所处的不同时期和阶段，制订品牌推广策略，并且与企业的阶段性总体战略紧密结合。在多年的品牌建设实践中，京东方总结出了适用于自身发展的品牌建设和推广模式，即京东方品牌建设的“摩天轮”模型，并在总结经验的基础上不断完善。

京东方品牌传播推广的主要方式包括：成分品牌建设、公共关系、广告、内部品牌建设、技术和市场领导力、全球联盟、企业社会责任、员工是品牌大使、领袖（CEO）品牌建设、展览会、事件和活动、广告牌和公共场所、口号等，如图4－3所示：

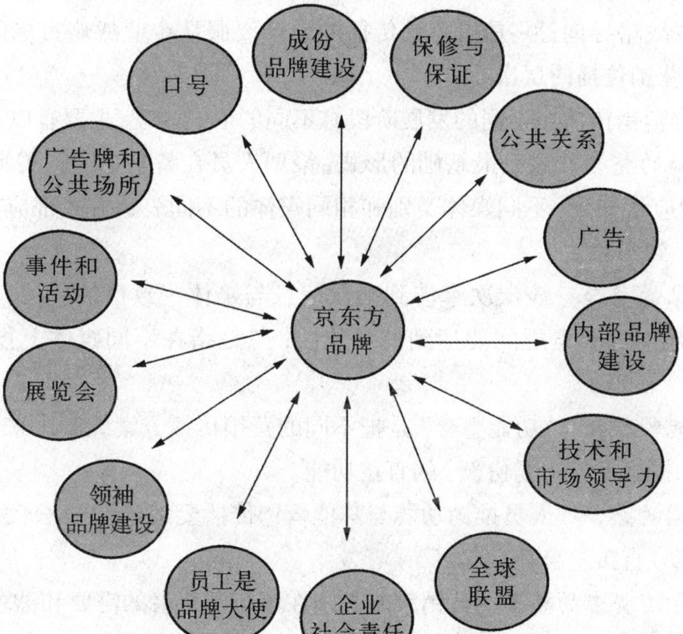

图4－3　京东方品牌传播推广模式

（三）品牌整合营销传播

1．整合营销传播的概念与特性

（1）整合营销传播的概念　美国广告协会对整合营销传播的定义是：整合营销传播（Integrated Marketing Communication，IMC）是一种市场营销传播计划观念，即在计划中对不同的沟通形式，如一般性的广告、直接反应广告、销售促进、公共关系等的战略地位做出估计，并通过对分散的信息加以整合，将以上形式结合起来，从而达到明确的、一致性的以及最大程度的沟通。其实质是运用和协调各种不同的沟通手段，传递一致的信息，清晰地将品牌定位传递给品牌利益相关者；不同的沟通手段要能相互补充，优势互补。其目的是协助品牌建立与消费者之间的长期关系。品牌核心要素与灵魂必须在所有传播中得到一致性的运用。

（2）整合营销传播的特性　整合营销传播有两个明显特性：一是战术连续性，二是战略导向性。“战术连续性”是指所有通过不同营销传播工具在不同媒体传播的信息都应彼此关联呼应。战术连续性强调在一个营销传播战术中所有物理和心理的要素都应保持连续一贯性，与此对应分别称为“物理连续性”与“心理连续性”。“物理连续性”是指在所有营销传播中的创意要素要连续一贯。“心理连续性”也同样重要，它是指消费者对该企业及其品牌的一贯的态度。整合营销传播的第二个特性“战略导向性”是指营销传播的设计要服从企业战略目标的需要。

2．整合营销传播的层次

品牌整合营销传播在不同的发展阶段有不同的形式表现，主要有以下几个层次：

（1）认知的整合　这是最基础的形式，策划人员在替某企业购买媒体和投放广告的时候，他应认知到，不同媒体类别和相同媒体的不同表达方式都应有所考虑，以反映企业的一致形象。

（2）形象的整合　该层次牵涉到确保信息与媒体一致性的决策。一是指广告的文字与其他视觉要素之间要达到的一致性；二是指在不同媒体上投放广告的一致性。

（3）功能的整合　“功能整合”是把不同的营销传播方案编制出来，作为服务于营销目标（如销售额与市场份额）的直接功能。

（4）协调的整合　人员推销功能与其他营销传播要素（广告、公关、销售促进以及直效营销等）直接整合在一起。

（5）基于消费者的整合　营销策略必须在了解消费者的需要和欲求的基础上锁定目标消费者。在给产品以明确的品牌定位之后，才能开始品牌营销的策划。

（6）基于风险共担者的整合　这里，策划人员应认识到目标消费者不是本机构应该传播的唯一群体，其他共担风险的经营者也应该包含在总体的整合营销传播战术之内，例如本机构的员工、供应商、配销商以及股东等。

（7）关系管理的整合　该层次被认为是整合营销的最高阶段。要向不同的风险共担者做出有效传播，公司必须发展有效的战略。这些战略不只是营销战略，还有制造战略、工程战略、财务战略、人力资源战略以及会计战略等。

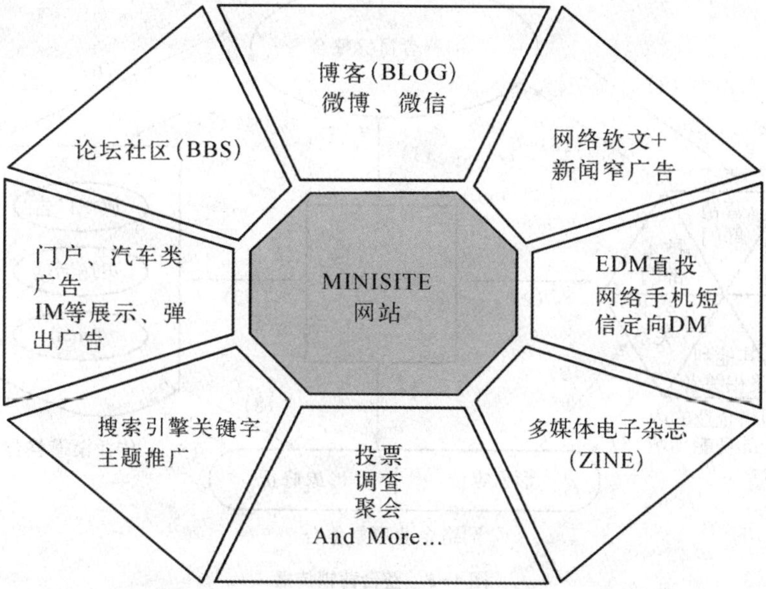

图4-4 网络整合营销工具

3. **整合营销传播的方法**

基于以上整合营销传播的发展层次的分解与认识,基于消费者的传播方法有以下几个要点:

(1)建立资料库　其内容包括人口统计资料、心理统计、消费者态度的信息和以往购买的记录,对一个扎实的整合营销传播计划来讲,这是不可或缺的。

(2)研究消费者　就是要尽可能有效地使用消费者及潜在消费者心理及行为方面的资料作为市场细分的依据。

(3)接触品牌管理　接触,在品牌管理领域,是与整合的概念相辅相成的。接触就是品牌信息经品牌推广与消费者或潜在消费者结合的过程。品牌推广的关键是你能在正确的地方、合适的时间传播适当的品牌信息。

(4)发展传播沟通策略　即决定在什么样的背景之下该传达什么样的品牌信息,以及在什么样的环境之下,用什么样的方法来传达品牌信息。

(5)传播工具的创新　整合营销传播策划人将拥有更多样、广泛的营销工具来完成企划,其关键在于哪些工具、哪种结合最能够协助企业达成传播目标。

(6)传播手段的组合　这里所用的传播手段可以无限宽广,除了广告、直销、公关及事件营销以外,还有产品包装、商品展示、店面促销活动等,只要能协助达成营销及传播目标的方法,都是整合营销传播中的有力武器。

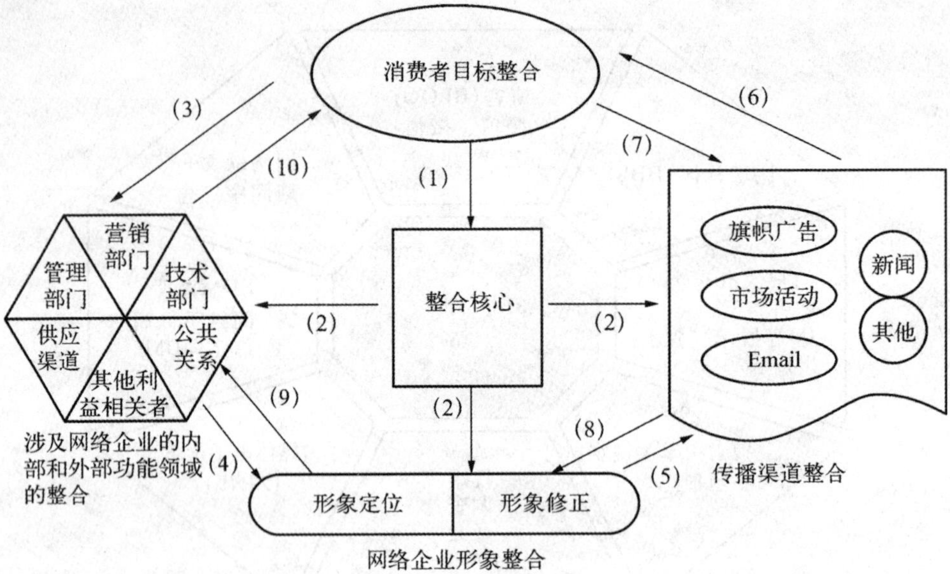

图4-5　整合营销传播

(1)依据消费者市场状况和营销的目标,确立整合核心。

(2)由整合核心出发,协调传播工作的展开。

(3)—(6):制定并实施整合营销传播策略。

(7)—(10):根据客户所反馈的信息改进整合营销传播策略。

三、品牌传播的类型

品牌传播是指为了实现品牌传播推广目标,针对品牌传播受众特点,对各种品牌传播方式和传播推广工具的使用方式。主要是:广告传播、新闻传播、公关传播、销售促进传播、人际传播、网络传播等。

（1）广告传播　广告作为一种主要的品牌传播手段,是指品牌所有者以付费方式,委托广告经营部门通过传播媒介,以策划为主体,创意为中心,对目标受众所进行的以品牌名称、品牌标志、品牌定位、品牌个性等为主要内容的宣传活动。

（2）新闻传播　品牌新闻传播是指以新闻报道为主要传播方式,以品牌信息为主要传播内容的新闻传播活动。也就是说,在新闻报道中,通过新闻策划来树立企业形象、传播品牌信息。

（3）公关传播　公关传播是企业形象、品牌、文化、技术等传播的一种有效解决方案,包含投资者关系、员工传播、事件管理以及其他非付费传播等内容。作为品牌传播的一种手段,公关能利用第三方的认证,为品牌提供有利信息,从而教育和引导消费者。

（4）销售促进传播　销售促进传播是指通过鼓励对产品和服务进行尝试或促进销售等活动而进行品牌传播的一种方式，主要工具有：赠券、赠品、抽奖等。

（5）人际传播　人际传播是人与人之间的直接沟通，主要是通过企业人员的讲解咨询、示范操作、服务等，使公众了解和认识企业，并形成对企业的印象和评价，这种评价将直接影响企业形象。

（6）网络传播　网络传播就是通过国际互联网这一信息传播平台，以电脑、电视机及移动电话等为终端，以文字、声音、动画、图像等形式来传播信息。网络传播可以理解为利用互联网这一媒介进行的信息传递，是一种兼具人际、组织传播内涵的新型大众传播。

第二节　品牌广告传播

品牌广告以树立产品品牌形象，提高品牌的市场占有率为直接目的，突出传播品牌在消费者心目中确定的位置的一种方法。品牌广告传播策划的基本要点为：塑造品牌服务是广告最主要的目标；任何一个广告都是对品牌的长期投资；描绘品牌的形象要比强调产品的具体功能特征要重要得多；重视运用形象来满足消费者心理的需求。

一、品牌广告传播概述

（一）品牌广告传播的含义与特征

1．品牌广告传播的含义

广告，简单说就是“广而告之”。广义的广告是指一切广告活动，它包括一切传播信息、沟通信息、促进认知的广告形式，主要有商业广告和非商业广告。商业广告是指那些传播有关经济方面的，企业、产品和服务品牌的，能够带来盈利的广告。

在品牌传播推广的各种类型中，广告传播是最基本的品牌传播工具，是指品牌所有者以付费方式，委托广告经营部门通过传播媒介，以策划为主体、创意为中心，对目标受众所进行的以品牌名称、品牌标志、品牌定位、品牌个性等为主要内容的宣传活动。

2．品牌广告传播的特点

广告传播的核心是信息，是信源对某一观念或思想编码的具体结果。其特点有：目的性、重复性、复合性和艺术性。

（1）目的性　广告传播是有明确目的的传播。无论营利性广告传播或非营利性的公益广告传播活动都具有明确的目的。例如商业广告信息尽快地传给潜在的目标受众,实现商品销售,提供服务,获得盈利,维持企业生存和发展,其目的性是非常明确的。

(2)重复性　广告传播是可以重复的传播。对于以盈利为目的的商业广告而言,广告主总是针对潜在消费者策划传播活动的。广告的反复传播是为了对受众能产生足够的影响力,从而产生认知、感情、态度以至行为方面的影响,达到广告传播的预期目的。

(3)复合性　广告传播是复合性的传播。广告传播不是单一渠道进行的,大多数广告主常常通过多种渠道展开复合性传播,其方法以大众传播媒介为主体,同其他媒介相配合;以付费的传播为主体与不付费的传播相结合等。

(4)艺术性　广告传播是艺术性的传播。广告是一种通过科学策划和艺术创作将信息符号高度形象化的、带有科学性和艺术性特征的信息传播活动。广告常常通过绘画、摄影、文字、音乐、表演等艺术表现形式塑造出生动而又富有创意的艺术形象来表现广告的内容。使受众在愉悦中认知和接受广告信息的传播并从中获得艺术的欣赏和美的享受。

(二)品牌广告传播的作用与功能

从本质上说广告就是一种信息传播的过程,必须依靠各种传播手段,广告信息才能传递给一定的受众。品牌广告传播的作用与功能主要如下:

1. 品牌广告传播的作用

(1)广告促进了社会对大众传播媒介的发现和利用。

(2)广告在对大众传播媒介的商业化、企业化方面发挥着重要的作用。

(3)广告收入充裕的媒介,可以借以改进设备,加强内容,提倡公益活动,服务受众。

(4)对于报纸、杂志等印刷类传播媒介,广告收入尚有培育发行的功能。

(5)广告促进了大众传播媒介表现形式的发展。

2. 品牌广告传播的功能

(1)促进功能　加强消费者现有的需求和欲望,使他们感知和了解广告信息。此时,做广告的产品一般正处于其生命周期的导入期,产品正被引入市场。

(2)劝服功能　增强消费者的感觉和情感,使他们偏好于某一产品。劝服性广告传播常用于产品生命周期的成长期阶段和成熟期阶段。

(3)增强功能　保证消费者的购买决策,常用来确保对某些产品或服务的少量购买,如保险、汽车、计算机、电信服务等。

(4)提示功能　触发消费者的习惯性购买行为,一般用在产品生命周期的成熟阶段和衰退阶段,往往是消费者常买的产品。

二、品牌广告传播内容

品牌广告传播策划的内容主要是：

1. 确定品牌广告目标

（1）含义　品牌广告策划的首要任务，就是明确品牌广告活动将要实现的目标。在策划广告目标时要依据品牌特色、市场营销战略和地域环境与区位经济优势来具体制订。对广告目标策划的目的主要是为品牌销量的增长创造条件，指导消费者的消费观念，提高品牌与企业市场知名度，扩大商品的市场占有率。品牌营销目标不同，具体的广告目标也不同。广告目标分为创牌广告目标、保牌广告目标和竞牌广告目标。

（2）注意　进行广告目标策划时要注意以下几点：企业现状与市场情况，该商品在同类商品中的优、劣势，企业与品牌的未来前途等，进而制订出切实可行，符合企业发展与品牌营销的广告目标。

在对广告目标进行策划时，根据实际情况可以先制订出总目标，在总目标之下再制订出分目标，形成一个总目标清晰、分目标具体的目标系统。

（3）实例。移动原生跨界整合

在媒介资源异常丰富的现今，品牌主在营销中却面临困局。传统网络广告点击率由10年前的10%下降到今天的0.2%，用户对广告位形成视觉盲区，媒体需要新的解决方案。

原生广告，即通过"融入"受众所在媒体环境、以"精准"方式推送的、在保障用户体验的同时，提供"对用户有价值的"信息并能实现"快速全媒体适配的"全新营销策划。

凤凰网原生广告策划的3个步骤：一是创意：结合社会热点、企业传播需求及目标受众，为品牌提供内容创意；二是生产：依托凤凰系专业制作团队及集团内外资源，为品牌创造原生内容；三是传播：依托凤凰系全媒体优势，整合社会化媒体及传统媒体，为品牌传播完成快速全媒体适配。

代表案例

a. 伊利"哈沙图牧场"场长赵国梁的一天

定义：结合热点事件进行合作，有利于广告主的有效植入，以当日新闻形式提升信息的关注度。

目标：中国奶殇环境下伊利行业领军、放心品牌形象建立。

创意：跳脱常规的无菌工厂探秘，从源头——奶牛入手，以养殖人员专业、敬业的工作态度，映衬品牌高质、人性的企业精神。

生产：资讯频道内容编辑策划，图片记者外采拍摄，12月图片新闻形式呈现。

传播：凤凰网资讯频道当日焦点图首推/腾讯网版权转载。

b. 柒牌《中国，才是美》

定义：以视频用户收看习惯、结合客户需求进行主题设计，视频形式落地承载。

目标：借由非物质文化遗产纪录片的拍摄，宣传企业的社会责任心及推广企业品牌，同时借由非遗项目和柒牌的结合，扩大社会对非遗问题的重视。

创意：通过对中国传统服饰手工技艺非遗的解读，把非物质文化遗产中精华的部分和容易被忽视的视角展示给观众，串联柒牌全力资助的国家非物质文化遗产，凸显企业社会责任心，并在探讨非遗文化在商业环境中发展的新思考中表明品牌传承经典设计的理念。

生产：纪录片频道专业纪录片拍摄团队，为企业订制以《发掘千年霓裳　探秘华夏非遗》为主题的5个微纪录片。

传播：单集点播量超过24万次，总评论数超过13万条/微博粉丝量增长220%。

2．确定广告目标受众

（1）含义　广告对象既是广告信息传播出去的接受者，更是商品的潜在消费者，开展这一策划的目的就是要通过分析研究品牌的目标营销市场，消费者阶层的构成，文化、经济、地域、环境等诸方面的客观因素，提出解决广告诉求与消费者接受心理，品牌品质与市场知名度提高，商品市场认可度与消费者情感变化等问题的方案与策略，指导广告公司创作出广告对象愿意接受的广告作品。

（2）实例　台湾某广告公司就根据当时台湾老百姓在生活节奏加快的情形下，渴望游玩，希望能在大自然的山水中留下美好回忆的心理和当时岛内市场上各种胶片的市场占有率很小这一情况，创作出了“它抓得住我”的柯达胶片电视系列广告，使柯达胶卷很快就引起了消费者的兴趣，市场销量立马呈现出一个直线上升的趋势。

3．广告定位与广告主题

（1）含义　经过对广告活动中所要表现的商品在市场营销和消费者心中位置所做分析研究，进而找出并为产品树立一个适当形象，确定一个合适位置，营造出消费者对商品的独有印象，这是广告策划活动中的一项主要任务。广告定位的内容主要有品牌定位、品质定位、商标标志定位、系列包装定位、价格定位等。

除了广告定位外，确定广告主题也是广告策划中的一项主要内容。广告主题就是广告所要表达的中心思想，是一则广告的灵魂与统帅。一则广告从创意、制作直到播出都要依据广告主题来进行，因此策划一个鲜明独特，诉求到位的广告主题在广告活动中显得尤为重要。

（2）实例　根据金川啤酒独具的保健、治疗慢性病的特点，以及国际上目前具有保健治疗效果的啤酒仅此一份的优势，金川啤酒策划了“天下保健第一啤、矿泉佳酿疗效奇”这样一个诉求鲜明、准确、到位的广告主题。此后所有的系列广告活动都围绕着这一主题开展，整个广告策划方案大获成功，金川啤酒不仅获得了吉尼斯世界大全认证，也成为世界品牌啤酒。

4．广告媒体计划

（1）含义　根据品牌广告目标的要求、在一定的费用内、把广告信息最有效地传达给目标消费者，而为此所做的策划，这就是品牌广告媒体计划。广告媒体计划是品牌传播和市场推广的关键之一，凭借广泛的媒介覆盖网络和对媒介的深刻了解，整合报纸、电台、电视台、网络、移动电视、手机短信等各种传媒资源，用社会文化运作的手法，引导公众关注，从而达到导航舆论，诠释职能，树立良好的产品消费文化的目的。

（2）内容　品牌广告媒体计划，内容主要如下：

a. **前言**　对媒体计划的基本策略和要素进行评述。

b. **背景评论与情况分析**　简明扼要地描述产品的市场情况，概括行销目标与广告目标，说明创意的方向。

c. **媒体目标**　对媒体策划将达成的目的或目标作明确与可行动的宣告。

d. **媒体策略**　概述怎样从媒体的选择、媒体的配合、广告的日程频次安排、费用分配等方面达成媒体目标。

e. **策划说明**　阐述媒体计划的执行要素，考虑选择各种策略及媒体的理由。

f. **确认媒体**　根据广告主的要求并为其提出客观建议，确认媒体形式并与广告主达成一致。

5．广告费用预算

（1）含义　广告费用预算及分配是对企业投入广告活动资金的计划和控制方法。准确编制广告预算是品牌广告传播策划的主要内容之一，是顺利开展广告活动的重要保证。

（2）原则　广告费用最主要的原则是：以最小的投入获得最佳效果。

三、品牌广告媒介策略

品牌广告媒介策略是品牌广告传播的主要策略（产品策略、市场策略、媒介策略和广告实施策略）之一。广告媒介策略策划的内容与流程如下：

1．广告媒介策略的含义

品牌广告的媒介策略，即是对广告媒介进行选择和搭配运用的策略。其目的在于以最低的投入取得最大的广告效益。它不仅能提高广告的接触率和重复率，扩大认知，增进理解，而且在心理上能给消费者造成声势，留下深刻印象，增强广告效果。其作用是：广告媒介策略是企业行销策略能否成功的关键因素之一，它决定广告目标能否实现、决定是否能够有的放矢、决定广告内容与采用的形式、决定广告效果。

2. 广告媒介策略的方式

现代社会中的不同广告媒体，各自都具有不同传递广告信息的特点与手段，对消费者的有意吸引与无意接受的程度、方式也各不相同。广告媒介的分类：

（1）大众传播媒介　印刷媒介和电子媒介两大类。具体说，主要是指报纸、杂志、广播、电视、电影等媒体。这些媒介传播信息具有速度快、范围广、影响大等特点。大众传播媒介具有五项功能，即宣传功能、新闻传播功能、舆论监督功能、实用功能和文化积累功能。

（2）小众传播媒介　传播范围小些，受众群体少些的传播媒体。这些媒体往往可以直接影响消费者的购买行为，进行促销，能够弥补和配合大众传播媒介的传播活动，满足消费者的整体需要，有时也可统称为促销媒体。小众媒体分为“窄众媒体”和“一对一媒体”。窄众媒体包括户外媒体、售点媒体、交通媒体；一对一媒体主要是直邮和电话等广告媒体。

（3）新媒介　是报刊、广播、电视等传统媒体以后发展起来的新的媒体形态，包括网络媒体、手机媒体、数字电视等。《日本现代设计事典》中对新媒介（New Media）的解释主要分为三个类型：a. 有线类：情报提供与终端均有线连接的。b. 无线类：卫星播送与高解像度电视、数码电视等，是电波传送的。c. 商品类：光碟、八毫米录像带等。

（4）未来的媒介　传统媒体与新兴媒体融合的大趋势是全媒体。例如电子纸等。

进行广告媒体策略策划必须了解掌握各种不同媒体的独具特性，根据各自独具的属性、传播地域、传播存留时间、消费者可能注意度、覆盖面积、发行数量、传播效果等制定出广告媒体选择与预定传播效果的方案。

表4-1　不同广告媒体的优缺点比较表

广告媒体	优　点	缺　点
电视	◇ 集声音、图像、色彩、动作于一体，感染力强； ◇ 覆盖面广，传播及时，收视率高。	☆ 制作、播出成本较高； ☆ 消费者选择余地小，针对性差； ☆ 展示时间短，无法保存。

续 表

广告媒体	优　　点	缺　　点
广播	◇ 传播及时、迅速，听众广泛； ◇ 地理和顾客选择性较强； ◇ 制作简单，成本较低。	☆ 有声无形，广告形式受限制； ☆ 时间短促，不便记忆、存查。
报纸	◇ 覆盖面广、可信度高； ◇ 信息量大，传播及时； ◇ 可重复阅读； ◇ 费用较低。	☆ 时效短； ☆ 受印刷质量限制，表现力差。
杂志	◇ 对象明确，针对性强； ◇ 保存时间较长，便于重复阅读； ◇ 印刷精美，能较好地展示产品形象。	☆ 出版周期长，时效性较差； ☆ 广告覆盖面较小。
网络	◇ 不受时空限制，传播速度快，成本低廉； ◇ 可传播图、文、声、像等多种信息； ◇ 观众的选择余地大，具有交互性。	☆ 受网络普及、接触度所限。
流动媒体	◇ 在人口集中的大城市非常有效。	☆ 接触区域有限。
邮寄媒体	◇ 目标对象明确； ◇ 信息量大，费用较低。	☆ 反馈的主动性差； ☆ 反馈周期较长。
户外媒体	◇ 展示时间长，费用相对较低； ◇ 有利于宣传产品、企业形象。	☆目标对象选择性差； ☆ 传播信息量较小。

3．广告媒介策略的因素

品牌广告媒介选择一般要考虑投放目的、目标受众、覆盖面、投放频次、投放区域及媒体、投放时间、投放预算等因素。

4．广告媒介策略的步骤

进行媒体组合，首先是选择具体媒体。大体上经过确定媒体级别——确定媒体对象——确定广告单位等步骤。

5．广告媒介策略的注意

一是要能覆盖所有的目标消费者；二是选取媒体影响力的集中点；三是与企业整体信息交流的联系。

6．广告媒介策略的模型

凤凰传说历经近20年积淀的“三步走媒介策略模型”是实效传播的重要法宝。这套完善成熟的模型主张从解读客户的传播需求出发，确定传播目标和达成传播目标，为客户提供实效的、贴心的、创新的实效传播服务。

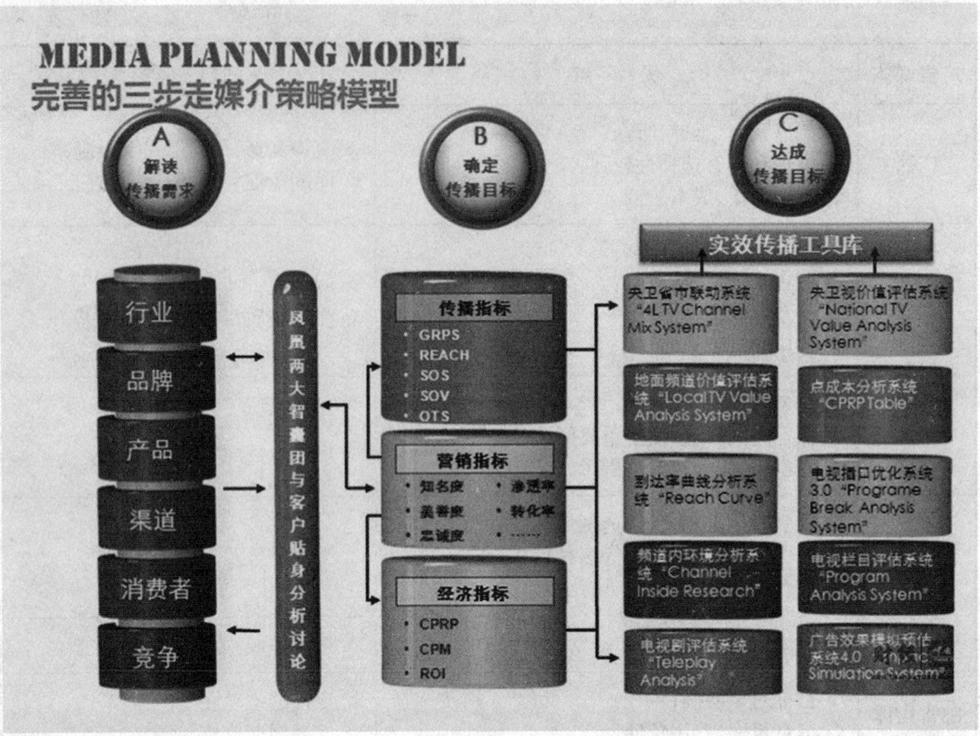

图4-6　凤凰传说实效传播“三步走媒介策略模型”

第三节　品牌公关传播

公关第一，广告第二，在广告费越来越难以承受、在媒体的种类与数量越来越多、在消费者产生资讯焦虑的今天，公关传播策划成为企业品牌传播的重要武器，品牌公关传播手段起着越来越重要的作用。

一、品牌公关传播概述

（一）品牌公关传播的含义与特点

（1）含义　品牌公关传播是指企业通过各种公共关系活动，主要以大众传播媒介为主要手段，以提高品牌知名度，树立品牌形象，处理品牌危机，向公众传递、协调、沟通品牌有关信息为目的的企业传播活动。

（2）特点　品牌公关传播具有双向性、快速应对性、公众利益性、媒体传递性等特点。

a. 双向性　企业主动地、有目的地通过媒体向目标公众传递信息，并对反馈信息进行收集与整理；而公众则是主动接受企业的信息并作出积极的反馈，两者之间形成一个互动交流的关系。

b. 快速应对性　品牌公关往往是突发的，并没有任何先兆，如市场上瞬时变化的信息、公众的反馈信息、媒体的评论都可能引发企业的公关活动，促使企业实施公关传播策略。

c. 公众利益性　品牌公关传播的出发点是保护公众的利益，尊重公众的利益。企业公关活动是站在广大公众的立场上，从公众的心理需求、公众的好恶、公众的利益、公众间的关系和公众素质等考虑问题，进行决策。

d. 媒体传递性　媒体是企业公关传递品牌信息的桥梁，品牌公关传播主要借助互联网、电视、广播、报纸等媒体扩大公关的宣传，增强公关的效果。

（二）品牌公关传播的原则与功能

（1）原则　品牌公关传播原则不仅是一种理论，更是一种思维模型和解决问题的工具。

a. 公开原则　品牌公关传播不要搞神秘化，对事实遮遮掩掩，更不要提供虚假信息，而应开诚布公、客观公正地报道事实的真相。

b. 准确原则　就是品牌信息要准确、全面、及时。公关传播的方向是否正确，最根本的是取决于是否符合品牌的个性；而公关传播是否有效和有力，则取决于有没有挖掘出品牌的核心内涵，有没有找到与品牌之间最牢固的结合点。

c. 责任原则　品牌公关传播是企业对社会和公众的一种承诺与责任，企业应主动承担责任和义务。

d. 适当原则　品牌公关传播要把握好“度”，做到量力而行，千万不可勉为其难。

e. 创新原则　品牌公关策划人员不能抱残守缺、墨守成规、只凭经验，而要勇于创新、善于创新。品牌公关执行人员要用新思维、新格局、新方式来制定和执行公关方案。

f. 灵活原则　品牌公关决策就要具有灵活性，品牌公关策划者和执行人员要准备后备方案，使公关决策具有很强的应变能力。

（2）功能　品牌公关传播具有传播沟通信息，协调关系、建立良好的外部关系，塑造企业品牌形象，解决危机消除问题等功能。具体是：

a. 塑造品牌知名度，巧妙创新运用新闻点，塑造组织的形象和知名度。

b. 树立美誉度和信任感，帮助企业在公众心目中取得心理上的认同，这点是其他传播方式无法做到的。

c. 通过体验营销的方式,让难以衡量的公关效果具体化,普及一种消费文化或推行一种购买思想哲学。

d. 提升品牌的"赢"销力,促进品牌资产与社会责任增值。

e. 通过危机公关或标准营销,化解组织和营销压力。

二、品牌公关传播方式

(一)品牌公关传播软文

从以消费者的信息需求为目的,围绕消费者的需求来进行的公关传播软文可以分为三类。

1. **专业性软文** 以阐述产品的功能性及技术指导性为主,旨在使受众全面了解产品研发的前后及所产生的功效,甚至于新技术革新对于社会进步产生的影响等。此类传播在技术性企业较为常见,如汽车、生物医药行业等。

2. **评论性软文** 如包含行业、专业、企业三类内容的相关评论;行业评论包括行业热点、行业动态或行业发展等,以行业性的评论来带动其企业的专业形象或引导消费者对于行业发展的导向等。

3. **品牌性软文** 在消费者接收信息的同时进行产品、品牌等相关信息的植入,从而达到公关传播的目的,强化行业、产品、品牌等利益点,实现互动传播诉求。

(二)品牌公关传播活动

品牌公关传播活动的类型有:

(1)活动赞助:体育、教育、慈善事业;

(2)新产品推广:新产品展示、新技术应用、新产品招商;

(3)社会事件:热点事件、焦点事件、社会问题;

(4)大型活动:大型节庆、公益活动、体育活动;

(5)服务咨询:产品咨询、服务支持、演讲;

(6)企业新闻:企业动态、重大决策、企业危机。

案 例

耐克成为世界杯的赞助商,就将耐克与运动、健康等概念联系在了一起。海尔在中央电视台推出动画片《海尔兄弟》,就以海尔的品牌角色为主角,将海尔这一品牌灌输给儿童。

三、品牌危机公关传播策划

（1）公关危机传播策划含义

什么是公关危机传播？公关危机传播策划是针对企业或社会组织出现声誉受损，形象受挫以及伤亡事故等制订的旨在维护声誉、消除误解、告知大众的书面计划。危机传播策划的侧重点是危机发生后的新闻传播，信息控制。

品牌危机一旦发生，我们就要进行品牌公关危机传播策划，在企业、受害者和社会公众等三方面利益协调一致的前提下，为企业制造舆论、恢复声誉形象。可以说，品牌危机公关的成败很大成分是源于品牌危机公关传播策划是否成功。

（2）品牌公关危机传播策划内容

品牌公关危机传播策划的主要内容是：

a. 制订品牌媒介策略 成立临时记者接待机构，专人负责发布消息，集中处理与新闻有关的新闻采访，主动提供权威资料；通过新闻发布会等形式，及时将组织对危机事件所采取的应急措施、补救方法、善后处理的对策，主动告诉媒介；如遇到新闻报道失真、失实，应及时指出，并给予更正，一般做冷处理。

b. 制订品牌传播时间表 现代媒体传播的速度之快，迫使公共关系经理人在60分钟之内就要掌握整个情况。新闻记者甚至会在危急事件后几分钟内抵达现场，而最初的报道往往会定下后续报道与评论的基调。所以要求公关经理迅速掌握全面情况，确定传播时间表，才能控制传播态势。

c. 确立品牌“发言人”制度 为了保证对外宣传的高度一致性，主动引导舆论，危机管理委员会必须设立“发言人”制度，“一个声音，一个观点”，以正视听，掌握危机处理的主动性。“发言人”要求受过专业训练，具有极强的沟通协调和应变能力。他必须负责任地向外发布真实信息；他必须从容面对新闻媒介，面对公众，甚至要面对意想不到的不利环境；他能够有理有利有节地驾驭场面，以良好的人格魅力影响公众。

d. 品牌新闻发布会 品牌危机出现后召开的新闻发布会，与没有品牌危机情况下新闻发布会的比较，更侧重于与媒介关系的协调沟通，以及信息的主动控制。借助媒介，发布与危机有关的信息，尽量减少损失，及早控制事件向不利的方向发展，稳定受害公众的情绪；同时，组织在接受媒介的采访、提问时，要统一信息口径，善待新闻界代表，防止不利于企业危机处理的报道。

（3）品牌危机公关传播的方略

品牌公关危机传播策划的主要方略是：

a. 企业管理高层人物出面 危机公关传播的主角应该按照危机的影响程度和范围来确定。一般选择与危机影响相适应的管理层次出面是比较合理的，往往越是高层人物出面对于危机的消除益处越明显。

案 例

1999年在比利时发生的可口可乐中毒事件的危机公关中，可口可乐公司派出了以行政总裁华莱士为首的公关团队来应付危机局面。在新闻发布活动中，高层人物的出面会加强媒体和公众对于企业负责任态度的好感，同时易于及早在危机尚未恶化的情况下作出表态承诺，改变事态发展方向。

b. 分清主次搞准向谁传播 要搞清楚品牌危机传播的对象，开展有针对性、高效率的传播，使品牌传播效应发挥到最大。品牌危机发生后，最关注企业应对举措的不外乎是这么几种人：受害者、新闻媒体、竞争对手、社会公众。

事实上，挽救品牌危机的一个关键是争取危机权威机构的鉴定支持，他们的结论往往是公正评判的最终依据，万万不要自己说自己对。

c. 准确选择时机 品牌危机公关的传播原则应该是迅速而准确，这就有了两种时间选择：危机发生的第一时间和危机真相大白的时候。危机公关的一个重要原则：开诚布公。品牌危机公关会伴随着种种猜疑而艰难地进行着，企业要注意及时地把最新情况与进展通报给媒体，也可以设立专门的信息沟通渠道，方便新闻媒体和社会公众的探询，为真相大白作铺垫。

当危机来龙去脉全部搞清楚之后，企业最好要组织一次大规模的新闻发布活动，把危机真相和最终结果汇报给公众，为危机公关圆满地画个句号。

案 例

康泰克被禁后，中美史克专门开通了800免费电话，为关心事件进展的人们解疑，取得了良好的传播、沟通效果。

d. 选择广泛的渠道 品牌危机信息的传播不外乎以下几种渠道：广播电视、报纸杂志、互联网、人际口传，也即大众传播媒介和人际传播。人际传播也许企业无法控制，但大众传播媒介企业完全可以通过公关活动加以影响。

案 例

伴随着互联网的发展，网络新闻的影响逐步从虚拟走向现实，而且有着无法预测和难以控制的特点，如东芝笔记本电脑危机就是从网上蔓延开来的，企业也要注意监测和利用这条渠道。

e. 高姿态承担责任　品牌危机发生后，公众都是在等待企业的表态——是否低姿态地承认错误、是否愿意承担责任、是否愿意改进等，这些应该成为企业危机公关传播的核心内容。实际上，危机公关正是通过这些积极的努力来赢得消费者的谅解与信任的。

案　例

日本航空危机事件中，日方几次出具调查报告，但都是对事实真相遮遮掩掩并缺乏实质性的赔偿或赔礼道歉条款与行动，以致招来中国消费者的极大愤慨，一起简单的投诉危机结果进入了没完没了的法律诉讼程序，这不能不说是危机公关的失败。

f. 坦诚地自曝真相　对于品牌危机的产生，企业要敢于面对自身的失误，分析原因、寻找差距并及时改进，这是企业最基本的经营理念。

案　例

可口可乐在处理比利时危机事件时，明确承认产品质量事故是由于车间隔离材料的问题和现场管理不严格造成的。在坦白了过错之后，可口可乐依然畅销于欧洲。

g. 重视信息传播主渠道　品牌发生了危机，就意味着某些环节出了问题，这是绝对不能回避的；如果条件成熟的话，可以邀请消费者代表赴企业参观，尤其是那些企业的忠实老顾客，让企业自身实力说话，并通过消费者之口影响到企业无法控制的人际传播范围。

案　例

麦当劳在中国发生过几次消费危机后，都能尽快搜索一切与危机有关的信息并挑选一个可靠、有经验的发言人，将有关情况告知社会公众。

第四节　品牌网络传播

网络提供了一个集中、全面展示品牌的平台；品牌宣传的关键是品牌所提供的核心价值，品牌本身至关重要；品牌网站给人的第一印象应该是简单实用，并注重以新技术的革新创造更好的消费者满意；网络品牌的策划者应放弃品牌主导者的位置，在网络上做一个认真的交流者和倾听者。

一、品牌网络传播概述

让消费者拥有品牌主导权，意味着品牌策划者应具有更加开放的胸怀和事业眼光，而将品牌由企业的品牌或者说团队的品牌向大众的品牌推进，对品牌自身的挑战将更加严峻。但不论如何，来自消费者的声音，将会为品牌的前进指明方向，在网络上，倾听更为重要和关键，也更容易实现。

（一）品牌网络传播的概念与效应

1．品牌网络传播的概念

网络品牌是指区别于竞争者的、拥有大量稳定的访问客源、形成竞争优势的网络标识，也是所有网民对某一特定网站认知的总和，是网站提供并由网络受众受用的节目（栏目）、服务以及感受的总和。

所谓品牌网络传播是指以互联网这一信息传播平台，以电脑、电视机及移动电话等为终端，以文字、声音、动画、图像等形式来传播信息，通过增强网络形象、吸引受众访问和留言，提供网络服务，扩大企业在互联网的宣传，从而提高企业的品牌知名度，塑造品牌形象，促进市场销售。

2．品牌网络传播的构成要素

一个品牌之所以被认知，首先应该有其存在的表现形式，也就是可以表明这个品牌确实存在的信息，即网络品牌具有可认知的、在网上存在的表现形式，如域名、网站（网站名称和网站内容）、电子邮箱、网络实名/通用网址等。其构成要素主要是：

（1）网络域名如.com，.cn，.net等；

（2）企业具体的网站；

（3）PR值是网络品牌的重要组成部分；

（4）关于企业的软文和相关的东西。

（二）品牌网络传播的特点和作用

1．品牌网络传播的特点

网络传播能够在短时间内迅猛发展，主要是由其不同于传统媒体的优势和特点决定的。

（1）全球性　网络以其超链接的方式将存储信息的容量无限放大，网络信息可以实现即时更新，大到国际、国家大事，小到生活琐事，均能在网上得到同步反映。

（2）多样性　网络传播不仅集传统媒体传播手段之大成，而且在传播过程中可以把文字、声音、图像等融为一体，实现以往各种传统传播手段的整合，满足了受众多方面需要。

（3）互动性　在网络信息传播中，传播者和受众可以任意互换角色，受众既是信息的接受者，也可以成为信息的传播者。受众的主体地位得以体现，不仅可以主动地获取或发布信息，而且可以实现无时空限制的交流沟通。

（4）开放性　在网络上，人们可以在不同国家、不同民族之间就文化传统、思想观念、宗教信仰和生活方式等各个方面进行交流。网络传播是完全开放的，全球共享、广泛参与是其鲜明特征。

（5）广泛性　在互联网上，每个网民都可以是信息发布者。网络传播主体可以匿名，网民随意出入自由发言，发言机会均等。

（6）视觉性　强调视觉效果也是网络的一个重要特点，除了静态的图片和文字之外，网络更多借助三维动画、视频文件和FLASH动画等提高视觉效果，尽量使访问者能够留下美好的和深刻的印象。

2．品牌网络传播的作用

根据美国网络对话以及国际商标协会的调查，在网络使用中，有1/3的使用者会因为网络上的品牌形象而改变其对原有品牌形象的印象，有50%的网上购物者会受网络品牌的影响，进而在离线后也购买该品牌的产品，网络品牌差的企业，年销售量的损失平均为22%。这说明，品牌是无形价值的保证形式，在网上购物品牌更为重要，网站成功的秘诀就在于创造一个响当当的网络品牌。

（1）网络传播的积极作用　主要体现在以下几方面：

a. 信息多元化　网络信息中运用了FLASH、视频、音频等多媒体技术，通过组合的应用，配以精彩的内容，给读者带来了强烈的感观刺激和互动参与的欲望以及吸引力所在。

b. 表现形式立体化　网络新闻以互联网为基础，借助先进的传输技术，在新闻传播内容、形式、结构及便于阅读等方面，都很好地发挥了新闻宣传的舆论导向作用，收到了较强的立体化的新闻传播效果。

c. 传播互动化　信息传播的双向互动，是网络传播的本质特征和社会意义的集中所在。双向互动式传播内含着天然的民主亲和力与自由召唤力，从而构成了对现有传媒的致命冲击，构成了对传统意识的日趋迫切的反叛与否定。

（2）网络传播的负面效应

网络传播是一把双刃剑。一方面，网络的科学传播有利于统一思想、凝聚人心，促进社会和谐发展；另一方面，网络管理不善则容易导致不良信息泛滥，引发矛盾、涣散人心。网络传播的负面效应，可归结为以下几方面：

a. **网络传播信息良莠不齐** 围绕网络短信的兴起也出现不少问题，一些内容低俗不堪的网络短信和新的恶作剧方式随之产生。

b. **网络传播信息充斥着虚假** 信息具有很大的隐蔽性，刺激了人们在网上恶意传播虚假信息的欲望，在很大程度上丑化了网络传播在人们心目中的形象。

c. **网络传播效率低下** 随着网络传播文化的发展，这种情况会有所好转。

二、品牌网络传播策划

互联网拥有传播速度快、受众广、成本低的优势，已成为品牌塑造最有效、最强有力的工具。品牌网络传播策划的原则主要体现在以下几方面：

（一）品牌网络传播的原则

1. 企业风格化

网络的设计应该尽量与企业的特性相符或吻合，网络形象也是企业形象识别的一个不可分割的组成部门。网络形象需要体现企业的文化特征、品牌特征，它是企业社会品牌形象的一个缩影。

企业文化和品牌特征是企业的独特而具有优势的资源，因此企业的网络设计也应该是独特的，体现企业个性化设计。

2. 便于操作

企业网络应该便于访问者快速了解所需信息，因此在设计上要强调主页导航设计、突出重点栏目设计。网络主页的设计尽量简约化，不能哗众取宠，更不能喧宾夺主，为了追求网页的华丽而盲目配置大量的图片及动画、广告、视频等。

3. 快速下载

提高网络的链接速度，使访问者能够在短时间内下载所需要的信息。网络速度是影响访问者访问量的一个重要因素，没有人愿意花大量的时间来等待网站打开或信息的下载。

4. 即时更新

网络的信息必须保持发布最新的信息，并且做好即时更新工作，目标访问者只关心企业的最新信息、最新动态，滞后和无效的信息会降低访问者的浏览兴趣。

5. 信息共享

除了企业的商业机密不能在网上公布之外，企业在网络上的所有信息都应该能够与访问者共享，为访问者提供下载服务。

（二）网络品牌传播的内容与关键

随着网格技术和消费者信息接触行为的发展，“窄告”，“富媒体”等越来越多的品牌营销传播形式出现在互联网中。网络品牌传播策划的内容与关键如下。

1. 网络品牌传播策划的内容

（1）网络广告　网络广告的作用主要表现在两个方面：品牌推广和产品促销。在游戏的特定情境中设置植入式广告，能够给消费者带来全新的品牌体验，有效地避免了消费者对强制性广告的抵触心理。此外它还表现在消费者通过企业方网站，了解品牌文化、在线模拟产品使用等。具体来说，在网络上有很多可以与消费者对接的体验接触点，这种对接主要体现在浏览体验、感官体验、交互体验和信任体验等方面。

a. 浏览体验　浏览体验是指网络品牌信息接触的顺畅，主要表现在网络内容设计的方便性、排版的美观、网站与消费者沟通的互动程度等。

b. 感官体验　感官体验充分利用互联网可以传递多种媒体信息的特点，让消费者通过视觉、听觉、实现对品牌的感性认识，使其易于区分不同公司及产品，达到激发兴趣和增加品牌价值的目的。

c. 交互体验　交互体验通过促进消费者与品牌之间的双向传播，以论坛、留言板等方式实现。消费者将对网络品牌体验的感受再反馈给品牌，提高了品牌对于消费者的适应性和积极性。

d. 信任体验　网站的权威性、信息内容的准确性以及在搜索引擎中的排名等，都构成了消费者对于网络品牌信任的体验程度。

（2）“病毒”性营销　所谓“病毒式网络营销”，是企业以短片、活动或是电子邮件的方式在全球网络社群发动的营销传播活动。其本质就是让用户们彼此间主动谈论品牌。这种与品牌之间有趣的、不可预测的体验，利用快速复制的方式，使得信息像病毒一样传播和扩散，显示出强大的影响力。

品牌信息“病毒”式营销首要原因是价值、有创意、公共性话题。网络用户喜欢一些实用性或者公共性强的话题，如果话题再有一些娱乐性，并且用“免费”作为诱饵，就可以更快地吸引人的注意。

案　例

MSN、QQ等即时通信工具以及电子邮件等消费者举手之劳就可以实现的传播方式，为企业进行“病毒”式品牌传播带来便利。瞄准易感人群，选择有效的品牌信息传播平台，找到容易把消费信息迅速传播出去的“病毒感染源”。这些“感染源”可以是一些有名的论坛如天涯等，也可以是一些博客。通过良好的传播平台吸引易感人群，使品牌信息迅速扩散。

（3）网络社区　网络社区是互联网上特有的一种社会形态，通过将具有共同兴趣或特征的访问者集中到一个虚拟空间中，使这些消费群体建立起某种经常性的联系，提供自由交流的平台。网络社区的主要形式有：

a. **关系型社区**　网络用户在某种方面具有一定的天然性关联，于是在网络上集结，建立共同的网络社区，例如高校论坛、住宅小区论坛等。在关系型社区中，由于人与人之间具有相对稳定的关系，能够使品牌顺利地在同质人群中传播。

b. **兴趣型社区**　有共同兴趣的人也可以在网络上聚合的社区。例如大众Polo汽车的爱好者们有一个叫作“菠萝派”的车友俱乐部，专供大家交流Polo汽车的购买心得和驾驶体验。

c. **幻想型社区**　通常是指一些虚拟社区，例如“第二人生”等，与网络游戏有一定的相似性。用户在虚拟的社区中饰演不同的角色，从工作赚钱到结婚生子，让人们在非真实世界环境中身临其境。很多商家便看中了虚拟社区中植入式广告的商机。

d. **交易型社区**　在交易型网站中，买家与买家之间或者买家与卖家之间也能形成的一种交流互动的社区。如在淘宝网和当当网上，消费者除了和商家进行买卖之外，还经常就产品和品牌进行讨论，分享使用体验。

（4）搜索引擎　搜索引擎的品牌营销是基于企业网站的营销方法。

a. **主要方式**　搜索引擎是用户发现新网站的主要方式之一，用户通过某个关键词检索的结果中看到的信息，是一个企业/网站网络品牌的第一印象，这一印象的好坏则决定了这一品牌是否有机会进一步被认知。网站被搜索引擎收录并且在搜索结果中排名靠前，是利用搜索引擎营销手段推广网络品牌的基础。搜索引擎的网络营销价值不仅体现在网站推广和产品促销等基本层面，还表现在企业的网络品牌价值等方面。合理利用搜索引擎可以达到提升企业品牌的目的，如果对此不够重视或者方法不当，则有可能让企业品牌形象受到损害，因此有必要对利用搜索引擎提升网络品牌的基本方法进行系统的认识。

b. **基本方法**　利用搜索引擎提升网络品牌的基本方法，包括尽可能增加网页被搜索引擎收录的数量；通过网站优化设计提高网页在搜索引擎检索结果中的效果，获得比竞争者更有利的地位等。这些方法实质上都是为了增加网站在搜索引擎的可见度，因此如何提高网站搜索引擎可见度成为搜索引擎提升网络品牌的必由之路。

c. **操作提示**　查询在搜索引擎里面的收入量，在搜索栏里面输入：site：域名回车即可看到具体收录数量。

2．网络品牌传播策划的关键

互联网特别是移动互联的普及，微博、微信的火热，使消费者接收信息呈现出三个特征：迅速、碎片化、互动性。传播的信息如果不能够吸引眼球，几秒钟就被抛到脑后；传播的信息过长，连看的耐心都没有；消费者自己没有发言权，很快就会没有兴趣。在这样的环境中，品牌的塑造再也无法由品牌精英一手操持，而需要让消费者参与到品牌的塑造过程中。因此，网络品牌传播策划的关键要素是：

（1）选择一种有效的途径　传播的内容一定要集中在消费者的兴趣上。网络途径是指搜索引擎登录、发布软文、网络论坛和新闻组、广告交换登录、友情链接登录等。

（2）通过简明的方式来表达　再好的传播主张若无法准确表达，则无法传播。若传播过程失真，则表明方式选择不对。

（3）网络传播技能必须一致　传播技能的整合是网络整合营销最简单、也最经常的一种运用。它是指将各种传播方式有机地组合运用，用同一种策略、同一种节奏，作用于消费者的各种感观，达到同一种信息的有效传达。

（4）传播主张必须持久执行　大凡做得好的网站品牌，其传播主张往往比较稳定，使消费者有一种稳定感和自豪感，从而形成品牌忠诚。

（5）与竞争者品牌加以区别　网站的品牌和品牌形象，唯有品牌价值存在于消费者心中，无法替代。而网站品牌形象的建立及品牌价值的转换只有依赖于传播。

（6）了解消费者行为是核心　网络营销传播的核心内容和最主要部分就是了解消费者行为。加强互动性，是了解消费者行为的最有效方式，运用得好，可收立竿见影之效。

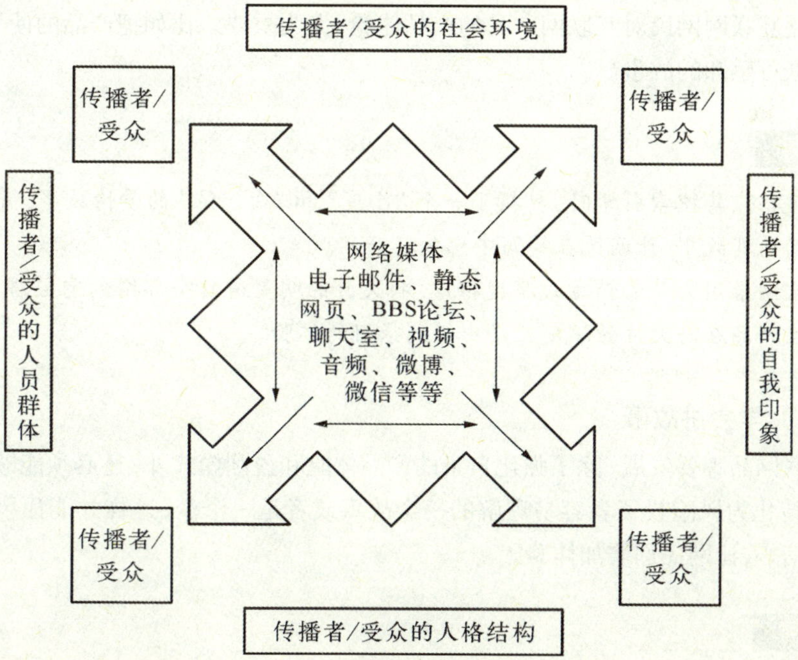

图4-7　网络媒体传播

三、品牌网络传播策略

新媒体环境下的品牌网络传播策略主要是精准化传播策略、个性化传播策略、线上与线下传播结合策略（虚拟社区口碑传播、品牌搜索传播、品牌体验传播）等。具体策略与技巧是：

（一）创意符号

互联网企业的产品是无形的，是一种服务。因此，对于互联网企业必须创造一个非常强烈的品牌记忆符号，才能让消费者形成实在的感知。

案 例

GOOGLE，其强烈的品牌记忆符号就是每逢特别节日，其网站的LOGO就会变身，变成节日卡通形象，节日Doodle已经成为GOOGLE品牌文化重要的一部分。

腾讯QQ的小企鹅，不单成为腾讯的标志性符号，而且还延伸到服装、礼品等相关性产业。

（二）强化体验

强化互联网网民对互联网产品的产品体验，尤为重要。比如把产品的使用过程，变成受众可感知的故事。

案 例

百度推广其搜索引擎时，杜撰了一个“小度”和“白依依”的爱情故事，并且让网友自发续写其故事，让网民在续写中感知其产品。

淘宝网采用大片营销方式深度推广，将大片的明星道具全部搬到淘宝网上拍卖，使得淘宝产品在与大片的深度互动中得到很好的体验。

（三）学会讲故事

互联网品牌要发展，除了强化自身的产品体验和盈利模式外，还必须能够把自己的模式转化为风险投资者容易理解的一个故事或者是一个梦，这样才能让风险投资者建立信心，让网民们增加体验。

案 例

阿里上市开盘价92.7美元，较发行价大涨36.3%，市值超过2 300亿美元。这是纽交所223年历史上最大的一笔IPO，同时也超过了Facebook的160亿美元，以及美国此前最大规模IPO——VISA的179亿美元融资额，成为目前为止美国最大规模的IPO个案之一，就是因为阿里在上市路演时讲了一个的“中国与世界的GOOGLE”的故事。

（四）借势和造势

互联网企业，要想让自己的品牌迅速成长，一定要学会借势，时刻注意跟踪社会上的文化热点、娱乐热点、体育热点，随时取之为己所用，让紧贴社会热点的品牌传播运动，激起市场和社会的多元化反应，形成多重的激荡，这种激荡的效果，将等同于过往在黄金时段投放的效应。

案　例

淘宝网只是一个在非典期间冒出来的游戏之作，然而诞生伊始，就给当时中国国内C2C网站大哥一记闷棍，宣布“淘宝网将永远免费”，以至于后来ebay收购易趣后，跟三大门户网站签订了排他性广告协议封杀淘宝。然而就是这一轮封杀，却让淘宝开辟了一条截然不同的品牌建设之路，淘宝网将视线转移到“娱乐营销”，通过与各种热门大片的合作，从《韩城攻略》到《天下无贼》到《头文字D》，淘宝网赚足了人气赚足了风头，同时也着实地吸引了很多用户到淘宝网开店，淘宝网的市场占有率已经超越中国ebay，达到70%之高。

案　例

“天涯域名被前员工劫持”，就是一出精心策划的造势大戏。天涯将更换域名，但是又怕贸然换名不为人注意，于是跟前员工演了一出“一个愿打一个愿挨”的双簧戏，在各大网站上发布“天涯域名被前员工劫持”的消息，宣称“启动新域名www.tianya.cn”，一时间各大网站纷纷开辟专栏追踪报道此事，让天涯换域名的消息一时充斥了整个网络，异常火爆地把天涯更换域名的消息通过一个特别另类的方式传播了出去，此后当然是天涯和前员工握手言和不了了之。

（五）创造需求

互联网的品牌传播策划，尤其是价值建设极为重要，但这不是靠过去的所谓消费者心理差异化诉求来实现的。所有真正成功的互联网企业品牌是通过某种技术的改造和创造，通过某种信息模式的重组，给消费者一个全新的体验。他们不是在简单地取悦或者满足消费者的心理，而是在创造需求。

案 例

GOOGLE之所以能够成为世界上市值最高的互联网公司，就是因为GOOGLE一直以来都把创造客户需求放在首位，通过对自身搜索技术和搜索产品的创意和升级，不断地推陈出新，从GMAIL到视频搜索到本地搜索，GOOGLE的每一个新产品的推出都能对整个行业带来冲击和振荡。GOOGLE从来未曾推出过一个广告来试图建立自己的心理区隔和品牌形象，然而GOOGLE不断通过新产品新技术的推广来创造客户需求，消费者从GOOGLE产品中体验到了无限创意，GOOGLE的品牌形象潜移默化中就成为世界上最开放、最具有创意、不断颠覆的形象。

（六）口碑传播

传媒和传播正在发生大变局，企业、个人都在成为一个媒体。未来不是一个大媒体面对无数受众，而是无数的媒体与无数的受众的相互交织和交流。未来的广告将走向点播式和主动传播式，控制权完全掌握在消费者手中。

案 例

百度，一直以来都是以“口碑传播”作为其传播的主要原则，特别是4个网络小电影，完全颠覆了传统广告的特征，只是依靠网民的自发来传播，并且网民会自觉地根据小电影的内容组织，如百度的《唐伯虎篇》，开始时的标题是“百度更懂中文”，然而最后互联网上，出现得最多的关于这条短片的标题却变成“看百度如何打击GOOGLE”，从而引发了更广范围的传播。

策 划 提 示

品牌传播推广重点关注：

（一）确定品牌的本质和阶段目标

在实施品牌传播推广时，首先要解决的是品牌定位的问题，要搞清楚自己品牌的核心价值、内涵；接下来再理顺传播的方向以及传播的目标。唯有确定品牌的核心，方可使品牌各个触点的功能在战略层面上达成一致，才能将公关、促销、视觉、宣传语等工具统一成和谐的传播调性，从根本上起到视觉触点在传播中的应有作用，引爆出强势的品牌动力。

（二）做好基础性的传播工具

做好品牌传播推广工作，须选择适合的传播推广方式、传播工具和传播途径，如企业宣传片、企业宣传册、企业VI、软文、系列平面广告、产品包装、终端视觉包装、企业官方网站等等。这样才能最大化地利用公司资源，协调公司的方方面面，提高传播效率，将企业及产品相关信息最快地传递至目标对象。

（三）注重各种传播方式的整合

要注重各种传播方式（动态、静态、人员、网络等媒体方式）的整合，使消费者获得更多的信息接触的机会。而多种传播方式的运用在于整合的力量，在营销过程中不能单一地使用某种传播方式，而是要全方位立体地把广告、公关、促销、口碑传播等多种传播方式组合在一起。

（四）注重利用视频的作用

现代社会信息庞杂，要想在最短的时间内吸引人群并有效地与人群精准沟通，尤其需要利用最具沟通效能的视频手段。选择视频宣传片进行传播，并将之纳入企业的基础性传播工具之中。

（五）注重传播的持续性和统一性

要根据企业情况以及所处市场环境，制定长期的传播策略。一是高价值品牌的创造需要较长时期；二是现代人信息海量，要在一定时间内快速接受与认同一个品牌是非常困难的。在各个传播阶段与传播活动中，长期保持一致的品牌策略与形象，是品牌成功的重要条件之一。

（六）灵活拓展新的市场推广方式

针对细分目标人群强调精准营销，如开展网络口碑营销、EMAIL营销、短信营销、微信营销、微博营销等，此类传播手法短期内效果尤为明显。比如在电视台、广播、报刊、网站、露天场所等单独或与有关环保、普法、节日、庆祝等的合作性公益广告宣传；对体育、文化等各方面的活动进行赞助等。

（七）注重“湿营销”传播

“湿营销”是指借助互联网上的社会性软件聚合某个群体，并以温和的方式将其转化为品牌的追随者，赋予消费者力量，鼓励他们以创造性的方式贡献和分享内容，从而影响商家的新产品开发、品牌管理等营销新策略。湿营销对品牌传播的作用在于：一是易于建立品牌信仰；二是加快品牌的传播；三是鼓励消费者尝试，影响其品牌购买决策。其传播方式：以粉丝、企业博客、微博和微信等载体进行传播。

下篇

应用篇

第五章

心旷神怡——城市品牌战略策划

城市品牌是一个城市在其发展过程中积累和沉淀下来的个性化优势资源的总和，是一个城市在推广自身城市形象的过程中，根据城市的发展战略定位所传递给社会公众的独特价值体验，并得到社会的广泛认可。本章以上海品牌衰落的原因与再崛起对策、上海打造时尚城市品牌的战略构想、上海玉佛寺佛教文化项目品牌策划等为例，系统分析影响上海城市品牌建设的要素及其互动关系；建构上海城市品牌的设计框架，并对上海城市品牌的战略定位、品牌识别系统、品牌传播、品牌体验和品牌文化建设等方面进行系统策划；对上海城市品牌的现状及存在的主要问题进行实证调查与分析，提出上海城市品牌建设的实施思路与对策建议。其现实意义和理论价值在于：发展城市品牌策划理论，推动城市品牌策划学科形成；为政府、社会中介组织和企业推进品牌建设提供决策参考。

第一节　上海品牌衰落的原因与再崛起对策

上海品牌曾经辉煌，而如今却日渐式微，其衰落的原因是什么？上海品牌还有没有再创辉煌的可能？如何突破再崛起的瓶颈障碍？做响上海自主品牌原创性的举措有哪些？对此，我们进行了专题调研与可行性战略策划，并提出了发展思路与对策建议。

一、上海品牌衰弱原因的深层分析

（一）项目背景

和所有其他事物一样，品牌也有产生、成长、繁盛和衰退的生命周期。曾几何时，上海是全国知名品牌的荟萃之地，也是国内众多新品牌的诞生之地。然而，进入20世纪90年代后，在我国国企改制、经济转型、市场竞争加剧等一系列的挑战下，上海许多品牌遭遇发展瓶颈，上海的品牌优势也逐步削弱，有的甚至风光不再。

品牌的复兴、再崛起，不仅是对上海文化的传承需要，也是上海国企改革、经济转型的需要；是进入21世纪的上海实现转型发展、形成以现代服务业为主体的产业体系的需要，更是上海建设现代化国际大都市的需要。

面对当前转型发展的新形势，上海的品牌该如何走出品牌困境而复兴、再崛起呢？

（二）上海的品牌发展历程及特点

1．上海的品牌发展历程

从历史上看，上海品牌发展大致经历了四个阶段。

（1）第一阶段

20世纪30年代，随着民族资本的发展，产生了一批轻工、纺织品牌，如正广和饮料、冠生园食品、华生电扇、三枪内衣和培罗蒙西服等。

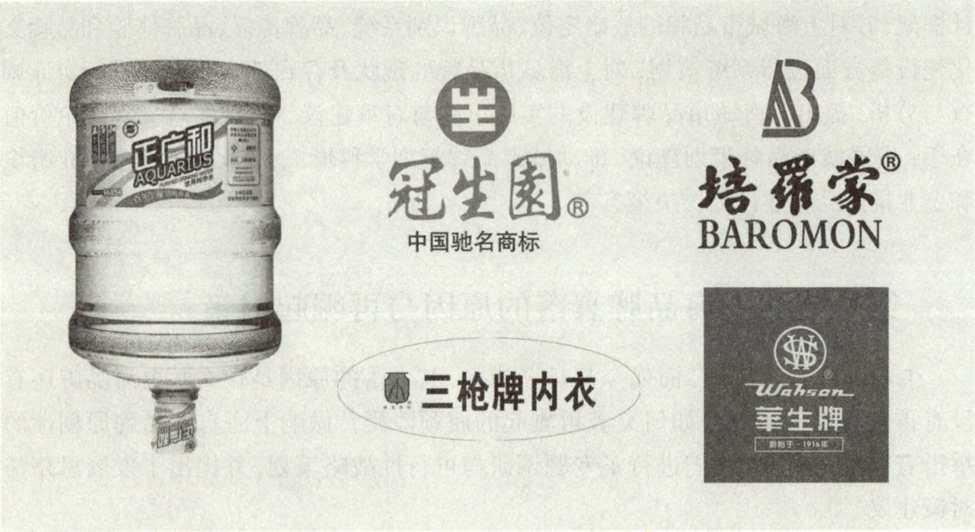

图5-1　正广和等品牌

（2）第二阶段

20世纪五六十年代，随着上海工业体系的初步建立，涌现了上海牌手表、英雄自来水笔、红灯牌收音机、凤凰自行车和永久自行车、蝴蝶牌缝纫机、大白兔糖果等。

图5-2　上海牌手表等品牌

（3）第三阶段

20世纪七八十年代，特别是改革开放以后，企业通过技术改造，创造出金星彩电、上菱冰箱、水仙洗衣机、霞飞化妆品、海螺牌衬衫、凤凰牌毛毯等。

图5-3　金星彩电等品牌

（4）第四阶段

20世纪90年代中期至今，随着上海产业结构调整，一批先进制造业、高新技术产业、现代服务业的产品品牌、企业品牌、区域品牌和服务品牌逐步凸显，如宝钢、上汽、振华港机、张江高科技园区、上海化工区、新天地、锦江等。

图5-4　上海汽车等品牌

2．上海的品牌发展特点

（1）上海是中国品牌的摇篮和品牌市场的高地

1902年，中国开始有商标时，全国有4个商标，上海占3个。解放前，全国的品牌，上海占75%左右。“文革”前，上海品牌占全国70%左右。中国质量技监局评选全国金牌、银牌的13年中，有11年上海位居全国第一。20世纪后半叶，上海的“永久”、“凤凰”自行车，“上海”牌手表，“蝴蝶”缝纫机，“海鸥”照相机被当时的年轻人奉为结婚必备的四大件；“华生”电风扇以其令人称道的质量独霸市场。1991年，我国认定了第一批10件驰名商标，上海占了4件。

图5-5　上海四大件品牌

（2）如今，当年叱咤一时的上海老品牌、老商标，大多已成昨日黄花

据统计，上海发展好的或比较好的老品牌、老商标（注册使用年限超过20年的商标）不足20%，发展平平的占15%，而65%公众耳熟能详的老品牌、老商标渐渐退出市场，甚至随企业的破产而消亡。

（三）上海著名品牌衰落的客观的外在原因

1．调查问卷

（1）策划组发出调查问卷500份，先后对企业、政府部门、学者和MBA经理进行了调查或访谈。调研问卷：

"您认为上海著名品牌衰落的主要原因是什么？"（多选题）

A 观念（　　）　B 体制（　　）　C 机制（　　）　D 管理（　　）

E 市场（　　）　F 竞争（　　）　G 设计（　　）　H 传播（　　）

I 假冒（　　）

（2）从调研问卷结果分析与研究来看：选择最多的是观念、体制、机制，后面依次为管理、市场、竞争、设计、传播、假冒等。

2．外在原因

导致上海著名品牌衰落的客观的外在原因，主要有以下几个方面：

（1）市场环境变化

改革开放，国内外竞争者纷争上海市场，而上海老字号企业，尤其消费类"老字号"品牌没能适应新的经济形势发展需要，没有抓住市场机会并适应消费者需求的变化，错失迅速做大做强的良机，使品牌没有成长起来。

（2）经济发展取向

上海拥有吸引国际著名品牌的优势，在产业发展上引进国外品牌往往比培育本土品牌能更快地产生效益，比较重视引进品牌，因而上海经济强，但自有品牌弱。

（3）产业结构转换

20世纪末，在上海产业升级和结构调整中，缺乏品牌战略意识和品牌战略策划，导致上海支柱产业和新型产业未造就一批具有影响力和竞争力的品牌。

（4）部门干预过多

上级主管部门对企业的经营行为干预过多，有的企业直接在上级部门的指示下与外商进行合资和合作。在合资合作过程中，企业缺乏品牌保护与建立自主品牌的意识，从而使诸多民族品牌被跨国公司"冷藏"和"消灭"，如"白猫"、"中华"、"美加净"等。

（5）法律保护欠缺

商标注册"傍名牌"、搭便车现象成为困扰我国知名商标注册的突出现象。例

如，上海“朵彩”商标注册三年未果，现又遭10余厂家“攀亲”、“搭车”之累，一个价值超过3亿元的品牌正深陷一场商标困局。这一方面说明我国市场诚信缺失，另一方面也说明相关法律程序落后。

（6）海派文化局限

阿拉的优越感，精明而不高明。在企业管理者心智模式上，就是僵化、陈旧的思维方式，即老品牌“一成不变论”、“上海中心论”，心理及行为表现就是地方优势、缺少变革和“走出去”，进而企业落后、品牌衰落。

3. 深层原因

导致上海著名品牌衰落还有企业自身的深层原因：

（1）观念落后

一些老字号企业普遍存在着“只此一家，别无分店”的经营理念、“酒香不怕巷子深”的营销理念、“小富即安”的盈利观念。

（2）体制束缚

一方面，人们对品牌资产特性认识不足，导致拥有品牌的主体不清；如“英雄”、“正章”、“美加净”、“乔家栅”等隶属于两个或两个以上的企业，存在商标权利分割的问题。另一方面，僵化的体制遏制了企业活力的焕发，缺乏对名牌的保护。

（3）机制不活

商标权人利益与经营者不一致，缺乏激励机制，以及企业领导人受任职期的限制，更多地考虑眼前利益，出现短期行为。山东、江苏、浙江、广东、深圳等省市著名品牌、驰名商标的大量涌现，与政府制定的激励政策不无关系。

（4）投入不足

从上海市著名商标认定委员会办公室获得的材料分析，即使是申请认定上海市著名商标的企业，其广告投入不足企业同期产品销售额的1%。资料显示，上海1989年用于研究开发（R&D）的经费占全市生产总值的比重仅达1.37%。

（5）手段单一

沪上不少传统的名牌，缺乏品牌的个性，缺乏较深的文化内涵，缺乏大胆创新和战略策划，品牌延伸盲目。

（6）运作乏力

部分“老字号”，坚持传统的经营模式，无经营规模和科技含量，无法参与现代企业的竞争。

（7）保护忽视

一些企业受大量假冒仿冒产品的侵害，导致品牌优势丧失和企业效益下降甚至破产倒闭。更为严重的是，在企业体制改革和合资、合作过程中，缺乏对名牌的保护意识，不注重对名牌产品核心优势的保护与创新，从而使一些传统优势消失，一部分著名品牌被人为封杀。

（8）管理轻视

企业普遍缺乏品牌、商标专门机构和专门的管理人员。

上海诸多老品牌的萎缩和消亡的根本原因在于，没有做到与时俱进，缺乏技术创新和强烈的品牌意识。

二、上海品牌再崛起的可行性战略

上海品牌还有没有再次辉煌的可能？面对现况与未来，振兴复苏老品牌，加快培育发展自主品牌的核心路径是什么？纵深推进实施上海品牌战略的对策措施有哪些？

（一）可能与未来

1．调研问卷

（1）“您认为上海品牌再崛起的关键因素、重点与难点是什么？”（多选题）

A 企业（　　）　B 政府（　　）　C 政策（　　）　D 体制（　　）

E 机制（　　）　F 质量（　　）　G 技术（　　）　H 经营（　　）

I 管理（　　）　J 设计（　　）　K 传播（　　）　L 假冒（　　）

M 意识（　　）

（2）对上海品牌发展趋势的问卷调查结果：

上海品牌发展趋势

看好(%)	不看好(%)	说不清楚(%)
57	23	20

（3）“您认为上海品牌再崛起的关键因素、重点与难点是什么？”

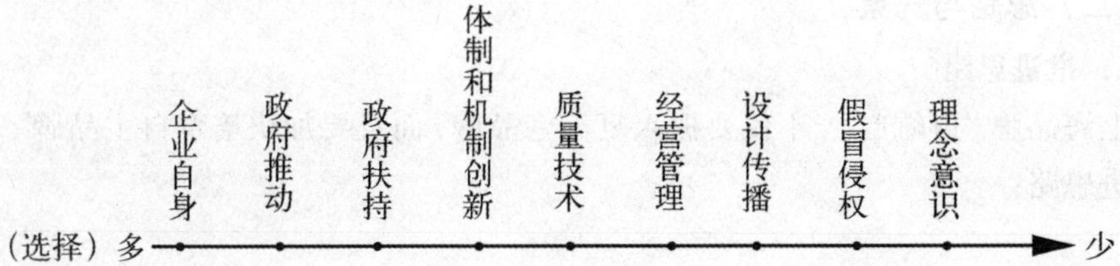

2. 发展态势

上海品牌“再崛起”不仅可能，而且能够再创辉煌。因为上海品牌有过辉煌的历史、闪光的足迹和良好的基础。特别是21世纪以来，随着上海加快产业结构调整，上海品牌呈现出新的特点及发展态势。

（1）“大”

一批大企业、大集团及大品牌主导地位增强，上海名牌产品前100强的经济总量已占到了整个名牌企业的87%左右，显示了品牌效应的发挥。

（2）“强”

上海名牌的创新意识日趋增强，年度科技投入或开发费用已达140多亿元，R&D研发费用平均约占企业销售费用的3.1%，高于全市平均数。

（3）“高”

涌现出一批诸如精品钢材、成套电气设备、程控交换机等高尖端和具有自主知识产权的质量水平领先于国内甚至国际的名牌产品。

（4）“广”

国企民企品牌并驾齐驱，一批先进制造业、高新技术产业和现代服务业的产品品牌、企业品牌、区域品牌和服务品牌逐步凸显。

（5）“响”

面对激烈的市场竞争，上海企业不仅增强了自主品牌理念和意识，而且呈现快速发展和做响自主品牌态势。出现了宝钢、上汽、振华港机、张江高科技园区、锦江、新天地等强势自主品牌。

（6）“升”

截至2014年底，共获得170家中国驰名商标认定、180家中华老字号认定、1 275家上海市著名商标、1 240项上海名牌、42项上海老字号，并有共计1 459家中小企业获得上海市“专精特新”中小企业认定。

但上海品牌的发展与现代化国际大都市地位和要求相比还存在着以下问题：有竞争力的品牌数量偏少、总体品牌价值较弱、产品技术含量和附加值较低以及品牌营销和宣传意识淡薄等方面的差距。

（二）思路与对策

1. 推进思路

上海品牌“再崛起”，不仅要振兴复苏老品牌，而且要加快培育自主品牌。其纵深推进思路：

(1) 培育一批新品牌

在今天的互联网时代,上海要培育一批新品牌,比如全国最大的金融信息服务商万得资讯、国内最大的大宗商品服务商易贸资讯等,已成为上海经济转型和产业升级的亮点。新产业、新技术、新业态和新模式构成的"四新",将成为上海产业经济积极培育的重点领域,要在这些领域着力培育、扶植龙头品牌企业和具有自主知识产权的知名品牌。

(2) 创新自主品牌

要抓住发展机遇,增强自主创新能力,重点做好品牌振兴、引进、培育和保护工作,走自主知识产权、自主品牌创新之路。

(3) 实施品牌战略

在巩固已有优势的同时,更有针对性地突破"企业主体"、"政府引导"、"品牌培育"和"民企推牌"中的主要瓶颈制约,进一步推进实施上海品牌战略,全面提升上海的国际竞争力。

2. 战略对策

(1) 企业要成为创造自主品牌和做响自主品牌的真正主体

企业是市场主体,也是自主创新的主体,对于企业来说,自主创新要落实到提高核心竞争力上。企业核心竞争力,一是自主品牌,二是核心技术。聚焦企业主体,必须深入开掘做强做响自主品牌的创新路径,如企业品牌经营战略(品牌延伸战略、品牌授权战略、品牌合作战略和品牌共享战略)、品牌国际化战略、以知识产权保护为基础的品牌发展战略、充分利用品牌文化价值的品牌发展战略、产业集群发展带动品牌提升战略等,着力培育起一批国内领先、国际先进的具有自主品牌和核心技术的强势企业。

(2) 加强政府规划、引导和推进,重点是资源整合和优化资源配置的改革

首先政府各主管部门需要在管理构架、目标任务、工作机制和人才配备等方面,实施改革和创新。其次政府公共资源,特别是政策资源配置应向拥有自主知识产权和核心技术的品牌企业倾斜。三是充分利用市场机制优化品牌创新资源配置,发挥政府在自主品牌创新中的主导作用、企业在品牌创新中的主体作用。四是培育和营造适合自主品牌成长的土壤和创新环境。

(3) 以"振兴、引进、培育和保护"为抓手,把培育自主品牌工作提到更重要的位置上

一是建设自主品牌梯队。即从争创世界、国家、市级品牌三个层次,形成有特色、有竞争力的上海著名品牌的创新体系。二是加快推进优势产业的产品、企业品牌。在先进制造业和现代服务业,推进一批叫得响、拥有核心自主知识产权的产品、企业品牌。三是以自主品牌创新为着眼点,构筑城市立体品牌群,创建更多具有自主知识产权和国际竞争力的名牌。四是推进自主品牌出口。支持企业积极开展自主品牌经营,增强出口品牌竞争力。五是推进名牌推荐活动。改进目前"重评比,轻培育"的

品牌推进模式，建立品牌培育市场化运作机制。六是健全品牌保护机制，严厉打击各种假冒行为和侵犯知识产权行为，形成企业自我保护、行政保护和司法保护三位一体、相互结合的保护体系，创造公平竞争的市场环境。

（4）加大推进非公有制企业实施品牌发展战略

特别要积极鼓励非公有制企业自主创新，加强品牌创建、品牌创新和品牌管理，推进自主品牌建设，培育品牌企业和品牌产品，形成一批拥有自主知识产权和知名品牌、具有核心竞争力的优势企业，增强“走出去”的能力和实力。加快推进建立有效的激励机制，大力引导、帮助企业创建国家、上海市名牌产品，及时总结推广创牌经验，发挥宣传和舆论监督作用，出台相应的扶持和鼓励政策，对获得国家、上海市名牌产品和驰（著）名商标的非公有制企业给予奖励。

三、做强做响上海品牌的原创性建议

凸显上海实力、做强做响上海品牌16条建议：

（一）组建上海品牌价值评估机构

在全国率先成立市场化、专业性、有权威性的社会化品牌地位评价机构或公司、事务所。建立公正、公平的品牌社会评价体系和评价指数及保障机制，并在科学评价的基础上进行品牌的定期排名，以使其成为企业必须关注和激励创新奋进的重要动力。

（二）建立上海品牌交易所

组建上海品牌交易所或长三角共建交易机构，也可在产权交易所中设立专门的品牌交易项目。鼓励各种类型的品牌经营公司或品牌经纪人开展品牌的交易、特许、代理经营的业务，包括吸引海内外的品牌经纪商到上海来开展经营，以促使上海成为国内外优秀品牌的交易中心。

（三）组建上海品牌发展基金会

设立研发和品牌风险基金，政府和企业共同承担风险，对列入上海重点培育和发展前途的上海品牌企业、品牌产品，有的放矢地进行投资，支持企业开展自主品牌建设、培育发展名牌，而发展基金会则从企业日后投入产出、扩大销售和新增利润中，获取投资收益或回报。

（四）辟建上海品牌视窗与群墙

在浦东、虹桥机场、火车站、人民广场、外滩风景区、延安路高架外滩下匝道口沿街等市中心道路搭建“著名品牌大型广告群墙”和视窗，宣传上海著名品牌，为上海的自主品牌提供展示舞台。

（五）率先建立上海品牌（商标）博物馆（园）

建议在中华艺术宫内，或在上海科技馆、上海城市规划展览馆内设立，或上海市工商局组建上海品牌（商标）博物馆。将老字号品牌和自主品牌用实物和艺术形式汇集于馆中，具有展示展览、体验教育、在线服务、旅游观光和文化交流等功能。或在某个公园组建上海品牌（商标）主题公园。

（六）专设上海知名品牌展示厅

利用工博会、上交会、时装节、汽车展等大型会展平台，设立“上海新产品展示厅”，吸引国内外品牌企业到上海来发布最新品牌产品信息，创造良好的品牌消费氛围，促使上海品牌的集聚和辐射中心的形成。

（七）拓展上海国际时尚品牌特色街市

建议在三大高端时尚地标基础上，拓展区域，提升品位，创造精品，引领创新。形成“金三角”（南京西路、外滩、新天地），“大金三角”（黄、静、徐等核心商业区），“新金三角”（十大都市商业中心）以及特色功能区、商旅文结合风情街和特色专业街，把上海作为第六时尚城市品牌、第五大街和世界级城市品牌来推崇。

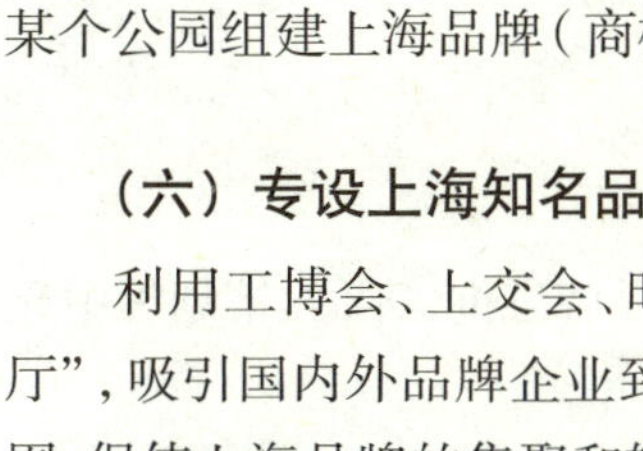

上海淮海路

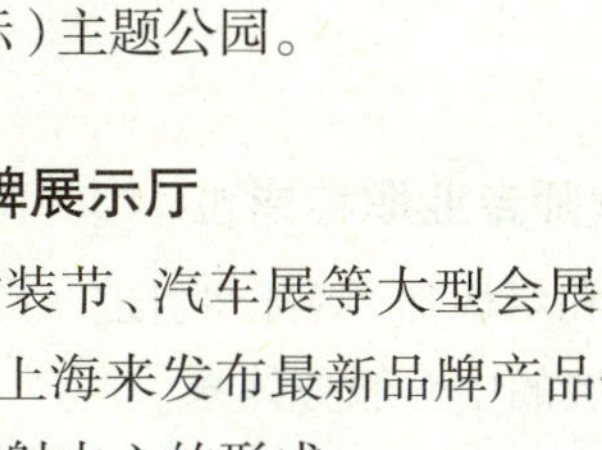

上海徐家汇

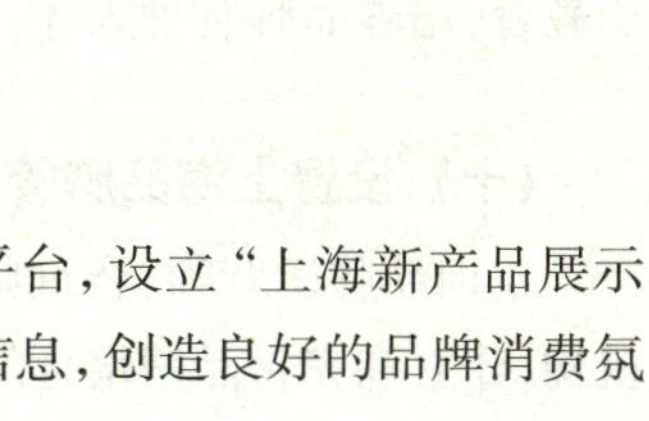

上海南京西路

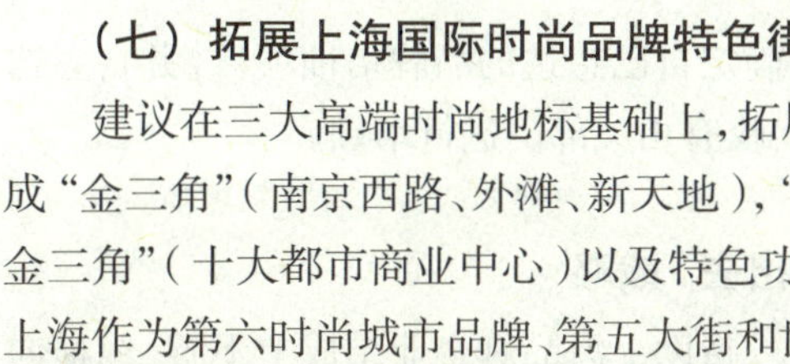

上海徐家汇

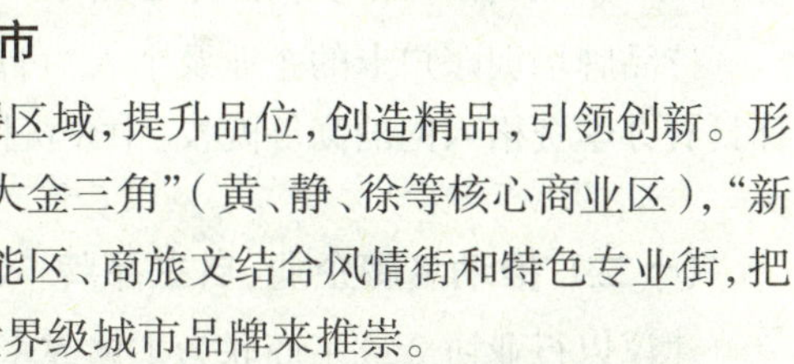

上海外滩

图5-6　上海著名时尚地标

（八）专辟上海老字号品牌“街、廊、馆、店”

建议在市中心城区、旅游消费集聚地、市郊中心镇、开发区和海内外市场，辟建“上海中华老字号一条街”、“老字号精品特色长廊”、“老字号博物馆（室）”和老字号品牌旗舰（形象）店等，振兴复苏著名商号、百年老店。此时导入市郊中心镇和开发区正逢其时。

（九）组建上海品牌管理学院

在全国率先组建上海品牌管理学院，或在上海相关大学内设立、开展品牌专业学历教育，培养品牌管理人才。

（十）设置上海品牌管理师专业职称岗位

培训品牌运营师、咨询师和培训师，培育和引进一批品牌咨询、评估、策划等中介机构，建立和完善品牌培育发展的中介服务体系。

（十一）首推《上海市品牌培训账户卡》

持品牌培训账户卡的企业及个人，可以确定自己想选的品牌培训项目，并自主选择具有办学资格入网的高等院校、中介机构、政府相关部门进行培训。

（十二）推动名牌企业、自主品牌“走出去”战略

建议以行业协会或工商联为主体或牵头，帮助上海品牌企业结成上下游、纵横向战略联盟，共同组合，拓展海内外市场。

（十三）探索推进企业与院所合作的新模式、新方法

鼓励有条件的科研单位以不同形式进入企业，成为企业的研发机构；鼓励企业以资金、设备等资源参与高校科研单位的科技活动，在大学、科研单位设立专业研发机构，或通过联营、投资、参股、控股、兼并等方式实现与院校的联合。

（十四）树立一批典型范例

通过各种方法宣传企业家创业风采和上海品牌的文化底蕴，引导全社会增强品牌意识和打造自主品牌的市场氛围。

（十五）开展上海市民话品牌活动

通过系列活动，加快培育自主品牌，形成全社会宣传品牌、保护品牌、发展品牌的良好社会氛围，达到上海市政府对上海品牌战略的实施要求，推动产业发展，为上海

品牌发展出谋划策。

（十六）制定上海市相关配套政策

例如自主创新产品品牌政府优先采购；优化自主创新产品品牌评标方法，评标分值设定自主创新因素；把品牌管理纳入国有资产管理范围，对国有企业的品牌进行梳理，将品牌资产作为无形资产列入企业资产范围和保值增值的考核内容。同时，加强国有企业转制重组过程中的品牌和商标管理，规范操作程序，防止品牌流失。把对品牌的增值贡献作为对国有企业领导人的考评指标等。

第二节　上海时尚城市品牌发展战略策划

在建设国际经济、金融、贸易和航运中心的同时，建设一个与之相匹配的国际时尚城市品牌，已成为一项紧迫的战略任务。严峻的形势迫使我们认真思索下列问题：怎样发展上海的时尚产业与时尚品牌？怎样把上海建成一个国际时尚之都？

回答这些问题，首先需要我们全面、系统地研究国际时尚城市演进及品牌发展的共性规律与个性特征，上海时尚的历史和现状，在比较中认清上海时尚城市品牌建设的特点和规律，找准上海时尚城市品牌的定位，站在新起点，拿出新思路，以开阔的视野、科学的态度制定相应的政策和措施，做出有预见性的战略决策。

一、上海打造时尚城市品牌的背景分析

纵观国际大都市的现代化进程，时尚是国际大都市的内涵和标志，反映了都市竞争力，各类时尚符号是国际大都市的象征；时尚品牌日益成为国际大都市社会生活和经济活动的重要构成部分。

（一）国际时尚城市品牌的演进规律与特征

为什么在几百个国家中，美国、法国、意大利、英国、日本拥有诸多世界时尚品牌？为什么在上万个城市中，只有巴黎、米兰、伦敦、纽约、东京成为国际时尚之都？分析世界五大时尚之都与时尚品牌的崛起、形成和比较，我们不难发现其个性和共性。

1．五大国际时尚之都的个性简析

（1）巴黎——繁华与浪漫

巴黎是法国时尚中心，服装、香水、皮具是巴黎最具代表性的时尚产业，与之相关的设计、培训都相当发达，是世界时尚设计和信息的发布中心。

（2）米兰——古典与平和

米兰是全球时尚服装产业的引领者，面料制造和成衣设计是其成为世界顶级奢侈品孵化聚集地的核心环节，造就了一批对美有着一种特殊感受与执着追求的设计师，形成了属于自己的一种风格。

（3）伦敦——前卫与创新

伦敦是老牌世界时尚中心，“简洁整齐”的英伦风格使其成为世界男装之都，20世纪末伦敦为重振时尚产业，以传统的纺织服装为基础结合创意设计产业出台了一系列发展时尚产业的政策措施。

巴黎—繁华与浪漫

米兰—古典与平和

伦敦—前卫与创新

纽约—休闲与自然

东京—多变与活力

上海

图5-7　国际时尚城市

（4）纽约——休闲与自然

纽约是美国的时尚圣地，尤其在第二次世界大战后纽约的时尚设计逐渐得到广泛认可，时尚产业从服装制造转型为以时尚设计、消费为主，其《VOGUE》杂志成为时尚界的圣经。

（5）东京——多变与活力

东京是亚洲最早的时尚之都，20世纪中后期至今先后借助服装设计、电子数码和文化创意等产业的迅猛发展引领了世界时尚潮流。东京的设计师擅长于挖掘日本及东方传统中的精华。

2．五大国际时尚之都的共性简析

（1）政府引导，确立规划

伦敦从20世纪70年代明确提出了“创意产业”概念，涵盖时尚设计创意部分。2003年伦敦发布《伦敦：文化资本——市长文化战略草案》，明确指出要建设成为世界级的时尚文化中心。法国财经就业部企业总署负责规划法国工业发展策略，其中消费品处下设立负责纺织品、服饰及皮件工业发展科，规划发展相关产业策略。

（2）载体建设，打造中心

法国在2005年成立两个纺织服装竞争中心，分别为北方的北加莱海峡大区和东南方的罗纳阿尔卑斯省，重点发展新技能、多功能服饰、纳米、回收和农作物纤维的开发和大众消费行为研究。米兰的特点就是产业集群，生产企业分布相对集中，具有很强的专业性和地域性，主要表现为：产品相似的企业多聚集在同一地区，形成类似模块化的地区分布模式，然后通过在工艺流程上的相互联系，形成一个完整的地区间合作系统。伦敦的时尚消费创意中心集中在东部地区，是时尚设计师、建筑师和家具制造商的乐土，也是数字媒体公司、艺术家和画廊的聚集地。以五大时尚城市品牌名称命名的“米兰时装周”、“东京时装周”等成为世界最知名的时尚发布活动。法国的《ELLE》杂志和美国的《VOGUE》杂志都是权威时尚杂志，是世界流行风尚的风向标。

（3）教育培训，夯实人才

英国的新人才新经济计划明确列出26项承诺和举措，这些举措促使创意人才打破禁锢，促进创意产业蓬勃发展。其中措施之一是BFC基金会提供给英国设计师高达20万英镑的奖金以及高水准的专业指导和支持，目的在于扶持有天赋和商业成长潜力的英国设计师，帮助他们把所创立的处在成长阶段的创意企业打造成国际化的时尚品牌。法国1994年底为纺织服装业员工在职培训专门成立了欧洲工会联合会（FORTHAC），资金来源为政府补助、会员会费及资源捐助。米兰市政府对申请创办企业者，要求必须参加为期5周的企业家培训。对失业者优先进行反复多次的培训，直至就业。

（4）资金支持，发展保障

米兰政府采取了一系列优惠政策措施，如消费者购买儿童服装的支出可以凭借发票享受税收抵减；衣物以旧换新享有折扣等；对旅馆业重新装修所购买的纺织产品采取税收刺激；公共采购如军队制服等应鼓励采购更加注重产品质量和技术含量的产品。巴黎提供纺织服装科研税收奖励：为鼓励厂商开发新产品和新原料，相关企业研发投入经费可获得科研税务贷款（CIR）优惠，这是法国首创的专门针对企业科研创新的特殊的公共财政补偿机制，对鼓励企业研发创新以及吸引研发型外资项目起到了积极作用。

3．国际时尚品牌的运行规律简析

研究发现国际时尚品牌的市场运营、发展趋势及内在规律主要是：

（1）消费者需求变化规律

经济发展水平与时尚品牌发展水平是相适应的；时尚品牌的巨大的经济价值，体现在品牌与消费者的关系之中。根据需求引导消费的市场规律，消费者需求的产生主要是一个经济的和心理的过程，它的变迁具有一定的趋向性和规律性。时尚品牌能否获得发展，关键要看能否把消费者需求摆到第一位，作为战略决策的重点，而不是古老的产品法则。

（2）时间累积性发展规律

时尚品牌是一种文化现象，需要时间的积累过程，随着品牌科学的运作，其本身价值也不断增加。时尚品牌不是名称化，它是部分消费者经验的总结。时尚品牌的发展是一个不断积累的过程，需要较长时间去精心培育和塑造；随着信息科技的发展，信息传递的速度随之越来越快，创造时尚品牌所需的时间也呈逐渐缩短的趋势。

（3）生命周期性运行规律

时尚品牌具有生命周期的特征和基本元素，是一个有规划、有意识的科学系统的运作行为。在时尚品牌生命元素周期里，品名、品记、品级、品质、品格、品位、品行等是基本要素。基于用户体验的品牌生命周期战略，是当今时尚品牌市场运营的重要表现与主要特点。

（4）行业变革性发展规律

一般地说，消费品领域比较容易生成高端时尚品牌。其排行为：服装、腕表、汽车、酒店、名酒、化妆品等。在不同的行业中接受新产品所需的时间和难度完全不同。近十多年来，时尚品牌在消费品领域中的新兴服务行业发展很快。如伯瓷、酋长宫殿、丽嘉酒店、香港君悦酒店、伊丽莎白酒店、双棕榈树酒店、星巴克等。

（5）标识设计变化规律

标识是时尚品牌的脸。对世界高端时尚品牌的标识研究，发现一些带有规律性的特征。第一,不同行业的品牌标识在色彩运用上各有不同特点。如在服装、时装行业的28个高端时尚品牌标识中使用了黑白搭配作为基本标准色,占64%。第二,每个时代设计风格的形成都是与物质生产的变革有关。例如,凯迪拉克最初的标识完全是写实的“冠”和“盾”,随着社会的发展变化,凯迪拉克的标识也进行了第30次革新,原先写实的“冠”和“盾”图形更简洁、醒目,更具时代感。第三,在强调“个性化、多样化、差异化”的同时,向形象化、时尚化、人性化发展。这是时尚品牌标识设计变化的“精神”。例如,星巴克LOGO设计风格独树一帜。其商标绿色LOGO既提示顾客,又不显得突兀,有青春的活泼和朝气。

表5-1　五大时尚之都著名时尚品牌&企业一览表

品　牌	全球总部	创立时间	隶属公司	品牌风格
蒂芙尼(Tiffany)	纽约	1837年	蒂芙尼公司(Tiffany& Co.)	优雅经典、创新精神
卡地亚(Cartier)	巴黎	1847年	历峰集团(Richemont)	非凡创造力、大胆创新
宝诗龙(Boucheron)	巴黎	1858年	碧诺春天雷都集团(PPR)	古典优雅、精细考究
爱玛仕(Hermes)	巴黎	1837年	爱玛仕集团(Hermes)	传统创意设计卓越手工品质
路易威登(Louis Vuitton)	巴黎	1854年	路威酩轩集团(LVMH)	奢华精致、简约创新
登喜路(Dunhill)	伦敦	1893年	历峰集团(Richemont)	独到的英伦风格
普拉达(Prada)	米兰	1913年	普拉达(Prada)	简洁、冷静
香奈儿(Chanel)	巴黎	1913年	香奈儿(Chanel)	高雅、简洁、精美
克里斯汀·迪奥(Christian Dior)	米兰	1947年	克里斯汀·迪奥时装公司(Christian Dior Group)	精致优雅、奢华时尚
阿玛尼(Armani)	米兰	1975年	阿玛尼集团(Armani Group)	潮流与传统相结合
蔻驰(Coach)	纽约	1941年	蔻驰有限公司(Coach,Inc.)	精湛工艺、优雅与魅力
阿伯克比龙与菲奇(Abercrombie & Fitch)	纽约	1892年	阿伯克比龙与菲奇公司(Abercrombie & Fitch Co.)	百年品牌、彰显活力
范思哲(Gianni Versace)	米兰	1978年	詹尼·范思哲集团(Gianni Versace SpA Group)	豪华气质、古典与流行
石岛(Stone Island)	米兰	1981年	C.P.公司(C.P.Co.)	工艺和面料的创新造就流行时尚品牌
DHC	东京	1972年	株式会社DHC	优质品质、独到销售

二、上海打造时尚城市品牌的战略必要性

继巴黎、米兰、伦敦、纽约、东京成为世界五大时尚之都之后，上海将全力打造国际时尚之都。

（一）上海打造时尚城市品牌的必然要求

1. 时尚城市品牌与时尚品牌

（1）时尚城市品牌

所谓"时尚城市品牌"即"时尚之都"，是指在时尚领域具有相当影响力、引领国际时尚潮流的城市，是时尚在空间的集聚结果和表现形式。它不仅是时尚消费之都，而且是集多种功能于一体的时尚流行的策源地，时尚文化的交汇点，时尚扩散的枢纽区，时尚贸易的集聚区，时尚品牌的集散地，时尚活动的荟萃地。

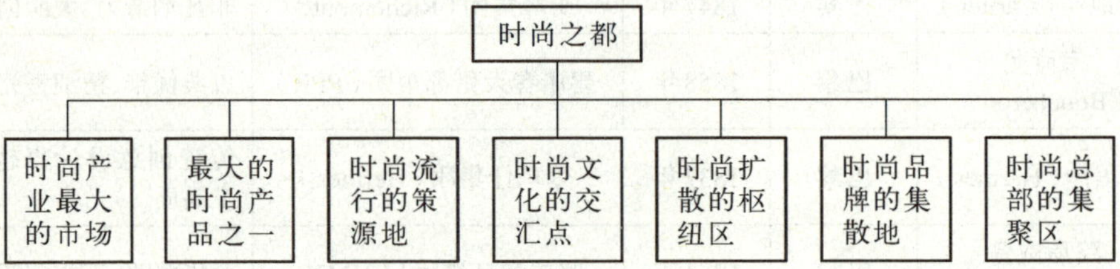

图5-8　时尚之都的概念体系

从形成时间角度说，时尚之都可以分为老牌时尚之都、新兴时尚之都。

a. **老牌时尚之都**　即形成时间较长、具有厚重历史感的时尚品盛产地，如米兰、巴黎等。米兰时尚兴起于11世纪，随着意大利文艺复兴的蓬勃发展，至16世纪，以米兰为代表的意大利设计师一直是欧洲风尚的弄潮儿。法国时尚兴起于17世纪，现代的"高级时装"即于19世纪60年代发源于巴黎。18—19世纪，英国人创造的"棉织品时尚波及了当时的整个欧洲"，这些织物的流行致使英国制造业主竞相模仿，在这种创造力的支撑下，伦敦时尚开创了一个崭新的时代。

b. **新兴时尚之都**　即相对来说形成时间较短的时尚产品盛产地。随着所在国经济实力的快速增长以及老牌时尚城市品牌产业转移的发生，以纽约和东京为代表的新兴时尚城市品牌随之崛起。其中，纽约时尚产业的兴起是在第二次世界大战之后，战争使欧洲时尚业遭受致命打击，美国富豪们的需求促使纽约设计自力更生，迅猛发展，从而开始形成休闲简约的美国风格。19世纪70年代随着区别于高级定制的成衣的盛行，以东京为代表的日本的时尚产业迈入了一个高速发展期。而近年来，随着政府推动力度的加大，在"设计韩国"的指导下，韩国时尚产业迅猛发展，无论在流行信

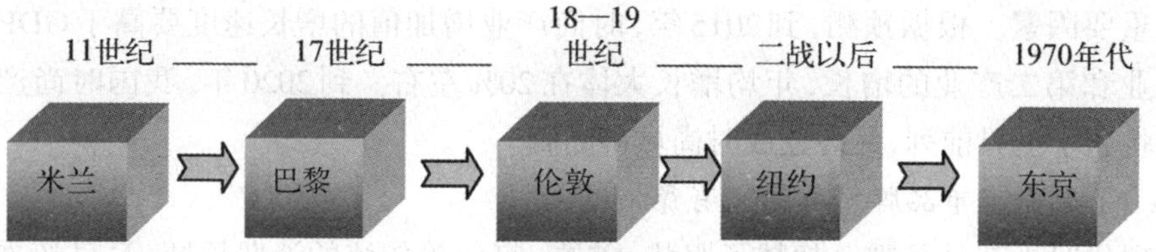

图5-9　时尚城市品牌形成时间表

息还是在设计与技术人才的培养、合作交流等领域均取得了不俗的成绩，正在慢慢朝国际时尚中心靠拢。

（2）时尚品牌

从世界各国时尚大都市的发展变化来看，拥有自己本土的时尚品牌是支撑国际时尚地位的最主要因素，本土时尚企业、时尚品牌是城市时尚产业中的“明星人物”。它们在城市时尚产业的发展中起着明星人物的作用，往往受到世界时尚界广泛的关注。外来品牌则是为时尚城市品牌集聚人气，反映时尚城市品牌国际化、开放化特征的重要证明，二者相形而生，缺一不可。若只有本土品牌无外来品牌，达不到时尚都市的国际化要求；如只有外来品牌而无本土品牌作为支撑，则城市将沦为国际品牌的倾销地。由此，时尚城市品牌必需两者兼备，并依托其开放性的氛围、优越的区位条件以及国际化的消费群体，使得自主品牌和外来品牌批发和零售在此有序进行。

2．时尚城市品牌与国际化大都市的功能演化

（1）国际化大都市孕育时尚城市品牌

国际大都市的经济基础是时尚城市品牌发展的基石；国际大都市的国际地位是时尚城市品牌发展的支撑；国际大都市的文化积淀是时尚城市品牌发展的底蕴。

（2）时尚城市品牌强化国际大都市地位

时尚城市品牌的发展促进国际大都市产业结构的优化升级；时尚城市品牌的发展凸显国际大都市的城市品牌；时尚产业的发展提升国际大都市的软实力。

3．时尚城市品牌与国内消费结构的升级

（1）消费结构升级推动时尚城市品牌发展

社会生产力水平的提高，物质财富的日益丰富，使人们不再仅仅满足于基本的生活需要，而是将自己的生活品位、审美情趣、文化素养与精神追求等个人偏好融入衣食住行等日常消费过程中，从基本消费为主过渡到以享受型消费为主。

（2）时尚城市品牌发展拉动居民消费

随着时尚产业发展，居民收入不断增加，消费热点升级换代还会进一步强化，预期未来整个消费，特别是居民消费将会保持一个比较快的增长，成为拉动经济增长的

一个重要因素。根据预测，到2015年，时尚产业增加值的增长速度要高于GDP以及服务业和第二产业的增长，年均增长大体在20%左右。到2020年，我国时尚产业总产值将居于世界前列，最终建成时尚城市品牌。

（3）时尚城市品牌发展拓宽消费领域

现代时尚产品品牌已超越了服装、首饰、箱包等传统的消费领域，日已拓展到手机、MP3/MP4、GPS、iPod、游戏玩具、汽车美容、健身健美器械、电视娱乐、收藏、旅游、休闲、展会，甚至家用智能机器人、数字家庭、智能家庭网络、艺术理疗等，使人生中的多彩的活动、兴趣、观点和不同价值观，通过各种元素得以展现。

4．时尚城市品牌与上海城市转型

（1）打造时尚城市品牌是上海转变经济发展方式的必然要求

通过强调本土创意、中国品牌和上海时尚使“上海设计”、“上海时尚”赋予“中国加工”和“中国制造”更丰富的内涵、更高的能级，推动传统产业从来料加工、贴牌加工向自主设计和自主品牌转变。

（2）打造时尚城市品牌是上海优化产业结构的重大抓手

通过强化时尚功能地位，更新传统工业的业态，提高轻纺产品的文化、时尚内涵有助于上海加快传统产业的转型升级，促进研发、设计、标准、营销等相关的高端时尚衍生服务产业发展，进而围绕时尚产品的原料、设计、制造、营销推广、展览展示、媒体、销售等基本行业，以及教育、信息、标准化和经纪等辅助的社会经济活动，形成新的城市功能。

（3）打造时尚城市品牌是上海提升城市国际竞争力和重塑城市功能的重要举措

时尚经济和时尚产业的兴起和发展，将进一步提升上海国际竞争的软实力，为上海吸引到来自世界的顶尖人才、社会名流、国际巨星，并由此产生更多的商机和效益，使上海成为世界瞩目之地。

（4）打造时尚城市品牌是上海营造城市文明的重要依托

通过时尚城市品牌的打造，发展与国际大都市相匹配的体现各阶层社会生活的产品、服务和文化娱乐形式，引领生活与消费潮流的时尚，将促进上海城市文明的繁荣，扩大海派文化的影响力和辐射力，进一步提升上海国际竞争的软实力。

（5）打造时尚城市品牌是上海拓展城市就业的有效途径

主动顺应城市经济转型的要求，切实加强时尚产业载体建设，完善和扩展时尚产业链，推动设计、营销等环节的发展，能够产生大量的就业岗位，从而促进城市就业状况的改善。

（二）上海打造时尚城市品牌的基础条件

1. 上海打造时尚城市品牌的有利条件

上海在20世纪二三十年代曾被誉为“远东的巴黎”，是世界级的时尚中心。解放初期，上海是全国轻纺工业制造中心，衬衫、自行车、手表、照相机、电视机等产品的款

浦东陆家嘴

人民广场

新天地

上海博物馆

外滩

上海浦东国际机场

金茂大厦

图5-10　上海时尚地标

式、质量引领全国，成为中国优质轻工产品的发源地，一度引领全国的时尚消费。改革开放后，面对沿海外向型工业的悄然崛起，上海轻纺工业的传统优势逐步削弱。21世纪以来，与时尚产业密切相关的各类文化、娱乐、休闲、体育、传媒、会展等设施相继建成，前卫时尚、接轨国际的一系列节庆活动相继举办，上海已经具备打造时尚城市品牌的良好条件和难得的后发优势。

（1）从地理条件看，上海具有打造时尚城市品牌极佳的区位优势

上海位于北纬32度，四季分明，不失为天然享受与展示服装时尚的地方。同时，上海处于东京、香港、首尔、台北等亚太时尚城市扇面辐射带的中心，具有独特的信息、商流、流行、贸易、配送的地理优势，成为国际会展、时装发布流行信息交汇点。

（2）从经济水平看，上海具有打造时尚城市品牌良好的市场基础和潜力

上海是全国经济发展水平最高的特大型城市，人均GDP已突破10 000美元，超越小康发展阶段，消费能力强劲的白领、中等收入阶层成长极快，成为国内目前最大和发展最快的时尚消费市场。

（3）从产业基础来看，上海具有打造时尚城市品牌必需的精密制造工业基础

上海具有发展时尚产业必需的精密制造工业基础，轻纺工业基础好，正处于从“多样化整合阶段”向“量质转变阶段”的过程。并且作为全国最大的服装设计、生产、销售、贸易中心，在生产组织、工艺流程、人员培训等方面，可与长三角地区的纺织服装产业集群形成有效的协同与配合。

（4）从文化特色看，上海具有打造时尚城市品牌的兼容并蓄的文化特质

海派文化是一个兼容并蓄的开放性的文化，多元化丰富的文化氛围，对外来时尚的理念、消费的习惯一直并不排斥。

（5）从配套要素看，上海打造时尚城市品牌的时机基本成熟

上海有强大的媒体传播平台，汇聚了一大批有影响的本土知名品牌和世界顶级品牌，网球大师杯、服装文化节等时尚活动，已成为上海支撑时尚产业的名片和钥匙。

（6）从政策支持看，上海具备打造时尚城市品牌的政策基础

近年来，上海采取了一系列措施促进都市产业的发展，鼓励让非国有资本进入；支持以都市工业园、文化创意园、时尚街区等形式为时尚产业“筑巢”，为中小型时尚企业以较低的成本进入，减少创业风险等，创造了有利的条件。

2．上海打造时尚城市品牌的瓶颈制约

目前，上海打造时尚城市品牌，亟须破解三大瓶颈：

（1）风格瓶颈

从世界五大时尚城市品牌的形成来看，其时尚城市品牌各具特色。而上海的时尚城市在经历市场的涤荡过程中，尚未找到特色鲜明的、不可替代的、结合自身文化背景

的风格定位。上海到目前为止还只是一个时尚消费之都，而不是一个时尚创造之都。

（2）资源瓶颈

总体上来看，上海尚缺乏本土的时尚创造者、引领者和著名时尚品牌。目前，上海时尚界相互模仿多，创意设计少；普通设计师多，名设计师少，世界知名设计师更少；在国内有影响的名牌以及在世界上被人们接受的国际性品牌很少。

（3）产业链瓶颈

上海目前缺少成体系的科技创新和研发力量，高级工艺制造能力、营销渠道、专业信息、资本的支撑不足，时尚品牌、文化艺术氛围缺失，从而导致上海时尚城市品牌整体的专业性、权威性、引领性、艺术性、国际知名度都与国际时尚城市品牌有着相当大的差距。特别是时尚城市品牌的创意、设计、制造、营销、推广、培训等诸多环节割裂，各类资源要素分属不同行业、跨越不同部门，均在寻求各自的利益最大化，导致文化与时尚、时尚与创意、设计与市场、产业与活动之间的联动不够，亟待整合，形成相对完整的产业链。

三、上海打造国际时尚城市品牌的总体构思

崛起中的上海正展示出其独特的魅力，吸引着全世界各地的人前来感受东方文明的神奇。上海具有发展时尚产业、时尚品牌的经济、地理、人文、市场和产业的良好条件，把上海打造成国际时尚之都不再是一种设想，上海已经出发！

（一）上海打造时尚城市品牌的指导思想

1. 打造主题

上海风尚和海派文化是全国知晓甚至享誉世界的上海国际大都市品牌特色，具有较大的知名度和影响力。其主题：

（1）上善若水，海纳百川

上海是一座融合东西方文化、有着悠久历史文化传统的现代化大都市，其城市文化精神博大精深。而“上善若水，海纳百川”这八个字就能很好地概括其城市精神。

“上善若水”一词出自《老子》：“上善若水。水善利万物而不争，处众人之所恶，故几于道。居善地，心善渊，与善仁，言善信，政善治，事善能，动善时……”老子以水的行为特征来比拟道德的最高境界。上海的发展一直与水有着不解之缘，水成了上海的一个文化意象。翻开上海的历史，从6 000年前大江冲积而来的一块陆地，到现在正在建设中的国际航运中心之一，完全可以说，上海从一个小渔村发展成一座现代化的大都市，就是面向大海挥洒而成的鸿篇巨制。

“海纳百川”一词出自《庄子·秋水篇》:“天下之水莫大于海,万川纳之。”表示气度、胸襟之宽广。东西方文化在上海百花齐放、百家争鸣,各路精英在这里各展所长、尽情挥洒,来自各界的有益之言行、有益之成果在这里得到充分的尊重与采纳。上海以一种开放的姿态表现了自己对文明的追求。在上海,东方和西方的、传统和现代的文化,都可以和谐地、恰如其分地并存共荣。在上海可以看到各国文化的传统,也可以看到明清以来形成的江南士大夫文化和开埠后形成的移民文化。所谓的“海派文化”,其实质也就是文化的多元化传统。如果说,“上善若水”是上海人的人文性格,那么“海纳百川”则是上海这座城市的价值取向和文化坐标。

(2) 风华引领,尚方时地

风华:风采、才华。而风华正茂常形容容青年朝气蓬勃、奋发有为的精神面貌。出自毛泽东诗词《沁园春·长沙》:“恰同学年少,风华正茂;书生意气,挥斥方遒。”

尚方:古代制办和掌管宫廷饮食器物的宫署。秦置,属少府。汉末分中、左、右三尚方。秦、汉少府所属有尚方令及丞,令秩六百石,掌制造供御刀剑等珍贵器物。后用“尚方宝剑”指皇帝所用的剑,是一种最高权力的象征。

时地:即时尚之地。

“风华引领,尚方时地”正好恰如其分地概括了上海时尚城市品牌建设的趋势及特色:在“上善若水,海纳百川”上海的城市人文精神引领下,不断壮大,并发展为国际时尚之都的高地和重地。

(3) 风尚上海

“上善若水,海纳百川,风华引领,尚方时地”,又可提炼简写为“风尚上海”,恰好演绎出一番新的意义:上海的时尚城市若是海纳百川,沟通世界,并与时俱进,就能成为国际时尚之都的新领地和策源地。由此,在参照世界五大时尚之都的发展经验和上海自身实践的基础上,我们认为“风尚上海”应是上海打造时尚城市品牌的金字招牌。基于以上认识,我们把“风尚上海”确定为纵深打造时尚城市品牌的主题。

2. 基本原则

(1) 总体原则

参照世界五大时尚之都的发展经验,我们认为,上海在打造时尚城市品牌的进程中,特别要注意“突出国际时尚与上海大都市紧密结合的独特性”。时尚城市品牌只有根植于本土并紧密联系世界,才能产生对国际流行时尚的综合影响力:一方面,上海是中国最大的城市和最现代化的大都市之一,又是中国纺织服装基地之一,背靠大陆腹地,直面世界流行风尚和国际交流融合空间,更易于接受世界时尚的影响,这使上海对时尚快速吸纳与扩散传播成为可能,使上海时尚业能够内外逢源,既背靠内陆市场,又有丰富资源优势;另一方面,上海海派文化的多元性与时尚氛围,决定了上海打造时尚之都就应该体现国际时尚特色与海派文化的紧密结合，这种中西文化的交融孕育出一种独特的时尚素材和时尚品牌的资源，体现出海纳百川、东西兼容的国际大都市风范。

（2）具体原则

行业/产业环节选择上，遵循融合发展原则，高端化原则，适应力原则。空间布局上，遵循差异化原则，整合提升原则。项目选择上，遵循引领性原则，突出特色原则，档次复合型原则。推进机制上，遵循形成合力原则，多赢原则，可操作性原则。

3．指导思想

基于以上分析，上海打造时尚城市品牌的指导思想是：加强本土市场与国际时尚的对接，以强化营销和设计为基点，大力发展多样化的时尚产业及相关服务集群，建设和改造各类时尚载体，提升其服务内涵和功能，建立和完善一批不同定位的时尚品牌公共服务平台，构建完善的时尚品牌服务体系，营造有利于时尚城市品牌建设的社会氛围，逐步将上海打造成为品牌领先、市场活跃、消费集聚、活动突出、影响力大的新兴国际时尚中心城市，助推上海“四个中心”建设。

（二）上海打造时尚城市品牌的目标定位

1．总体目标

打造时尚城市品牌的总体目标是：借助长三角发达的制造业，依托上海繁荣的商贸流通业和庞大旺盛的消费市场网络，结合上海传统工业的设计能力，融汇东西方特色，着力打造国际时尚贸易中心、亚太时尚展览展示中心、亚洲时尚体验消费中心、本土时尚创意设计基地、中国时尚创意人才培养基地以及长三角时尚产品样板制造基地，逐步成为品牌荟萃、总部集聚、消费活跃、活动突出，在国际上具有竞争力和影响力的新兴国际时尚都市。

2．功能定位

上海国际时尚城市品牌的功能框架可归纳为“三中心、三基地”。

（1）国际时尚贸易中心

商贸零售发达是国际时尚城市多项功能综合体的基础，也是国际时尚贸易中心城市繁荣与繁华的象征。依托原有的商贸基础和载体条件，以国际化为特征，加速构建以地标式商圈、特色商街、商旅文示范圈、地铁商业及郊区新城商业中心为核心，连锁、电子商务、无店铺销售、网上购物、快递物流等现代流通方式不断创新，国际商业品牌、新型商业业态集聚的国际化购物天堂，集聚跨国消费品公司的营运中心，吸纳与集聚订单分拨企业、以订单为核心的虚拟企业等。努力使上海成为国内外时尚产品品牌的贸易及特许经营中心，大幅度扩展上海在国内时尚贸易领域的交易份额和市场发言权，以此作为上海打造国际贸易中心的组成部分。

（2）亚太时尚展览展示中心

进一步整合现有的各类国际知名会议和活动，加强对时尚类展览博览会的引导和建设。在提升“上海时装周”、“上海服装节”、“国际电影节”等大型国际文化交流活动能级和影响力的同时，积极引进国际著名品牌发布会，国际流行趋势作品发布、新锐设计师作品发布、国际时尚论坛等主题活动，建设多种类型时装展览展示中心、品牌展览展示中心、科技时尚展示中心、“新新”时尚展览展示中心等，夯实上海打造成为中国、亚太地区乃至国际知名的时尚展览展示和文化交流等功能。

（3）亚洲时尚体验消费中心

随着近年来上海经济发展实力的迅速提高，上海正在形成一批有品位、有眼光的时尚消费者，其中不乏来自世界与全国各地的时尚精英群体，渴望更多、更好的时尚体验。上海应当在现有新天地、外滩、南京西路等时尚场所的基础上，建立更多的时尚体验场所，将原有时尚消费场所改建、扩建为全新概念的时尚体验中心，逐步成为亚洲最重要的时尚消费体验中心。

（4）本土时尚创意设计基地

创意和设计是时尚的活力来源，一个城市的创意设计水平决定了城市的时尚产业发展水平，也体现着城市的时尚面貌。上海要围绕东方特色，充分挖掘中国文化特有的神秘和经典，并与现代元素融合，形成现代经典时尚，成就上海的时尚特色。同时，通过多层次的创意交流，吸引外来设计人才，开阔本土创意思路，为上海时尚产业的发展提供人才支持。

（5）中国时尚创意人才培养基地

“培养与挖掘”双管齐下，一方面，加大人才培养与选拔的力度，围绕时尚产业贸易、设计、管理的要求，职业教育与岗位培训相结合，努力强化时尚产业人才的孵化；另一方面，通过各类丰富多彩的设计创意大赛，鼓励创意人才关注时尚流行，形成脱颖而出的氛围，并引入风险资本参与时尚人才的培养与挖掘，积极锻造时尚人才价值发现机制，包装本土时尚名师，要通过良好的生活、创业服务环境，不断吸引海内外国际时尚大师。

（6）长三角时尚产品样板制造基地

作为时尚城市，拥有完善的生产和贸易链条非常重要。借助长三角发达的制造业，结合上海轻纺工业的设计能力，打造时尚产品样板制造工厂，在为时尚创意的表现铺垫强大的生产后盾的同时，也为国际买家提供可直观比对和选择的产品体系。

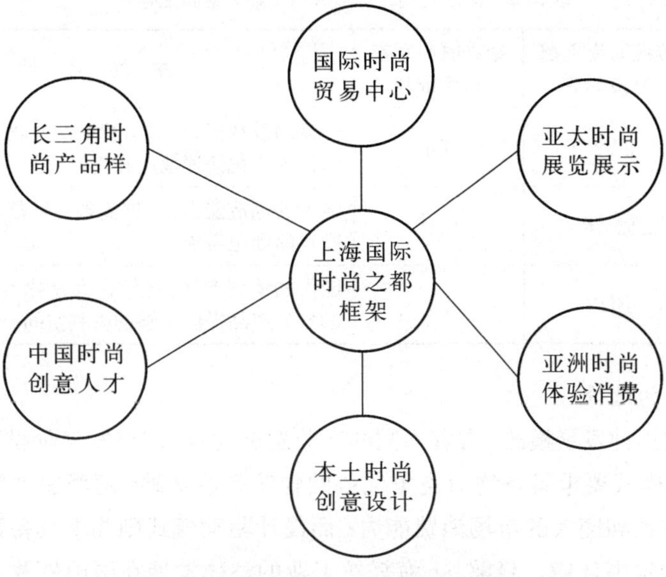

图5-11　上海国际时尚城市品牌功能框架

3. 上海打造时尚城市品牌的发展路径

（1）国际经验借鉴

综观五大国际时尚之都和香港、首尔、迪拜等新兴时尚城市，时尚中心城市的演进轨迹，大致有三大类模式，即制造驱动模式、消费驱动模式以及设计驱动模式。

a. 设计驱动模式　以巴黎、首尔为典型代表，依托具有伟大创造力的个人才华，通过前卫而严谨的时尚产业设计机制的建立，在鼓励设计师独特魅力和个性充分释放的同时，营造个性品牌，彰显个性魅力，引领国际时尚风潮。

b. 制造驱动模式　依托在制造业某一方面（比如服装工业、面料工业、钻石加工等领域）的强大工艺基础和技术优势，不断推出新产品，引领消费时尚，并逐步带动相关产业的多样化和集群化发展，形成完善的高技术、高附加价值的时尚业结构。在这种模式下，时尚产品制造商主导着时尚风格，主要以伦敦、米兰、东京为典型代表。制造施展空间，并通过加入创意、设计元素提升附加值，营造新的时尚增长点，这一点可以从近年来日本数码产品的普及得以印证，而这一现象在日本甚至被称为是"数字景气"。

c. 消费驱动模式　以纽约为典型代表，依托终端消费时尚的强大购买力，吸引厂商、设计人员集聚，对接销售与制造、市场与研发，逐步围绕时尚产业服务，延伸拓展关联产业结构。在这一驱动模式中，销售服务、市场推广远比制造更为重要，通过国内外时尚企业的云集，来挖掘和形成时尚风格，进而策源国际时尚流行。

表5-2 国际时尚之都形成的主导力量和主导环节

	传统时尚之都 自由形成	新兴时尚之都 政府推动	发 展 条 件
设计驱动	巴黎	首尔	一流的设计能力,并有稳固的文化圈,设计作品能够作为文化快速输出和传播
制造驱动	伦敦、米兰	东京	强大的创造能力,能够实现各种复杂创意,并匹配用户的细化需求
消费驱动	纽约		庞大的消费市场,能够为大众化、小众化、个性化的各类产品提供足够的盈利空间

(2)上海的选择

比较上述三种发展模式,有着不同的产业发展背景、城市发展阶段和要素禀赋要求:制造驱动模式要求具备绝对竞争优势的轻纺产业基础;消费驱动模式要求具备发达的流通体系和庞大的市场消费能力;而设计驱动模式则要求具备顶级设计师及其进行创作的氛围环境。目前,上海轻纺工业的整体发展在国内外并不居于领先的地位,传统优势产品领域普遍衰弱,缺乏具有极强竞争力品牌企业、龙头企业,形不成集团竞争优势;与此同时,上海开放性虽然在国内首屈一指,但受税收等环境的制约,国际人才引进设限,而本土时尚设计尚处于起步萌芽阶段。相反,商业文明的繁荣、市场信息的高度流动、庞大旺盛的消费需求,使得上海天然成为我国乃至亚太重要的时尚购物之都。

从上述分析来看,上海在消费驱动模式和设计驱动模式上均具备一定条件,而相比较而言,走消费驱动发展模式的条件更为成熟。有鉴于此,上海打造时尚城市品牌可选择以消费驱动为先导,消费和设计双轮驱动的模式,要通过打造新型时尚购物空间,通过时尚消费导向时尚设计、时尚制造,逐步形成完善的时尚产业结构。

表5-3 上海实施三类驱动模式之优劣势分析

	优 势	劣 势
制造驱动模式	有一定制造加工基础	整体发展在国内外并不居于领先的地位 由于产业转移,传统优势产品领域普遍衰弱 缺乏具有极强竞争力品牌企业
消费驱动模式	商业文明的繁荣 市场信息的高度流动 庞大旺盛的消费需求	关税壁垒

续 表

	优　势	劣　势
设计驱动模式	开放性强	税收环境等壁垒制约人才集聚
	科研院所多，是国内人才高地	尚未形成本土特色

4．上海打造时尚城市品牌的主要策略

（1）产业导向策略

a. 制订上海打造时尚城市品牌发展规划　上海在汲取国际时尚之都经验的同时，更应立足现有优势资源，尽快制订《上海时尚城市品牌建设规划》，合理规划时尚产业发展与布局，确定时尚产业的龙头和重点发展的领域，为孵化国际级时尚设计师、时尚摄影师、形象造型师、时尚模特、时尚品牌策划专家，开发国际时尚前沿技术，培育国际级时尚品牌和高新技术含量的时尚产品，培育面向国际市场的时尚企业提供方向性支持。

b. 实施时尚企业促进政策　以创新性含量、销售覆盖面、研发投入比率、市场响应度、国际化程度等为主要指标，将符合条件的传统消费品类企业，认定为时尚企业，享受时尚城市品牌政策，在税收返还、人员培训、研发费用抵扣、市场流通、房租优惠等方面，给予一定期限的奖励和扶持。

c. 建立时尚产业发展专项基金　鼓励风险资本和外来人才进入时尚城市品牌。设立时尚产业风险基金，对服装服饰、家居纺织、建筑设计、工业设计、环境艺术、视觉艺术、数码娱乐等相关行业，给予资金扶持。

d. 大力实施品牌战略，培养一批龙头企业和时尚品牌　一是建设自主时尚品牌梯队。立足城市品牌资源，按层次、分梯队推进。即从争创世界、国家、市级品牌三个层次，制订实施品牌战略的目标，形成有特色、有竞争力的上海著名品牌的创新体系。二是加快推进时尚城市品牌的产品、企业品牌。选择一些能够突破的领域，重点扶持和打造一批龙头企业，如纺控、家化等；和一批时尚品牌，如百草集、老凤祥、汉光瓷、翠之宝等。促进优势资源向名牌企业集中，发挥品牌企业在行业中的影响力和带动力。三是以自主时尚品牌创新为着眼点，坚持做好“四个结合”，构筑城市立体品牌群，创建更多具有自主知识产权和国际竞争力的时尚名牌。

e. 制订有利于设计产业外包化发展的特殊政策　以政府支持为后盾，鼓励行业协会或者龙头企业牵头组织举办各类时尚产品的国际设计专业赛事，加强各类赛事的规范化、市场化和国际化运作，对优胜设计师适用紧缺人才政策，予以引进或者吸引来上海工作。

f. 充分释放各类存量政策的最大效应 分类指导现有生产性服务业园区和创意产业园区，加强现有载体政策与时尚城市品牌的对接，逐步培育3—5家以时尚为特色的时尚类产业园区，鼓励盘活存量房地产资源用于时尚城市品牌发展。

（2）载体建设策略

a. 加强对于大型时尚活动的支持，扩大活动影响力 将时装周、艺术节、电影节等一批大型时尚活动打造成为自主品牌国际化的服务平台、国际品牌辐射中国的展示高地、原创设计培养提升的孵化基地。支持国际重要时尚活动到上海举办，支持企业参与国内外重大时尚活动，打造“风尚上海”的知名品牌。

b. 建设新一代时尚购物场所 结合商圈改造和地铁上盖综合开发，不断提升中心城区现有时尚购物市场的品位，强化各类时尚园区的销售功能，形成设计与市场的对接，规划融设计、展示、商务、购物、消费等功能于一体的新一代时尚购物空间，着力打造一批彰显民族特色、集聚新老品牌的购物市场。

c. 率先建立上海时尚品牌博物馆 选择合适场所，建立上海时尚品牌博物馆，将世界、中国和上海的时尚品牌用实物和图片的形式汇聚于馆中，具有展示展览、体验教育、在线服务、旅游观光和文化交流等功能。

d. 专设上海时尚产品展示厅 利用工博会、上交会、时装节、汽车展等大型会展平台，设立“上海时尚新产品展示厅”，吸引国内外品牌企业到上海来发布最新时尚城市品牌信息，创造良好的时尚城市品牌消费氛围，促使上海时尚产业的集聚和辐射中心的形成。

e. 构建上海时尚城市品牌“街、廊、馆、店”布局 在三大高端时尚地标基础上，拓展区域，提升品位，创造精品，引领创新。形成“金三角”（南京西路、外滩、新天地），“大金三角”（黄、静、徐等核心商业区），“新金三角”（10大都市商业中心）以及特色功能区、商旅文结合的风情街和特色专业街。在市中心城区、旅游消费集聚地、市郊中心镇、开发区和海内外市场，辟建“时尚街”、“时尚精品特色长廊”、“时尚产业博物馆（室）”和时尚产业品牌旗舰（形象）店等。

（3）公共服务策略

a. 率先组建时尚产业价值评估机构 在全国率先成立市场化、专业性、有权威性的社会化的时尚品牌、模特、传媒、设计师等地位评价机构或公司、事务所。建立公正、公平的品牌社会评价体系和评价指数及保障机制，并在科学评价的基础上进行不定期排名，以使其成为企业必须关注和激励创新奋进的重要动力。

b. 率先建立时尚品牌交易所 组建上海时尚品牌交易所或长三角共建交易机构，也可在产权交易所中设立专门的交易项目。鼓励各种类型的如服装服饰、化妆品、首饰、皮革包袋和配饰、家饰、家具、钟表眼镜等时尚品牌经营公司或经纪人开展交易、特许、代理经营的业务，包括吸引海内外的时尚品牌经纪商到上海来开展经营，促进时尚品牌信息、技术、产品和人才的交流，以促使上海成为国内外时尚品牌的交易中心。

c. 组建上海时尚管理学院 依托现有高校资源，以校企合作、产学研结合的方式，设立时尚学院，开展时尚专业学历教育，培养时尚的经营管理人才。设置时尚专门人才职称岗位，培训时尚专门策划师、咨询师和培训师，建立和完善时尚人才管理体系。

d. 培育、扶持专业时尚媒体平台 选择一批时尚传媒进行重点扶持，提高时尚流行信息发布的专业性与商业性，建成专业化的时尚信息发布平台，积极邀请国际著名品牌来沪召开新品发布会，国际著名时装设计师来沪召开时尚产品论坛，新锐设计师来沪举行设计作品展等。积极推动时尚电视频道加强与本土企业的协同，采用企业购买频率资源，专业团队制作，宣传部门审批的方式，联合全市乃至长三角的知名时尚企业与上海文广的电视媒体资源和结合，辐射全国乃至亚太地区，搭载全球最具竞争优势和覆盖范围的时尚城市品牌资源库与媒体发布平台，由此吸引诸多国内外时尚人士和顶尖名模。

e. 完善行业组织结构 加强对现有各分散行业组织的指导，以行业龙头为主体，以社会化、市场化运作为机制，以共性化服务平台为纽带，加强专业协会之间的联动与合作，建议考虑筹建中国设计师上海分会。

（4）机制创新策略

a. 建立健全时尚城市品牌建设的推进机制和保障体制 建议在市政府的授权下，成立“上海时尚城市品牌建设办公室”的高层管理机构，整合相关资源，从战略规划到政策措施、从营造环境到服务体系等，构筑和完善各负其责、运转高效的工作机制，开创上海时尚城市品牌建设发展新局面。建立时尚城市品牌办公室和时尚行业联合会经常性联系制度，例如上海与其他国际国内时尚城市开展互访；时尚产业对口单位加强联系，建立联席会议制度和联系制度；深化时尚产业各层次、各领域的交流与合作等等。

b. 健全时尚品牌保护机制 加强对国内外时尚品牌的保护，严厉打击各种假冒行为和侵犯知识产权行为，形成企业自我保护、行政保护和司法保护三位一体、相互结合的保护体系，创造公平竞争的市场环境。

c. 加强本土时尚品牌、时尚企业、时尚认识的宣传 树立一批典型范例，通过电视片、专栏、访谈、论坛、大会、巡访、展示、网络、画册、示范基地、海外推广、品牌榜、品牌宣言、公共活动等手段宣传企业家风采和上海时尚产业的文化底蕴，引导全社会增强时尚品牌意识和营造自主品牌的市场氛围。

第三节　上海玉佛寺佛教文化项目品牌策划

文化是城市持续发展的灵魂，更是提升城市竞争力的核心软实力。全面建设国际文化大都市，是上海的重大战略任务之一。上海要构建国际文化大都市，应该采取的文化战略：一方面，要高标准规划建设一批世界一流的文化场馆，如博物馆、艺术中心、音乐厅、会展中心、科技馆、影视中心等，为承办世界级各类文化活动打下坚实的物质基础。另一方面，要从健全城市公共文化服务体系出发，全面加强惠及市民群体的基层文化设施建设（如社区文化设施等），为满足广大市民的文化需求提供基本条件。上海玉佛寺佛教文化项目品牌规划方案就是在上述背景下构思与策划的。

一、玉佛文化城的基本情况

（一）地理位置

上海玉佛寺佛教文化品牌项目（简称玉佛文化城）位于上海市普陀区东南部，北接长寿路，南靠静安区，东邻闸北区，靠近苏州河及上海火车站，区域内有多条公交线路，市内交通和区际交通都非常便利。南沿江宁路直通南京西路商圈，北邻长寿路综合服务带，商业设施比较齐全。占地面积达110多亩，其中玉佛寺占地19亩。

图5-12　上海玉佛禅寺

（二）基本构想

1. 指导思想

以“文化建城，服务社会”为主题，与上海现代化国际大都市文化、生活与经济紧密结合，依据“人无我有，品牌创新”的指导思想进行开发建设。

2．战略目标

（1）总体目标

玉佛文化城以“营造亚太级佛教圣地，构建和谐玉佛文化城”为总目标，以建造“中国佛教文化交流中心”和“中国佛教文化体验中心”为两个子目标，将玉佛文化城打造成为闻名中外的国际文化品牌及佛教圣地新地标。

（2）具体目标

玉佛文化城集佛教休闲养生、佛教旅游观赏、佛教产业开发、佛教文化传承和佛教活动交流等功能为一体的上海现代化国际大都市高端宗教文化区域。

玉佛文化城既是佛教界人士进行交流活动的中心，又是信众、游客旅游观赏、休闲养生的重地，更是宗教文化传承的圣地，是上海文化事业的新地标、新高地和新亮点。

3．项目内容

玉佛文化城以建造金装玉佛楼、体验授道场所和服务社会为项目建设与策划设计的重点和亮点。分为中心宗教区、艺术文化区、展示交流区和休闲娱乐区四片布局；开发“佛教都市休闲养生静地、佛教旅游观赏胜地、佛教产业开发宝地、佛教文化传承重地、佛教活动交流圣地”等功能；设立“佛学文化博物馆、佛学艺术院、佛学文化工艺品城、佛学文化养生院、佛学文化大讲堂、慈善广场”等场所。

除了丰富的人文内涵以及完善的硬件设施以外，玉佛文化城还定期举办佛教文化品牌活动，如相关的论坛和展览会，这是繁荣文化事业、发展文化产业的重要方面。

（三）开发意义

首先，随着善男信女和佛徒信客的增多，玉佛寺的空间显得日渐狭小，难以满足人们的需求，更无法组织和筹办大型佛教文化交流活动，玉佛文化城的建设恰恰弥补了玉佛寺的不足之处。

其次，上海一向以繁荣的经济为人们所称道，文化品牌建设却不容乐观，玉佛文化城就是要建设上海文化事业的标志性区域，并将其推广至全国乃至世界，弥补上海在人们心中的文化遗憾。

再次，根据党的十七大“大力提升文化软实力”的战略目标和上海市“努力形成以服务经济为主体的经济结构”的要求，普陀区将文化创意、休闲旅游等服务产业作为重点培育对象，玉佛文化城代表了不可多得的宗教文化宝贵资源，理应加快形象建设和保护性开发。

最后，开发佛教文化旅游资源既可以满足游客对佛教文化的猎奇心理，又可以实

图5-13 闻名于海内外的佛教寺院

现游客休闲、游览的精神需要，更可以使游客从佛教文化中体验中华文化的博大精深。因此，玉佛文化城旅游的开发，将迎合这一潮流，使佛教文化旅游成为受欢迎的一种高层次的旅游活动。

二、玉佛文化城的现状分析

（一）优势分析

1．难得的宗教文化历史和文物资源

玉佛文化城中的玉佛寺是上海市十大旅游景点之一，它的兴盛见证了上海城市的发展和繁荣。玉佛寺建筑和藏品制作精美，镇寺之宝——玉佛更是引人注目。玉佛寺的历史文化底蕴为玉佛文化城的品牌打造奠定了基础。

2．位于繁华大都市上海，比邻长寿综合服务带

玉佛文化城东面和南面紧邻静安区和闸北区，北接长寿综合服务带，靠近上海新客站，周围交通四通八达，便于人气聚集。同时，玉佛文化城靠近苏州河，有优美的水岸风光，非常适合会务与休闲并重的玉佛文化城的需要。

3．项目再开发具有较大经济效益和社会效益

根据玉佛寺的珍贵文物在玉佛文化城内进行相关商品开发；玉佛文化城扩大了玉佛寺外事接待和承办会务的能力；将佛教文化与养生健康相结合，引发新一轮消费热潮；增加玉佛寺吸引力，繁荣上海旅游业。

保护并普及佛教文化，并使相关传统文化得以流传和推广；提升城市的文化品位，增加上海的文化吸引力，树立区域文化强区形象；引导健康生活方式和社会风气的形成。

4．各级领导高度重视

长期以来，市区相关部门的各级领导同志都十分重视玉佛寺及其周边地区文化

资源的保护、开发和建设，对开发玉佛文化城的想法及工作给予了高度评价和肯定，并提出综合开发玉佛文化城的一些设想。

（二）弱势分析

1．文化历史积淀不够

玉佛文化城的构想主要依托于玉佛寺，而玉佛寺仅有百余年历史，在众多千年古刹中无疑是一个年轻寺院。缺少深厚的历史与文化积淀为之铺垫，玉佛文化城想要成为亚太级佛教圣地恐缺少说服力。

2．周边环境不佳

玉佛文化城所在区域的市政建设比较滞后，停车场所缺乏，交通容易拥堵，该区域旁的民居简易而簇拥，市容环境不佳，与寺庙庄严肃穆的氛围以及玉佛文化城的休闲养生环境不相符合。且由于该区域位于普陀、静安两区交界处，管理的难度较大。

3．地域发展空间有限

相比其他地区的文化园区，玉佛寺文化城面积相对较小。该区域东为“玉佛城”高层居民小区，南为静安区地块，西为九龙花苑高层居民小区，北为长寿路商业圈。周边往外延伸的空间十分有限。因此空间环境狭小、动迁成本过高和涉及静安区地块等是制约玉佛文化城综合开发建设中的最大障碍与突出问题。

（三）机遇分析

1．中国经济和社会进步的发展

改革开放以来，中国经济发展和社会进步进入新的阶段，越来越多的发展机遇涌入上海，作为具有百年历史的玉佛寺也肩负着与时俱进、持续发展的责任和义务，玉佛文化城的建设就是要在这样的宏观经济背景下传承文化、发展文化、繁荣文化。

2．上海各类博览会和文化活动的举办

越来越多的对外交流和旅游活动将降临申城，玉佛文化城为参观各类博览会和文化活动的巨大人流提供服务，并为大都市文化与旅游产业的发展作出积极贡献。

3．政府对文化产业的大力扶持

近年来，市区两级政府对现代服务业特别是文化产业都给予了大力的支持。相关部门在开展“苏州河文化创意产业论坛”的基础上，提出了要大力发展区域文化创意产业的经济发展思路，并正在积极制订文化事业发展规划和文化产业的扶持措施，玉佛寺作为重要文化资源的开发利用，也被纳入重要议事日程。

4．长寿地区楼宇经济与商圈经济的联动

市区将着力提升长寿路沿线商业功能和品味，重点打造长寿地区品牌楼宇经济与品牌商圈经济。玉佛寺周边地区作为长寿地区楼宇经济与商圈经济的重要组成部分，是规划中的宗教商务旅游区。反之，玉佛文化城的建设对催熟长寿路楼宇经济与商圈经济的发展将产生积极作用和良性反馈。

5．消费升级和禅宗文化热

现在，城市居民家庭人均可支配收入已达14 000多元，上海将进入新一轮消费升级阶段。市民收入增加，物质文明生活的不断丰富，精神文明生活的需求也会日益强烈。玉佛文化城所提倡的文化交流、文化活动、文化体验，以及禅宗文化热很有可能成为人们精神文明需求的新的关注点，进而成为新的消费热点。

（四）风险分析

1．建设风险

玉佛文化城是具有极强文化内涵的标志性区域。在建筑风格上，它既要与玉佛寺建筑群相协调，又要注意区域内历史建筑的保护，并且与周边地区及长寿路开发规划的编制有机结合起来。在建筑内涵与风格上，玉佛文化城既要体现佛教文化，又要以佛教文化为核心进行辐射和发散，各大功能之间的过渡要注意合理性，切忌拼凑。

2．市场风险

玉佛文化城以大都市文化与旅游产业的发展为背景，是文化传承和发扬的场所，它的未来有若干不确定性，如其所吸引的市场究竟有多大？受众有哪些层次？如何细分以便其更有效地服务社会？其市场与一般宗教旅游区有何区别？总之，玉佛文化城应该对投放市场后可能出现的情况进行预测，并制订出相应的解决方案。

3．竞争风险

就全国范围来讲，以佛教文化为资源进行开发建设的园区不在少数，例如山西晋阳佛教文化资源开发、河南白马寺文化园区、江苏南禅寺文化商城等。就上海市内来说，静安寺、龙华寺是玉佛文化城两个非常有实力的竞争对手。

4．项目风险

玉佛文化城需要投入巨大资金，其中绝大部分需要通过招商融资来解决，吸引有实力的国内外著名公司参与项目开发是玉佛文化城建设面临的重大课题，招商引资的进度和质量将直接影响玉佛文化城建设与拓展。玉佛文化城诸项目开发本身存在诸多不确定因素：其一，项目开发需要投入大量资金，这些资金是否能按期到位；其二，项目完工后能否达到规划设计的预期效果；其三，项目规划设计是否被实施场所接受。玉佛文化城项目的总体开发也存在上述不确定因素。

三、玉佛文化城的功能定位

玉佛文化城以玉佛寺为依托，整合佛教文化资源，确立其目标市场和功能定位。包括三大基本功能定位和开发五项功能。

（一）三大基本功能定位

1．亚太级佛教圣地

其定位的主要内涵和显著特点是：

（1）摆脱传统的佛教圣地开发观念，创造性地把佛教文化与大都市现代文化紧密结合

人们不用跋山涉水，在繁华的大都市中就能体验到佛教文化带给人们的安宁和平静。佛教文化与大都市现代文化的矛盾，在玉佛文化城中将被巧妙化解。繁华都市中的一方净土，这将是玉佛文化城打造“亚太级佛教圣地”的一个璀璨亮点。

（2）创新文化，艺术着手

佛教与艺术的结合也是玉佛文化城打造中的一个新的亮点。将佛教文化通过艺术的方式传达给受众、游客，更能提升佛教文化在人们心目中的地位，有助于功能定位层面的提升，同时，与艺术相联系，更能扩大目标消费人群的范围。

将玉佛文化城定位在亚太级的层面上，结合玉佛文化城自身的特点，形成具有大都市气息的佛教文化艺术。清幽雅致的佛教园林、技术精湛的佛教雕塑、绚丽多彩的佛教壁画，以及多种多样的佛教产品等，都可以作为佛教艺术的载体，在亚太级佛教圣地的打造中发挥重要作用。

（3）开发佛教文化体验新模式

当今社会，体验文化受到越来越多人的青睐。将玉佛文化城的佛教文化形象化、生活化，为人们打造一处佛教文化体验生活的基地，通过吃穿住行等各种活动，让人

图5-14　上海旅游的十大景点之一

们亲身体验佛教生活，增强人们的主角意识，传达这样的一种理念：无论你来自哪里，佛教文化的安宁都能给你带来心灵上的慰藉。文化是相通的，体验是不分国界的，亚太级的佛教圣地也将给人们带来高级别的体验享受。

2．佛教文化交流中心

其定位的内涵和外延是要使玉佛文化城成为佛教文化交流的新窗口，成为上海、中国乃至整个亚太地区佛教文化交流的重地。

（1）亚太地区的佛教文化交流

亚太，全称“亚洲及环太平洋地区”，主要有大洋洲的澳大利亚、新西兰等，东亚的中国、日本、韩国等，北美洲和南美洲太平洋沿岸的美国、加拿大、墨西哥等。在这样一个广阔的区域中，每个地区都有自己特色鲜明的佛教文化。文化，因为差异才需要交流沟通；文化，也因为有其统一性才决定了它是可以沟通的。加强地区间的佛教文化交流，有助于促进佛教文化交流方面的返本和开新。

（2）中国民族的佛教文化交流

佛教在中国已有2 000年历史。中国幅员辽阔，历史、政治、地理环境等因素都决定了不同地区有着不同的佛教文化和习俗，多元宗教“相尊共容”的格局将长期存在，只有加强交流才能更好地促进各民族佛教文化的和谐发展。

（3）上海地区的佛教文化交流

上海是国际化大都市，在文化上有着很强的兼容性，玉佛文化城的地理位置决定了它势必要兼容中国各民族乃至整个亚太地区的佛教文化。同时，向世界宣传大都市的佛教文化，通过宣传交流，极力打造世界级的大都市佛教文化的第一品牌。

图5-15　镇寺之宝：玉佛、卧佛

3．佛教文化体验中心

其定位的内涵和内容主要是：

（1）佛生活体验

通过佛教生活、佛教养生、佛学交流等方式，让人们认识佛文化，感受佛文化，体验佛文化，为人们提供别具特色的佛教生活体验型活动，打造具有玉佛城文化特色的佛教文化体验中心。

（2）佛旅游体验

突出玉佛文化城特有的佛教文化人文景点，在坚持特色的同时吸收经典佛教园林的要素增建佛教园林景点，以独特的园林布置表现佛教文化思想和体现传道方式，为信众、游客们提供不一样的佛教文化体验。

（3）佛养生体验

在纷乱的大都市生活中，人们向往着心灵上的纯洁和安静。突出玉佛文化城安静清幽的环境，佛教文化的背景氛围，通过建立佛教养生堂等措施，实现佛教养生的目标。

（4）佛活动体验

通过举办丰富的佛教文化活动，比如佛教的斋戒、佛教中传统的节日、素食文化节、佛教产品购物节、佛教文化艺术节等活动，来突出佛文化的氛围，使人们在活动中得到佛文化体验。

图5-16　休闲养生静地

（二）开发五项功能

玉佛文化城五项功能开发的可能性、现实性及其主要内容概述如下：

1．佛教都市休闲养生静地

上海是国际性大都市，人们的生活、工作节奏快，精神压力大，利用余暇时间调节身心成为市民生活需求之一，人们需要一处养生的净土。在众多的养生方式中，佛教养生静地越来越受到人们的关注和欢迎。

玉佛文化城所处的位置是上海中心城区闹市中罕有的宁静之地，这是形成佛教养生静地的先决条件，宁静的地理位置能够为人们提供远离喧嚣的氛围感受；佛教文化本身就带有净化心灵的精髓，与现代化味道十足的养生场所相比，佛教养生场所更能使人们体味到远离纷扰的宁静。

佛法四宝

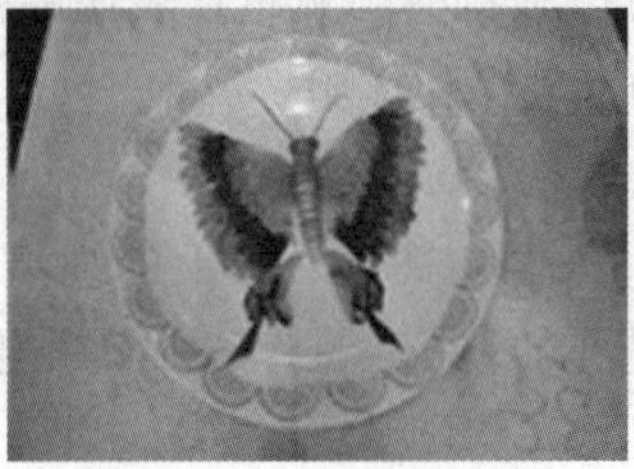
富贵彩蝶

玉膳鲜果

黄山风光

金玉满堂

罗汉上菜

硕果累累

松茸菊花盅

素食牡丹

图5－17　玉佛素斋

突出玉佛文化城闹市中净土的先天有利条件，为人们提供佛教养生方面的指导和服务，以清幽的环境、浓郁的佛教养生氛围和优质的服务，使玉佛文化城成为“都市休闲养生新静地”。

2．佛教旅游观赏胜地

佛教文化是有特色的、有吸引力的人文旅游资源，极具旅游价值，是旅游资源的重要组成部分。佛教文化资源的利用和开发，有利于形成有特色的旅游产品，开拓新的旅游市场，吸引游客，对旅游业的发展具有重要的意义。

玉佛文化城完全具备开发佛教旅游资源的条件：首先，玉佛文化城的地理位置优越，交通方便，是人们在假日休闲旅游的好去处；其次，玉佛寺拥有美轮美奂的玉佛，寺院建筑精美，具有很高的观赏性；再次，佛教文化有着广泛的群众基础，无论是佛教信奉者还是佛教爱好者都是玉佛文化城的潜在游客；最后，玉佛文化城拥有很大的开发发展空间、丰富独特的宗教文化、宗教文化旅游景区与项目建设，玉佛文化城的特色发展将成为“佛教文化的观赏新胜地”。

3．佛教产业开发宝地

很多人相信佛教产品或者可以帮助他们摆脱苦难，或者可以给他们带来好运，或者可以以此来获得神灵的庇佑，佛教信奉者和佛教爱好者来到佛教圣地，都带着获得神灵保佑的心愿，而佛教产品就是人们与神灵沟通的最好桥梁。

玉佛文化城应以玉佛寺为依托，寺庙文化的各种产品和活动都可以成为开发对象，如兴办素食，开发佛教用品及佛教书籍商店，经营香火纸烛，举行佛教法事、佛教捐赠等。就玉佛文化城而言，要突出其佛教产品特色，可以突出玉佛禅寺“玉佛”的特色，做大玉佛产业，同时在玉佛特色产品之外开发其他佛教产品，形成以“玉佛”品牌拉动其他佛教产品的开发，使玉佛文化城成为具有影响力的“佛教产业开发新宝地”。

毫米海南沉香手珠

海南黄花梨鬼脸45颗持珠

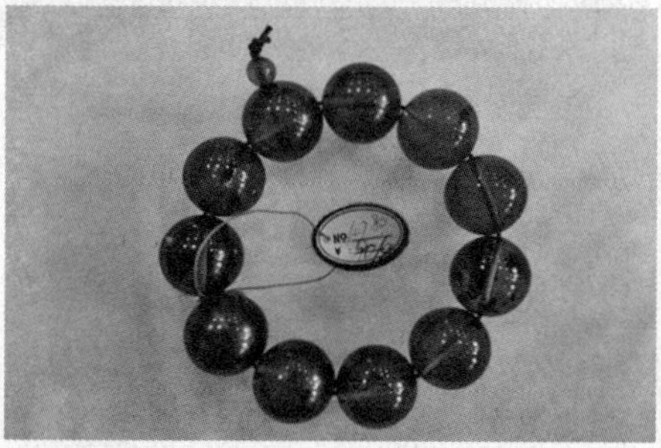

琥珀手珠

翡翠弥勒菩萨挂件

图5-18　“玉佛”手珠及挂件

4．**佛教文化传承重地**

佛教文化有着悠久的历史，其中蕴含着很多的佛理，佛教文化的正确传播对于我国文化的发展有着重要的作用，而玉佛文化城自然就是佛教文化传承的新领地。

就玉佛文化城而言，禅宗文化传播的独特性和养生健身的有效性以及旅游功能的完美发挥，都将有利于佛教文化的传承和传播，同时，适时举办佛教文化论坛，吸引各地的佛学专家和佛学爱好者来到这里，增强玉佛文化城的佛学文化氛围，使其成为“佛教文化传承新重地”。

5．**佛教活动交流圣地**

在佛教中有很多活动，如佛诞节，是纪念释迦牟尼诞生的节日；佛圆满节，是纪念释迦牟尼逝世的节日；成道节，是纪念释迦牟尼成道的节日等。此外，还有一些佛学交流的学术活动等，都需要在有佛教文化氛围的场所中举行。

玉佛文化城借助浓厚的佛教文化氛围，同时配以相关的软硬件设施，积极开展各项交流活动，通过佛事活动、物品交流等方式，使玉佛文化城成为“佛教活动交流新圣地”。

上述玉佛文化城的五项功能相互融合、互相交错，共同完成并实现玉佛文化城的三大基本功能定位及其总体目标。

青少年书法大赛现场

法师讲座

图5-19　佛教文化活动——书法与讲座

四、玉佛文化城的项目设计

主　题：文化建城，服务社会

总原则：突出玉佛文化城与大都市紧密结合的独特性

总目标：营造亚太级佛教圣地，构建和谐玉佛文化城

子目标：中国佛教文化交流中心，中国佛教文化体验中心

指导思想：人无我有，品牌创新

品牌战略：品牌个性化战略、品牌文化战略、品牌体验战略

玉佛文化城整体布局、品牌项目、重大活动等设计如下：

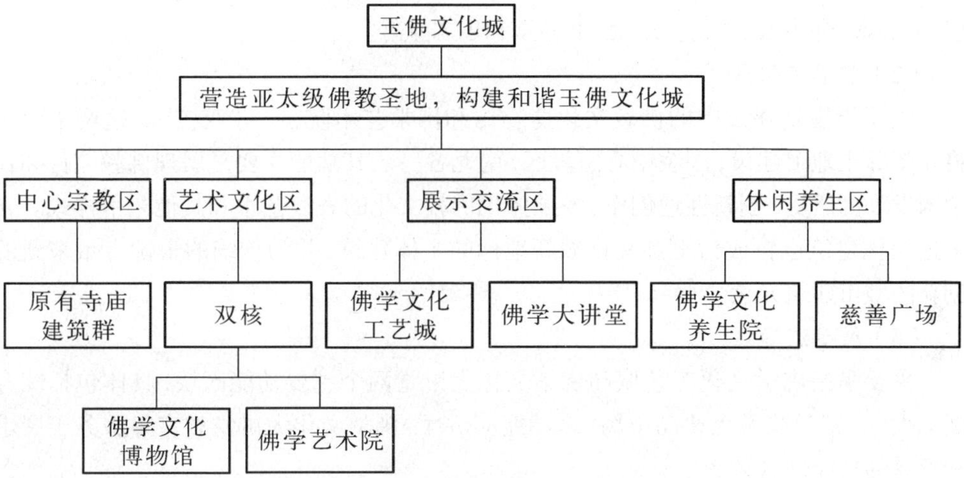

图5-20　玉佛文化城规划示意图

（一）重点布局

玉佛文化城整体布局：一线、两核、三点和四区块。

1．“一条主线”

即“营造亚太级佛教圣地，构建和谐玉佛文化城”。“和谐”是玉佛文化城开发的主旨，宏观上是社会、经济、生态环境效益的和谐；中观上是打造满足人们需要的一种精神消费和文化消费的特殊产品群落，构成玉佛城的特色吸引力；微观上是佛教文化系列产品的开发要与大都市、玉佛寺及旅游产品的开发同步互动，达到佛教文化之核心理念与和谐社会目标融合的一个新的水平。

2．“双核”

是指“佛教博物院”和“佛学艺术院”两个核心区域。这两个核心区域是玉佛文化城的核心组成部分，带动整个玉佛文化城的发展。

3．“三点”

是指在玉佛文化城开发建设中，紧紧抓住“佛教传统文化、都市创新艺术、佛寺精神资源”三个基点的优势，紧密围绕“营造亚太级佛教圣地，构建和谐玉佛文化城”目标的主线，重视传统，突出创新，综合开发，逐步完善。

4. "四区块"

即中心宗教区、艺术文化区、展示流通区、休闲养生区。

(1) 中心宗教区

主要指玉佛寺原有仿宋宫殿式寺庙建筑群,包括大照壁、天王殿、大雄宝殿、般若丈室、上海市佛教协会、观音殿、上海佛学院、禅堂、五观堂和素斋部、客堂、寺务处、库房、铜佛殿、卧佛殿、法物流通处、上客堂和乐志堂等。

(2) 艺术文化区

主要指规划建设中的佛教文化博物馆和佛学艺术院——"双核"。这两个建筑将在新辟土地上建设,围绕中心宗教区,南北各一。其功能主要是展现佛教流传和在中国发展的历史,创新性地创作、发展体现佛教文化的表演艺术和其他艺术样式。未来这两栋建筑也将成为玉佛文化城新地标的主体建筑,并为传统的玉佛寺带来新的创新的城市建筑元素。

(3) 展示流通区

主要是指佛学文化工艺城和佛学文化大讲堂两个主要功能区块,具体包括综合展示大厅、宗教旅游工艺品市场、多功能演讲厅、佛学文化大讲堂教室等服务于展示和贸易的功能性区域。

(4) 休闲养生区

主要是指佛学文化养生院和慈善广场两个重要功能区块,包括一系列服务于整个玉佛文化城的休闲娱乐设施和场所,如佛文化茶社、斋饭餐厅、禅道场所、慈善广场绿地等。

开发玉佛文化城,要将佛教文化资源进行整合。除了利用佛教禅宗的宗教文化功能和宗教文化活动来吸引国内外信众、游客游览观光,还可以利用丰富多彩的佛教文化艺术、建筑艺术招揽信众、游客度假休闲,促进经贸活动开展,形成现代商品经济文化环境中不可估量的文化同化力和文化渗透力。

资源整合的主要元素:禅宗、建筑、艺术、文物、人物、教义、仪礼、故事、美食、体验、活动等文化资源及项目。

(二) 品牌项目

1. 五大馆院

(1) 佛学文化博物馆

a. 建筑风格 该项目是玉佛文化城主体建筑之一。拟建的玉佛文化城主体建筑将是一座亚太级佛学文化艺术标志性建筑群。除此以外佛教建筑一般有寺庙建筑群和古代高层建筑的宝塔,展现民族文化的特征和鲜明的时代色彩之外,还须与玉佛寺的建筑、布局、装饰等相得益彰，表现佛教艺术的独特审美情趣和艺术追求。

拟建玉佛文化城采用宋代园林建筑风格，成为大都市和城区的新地标。由“佛学文化博物馆”、“佛学艺术院”主建筑及其他附属建筑物构成。内设大小高低不一、形式风格各异的序厅、文化厅、历史厅、多媒体展示厅、文物展览厅、文献阅览厅、艺术馆、学术交流演讲厅、贵宾接待厅、休息室等。大厅内部以不同的雕塑、绘画等装饰艺术，展现佛学艺术，并借助电、光、声等不同的现代科技手段，使雕塑、绘画、书法、场景“活”起来，做到生动而又逼真。

b. 发展方向 重点挖掘佛教文化内涵，努力收集佛教文物，展现佛教在中国的流传和历史，突出佛教文化主题，提高佛教圣地品位，打造亚太地区佛学文化第一品牌博物馆。

（2）佛学艺术院

a. 佛教教育 创办高等教育的文化艺术学院，设有舞蹈、音乐、艺术设计三个专业，面向全国招收应届高中毕业生入学，学制三年，并按国家教育部要求的同类专业课程设置和学时、考试等教学计划要求进行教学。重在对学生基础理论和专业技能的培养，把学习与专业实践紧密结合起来。

b. 佛教艺术 佛学艺术院举办的各种表演，将为他们提供向世界各民族优秀表演及传统文化艺术学习的极好机会，也为他们从事教学实践活动提供了最好的舞台。

例如以佛教艺术元素为主线，设计佛教元素的服饰，在玉佛寺中搭建T型台，模特身着佛教元素的服饰，展示佛教艺术和佛教文化。

图5-21 香客朝拜

（3）佛学文化工艺城

a. 建筑风格 为传统宋代园林式，1—2层结构。位于玉佛文化城“双核”以西，靠近新会路。

b. 设计制作 文化工艺城要精心设计制作形式多样的工艺品、纪念品，如杯碟、钟表、项链、衣帽、图册等实物，并创办《玉佛国际文化与艺术画报》杂志，以精美的图片，全面介绍玉佛文化城的各项文艺活动及各国名人、名家、名作等，面向全世界发行。

c. 珍品拍卖 文化工艺城部分面积用于交易文化艺术品外，主要用于举办各国各民族文化艺术展、文物或艺术珍品拍卖会等，并利用互联网与世界各知名博物馆、艺术馆、拍卖行等组织和机构进行广泛联系和合作，以不断拓展文化艺术品的国际市场，提升“玉佛文化城”的国际知名度、美誉度。

（4）佛学大讲堂

a. 品牌资源 依托佛学文化博物馆和佛学艺术院的资源，在佛学大厅和学术交流演讲厅均可举行大小规模不一的社会文化艺术大课堂，宣扬佛学精髓，促进社会和谐发展。

b. 佛学传播 佛学大讲堂要形成佛学教育、进修、研究、交流中心、修建佛学会议交流中心，提高玉佛寺在全国和亚太地区佛学界的影响和地位。佛学大讲堂还要根据不同层次的文化需求，对佛学文化进行传播。

c. 需求对象 一般可分为游客、佛学爱好者、佛学研究者三个层次。根据他们的不同需求可定期举行佛学知识普及讲座、佛学论坛、得道高僧讲佛、与佛学有关的艺术作品展，如绘画艺术、电影电视艺术、在线讲堂、佛文化节庆等等。

d. 主打项目 初定为一年一度的“亚太佛学高层论坛”。另外，佛学大讲堂也可利用现代大众媒体，在网络、电视上开设“远程网络课堂”，将佛学讲堂信息化、现代化。

（5）佛学文化养生院

提供佛学练功场所和禅道场地，并延伸出住宿馆社、素斋食品等服务业。

a. 定位依据之一 禅茶文化。在中国的传统文化中，佛教文化与茶文化始终有着密切的联系，从唐朝中期开始，佛教中的“禅”和“茶”密不可分，僧侣们诵经、坐禅、绘画、书法都离不开茶。既然禅茶不分，那么我们何不以茶文化为引子，让更多的市民了解和体验佛文化呢？由此衍生出提供佛学练功场所和禅道场地，并延伸出住宿馆社、素斋食品等服务业，让更多的人从各个不同的侧面知佛、懂佛。

b. 发展方向 城中净土，都市乐园。地处上海都市高楼大厦间的玉佛寺在繁华闹市之中开辟出了一块格外和谐安静的圣地。闹中取静的境界正是无数城市人所追求和向往的，因此，玉佛佛学文化养生院发展为城市人品茶、吃斋、养生之乐园是其必然的发展趋势。

该建筑位于玉佛寺西南侧，依寺而建，以中国古典建筑和园林风格为主。养生院集中医、气功、禅茶室、斋书房、练功房、购斋超市于一体，在佛学养生之道的指导下，主要开设品斋悟佛、疗养康复、开智开悟、练功预测、传功教学、科研探秘等项目。

c. 主打品牌　“玉佛牌”养生斋饭、“玉佛牌”益寿禅茶、“玉佛牌”禅茶斋道等。

d. 体验场所　容纳200多人，有禅堂、武术练功房、讲经堂等，把僧人生活方式、佛教文化和精神内涵都展示出来，让外人到里面去体验。

e. 主要特色　练功修德，如入仙境；疗养康复，胜似桃园；禅茶斋饭，超越五星；领悟佛道，如获新生。

f. 市场前景　开创大都市佛文化养生先河，打造佛教文化体验新领地和新基地。

图5-22　青铜铸钟与佛艺用品

2. **慈善广场**

专门用于进行祝福祝寿等活动的文化广场，用于广大市民和香客的祈福祝寿祝愿，即佛教之窗、慈善圣地。

（1）定位依据

面对社会节奏加快、社会压力和贫富加剧的现实，玉佛文化城作为缓解压力、辅导心理、慈善救济的场所，可以促进社会稳定，有利于建设和谐社会。据统计，玉佛禅寺每年进庙的信徒、香客多达一百余万。十多年来，玉佛禅寺先后向社会公益和慈善事业捐赠人民币近千万元。

（2）发展方向

大力开展各项弘法利生的佛教文化活动。设立文化艺术基金，推动上海佛教文化事业的发展，促进佛教文化的对外交流；举办慈善义演活动。加大对慈善公益事业的捐赠力度，大力弘扬佛教奉献社会、慈善救度众生的人间佛教精神，积极发挥佛教优势，为构建和谐社会作出努力。

图5-23　闹市中的一片净土

3．主要板块

慈善广场祝福祝寿活动可分为八大板块。（佛教没有特定推崇哪个数字，数数都是好数。“八大板块”构思于佛教“七佛八菩萨”。）

（1）第一板块

在慈善广场组织大型佛教歌舞节目演出，以玉佛寺祈福世界和平颂、佛教歌舞节目为主，邀请国内外知名佛教音乐团体助兴演出。

（2）第二板块

佛教艺术长廊活动。将在慈善广场举办书画碑帖大展、佛教国际摄影大展、禅书画艺术大展、剪纸艺术大展、佛教文物大展、佛教餐饮大展、释迦牟尼生平堆锦艺术大展等。

（3）第三板块

在慈善广场组织盛大的佛教祝福祝寿活动。

（4）第四板块

在慈善广场举行全国知名企业家联谊暨慈善募捐会。活动开幕当天，邀请国内外知名企业老总来玉佛寺联谊，并在广场组织慈善募捐活动，设立文化艺术基金，举行签字仪式，邀请电视台进行宣传。

（5）第五板块

举办“感谢有你”慈善公益晚会，其流程为演艺+捐款，所有款项将捐入慈善总会。

（6）第六板块

12点撞钟祈福活动。推出一年一度的新年免费撞钟祈福活动。

（7）第七板块

举行盛大竣工典礼及邀请百位高僧参与开光大典。

（8）第八板块

举行海峡两岸佛教慈善祝福交流活动。主要特点为整合“福”、“寿”文化资源。玉佛文化城及长寿街道要做活“福”、“寿”文化文章，进行资源整合。可从以下三方面入手：一是工程结合，慈善广场建筑，包括庙、牌、浮雕、铜像、石碑、走廊等开发“福”与“寿”的标志、字体；二是项目联动，玉佛文化城及长寿路街道的诸多项目、旅游活动要相互配合，遥相呼应；三是文商互融，长寿路以商助文，活动蓬勃开展，玉佛城以文促商，着力塑造文化特色，市兴场旺，珠联璧合，相得益彰。

图5-24　法物流通，满足信徒及游客的需要

4．重大活动

拟设计以下特色文化品牌系列活动项目(十大项目活动构思于佛教“合十礼”)：

（1）开展佛教文化节庆活动

在佛教和民间节日期间，如元旦、春节、佛诞日、达摩祖师纪念日等，组织佛教文化节庆活动，做节事旅游文章。如主题庙会、新年撞钟活动。

（2）开展佛教文化学习活动

组织禅宗文化等佛学研修班，开发针对白领阶层的佛教文化体验、佛教文化休闲、佛教文化养生和佛教研习，以及针对各地僧侣开展佛教特别是禅宗研讨交流会等，包括举办各种类型的佛教学术活动，公开的说法和创办佛教讲习所、研讨班等，传播佛教知识，弘扬佛教文化，借此吸引佛教游客。

（3）开发佛教生活体验型活动

包括“出家”旅游、“当一回和尚”等项目，让那些对佛教有兴趣的游客到寺庙来“做几天和尚、撞几天钟”，亲身体验一番“出家”的滋味。“出家”期间，游客就同正式出家人一样，一起进餐、劳动、诵经等。

（4）开发感官体验型佛教产品

组织受过培训的僧侣或专职人员，在特定的表演场地，团体表演佛教的特色音乐、舞蹈节目等，使独具魅力的佛教音乐、舞蹈成为游客陶冶心灵的良药。

（5）开展佛教养生体验型练习活动

可以组织坐禅养生的体验，包括佛教气功、武功、修身养性法门等练习活动。

（6）开发以佛教特色饮食为主的餐饮产品

玉佛文化城有素菜馆，精制各种素菜百余种，可以在长寿街道推广，形成系列的佛教文化餐饮产品。

（7）开发禅宗探秘考察系列活动

考察禅宗早期传布的自然环境、人物经历，与自然山水考察结合，体验慧可、僧璨、道信、弘忍等禅宗大师伟大的人格力量，自尊自信的磅礴气势和创新精神，具有很强的可参与性，满足信徒游客文化探奇的需要。

（8）开发佛教文化艺术与文物展示活动

建立博物馆、艺术馆，收集佛教文物，集中展示佛教禅宗文化和佛像、佛经等佛教文物、纪念品和工艺品等静态佛教产品。

（9）开发亚太地区佛学高层论坛

经常性地举办各种会议，如论坛大会，研讨会、座谈会和讲座，讨论国内外近期佛学研究、佛学教育和佛学产业等领域的重大问题。亚太地区佛学高层论坛致力于通过在“玉佛文化城”举行的会议，促进佛学交流，推进当代佛学发展。

（10）开发城市与寺庙等展览活动

紧扣上海全面建设国际文化大都市战略，创作出“城市与寺庙”主题展区创意方案。展示内容有：世界著名城市寺庙、中国著名城市寺庙、佛学文化思想、寺庙艺术（寺庙文学、书画、雕塑）、寺庙收藏、食宿、城市中的佛教寺庙活动、寺庙对城市发展的影响、寺庙与城市的和谐之美、城市促进佛学文化发展等。

图5-25　上海玉佛寺“蓝天下的至爱”慈善募捐活动

（三）结束语

上海玉佛寺佛教文化品牌项目规划方案，策划了“123456”（简称）的总体战略与操作策略。一个总体目标：营造亚太级佛教圣地，构建和谐玉佛文化城；两个子目标：建造中国佛教文化体验中心和打造中国佛教文化交流中心；三大亮点和重点：建造金装玉佛楼、体验授道场所和服务社会；四片布局：中心宗教区、艺术文化区、展示贸易区和休闲娱乐区；五项功能：开发佛教都市休闲养生静地、佛教旅游观赏胜地、佛教产业开发宝地、佛教文化传承重地、佛教活动交流圣地；六类场所：设立佛学文化博物馆、佛学艺术院、佛学文化工艺品城、佛学文化养生院、佛学文化大讲堂和慈善广场；以及提出了十大重大体验活动：佛教文化的节庆活动、学习活动、生活体验型活动、感官体验型佛教产品、养生体验型练习活动、特色餐饮产品、禅宗探秘考察系列活动、文化艺术与文物展示活动、高层论坛、城市与寺庙展览活动等。其策划方案为“玉佛文化城”再开发奠定了基础、功能和目标，具有历史文化意义与现实价值。

上海玉佛寺佛教文化品牌项目策划是一个文化工程，它不仅是一个创意或方案，更是促进大都市文化保护与服务产业发展的一个新的文化地标。就项目策划本身来看，一要按照建设玉佛文化城的新思路，进一步丰富策划内容，扩大范围，拓宽视野；此外，还要在策划好玉佛文化城的基础上，搞好相关服务产业规划，满足游客餐饮、购物、停车之需；搞好周边房地产业发展规划，防止玉佛文化城外围无序开发。二要把玉佛文化城策划与周边及长寿路开发规划的编制有机结合起来。三要科学确定玉佛文化城的建筑风格和布局。

第六章

立体造势——区域品牌培育再造

区域品牌的建立，已经成为城市推动经济发展的一项重要战略举措。区域品牌（本书是指城区品牌）是以区域地理名称、区域强势产业、区域特征产品为目标，通过区域政府、区域协会、区域企业等本区组织、机构的共同努力，树立起区域名称、产业、产品的综合品牌知名度、美誉度和信誉度。区域品牌有群体性、规模性、综合性、共享性和易传性等优势。打造区域品牌的内容与策略，主要是：制订中长期品牌发展战略的规划；建立政府引导、企业主导、行业协会辅导的模式；设计企业自主创新的平台；打造集群品牌和若干大企业的品牌等。本章通过上海市长风生态商务区特色文化品牌规划设计、北外滩航运服务业集聚区文化品牌建设和环人民广场区域文化产业集群与品牌发展等个案，阐述了城市经济下区域品牌的特性，分析了影响区域品牌建设的因素，提出构建区域品牌的价值与意义，着重策划了区域文化品牌培育和再造的战略定位、基本路径、传播推广、体制机制，以及区域文化品牌建设的发展思路与对策措施。

第一节　长风生态商务区特色文化品牌规划设计

一、规划设计的背景

（一）国内外背景

20世纪60年代以来，为解决中心城区商务功能过度集中的矛盾，以纽约、巴黎、伦敦、东京等为代表的世界级城市，都经历了大型中央商务区（Central Business District，简称CBD）到微型中央商务区（Miniature Central Business District，简称MCBD）网络建设的过程，体现了现代服务业空间集聚且多极化发展，以及高度重视商务区品牌建设的国际趋势。

2006年北京提出了重点建设MCBD等六大高端产业功能区，布局了王府井西单商贸、宣南民俗文化旅游、电子城信息通信等11个特色专业聚集区，成为推动首都经济发展的主导力量。而后，江苏、浙江、广东等省市都提出了建设MCBD，并在全国大中城市得到了快速发展，但也存在不少有待改进的问题，比如过度强调"硬实力"建设。

（二）上海背景

20世纪80年代改革开放初期，以外向型经济为特征的虹桥开发区建设是上海现代服务业集聚发展的起源，逐步形成了虹桥商务集聚区，这是上海现代服务业集聚区的雏形初现。

2004年上海率先提出现代服务业集聚区概念，以区为单位，建设一批集商务、住宿、旅游、购物、餐饮、休闲为一体的现代服务业集聚区。

2006年上海启动首批12个集聚区建设项目，2007年正式公布第二批8个集聚区名单。上海20个现代服务业集聚区项目全面推进，2010年建设已经初具规模，成效逐步显现，产业布局得到统筹协调。中心城区通过功能提升和完善配套，已形成服务业集聚和规模效应；中心城区周边规划建设中的集聚区，通过统一规划和联合开发，显现了中心城区MCBD溢出效应和二、三产业融合互动效应，并通过大力发展生产性服务业，凸显了产业特色和功能定位，形成与中心城区集聚区错位互动发展的格局。

（三）长风背景

2003年1月，在上海市委、市政府关于上海经济发展战略的指引下，普陀区长风地区的规划和各项前期工作全面展开。至2004年10月，历时20个月，完成了三项总体规划、六项专业规划和四项课题研究。

2005年2月，长风生态商务区列入《上海加速发展现代服务业实施纲要》；2006年1月，在上海市人大会议上，列入上海市"十一五"规划纲要，成为全市首批重点推进的现代服务业集聚区之一。

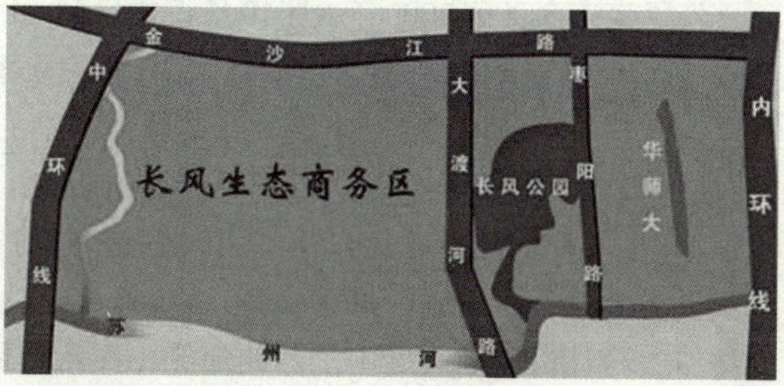

图6-1 长风生态商务区规划范围

长风生态商务区位于上海

市普陀区南部，内环和中环线之间，东起长风公园和华东师范大学，南临苏州河，北以金沙江路为界，西至真北路中环线。规划开发的土地面积为220.9公顷，合3 313.5亩。地块沿河岸线长约2.7公里。

长风生态商务区规划开发的土地面积约合3 313.5亩。地块沿苏州河河岸线长约2.7公里。规划建筑面积290万平方米，其中，办公楼和商业娱乐设施200万平方米，酒店式公寓、高尚住宅70万平方米，社区中心、学校、幼儿园、医院、体育馆等公建配套20余万平方米。

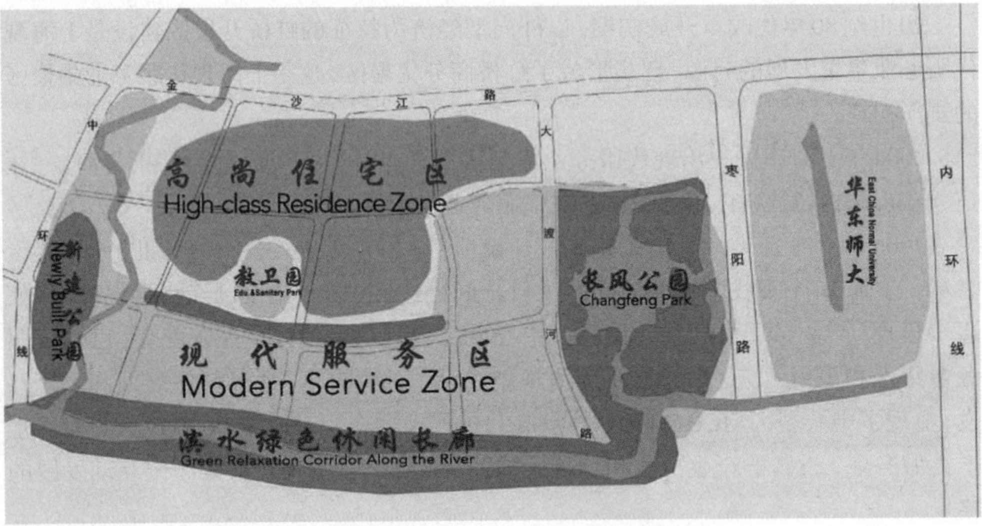

图6-2　长风生态商务区功能布局

二、规划设计的思路

（一）起点

长风生态商务区2003年1月10日正式启动，由传统老工业基地长风工业园基础上发展而来。在原有2平方公里多范围内，曾集聚了化工、机械、轻工等100多家各类企业，是苏州河沿线民族工业企业分布最为集中的地区之一，由于原属企业多为市级，收储谈判具有很大难度。重化工业退出后，留下诸多厂房，常住居民稀疏，部分土地存有轻度污染，留有大量化工、机械、轻工的厂房、仓库、设备，如全部拆除需要大量人力和财力。区域内道路蜿蜒，多为断头路，由于就业人口减少，公共交通无法支持，基本退出，规划区域内沿苏州河无一座桥梁通向对岸长宁虹桥地区。

图6-3　传统老工业基地长风工业园

（二）定位

长风生态商务区规划设计的基本思路是传承和创新相结合，公共绿地建设、老建筑改造相结合，公益性和经营性相结合，与苏州河沿岸其他项目相结合。其定位是：

1．功能定位：总部型、生态型、文化型的现代服务业集聚区

通过建设一大批高级办公楼宇，同时配套建设比较完善的高端服务设施，吸引和引进一批有影响力和竞争力的企业总部、地区性总部，以及投资管理中心、营销

图6-4　长风生态商务区

结算中心、研发中心等类型企业入驻，努力将长风生态商务区建设成为生态环境优美、文化特色鲜明、服务设施先进的总部型、生态型、文化型的现代服务业集聚区（MCBD）。

2. **价值定位：苏州河生态走廊新景观、国际大都市文化旅游新地标**

普陀区努力将长风生态商务区基本建设成为以优美的生态环境为品牌，以鲜明的文化特色为支撑，以先进的服务设施为主导，环境优美、特色鲜明、服务完善、增长强劲、和谐统一的集上海现代服务业新高地、苏州河生态走廊新景观、国际大都市文化旅游新地标为一体的城市新空间。

图6-5　地下空间开发方案

（三）目标与依据

长风生态商务区规划设计目标是：2003—2005年的前期开发阶段；2006—2008年的中期建设阶段；2009—2014年的后期全面建成阶段。其中2014年后是长风生态商务区深入贯彻落实科学发展观，推动区域经济发展，加快建设现代服务业的重要时期，也是长风生态商务区坚定信念、紧扣目标、聚焦重点、规划落地的关键时期。

长风生态商务区规划设计依据是：《上海加速发展现代服务业实施纲要》、上海市“十一五”、“十二五”规划、普陀区经济社会发展“十一五”、“十二五”规划、《长风生态商务区规划建设》等重要文件。

三、文化品牌特色设计

鲜明的历史文化是长风生态商务区规划设计的特色之一。长风生态商务区坚持产业发展和文化品牌建设并举，明确长风生态商务区不能简单做成一个房地产开发

图6-6　长风生态商务区沿河实景鸟瞰图

项目，而是要在发展现代服务业的同时，努力形成文化特色，将长风生态商务区建成一个总部型、生态型、文化型三大功能和谐统一的现代服务业集聚区，并有效提升商务区文化品牌“软实力”和增强区域服务经济发展的综合竞争力。

（一）文化标识设计

丰富的文化资源和深厚的文化底蕴是打造文化品牌“软实力”的财富和基础。长风生态商务区，作为一个在老工业区的旧址上打造的新型现代服务业集聚区，在规划设计中力图实现历史与现代、建筑与文化、功能与品味的交相辉映，以打造鲜明的文化品牌为特色，从而与其他MCBD区别开来。长风生态商务区挖掘、探究的“文化标识”主要有：

1．苏州河文化

从广义上说，标识是都市区域中的点状要素，是人们体验外部空间的参照物，有符号、记号、标记和招牌等意义。长风生态商务区的“文化标识”首先是“苏州河文化”，即苏州河百年工业文明。苏州河是上海的母亲河，如果说黄浦江外滩一段展示了上海曾经作为远东最繁华城市的横断面，而苏州河及其滨水地带则是上海城市发展的纵剖面，它记录了更长的城市历史和城市平民生活中更多元化的发展脉络。苏州河是中国近现代工业文明的发祥地之一，曾孕育了一大批我国近现代史上知名的实业家和民族工业品牌，并积淀了灿烂的民族工业文化。长风工业区曾经的辉煌历史遗存及深厚的文化底蕴，是苏州河民族工业文化长廊中不可或缺的重要篇章。蜿蜒流淌的苏州河，见证了上海开埠以来近代、现代、当代工业文明发展的不同阶段，记载着各个阶段工业文明的兴衰，讲述着许多可歌可泣的故事，具有厚重的历史感和时代性。

长风生态商务区“苏州河文化”规划设计的思路是以“点”连“线”、以“线”串“点”。在规划设计“苏州河文化”过程中，以苏州河传统民族工业为主线，高品位地

图6-7　保留工业遗迹烟囱的雨后掠影

建设“苏州河民族工业文化公园”，依托保留的老工业厂房、老工业设施，建立一批专题展示馆、博物馆，向人们展示苏州河作为近现代民族工业发祥地的历史变迁；在公园绿地中树立近代上海知名的民族企业家铜像，通过人、物、事的全方位介绍，将苏州河绿色景观长廊打造成“有文化的绿地”，让海内外游客、许多不了解上海的游客，通过这个“窗口”解读上海近代工业文明发展的脉络，认识上海。通过若干年的有序推进，在这里形成一个既有高品质休闲与娱乐互动，又有高品质文化、商业商务、旅游产业融合的区域，成为苏州河上的一颗璀璨的绿色明珠。

图6-8　保留建筑

长风生态商务区的苏州河文化的“线”、“点”还由苏州河河中的水、河边的绿、路河上的建筑、桥等要素构成。长风生态商务区的规划设计特别注重做足水文化、绿文化、建筑文化、路文化和桥文化的文章。比如亲水岸线、游艇码头等，将餐饮、垂钓、沙龙等休闲功能巧妙融合，增加游艇游船的实用性、趣味性。桥，是水的点缀，也是苏州河两岸景致的衔接，其本身又具有可观赏性，苏州河上的桥梁不仅是提供通行的设施，也是苏州河景观的重要组成部分。近年来长风生态商务区突破交通瓶颈，建成连接虹桥、古北地区的古北路桥，园区内的云岭路、泸定路、丹巴路、同普路、中江路等道路已建成，公共绿地和保留建筑改造等项目同步规划建设，并借助绿化和灯光等手段加以完美。

2．海派新文化

规划设计长风生态商务区的“文化标识”，不仅紧紧抓住“苏州河文化”这一主题，而且竭力将新的时代内涵注入生态商务区，创造出能够体现“海纳百川，兼容并蓄”的海派新文化，塑造出产业与文化相交融的海派新形象，凸显出承载人文、历史底蕴的海派新精神，形成苏州河沿岸具备特色的文化旅游、创意休闲的海派新航标。

长风生态商务区的海派新文化，体现在文化规划设计的方方面面。例如建筑文化，通过中西并存、中外合璧、艺术交融、风格独特的建筑元素，使之以崭新的风貌成为城市永远留存的文化之根。又如水岸文化，旅游娱乐项目是长风生态商务区文化创新的重要特色。在长风生态商务区建设三个游艇码头，可停泊游艇100艘，并将成为上海国际大都市中心城区独特的商务游艇聚集地。长风地区还将开通水上巴士旅游线路，串联起苏州河沿岸星罗棋布的景点，使游客既能从不同角度观赏城市风光，又能深入探寻上海城市的历史、文化。另外长风生态商务区的海派新文化规划设计还体现在商标品牌文化、娱乐文化、动漫文化、影视文化、新媒体文化、雕塑文化、舞台文化、音乐文化、书画文化、饮食文化、民俗文化等。

这种规划设计既能够体现这一区域文化的历史传统，又能够创新当前的文化样式，并且能够凝炼这一地区市民特有的生活观念和价值取向的特有的思想和精神，这正契合了长风生态商务区文化品牌“软实力”的内涵诉求。

图6-9　文化标识设计

（二）生态文化设计

1．生态文化的内涵

概括地说，长风生态商务区的“生态文化”是指商务区中致力于总部经济集聚区的所有成员所共同遵循的价值观念、思维方式和行为准则，以及共同营造与发展总部经济相吻合的工作环境。它是科学发展的生态经济（总部型）、永续利用的生态自然（生态型）与繁荣和谐的生态文化（文化型）共同构成的一种内涵丰富、形态多样、特色鲜明的复合型文化。

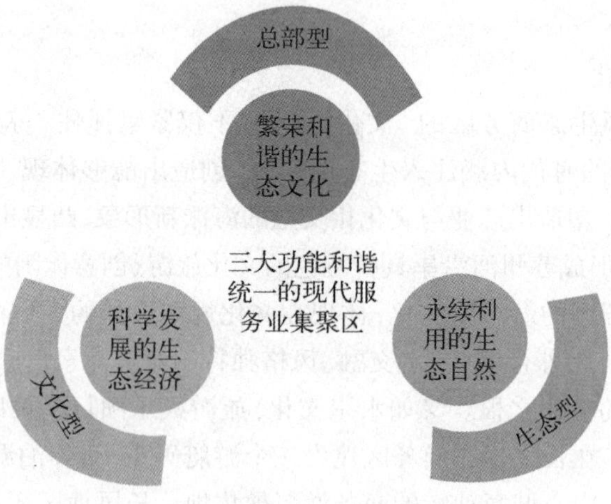

图6-10　生态文化设计

长风生态商务区中的“生态”概念，不仅包括这一区域的自然生态、经济生态，更包括这一区域的文化生态。文化是具有生态性的。

首先，在文化与经济、社会发展之间存在着一条生态链。先进文化是经济发展的“助推器”、政治文明的“导航灯”、社会和谐的“黏合剂”，文化工作“润物细无声”地与经济、政治交融在一起。文化既是全面建设现代服务业的重要内容和目标，又是促进现代服务业集聚区发展的重要手段和强大精神动力。

其次，文化自身也存在着生态链。文化既具有横向之间的关联性、依存性和互补性，又具有内部的延续性和求变性。文化事业与文化产业、历史文化与现实文化、城市文化与区域文化等方面的相互促进和共生，构成了文化自身发展的生态链。

2．生态文化的特质

规划设计长风商务区“生态文化”包括资源型优势文化产业群、休闲娱乐型文化产业群和品牌型强势文化产业群等类型。它们相互联系、相互作用，共同构成长风生态商务区文化的有机系统。其特征主要是：

（1）文化商务特色鲜明

米高梅国际娱乐中心、跨国采购会展中心、工业遗址园、成龙电影艺术馆、商标火花收藏馆、游艇游船展示馆、海上动漫艺术展示馆等重大文化项目的建成、开放，基本形成以长风知名文化品牌为主体的发展格局，初步成为上海国际大都市文化旅游的新地标。

（2）文化产业优势凸显

立足功能定位，根据总体规划、资源优势和需求特点，构建影视（米高梅、成龙）、动漫（动漫创意、动漫商务、动漫景观、动漫体验、动漫衍生品）、时尚娱乐、会展、旅游（近现代工业文明游、休闲度假游、水岸文化游）、商标推广等优势产业门类，基本形成具有长风品牌特色的文化产业体系，以及具有领先意义的重点文化产业基地、重大文化产业项目、文化骨干企业和战略投资者，成为上海现代服务业重要文化产业的新高地。

（3）文化服务配套完善

与长风生态商务区定位相适应的重大标志性、功能性文化设施和一批特色鲜明、功能完备的文化项目的建成，基本形成结构优化、布局合理、覆盖商务区的文化设施和文化服务网络体系，并积极推进长风社区公共文化服务设施和重大文化活动管理运行体制机制创新，全面提升区域公共文化服务体系运行水准，成为苏州河生态走廊的新景观。

（4）文化品牌大放异彩

依托长风生态商务区的全面建成，着力丰富和提升“长风”文化品牌，紧密围绕营造总部基地，发展总部经济、楼宇经济的目标和主线，加强对相关文化资源进行保

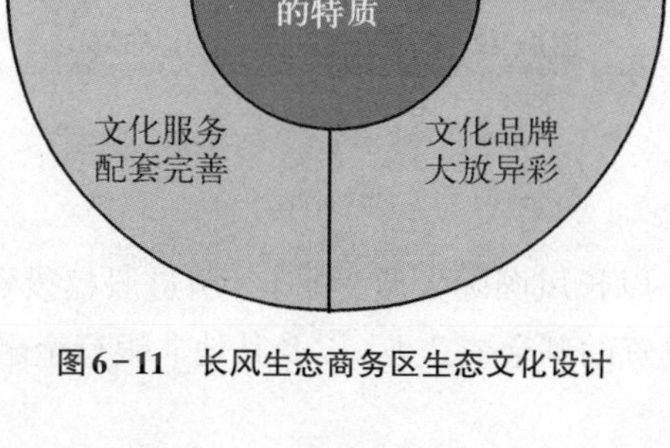

图6-11　长风生态商务区生态文化设计

护、挖掘、整理、集聚和合理开发，积极描绘、全面提升长风文化建设，积极构建以人为本（服务设施）——产业企业（总部经济）——自然环境（水绿生态）和谐发展为特色的长风文化，以其独特的文化品牌吸引国内外的实力企业与人才，成为上海、全国乃至世界的一个知名现代服务业集聚区文化品牌的新天地。

（三）文化设施设计

文化品牌“软实力”规划设计是一项系统工程，需要投入大量的人力、物力、财力，是社会资源的一次重新整合。规划设计长风生态商务区文化工程的可行路子，已经建成以及在建和筹建的文化设施、旅游项目、教卫园区等，包括以下“四个系列”：

图6-12　长风生态商务区功能布局

1. 系列文化场馆

（1）“一港一中心”

一是长风金融港。以长风国际大厦为平台，引进股权投资企业、境外私募基金、从事创业投资和风险投资的基金或企业，以及其他非银行金融机构和会计师事务所、

图6-13　长风金融港

图6-14　跨国采购中心基地

律师事务所等中介咨询服务机构入驻落户，成为上海“一城、一带、一片、一面”国际金融中心的重要补充，服务于普陀商贸物流功能和上海国际金融中心、国际贸易中心建设。二是跨国采购中心基地。跨采项目位于长风核心区域，云岭东路中江路交界处，与虹桥开发区隔河相望。包括一座国际会展中心和两幢跨国采购企业总部大楼。总建设面积14.58万平方米，总投资逾20亿人民币。

（2）“一园”，即工业遗址园（苏州河工业文化中心公园）

在中环线和木渎港之间，原是大型化工企业、科研机构及仓库。老厂房、生产设施、管道设备等保留完整，工业特征明显，现正在对原有设施整理加固，打造成为占地240亩、具有鲜明特色的工业遗址公园。遗址园分为南北两片。南片为遗址保护区，北片为工业文明博览园。未来的工业文化中心公园中，锅炉仍会冒白烟，控制室指示灯还会闪烁，但功能已焕然一新。在大都市中心把富有特色和一定历史价值的工业企业较为完整地保留下来建成公园，在上海乃至全国均属罕见。

图6-15　工业遗址园

（3）“十馆”，即规划设计10余家专题博物馆、展示馆

a. **商标火花收藏馆** 原址为上海火柴厂。目前由两幢建筑组成，主体建筑为新建，由四个火柴盒造型构成建筑外观，并以火柴梗形状构成立柱外观，另一建筑为火柴厂原锯齿形厂房保留改造，总建筑面积3 775平方米。外墙为马赛克“龙游火花”，是抗日战争时期大中华火柴厂迁移内地的火柴商标。以“点亮城市、点燃生活”为主题，分为商标源流、火与人类、火花世界三个部分。展馆中有展示苏州河部分民族实业家群像的“大王墙”，从一个侧面，反映了苏州河百年来民族工业发展变迁和产业更新的轨迹，展示了上海从“火柴作坊”到“火箭基地”的沧桑巨变。商标火花收藏馆已被命名为上海市科普教育基地。

图6-16 商标火花收藏馆

b. **游艇游船展示馆** 游艇游船展示馆以“老渡口，新码头”为主题，以2号绿地和游艇码头为依托，包括游艇展区、游艇会所、游艇酒吧、游艇婚礼，形成苏州河上独特的游艇游船商务文化服务区，展馆中循环放映展示苏州河两岸人文风光的宣传短片《魅力苏州河——从长风到外滩》。游艇游船展示馆已被命名为上海市科普教育基地。

图6-17 游艇游船展示馆与游艇码头俯瞰

c. 成龙电影艺术馆 坐落在长风生态商务区原轻机二厂旧址内，由原有旧址的老厂房改造而成，屋顶有JC88的灯光，门前是上海未来第一条星光大道，售票亭是“霹雳火”中撞墙而出的一个车头。这是国内唯一一座为华人国际影星而建的电影艺术馆。成龙电影艺术馆定为四部分，第一部分将着重介绍成龙成长史；第二部分是成龙在香港发展阶段的电影作品；第三部分是成龙慈善、环保等事业；第四部分为新梦想、新起点。

图6-18 成龙电影艺术馆

d. 长风视觉艺术馆 位于长风生态商务区西部四号公共绿地内，馆外芳草茵茵，百花竞妍，碧波荡漾，距长风四号绿地苏州河水上旅游游船码头不足百步，毗邻旭辉、高远等项目。艺术馆为独幢新建建筑，建筑面积为760平方米，原址为上海新视眼镜厂。主要承办美术、摄影、雕塑以及珠宝等艺术和其他视觉艺术作品的展出活动。

图6-19 长风视觉艺术馆

e. 长风景畔广场 定位为中档，着重于餐饮及娱乐主题，组织街头剧院、影视主题活动、社区型娱乐/休闲、服装秀以及演唱会等，华谊兄弟影院已落户长风。

f. 其他展馆策划设计

例如苏州河博物馆：通过认证，已初步完成选址。家电生活馆：与苏宁电器合作，建筑已完成，实质性启动。近代名家书画玉石馆：开发商自建。仁尚仁艺术会所：已建成。

图6-20　长风景畔广场

图6-21　仁尚仁艺术会所

2．系列旅游休闲服务设施

系列场馆，既是文化设施，又是旅游项目。除此之外，还有下列文化、旅游服务设施：

（1）绿色长廊

2.7公里苏州河滨水绿色长廊。宽80—130米，碧水一湾，绿荫夹岸，还有亲水平台、各种富有特色的建筑点缀其间。

（2）游艇游船码头

三个游艇游船码头　已全部建成，共有游艇游船泊位100个，这在国内大城市的市中心是不多见的。游艇产业在中国迅速崛起，会员发展迅速，已产生一批游艇驾驶“本本族”。另外，苏州河水上旅游观光游船已从丹巴路游船码头起航运行。

图6-22　老渡口新码头

图6-23　4号地块游艇码头

（3）星光大道

一条星光大道　在成龙电影艺术馆的绿地广场上，正在筹建大陆的星光大道。由成龙亲自指导设计，并积极同国内外的影视明星联系接洽。目前已有包括好莱坞、中国大陆和港台数十位影视明星欣然允诺，把他们的手印留在上海长风的星光大道上。

（4）五星级酒店

两座五星级酒店　分别于2010年建成开业。加上在建的国丰公寓式酒店，共有客房1 200多间。另外，在10号地块总部园区，还保留了一块五星级酒店的规划建设用地。

一批富有特色的由保留老厂房改建的特色酒吧、会所、会议室和餐厅，也已建成开业或正在抓紧规划设计中。

3．系列节庆活动

硬件是载体，活动是抓手。依托长风生态商务区高品质、高规格的文化娱乐和会展酒店服务设施，筹划协办、承办或举办系列节庆文化活动，打响苏州河商务文化品牌。初步确定的大型会展或文化活动有：与华师大动漫振兴基地每年暑期联合举办

图6-24　灯光璀璨的"女儿船"首航

国际动漫节，上海国际电影节开闭幕式和颁奖典礼，由商务部和市政府举办的每年一度跨国采购大会及国际论坛，在工业遗址园万人演艺广场举办的大型演唱会，以及国际游艇展、龙舟赛、各类商标品牌发布会等。不久的将来，争取做到大型的国际性或全国性的展会、文化活动月月有，中小型的展会、文化活动经常不断。

4. **教卫园区及交通**

一个地区缺少优良的医疗设施，就如同缺少生命的安全保障。民为邦本，本固邦宁。唯有建立起完善的医疗设施，人们才能在一个地区真正地停下脚步，安居乐业。为了引进优质医疗资源，长风商务区拿出45亩原规划中的住宅建设用地，用于建设具有国际一流水平的市儿童医院和市妇女儿童保健中心，并另外拿出9亩地，新建妇婴保健院。

教育是民生之基，是立国之本，在长风生态商务区筹建“华师大四附中”。这不仅将完善长风现代服务业集聚区公建配套服务设施，提升集聚区的整体功能，同时也将进一步提升区域社会事业综合服务水平。

（1）上海市儿童医院

儿童医院新院坐落于长风生态商务区教卫园区，北靠同普路，东邻泸定路，占地面积26公顷，建筑面积7.25万平方米，停车位约320个。项目总投资约4.46亿元，规划床位550个，日门诊量6 500人次。

图6-25 上海市儿童医院

（2）上海市妇幼保健中心

总建筑面积1.5万平方米，项目总投资约8 600万元。

（3）上海市普陀区妇婴保健院

总建筑面积2.13万平方米，总投资约1.28亿元，床位180个，日门诊量800人次。

图6－26 上海市妇幼保健中心

图6－27 上海市普陀区妇婴保健院

（4）华师大四附中

2008年11月5日，华东师范大学与普陀区人民政府在长风生态商务区筹建“华师大四附中”的揭牌仪式在长风举行。该项目占地约34 400平方米，规划总建筑面积3.16万平方米，其中地上2.75万平方米，地下0.41万平方米，停车位85个。项目总投资约1.67亿元，规划九年一贯制班级数36个，预留高中班12个。

图6－28 华师大四附中

（5）社区服务中心和公交配套

社区服务中心东临泸定路，南临同普路，西临丹巴路，北邻8号居住用地。总建筑面积约131 531平方米，其中地上建筑面积约68 520平方米，地下建筑面积约63 011平方米，地下两层，地下合计拥有上千车位。

图6-29　社区服务中心和公交配套

与完善的科教文卫配套设施相比，长风规划设计还有一个秘密武器——交通。长风紧邻地铁口（地铁13号线横贯金沙江路，地铁15号线直达上海南站，与地铁2号线延伸段相距不到1公里），出行方便；长风段苏州河上三座车人两行桥（古北路桥、真北路桥、泸定路桥、中江路桥等）直接通向对岸的虹桥古北地区，贯通后直达虹桥机场仅15分钟。已建设的北翟路高架，更使虹桥交通枢纽和长风生态商务区近在咫尺，"转瞬即至"。由此，长风真正做到了四相勾连，八方呼应，水陆交通畅达。

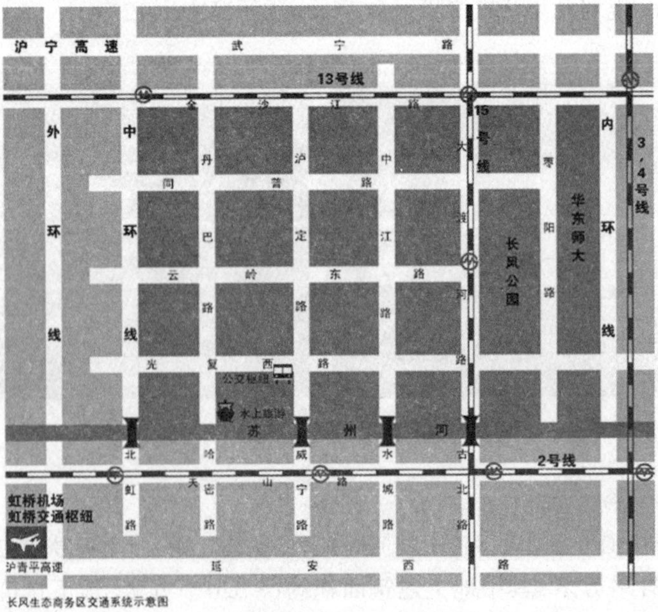

图6-30　轨道交通

随着我国现代服务业集聚区建设的快速发展，提升集聚区魅力、彰显集聚区特色的需求越来越强烈，将特色文化品牌融入集聚区规划设计也越来越专、越来越精细。我们认为，文化品牌是现代服务业集聚区在文化建设规划设计中形成的具有独特性和广泛影响力的文化现象，是文化的经济价值与精神价值的双重凝聚。

图6-31　靓丽的苏州河长风段夜景

图6-32　长风沿河总部办公楼宇

第二节　北外滩航运服务集聚区文化品牌建设

上海北外滩航运服务集聚区南邻黄浦江、北至周家嘴路海宁路、东起大连路、西至河南北路，占地3.66平方公里，拥有3.2公里的黄金滨水岸线。面水朝阳，西南处白渡桥、吴淞路桥两桥与老外滩相连；南面与浦东陆家嘴金融贸易区隔江相望，沿岸延绵起伏的古典建筑群和对岸的摩天大楼尽收眼底，与外滩、陆家嘴共同构成上海的"黄金三角"。

图6-33　黄金三角

一、项目背景与发展环境

（一）项目背景

1．特色航运服务

2020年，上海将成为世界级的航运中心。上海国际航运中心的功能主要集中在北外滩、陆家嘴、洋山保税港、临港新城、外高桥保税区等区域。其中，北外滩是上海唯一以航运服务为特色的现代服务业集聚区，与其他功能区进行错位互补。

北外滩是国务院19号文件中重点提到的上海航运服务集聚区之一；市政府部署在北外滩“着力发展航运交易、航运咨询、口岸服务、航运仲裁、国际客运等航运服务业”，在北外滩大力推进上海国际航运中心航运服务体系建设；北外滩也被纳入上海国际金融中心建设“一城一带”发展框架中，是外滩金融集聚带的重要组成部分。

2．发展定位

根据《上海市北外滩航运服务集聚区发展规划》，北外滩的发展定位是北外滩航运服务集聚区。围绕发展定位，确定了“一个基地、三个中心”的发展目标，即：把北外滩航运服务集聚区建设成为企业总部基地、航运要素集聚中心、国际邮轮客运中心和口岸服务中心。北外滩作为上海国际航运中心的核心功能区，就是要进一步加快上海国际航运中心软环境建设，集聚发展航运交易、海事法律、航运金融保险、航运信息等行业，为上海现代物流业、航运业提供高层次的服务，体现上海国际航运中心的软实力。

3．航运服务品牌

现代航运品牌及文化软实力作为上海国际航运中心建设的核心内容和软实力之一，已经成为上海国际航运中心提升综合竞争力和形成集聚力、辐射力的一个重要载体和抓手。本项目策划将从上海北外滩航运服务集聚区的发展环境分析入手，探讨其优势与特色、思路与目标，着力提出了航运文化品牌建设的主要载体与推进措施等，为上海现代航运服务业集聚区乃至上海国际航运中心的文化建设与发展提供参考。

（二）发展环境

1．机遇

（1）国际航运重心东移趋势更加明显

由于全球制造业和贸易中心的东移，国际航运重心已转移至亚洲。虽然目前航运服务中心仍在欧洲，但航运高端服务转向亚洲的趋势越来越明显，而中国，特别是上海，将是东移的首选目标之一。

（2）上海“两个中心”建设备受关注，各方力量积极参与

国务院两个中心建设意见出台使上海国际航运和金融中心建设上升为国家战略。接下来的一段时期内，两个中心建设将成为上海发展的重要任务，上海乃至中央都将出台政策、加大举措、形成合力推进各项具体工作，作为上海国际航运中心和上海国际金融中心“外滩金融集聚带”的重要组成部分，北外滩具备良好的平台和机遇，在航运金融联动发展中应大有可为。

2．挑战

（1）面临激烈的区域竞争

北外滩航运服务业的发展面临激烈竞争。当前上海国际航运中心的重点工作聚焦在“三港三区”，航运综合试验区等政策率先在“三港三区”实施，作为发展中高端航运服务业的北外滩虽是国务院明确的上海国际航运中心建设中的三个现代航运服务集聚区之一，但是目前发展中高端服务业的扶持措施和政策导向还没有明确提出；另一方面，陆家嘴、临港新城等航运服务集聚区也都明确了各自航运服务业的发展方向，也提出了以高端航运服务业作为发展重点，这与北外滩的航运发展相似度较高，竞争激烈。

（2）产业发展有待突破转型

随着航运市场快速增长及部分航运行业的政策放开，受国际贸易形势、洋山港免

征营业税政策及节能减排指标约束等诸多因素的影响，传统航运业的进一步发展受到较大制约，北外滩要进一步巩固和提升自身的航运服务功能和地位，必须加快向航运交易、航运仲裁、航运金融等高端航运服务业的发展转型，但高端航运服务业的发展受到法律体制和行业政策的限制，需要转变观念、突破政策、培育市场。这对北外滩来讲，难度相对较大。

二、发展思路和总体目标

（一）发展思路

1. 新的高度

上海国际航运中心和上海国际金融中心建设的大环境以及航运市场发展的新趋势对北外滩航运提出了新的要求。新形势下，我们应该加强北外滩航运服务品牌研究，结合自身长处与薄弱点，抓住机遇加快航运产业结构调整，拓展产业领域，探索新内涵、培育新亮点，通过新举措实现新目标，将“北外滩航运品牌”推向一个新的高度。

2. 重点聚焦

北外滩航运品牌及服务业将重点聚焦两大部分：一是高端航运品牌及服务业，发展重心将放在航运交易、航运经纪、航运融资、海事保险、航运咨询、船舶管理、海事法律、航运人才、国际客运、口岸服务等十个方面。二是聚焦航运、金融、商贸的融合发展，聚焦金融品牌及服务业，聚焦品牌企业，加快现代服务业的发展，进一步增强航运服务功能、金融服务功能、贸易服务功能，形成航运金融贸易联动发展的格局。

3. 虹口宣言

《航运文化建设虹口宣言》提出七点内容，旨在助推航运文化建设。宣言强调，历史上的任何一个航运强国，都离不开厚重的航运文化支撑，大力发展航运文化建设，提升航运软实力，是成为航运强国的必然选择。党的“十八大”正式提出“海洋强国”战略，作为战略重要组成内容的航运业，已进入自我转型并不断提升的新阶段。我国也进入由航运大国向航运强国迈进的关键期，抓紧航运文化为核心的航运“软实力”建设具有重要意义。全社会需要从航运强国的全局高度，充分认识并实践航运文化建设工作。

（二）基本要求

1. 统一思想，提高认识

实施品牌战略是北外滩航运精神文明建设的重要组成部分，是加速实现“一个基地、三个中心”的发展目标的内在要求，同时也是北外滩航运满足经济社会需求，践行服务理念的具体行动，其意义重大而深远。集聚区干部职工要统一思想，充分认识实施品牌战略的重要性和必要性，切实增强航运文化品牌建设的紧迫感和责任感，以饱满的热情自觉投入品牌建设，维护北外滩航运品牌形象。各单位要将航运文化品牌建设作为推进本单位精神文明建设的一根主线，迅速行动，精心谋划，扎实有效地组织实施。

2．统筹规划，系统推进

品牌建设是一项复杂的系统工程，集聚区上下必须牢固树立“全局一盘棋，航运一家人”的工作理念，在区办的统一领导下，将文化品牌建设工作纳入北外滩航运精神文明建设的整体部署之中，统筹规划，系统推进，实实在在抓出实绩。实施品牌战略，必须充分挖掘集聚区优势资源，合理整合品牌建设力量，打造核心竞争力；实施品牌战略，必须上下结合，内外兼修，精心构建集聚区品牌梯队，多层次、分步骤、大力度地推进航运文化品牌建设；实施品牌战略，必须加大资金投入，落实必要的经费保障，确保品牌建设工作扎实有序地开展。

3．以人为本，全员参与

品牌是对北外滩航运职工共同品质、品格、品位的提炼和升华，职工既是品牌建设的直接参与者，又是品牌形象的具体展示者，职工与品牌建设息息相关。因此，实施品牌战略必须坚持“以人为本，全员参与”的原则，通过北外滩航运职工全员、全过程的参与，进一步增强职工的幸福感和归宿感，激发职工的责任意识和干事创业的热情，凝聚力量，为北外滩航运文化品牌建设提供强大的组织保障。

4．宣传发动，营造氛围

要注重把握好舆论宣传导向，为品牌建设创造良好的内外部环境。对外要充分利用主流媒体、门户网站等阵线，通过与服务对象面对面的交流座谈、船东满意度调查、航运知识宣讲等形式向社会广泛宣传北外滩航运的服务品质、职工品格和文化品位，展示北外滩航运负责任的品牌形象，赢得更多的社会支持，积聚更多的发展力量。对内要精心策划各种主题教育活动，通过职工喜闻乐见的形式，把品牌建设的目标、内容解读明白，方法、要求告知清楚，引导职工积极投身品牌建设，在集聚区形成“人人是品牌建设主人，人人是品牌形象代表”的良好氛围。

5．紧扣主题，突出特色

品牌建设要紧扣主题，通过实施“四品”工程，达到彰显航运精神、提高队伍素质、推进航运发展、促进形象提升的目的。各部门既要做到紧扣主题、把握要求不走样，又要做到突出特色、彰显个性有创新，必须坚持从实际出发，找准子品牌建设着力点，深入提炼细化主题，精心打造，努力形成既有深厚文化底蕴，又有鲜明时代精神，既有显著行业特点，又有独特地域特色的航运子品牌，实现品牌资源与区域优势的有效结合。

图6-34　北外滩

（三）总体目标

品牌带动,产业再造：倾心打造北外滩航运服务品牌、北外滩金融品牌。

1. 发展目标

以高端航运服务业为中心,优化航运产业机构,提高航运产业能级,到"十三五"末,构建上海国际航运中心的航运服务体系。

重点推进北外滩航运服务集聚区的建设发展,加快项目建设,到"十三五"末,初步形成北外滩繁华的商务环境,将北外滩打造成上海中央核心商务区之一；聚焦高端航运服务业,不断提升北外滩航运服务能级,集聚金融服务品牌要素,提高服务品质,提升文化品位,积极打造北外滩航运服务品牌和金融品牌,到"十三五"末,北外滩在上海国际航运中心和上海国际金融中心中的地位更加突出。

2. 工作目标

经过上下的努力,通过对现有航运文化资源的挖掘、提炼、培育和推广,精心打造形成北外滩航运文化品牌,并依托北外滩品牌,形成一批具有鲜明时代特点和先进服务理念的航运文化子品牌,实现文化传承与品牌效应的融合统一,航运软实力与硬实力的同步提升。

（1）文化品牌概念及其标准

北外滩航运文化品牌是在北外滩航运维护管理和建设发展实践中逐步形成的行业特色鲜明、文化内涵丰富、服务方法创新、外部形象良好,并被行业和社会普遍认可的特色服务。一是具有完善的价值理念体系；二是使用统一的形象识别系统和品牌标识；三是有服务对象普遍认可的特色服务,服务质量和管理水平在行业内领先；四是具有鲜明的时代特征,实现全面协调可持续发展；五是具有较高的社会知名度,能够起到文化"名片"的作用；六是具有较高的社会满意度。

（2）文化品牌作用及其提升

一是内强素质，行业文明程度显著提升。职工将维护品牌形象化作自觉的行动，行业服务水平、职工队伍素质、行业文化品位、行业文明程度显著提升，行业凝聚力、战斗力进一步增强，成为全国文明单位标兵。二是外树形象，行业社会形象显著提升。北外滩航运得到服务对象和社会的普遍认可，北外滩航运知名度、公信度、美誉度进一步提升。

图6－35　北外滩

（3）文化品牌建设寓于管理服务之中

一是将文化品牌建设与航运建设维护管理紧密融合，以大幅提升航运服务能力为前提，将品牌建设渗透到加快推进航运建设、金融建设、商贸建设等重大举措之中；二是将文化品牌建设与行业文化建设紧密融合，以航运文化建设的现有成果为依托，通过对北外滩航运所蕴含的管理和创新等文化元素的再造，加强精神文化、制度文化和物质文化的建设，促进航运文化的落地生根；三是将文化品牌建设与精神文明建设工作紧密融合，以群众性文明创建活动为载体，推动文化品牌建设工作深入扎实地开展。

三、主要载体和推进措施

（一）主要载体

北外滩航运文化品牌是服务对象对北外滩航运形象的认知度、情感认同及忠诚度的集合，职工品格是行业文明的魂魄，服务品质是行业文明的基础，文化品位是行业文明的升华，北外滩航运品牌是行业文明的展示。品牌建设要紧扣主题，通过实施“培育职工品格，提高服务品质，提升文化品位，打造航运品牌”的“四品”工程，达到彰显航运精神、提高队伍素质、推进航运发展、促进形象提升的目的。

1．培育职工品格

按照社会主义核心价值体系的要求，积极推进行业核心价值体系建设，加大对北外滩航运使命追求、共同愿景、航运精神、职业道德、行为规范的宣传力度，不断提高干部职工对北外滩航运核心价值体系的认同感，努力造就忠诚事业、崇尚学习、道德高尚、乐于奉献、追求卓越的新时代航运职工。

要将品牌建设与创先争优、群众性精神文明创建等一系列主题活动紧密结合，在活动中注重突出主题，体现航运精神文化、制度文化、物质文化的内容和形式，不断深化，常建常新。

2．提高服务品质

以提升服务为宗旨，深化服务内涵，推动智能服务和拓展服务领域，将服务落实到具体举措之中；创新服务手段，把提升服务品质渗透到智能航运建设、电子航运图发布、缩短航运信息发布周期等举措之中；优化服务程序，促进航运文明执法和行风建设不断深化。

3．提升文化品位

以北外滩航运文化建设的现有成果为依托，进一步加强北外滩航运精神文化、制度文化和物质文化的建设，形成北外滩航运服务为特征的文化品位。

（1）精神文化建设

对北外滩航运核心价值体系进行进一步的提炼和完善，使之与时俱进，更加体现时代要求；征集汇编身边的文化典型案例，推动北外滩航运核心价值体系通俗化、故事化；确定北外滩航运文化基因，对北外滩航运发展理念进行整理并进一步深化，使之更具系统性、指导性和传承性。

（2）制度文化建设

依据北外滩航运文化理念，对现有管理制度进行梳理、诊断和修订，使之与北外滩航运文化理念保持一致；注重员工行为规范和员工礼仪规范的培养和执行，展现航运职工良好的精神风貌；制定北外滩航运典礼仪式标准，规范典礼仪式形式，体现北外滩航运特有的文化风格。

（3）物质文化建设

设计制作统一的品牌标识和宣传招贴画，在北外滩航运对外窗口及其他工作场所张贴，定期编印航运知识读本，面向行轮发放，促进航运文化的对外传播；加大对北外滩航运理念、行为、视觉识别系统的宣贯力度，深入开展航运文化“四进”活动，进一步促进文化理念落地生根；在实践中进一步丰富航运交易文化、航运经纪文化、航运融资文化、海事保险文化、航运咨询文化、船舶管理文化、海事法律文化、航运人才文化、国际客运文化、口岸服务文化等航运精品文化内涵，使之成为北外滩航运文化品牌的有力支撑。

4．打造航运品牌

紧密围绕北外滩航运服务品牌，力争打造一批有鲜明时代特点、先进服务理念、丰富文化内涵、浓郁航运特色、有示范效应和推广价值的子品牌，形成北外滩航运文化品牌体系。在航运交易、航运经纪、航运融资、海事保险、航运咨询、船舶管理、海事法律、航运人才、国际客运、口岸服务等突出创新品牌打造。

子品牌建设要坚持航运文化品牌形象的统一性，始终围绕“航运服务品牌”的品牌核心价值展开，服务并促进总品牌建设。各子品牌可以在总品牌定位基础上丰富内涵，突出各自的品牌特色，但不能改变总品牌定位内涵。

（二）推进措施

1．增强品牌建设能力

注重品牌创建意识和创建队伍的培养，通过开展多层次、多形式的动员和培训，激发广大职工投身航运文化品牌建设的创新热情，使品牌建设深深扎根于航运生产实践之中，切实提高创建水平：

（1）召开航运品牌建设会议进行动员部署；举办品牌建设培训班，培养一支精干的品牌建设骨干队伍，通过骨干带动全员。

（2）集聚区属各单位、机关各部门根据自身情况，开展深化动员、知识宣讲、学习辅导，制定品牌建设工作实施方案，确保每一名职工都能深入立体地知晓、理解航运文化品牌建设的意义、目标、办法和步骤，层层动员，不留死角。

（3）充分运用航运报纸、网站、简报等平台，向职工系统宣传、普及品牌建设的相关知识，及时报道各单位、各部门开展品牌建设的情况，交流工作经验。

2．发挥典型示范作用

结合北外滩航运文化建设总目标，选取主题鲜明、特色突出、推进有力、社会关注度高的航运文化品牌作为品牌建设示范项目予以重点培育，提升品牌亮点，树立品牌标杆，为品牌建设积累可资借鉴的经验，以点带面，全面推进。

3．建立健全品牌建设机制

（1）建立健全品牌建设领导机制

成立品牌建设组织机构，落实人员，并将文化品牌建设工作纳入文明建设目标责任考核体系，加强领导，落实责任。

（2）建立健全品牌目标责任机制

将品牌建设工作纳入工作目标责任考核体系，进一步明确目标，量化指标，强化责任。对品牌建设工作取得显著成绩的单位和个人给予相应的奖励，对品牌建设工作不力的单位和个人给予必要的惩罚，为品牌建设提供制度保障。

（3）建立健全品牌培育管理机制

按统一品牌模式的要求构建定位清晰、架构合理、运营高效、保障充分的品牌培育管理运作机制。加强对航运文化品牌的动态跟踪管理，建立实时状态的品牌培育数据库；制订品牌评价标准，确保航运文化品牌建设的科学性；制订品牌培育管理制度，确保航运文化品牌建设的规范性。

（4）建立完善品牌信息监督机制

运用媒体、网站等形式，面向社会和服务对象进行公示和推介，接受社会各方面的监督和评判，确保航运文化品牌的社会满意度。定期评价品牌建设工作成效，及时改进品牌培育过程中的薄弱环节，确保航运文化品牌建设的先进性。

（5）建立品牌建设资金保障机制

采取设立项目、课题、专项资金的形式，切实加大对品牌建设的经费投入，确保资金到位。

北外滩航运品牌及文化软实力建设是以“航运”为魂，培育区域文化特色；以“文化”为本，注重航运功能建设；以“建设”为兴，增强文化品牌效应；以“科技”为力，推动区域快速发展，提升上海国际航运中心的文化品位，提高地位和服务水平。

第三节 环人民广场区域文化产业集群与品牌发展

环人民广场是黄浦区“五个功能区”之一。人民广场公共文化商务区，以行政管理、文化产业、商务办公为主，是上海最重要的行政中心和总部集聚区。环人民广场文化产业集群与区域品牌建设是黄浦区打造世界最具影响力国际大都市中心城区的战略目标的必然要求，是提升城区管理品质和城区文明素质的重要抓手。

图6-36 环人民广场

一、项目背景与发展目标

（一）项目背景

“撤二建一”后黄浦的文化创意产业继续快速发展，已列为黄浦现代服务业六大支柱产业之一。新黄浦提升文化创意产业发展能级的优势、机遇与挑战是：

1. 优势

（1）创意产业发展领域各具特色

a. 四个重点发展领域 以文艺表演、休闲健身娱乐为主的文化娱乐业，以广告、建筑设计、工业设计、咨询服务为主的创意设计业，以新闻出版、广播、电影为主的文化传播业，以互联网信息服务、计算机系统服务、软件服务为主的网络和信息服务业。

b. 一批领袖级企业集聚 广告领域的旭通、凯蒂珂、恒美等；建筑设计领域的凯里森、思邦、百殿等；工业设计领域的富乐、艾迪伊欧、洛可可等；咨询服务领域的埃森哲、麦肯锡、波士顿等；文化传媒领域的故事会、上海文化出版社、康泰纳仕等；网络信息领域的欣能信息、趋势科技、先锋商泰等。

（2）创意产业集聚区品牌效益日益显现

a. 创意产业集聚区品牌 8号桥、田子坊、卓维700、江南智造、上海滩（老码头、幸福码头、外码头）、南苏河、旅游纪念品设计大厦等7个，总建筑面积25.5万平方米。

b. 创意园区集聚品牌 随着世博园项目的规划建设，世博地区还将有25万平方米的文化创意、博览会展、总部大楼等功能设施竣工。这些创意园区集聚了广告、建筑设计、软件、文化传媒、旅游纪念品设计、时尚设计等创意企业600余家，集聚了一批名家、名企、名牌，如：思邦建筑设计、唯晶科技、恒美广告、思远影视等知名企业，以及吴思远、尔冬强、李守白等一批著名艺术家，拥有一批旅游纪念品原创设计大师。园区发展在功能和形态上已呈现出两种不同特征的类型，以8号桥为代表的办公商务功能为主的园区，以田子坊、老码头为代表的休闲旅游功能为主的园区。

（3）自主名特品牌境外“播种”枝繁叶茂

黄浦区高度重视品牌发展战略，通过政策引导、品牌培育、平台建设、资金支持等手段大力培育发展自主创新品牌。截至2013年，黄浦区财政提供的扶持“中华老字号”等品牌发展资金达8 887.8万元；争取市专项资金支持6 553万元，拉动企业投资总额超过12亿元；品牌建设2010—2013年三年行动计划完成。“引进来”和“走出去”结合是黄浦区品牌战略中的重要一环，一方面，引进世界品牌与民族品牌，共同打造南京路、淮海路等具有世界级影响力的商业街，打造豫园国际黄金珠宝城；另一方面走出国门在开发国际市场中，扩大上海商贸在世界的影响力。黄浦区鼓励品牌企业大步走出去，通过品牌连锁、专业连锁和特许加盟等方式，加快市场网络建设，努力拓展市场份额。黄浦还将创新金融服务功能与上海丰富的老字号商业企业资源进行有效整合,进一步扩大老字号企业的销售渠道和社会影响。

2．机遇

党的十七届六中全会提出加快发展文化产业为黄浦区文化创意产业的发展指明了方向；上海“四个中心”建设为黄浦拓展创意产业发展领域,优化创意产业发展结构,提升创意产业发展能级提供了重要机遇；2010年上海世博会成功举办,黄浦的国际知名度也显著提升,世博会的后续效应,将有利于吸引国内外设计、会展等创意企业在黄浦区集聚；“创意城市”和“设计之都”的创建,有利于黄浦依托相关政策和措施,充分发挥黄浦历史人文资源丰富的优势,进一步丰富黄浦创意产业的发展内涵,加快推进黄浦区创意产业的特色化发展；黄浦创意产业具有先发优势和引领地位,在“传承经典打造精品”中将发挥重要作用。

3．挑战

上海市创意产业发展的重点是强化创意产业集聚区建设,黄浦区创意产业发展的空间比较小、成本比较高、规模比较小等劣势很难对接和争取上海市的产业政策和引导资金支持。

与其他区域相比,黄浦创意产业发展具有先发和引领优势,但是鉴于目前区与区之间发展创意产业的竞争日趋激烈,如何实现与兄弟城区间的优势互补,在错位发展中进一步突出黄浦的比较优势,成为黄浦创意产业发展面临的挑战。

与其他成熟的世界知名国际大都市中心城区相比,还存在较大差距和不足,黄浦区文化产业在机制运作、载体建设、软环境营造等方面仍需要进一步提高国际竞争力。

(二) 发展方向

1．发展思路

以“创新驱动、转型发展”为动力,以“整合提升、创新发展,传承经典、打造精品”为主线,坚持科学发展观,借助上海打造“创意城市”、“设计之都”的契机,加快转变经济发展方式,以创意引领黄浦多产业融合化发展,引领黄浦经济高端化发展,引领黄浦城区精品化发展,故事式挖掘底蕴,系统性整合资源,国际化提升能级,积极探索走出一条从创意产业,到创意经济,到创意城区的发展之路。

2．发展目标

(1) 产业集群　要进一步提升创意产业集聚区发展能级和品牌影响力,力求出形象、出功能、出效益,并形成产业集群。

(2) 聚焦重点　重点发展文化娱乐业、创意设计业、文化传播业、网络与信息服务业。

（3）完善环境　不断完善创意产业发展环境，集聚优势创意企业，形成产业基础扎实、产业特色鲜明、产业组织合理的创意产业可持续发展环境。

3．发展任务

（1）重点领域　进一步做大创意产业规模的重点领域：重点推进四类创意产业的发展：文化娱乐业、创意设计业、文化传播业、网络与信息服务业。

（2）空间布局　做大做强创意产业集聚区的空间布局：江南智造创意产业集聚区，8号桥创意产业集聚区，田子坊创意产业集聚区，卓维700创意产业集聚区，上海滩、南苏河创意产业集聚区，上海国际黄金珠宝商贸功能区，世博滨江文化博览商务区等。

4．发展举措

（1）加快优势企业集聚

大力引进创意领域内的优势企业，积极开发优势企业的产业促进功能，将高端企业的创意发布、创意设计、创意培育引入黄浦，引领创意产业高端人才、高端企业、高端品牌向黄浦集聚。

（2）积极培育创意产业链

积极引进具有管理、结算和研发功能的总部型企业；提供专业创意服务的专业型企业；拥有自主知识产权和核心竞争力的创新型企业；具有营造创意氛围功能的时尚型企业。大力促进传统产业和专业服务业与创意产业的结合，完善创意产业链。鼓励企业开展创意挖掘和再创意，进而形成产业价值链。

环人民广场文化产业集群与品牌建设正是在上述背景下构建与发展的。

二、构建内容和发展路径

（一）环人民广场文化产业集群与品牌构建的内容与特点

环人民广场位于北至苏州河、南至复兴东路的西藏路两侧，包括西至黄陂路的环人民广场周边地区，占地面积1.4平方公里。为南京路、淮海路、西藏路、金陵路、福州路等多条市级商业文化街区的汇聚点，是《上海加快发展现代服务业实施纲要》确定的延安路—世纪大道东西向现代服务业集聚带的核心地区，是黄浦区重点发展的文化创意产业集聚区。

环人民广场文化产业集群是以文化创意产业为核心，由多个文化企业及与其利益攸关的其他社会组织（如客户、供应商、高校、研究院所、中介组织、政府职能部门、行业协会等），在环人民广场空间区域上聚集、共生而成的有相对专业分工、各类资源流动频率高、区域社会资本共享的群体。

图6-37　解放前人民广场是远近闻名的跑马厅，如今是上海市民休闲娱乐的好去处

1．环人民广场文化产业集群与品牌构建的条件

环人民广场文化产业集群与品牌构建的条件是，优越的区位、独特的资源、雄厚的产业基础和有较大的文化消费需求等。

环人民广场地处上海市的行政文化中心，市政府的主要办公机构集中在人民广场的人民大厦和市政大厦及其周边楼宇，形成了良好的商务、文化氛围，为文化产业集群的发展创造了得天独厚的条件。

环人民广场具有全市最为便捷的公共交通条件和优美的绿化环境条件，多条地铁线在此交会，地面公交线路更是四通八达，还有人民公园、广场公园、延中大绿地等市中心最大的生态绿地。区域内高档酒店和商业配套日趋完善，有JW万豪国际酒店、国际饭店、新世界大酒店、世茂国际酒店等，能够吸引资本的投入和文化企业在空间上的集聚。

环人民广场有着700多年申城演化和100多年近代上海发展的深厚历史文化积淀，区域内集聚了一批市级文化设施，如上海大剧院、上海音乐厅、上海博物馆、城市规划展示馆等，以及文物普查登记的文物保护单位、历史遗迹、近现代优秀建筑和纪念地，为发展文化产业提供了良好的硬件设施，从而也就为文化产业集群的建构提供了良好基础。

环人民广场有固定人口60多万，每年还有近200万海外游客和8 000多万国内游客光临，白领和中外游客、城市居民，将构成文化消费的主力。

环人民广场在核心文化产业周围有现代商贸业、旅游业、文化娱乐业、新兴服务业支撑。据统计，区域内拥有文化经营单位470余家（包括市属企业120余家），可以形成强劲的产业辅助支撑体系，通过强强联合实现文化产业的生产、销售进程，取得集群竞争优势。

2．环人民广场文化产业集群与品牌构建的内容

环人民广场充分利用市级行政文化中心资源集聚优势，整合区域文化设施，积

极创办形式多样的文化活动，提升产业能级，凸显黄浦文化高地的风采和形象，营造海派特色的百老汇。重点培育、发展三大主干文化产业集群与区域品牌。其框架内容：

（1）大力发展文化创意产业

以福州路文化街建设为依托，吸引创意、设计公司，经纪人和演出公司集聚，大力发展新闻出版、动漫设计、音乐媒体、图片画廊、数码音像等文化创意产业，加快行业升级，并形成具有品位高档，内容丰富、环境宜人的文化旅游休闲街区和可持续发展的高端文化产业区。

（2）加快发展文化娱乐业

积极引进国内外著名文化集团或品牌企业，推进大光明影院周边地区的开发改造，与新世界城休闲娱乐城及和平影都等联动，形成文化娱乐新亮点。以大剧院、逸夫舞台和改造后的大世界为核心，集聚中国经典文化剧目，营造海派特色的"百老汇"。

（3）积极发展文化博览业

充分发挥上海博物馆、城市规划馆、美术馆、自然博物馆集聚的优势，发挥世博会和"后世博"的带动效应，引入公办、民办及民办公助等多元投资的博览馆、纪念馆、收藏馆和画廊，在环人民广场周边地区形成集聚，推动传统文化业的发展。（美国宾夕法尼亚州经济联盟的一份研究报告提出了"非营利性文化产业"的概念。如大型剧场、博物馆、艺术中心、培训机构、会展中心等一些基础性的文化投资，它以政府投入为主。环人民广场也有"非营利性文化产业"的类似情况值得探讨。）

环人民广场文化产业集群与品牌发展的目标，将以上海文化设施总体规划中"一轴"（以人民广场为轴心）、"两河"（黄浦江、苏州河）两岸文化空间及"特色街区"（福州路文化街）为重点，以大剧院、逸夫舞台和改造后的大世界为核心，整合区域文化设施，营造海派特色的"百老汇"。

图6-38　上海城市规划展示馆

图6-39　上海大剧院

3. 环人民广场文化产业集群与品牌构建的特点

从现状来看，环人民广场文化产业集群与区域品牌建设具有鲜明特色，并保持着持久的竞争优势，其特点主要有以下几点：

（1）投资主体多元

开拓多元投资文化事业途径，鼓励社会力量参与公益性文化事业建设，提倡企业、基金对群众文化的资助和捐赠，积极探索多种形式的文化事业投入机制。鼓励区属单位拓宽经营方式，转变经营理念，不断扩大区域文化服务产业。进入本区文化市场的投资者，既有国有资本，也包括民营资本和海外资本。上海新华传媒集团和上海世纪出版集团是两大市属国有企业。上海新世界世嘉游艺有限公司、杜莎夫人蜡像馆、上海当代艺术馆、上海华克文化娱乐有限公司、上海汤姆熊娱乐有限公司等区管三资企业在上海文化娱乐界享有盛名。民营企业上海歌城餐饮娱乐有限公司在黄浦已投资3家门店。

图6-40　杜莎夫人蜡像馆

图6-41　上海新世界世嘉游艺有限公司

（2）经营领域齐全

目前，“环人民广场”文化产业涉及全部须经文化部门审批和日常监管的7大类17种，包括OK厅、餐饮OK厅、KTV、餐饮KTV、舞厅、音乐餐厅、音乐茶座、游戏机、游艺机、游乐场、台球、棋牌室、网吧、音像制品、出版物、电影院和剧场。齐全的经营领域，既有助于巩固本区文化产业的传统优势，又为形成新的文化消费热点创造了条件。借助世博机遇和“后世博”的效应，积极搭建商旅文联动平台，推出各类文化、促销活动，打造黄浦特色文化品牌。

（3）产业群体集聚

近年来，影剧业在“环人民广场”进入了新一轮发展。上海大剧院、上海音乐厅、逸夫舞台和上海木偶剧场等市级剧场数量逐步增长。电影院继续向人民广场周边集

图6-42　上海音乐厅

图6-43　逸夫舞台

图6-44　大光明电影院

聚，区属的和平影都与市属的上影华威、大上海电影院已呈三角态势，老文化品牌大光明电影院改造完成，形成了黄浦特色。依托人民广场地区周边众多剧院、影院和文化娱乐场所，全力打造以剧场演出和休闲娱乐等形式为主的“海派百老汇”，努力满足人民群众的文化服务需求。

（4）行业优势明显

黄浦区是中国新闻出版行业发源地之一。福州路文化街集聚了本市最多的书店，包括上海书城、上海外文图书公司、上海科技图书公司、商务印书馆上海店等20家出版经营单位。同时，区域内早已拥有10家市区属音像批发企业。近几年来，美术品市场异军突起，在区文化部门备案的上海当代艺术馆、沪申画廊、外滩十八号创意中心等在国内外享有盛名。

图6-45　上海书城

图6-46　上海外文图书公司

（5）文化活动繁荣

发挥“环人民广场”群众文化活动阵地的作用，以“上海之春”、“中国上海国际艺术节”的“天天演”、“周周演”为重点，做大特色文化品牌。积极扶持在国内外有一定影响的文化艺术团体，繁荣文艺创作，加强文化市场管理。

（6）人才开发加速

根据文化产业发展的要求，进一步实施人才强区战略。着力培育文化创新精神，形成鼓励创新、激励成功、容忍失败的社会氛围，创造更多的文化发展机会和广阔的文化发展空间，建立包括产权激励在内的有效的人才激励机制，倡导人才柔性流动，促进人才资源共享，实现人力资本价值。坚持以事业留人、以感情留人、以待遇留人，营造人尽其才、人尽其用的社会环境，使文化人才优势成为环人民广场文化产业重要的竞争品牌。

（二）环人民广场文化产业集群与品牌发展的路径

环人民广场文化产业集群与品牌建设，是以科学发展观为指导，以上海建设国际文化大都市为动力，以满足人民群众的文化需求和社会需求为出发点，围绕市区加快文化产业发展的总体目标，集成各方有效资源，加强集群内部的有机联系，发挥产业聚集效应和企业创新能力，带动产业结构升级和经济发展方式的优化，促进区域经济发展的核心竞争力进一步提高。环人民广场文化产业集群与品牌发展的路径分析如下：

（1）规划：引领文化产业发展的航标

产业的发展，规划是龙头，文化产业更是如此，规划好产业发展布局，对环人民广场的发展具有重要的战略意义。

黄浦区“十二五规划”和“十三五规划”，例如黄浦区国民经济和社会信息化发展规划、黄浦区文化发展规划、黄浦区创意产业发展规划、黄浦区旅游业发展规划分析了市区文化发展的现状与面临的形势，明确了黄浦区文化产业发展的指导思想、发展目标和主要任务，并提出了黄浦区要建成上海文化超强核心区域。《规划》对于加快该区文化产业集群与品牌建设，推进文化软实力提升有着十分重要的意义。

今后，黄浦文化产业发展定位于加快文化产业的进一步集聚，逐步形成领先于全市的行业集群，提高市场占有率，提升文化产业能级。之前，该区政协和市政协教科文卫体委员会成立联合课题组，围绕在这一地区建设发展文化产业、建设“海派百老汇”的课题进行了长达一年的调研。他们在深入调研和借鉴美国模式的基础上，撰写出课题报告，以及召开了“集聚文化优势，打造海派百老汇”专题研讨会。《规划》明确了推动文化产业向9个区域集聚，其中之一便是环人民广场文化演艺娱乐集聚带。“十二五”期间，提高环人民广场文化演艺业的产业能级，提升演出场次，打造“海派百老汇”向国际市场推出“东方演出季”以吸引外资投入。

（2）联手：拓宽文化产业发展的途径

市区联手，整合资源，在竞争中共生，在联手中发展，已成为一道亮丽的文化风景线。一是发挥协调机制作用。发挥市区知名文化企业联席会议作用，协调政策，探讨合作，搭建平台，形成共识。二是丰富联手平台品牌。办好市区联手举办的福州路文化节，适时扩大范围，增强辐射力。同时，研讨推出新的平台，更多地打造区域文化资源整体形象。三是深化文化合作项目。重点围绕打造“海派百老汇”新一轮合作目标，建立联合工作小组，研究方案，适时推进，打造新的文化品牌。四是优化政府服务环境。文化行政部门进一步强化服务意识，主动服务、靠前服务、提前服务，更好地招商、留商、富商，支持更多市区文化产业资源积聚黄浦。

截至2010年，环人民广场这一区域，拥有娱乐、剧院、图书、音像、网吧、棋牌、美术品等文化经营单位477家。其中，娱乐经营单位70余家（包括海仑宾馆、和平饭店、金门大酒店、七重天宾馆、国际饭店、外滩中心等7家市属企业）；音像制品零售出租单位40余家（包括今申音像制品有限公司、新华书店音像制品有限公司等7家市属企业）；图书报刊电子出版物经营单位130余家（包括上海书城、上海图书公司等86家市属企业）；互联网上网服务场所即网吧30余家（包括东方网南站店、中电华通、上海友联等4家市属企业）；棋牌室90余家（包括2家市属企业）；美术品经营单位即画廊40余家和影剧场20余家（包括上海大剧院、上海音乐厅、逸夫舞台等8家市属影剧院）。

图6-47 海仑宾馆

图6-48 和平饭店

（3）项目：夯实文化产业发展的基石

在区域经济建设中，项目既是发展经济的重要承载平台，又是招商引资的核心。一个好的项目能用好、用活资金，能带动一个产业的发展，进而形成产业链、产业群。

a. 打造“海派百老汇” 即仿照纽约百老汇的模式，将人民广场及其周边地区打造成海派百老汇核心区。该区域南北沿西藏路向世博园区和苏州河创意园区、滨水聚居区拓展，东西沿南京路向外滩金融集聚带和静安寺商业文化中心延伸，辐射范围包括整个黄浦区和上海市中心繁华地段。这一项目的表演内容包括剧场演出业、电影放映业、休闲娱乐业，几乎囊括服务型文化产业的全部内容。

现有资源可整合分成经典百老汇、时尚百老汇和国粹百老汇三大分支，发掘作为世博文化资源，培育新的文化市场。其中，经典百老汇以电影、戏剧、音乐剧为主；时尚百老汇则以滑稽戏、魔术、动漫为主；国粹百老汇则体现在京剧、昆剧、越剧、沪剧都能在此饱览。随着产业发展，逐步从服务型向生产型、中介型产业延伸，逐步融三种形态于一体，形成集聚效应，成为上海的文化品牌。

图6-49 纽约百老汇

b. 改造共舞台、中国大戏院、大世界 例如，作为中心地段的核心剧场共舞台，要适合现代歌舞秀表演，在改造中力求新颖、富丽堂皇，并配以高科技的灯光音响和舞台辅助设施，尽量满足节目内容和形式的需要。大世界在改造中也要考虑传统文化的功能定位，保留多剧种同时演出的功能。

c. 加强福州路文化街建设 通过地块开发和重点项目引进，调整结构、完善功能、提升能级，引聚知名的文化骨干企业，形成集出版发行、创意设计、商务办公、娱乐休闲为一体的，在国内外具有较高知名度的福州路文化街。

d. 推进商旅文联动活动 抓住"环人民广场"历史文化底蕴丰厚、旅游资源高度集聚等区位特点，探索一条独具特色的商贸发展之路。组织黄金周系列节庆营销活动，以旅游拉动市场消费，取得明显成效；加强商业文化建设，以文化提升商业品位，推动商旅文有机结合，以联动促进功能拓展、优化资源配置，进一步满足国内外消费者日益增长的综合消费需求。成为上海高档商业商务聚集的标志性地区之一，展示上海中心城区的繁华。

（4）招商：引入文化产业发展的活水

积极开展招商活动，推介文化产业招商项目，吸引国内外客商到黄浦投资兴业，是环人民广场文化产业发展的一项重要工作。

a. 强化服务意识 为了引进更多文化企业，区域有关部门主动向市文广局、市新闻出版局协调政策。涉及地区的文物保护单位，还要发挥职能作用，与市文管会沟通，既依法保护历史文化遗产，又依法促进区域文化产业发展。管理过程中，对外资企业、民营企业和外省（市）投资企业提供同等服务。

b. 诚心诚意排忧解难 为了留住入户的文化企业，主管部门注意掌握信息，帮助文化企业排难解忧，投资1 000万的好乐迪KTV迁址、外滩三号沪申画廊举办朱哲琴演出行政审批项目推出，都是成功事例。

c. 推出招商新举措 以打造"海派百老汇"为契机，进一步加大文化领域招商引资工作力度，研究推出留商、富商新举措，扎实推进区域文化产业发展。

（5）服务：搭建文化产业发展的平台

a. 搭建文化产业服务平台 建立文化企业联席会议制度，为洽谈各类文化合作项目、研究制定适合区域文化产业发展措施提供了平台。发挥市区知名文化企业联席会议作用，协调政策，探讨合作，搭建平台，形成共识。

b. 搭建文化产业营销平台 福州路文化街是12个市级特色文化街区之一。区域建立了福州路文化街政企联席会议机制，成功举办6届福州路文化节。如今，福州路文化夜市比过去更亮，不少书店商家延长了夜间经营时间，受到了广大读者的欢迎。

c. 完善文化产业窗口平台 目前，来区内投资兴办文化企业，从项目立项到破土动工、租赁楼宇，所有的申办手续可到“区企业服务中心”受理大厅区文化部门窗口咨询办理。

尽管已经取得了显著的成绩，但与其他成熟的世界知名国际大都市中心城区相比，黄浦区文化产业在机制运作、载体建设、软环境营造等方面仍需要进一步提高国际竞争力，还存在较大差距和不足。例如同质化竞争严重、政府部门管理缺位、经营模式单一、专业人才匮乏等。为此，迫切需要加快推进黄浦区文化产业的集聚，逐步形成领先于全市的行业集群，提高市场占有率，提升文化产业能级，以进一步发挥对上海服务经济跨越式发展的核心引领作用。

三、发展对策和重要启示

大区域文化产业集群与品牌经济的崛起，将深刻改变文化产业发展格局。未来文化产业的竞争，是区域对区域、集群对集群、品牌对品牌的竞争。但是，这种竞争将不再是同质竞争，而是不同功能区之间优势互补、比较优势之间的竞争。因此，当前和今后一个时期，要紧紧围绕加快经济发展方式转变，加强区域性特色文化产业群与品牌建设，推动文化产业实现跨越式发展。

（一）发展对策

区域性特色文化产业群与品牌建设，就是要在国内外文化产业竞争以及国内外文化大市场的背景下，形成以一个地区为范围的区域文化产业的核心竞争力，并且以产业集群的形成为基础。因而，为进一步优化区域文化产业集群与品牌，促进区域经济转型升级，笔者建议重点抓好以下几项工作：

1. 加快区域经济转型升级，必须制定科学的文化产业集群与品牌发展战略

区域有着深厚的文化底蕴，在把静态文化资源转化为文化产业优势时，可通过充分挖掘自身的比较优势，启动并完善区域的文化产业集群品牌战略。要认真落实各地市区文化产业发展的意见和规划，明确文化产业集群品牌的培育发展方向，形成功能完善、布局合理、区域发展的公共文化服务体系，形成结构优化、竞争力强、具有集聚效应和区域特色的文化产业体系，形成传播快捷、覆盖广泛、保障有力的文化传播体系，形成开放活跃、繁荣健康、规范有序的文化市场体系。

2. 加快区域经济转型升级，必须促进文化产业集群与品牌发展的集中优势

文化产业是以创意为核心的产业形态，创意的竞争优势将直接关系到文化产业的竞争优势。因此必须促进文化产业集聚集中优势，培养一批具有核心竞争力的文化产品品牌，更好地发挥其示范和带动作用。应以文化企业为主体、以资本为纽带、以名牌产品为龙头，通过联合、兼并、重组、股份制改造和上市融资等方式，尽快组建一批骨干文化企业，以此来提高研发和营销能力，增强在国际市场上的竞争力；着力培育一批跨地区、跨行业、跨所有制，主业突出、综合竞争能力强的大型文化企业集团；积极建设一批文化产业研发基地和产业集聚区。

3．加快区域经济转型升级，必须制定超前的文化产业集群与品牌发展规划

结合城市规划、区域建设，突出重点，发挥优势，以点带面，统一规划文化产业的布局。一是做好区域的规划，加强文化资源的保护、开发和利用，以独具特色的文化活动推动产业的发展。二要做好特色文化产业结构调整，使之成为文化产品品牌的基地，推动特色文化产业的发展。三要组织好文化产业项目的实施，结合区域的现实基础，构筑区域文化产业集群品牌新格局。

4．加快区域经济转型升级，必须积极发挥地方政府在区域品牌建设中的引导作用

作为文化产业集群的行动主体之一，地方政府在文化产业集群与品牌发展中有着不可或缺的重要性。地方政府的作用主要体现在：一是提供良好的基础设施，为投资创造良好环境；二是创造合理的制度环境，增加相互信任，丰富本地社会资本，协调相互之间的共同行动，催生相互之间良性的竞争与合作格局；三是提供有效的公共服务，促进文化产业集群的成长与升级，如制订文化行业标准，强化文化产品质量意识，建立公共培训机构，组织联合技术攻关，创造文化品牌，建设对话机制，共同制订文化产业集群与品牌发展的远景与战略规划等。

5．加快区域经济转型升级，必须加快推进文化体制机制创新

积极探索建立有利于促进文化事业和文化产业发展的人事制度、用工制度、分配制度、产权制度和运行机制，不断增强文化单位的自身活力。具体而言，应加快经营性文化事业单位转企改制的步伐，按照现代企业制度的要求完善法人治理结构，实行公司化改造，使其成为面向市场、自主经营的文化产品生产者和经营者，成为真正的市场主体；进一步降低文化产业的市场准入门槛，打破行业垄断和地区保护，营造统一开放的市场环境；整合行政和执法资源，提高行业管理和市场监管能力，积极探索整合城市文化部门和市场监管队伍的有效途径，逐步实现统一管理、统一执法，为文化产业发展营造良好环境。

（二）重要启迪

从理论和实证角度总结大力培育文化产业集群与发展品牌对进一步促进区域产业结构调整、转变区域经济发展方式、增强区域文化软实力，其启示至少有以下几点：

1．大力培育和发展文化产业集群与品牌对区域转型发展的意义与标志

国际金融危机加速了世界经济格局的重构，推动了产业梯度转移和区域经济发展格局的调整，随着我国经济社会发展步入新阶段，尤其是在积极应对“后危机时期”挑战、全面谋划“十二五”发展战略的背景下，培育和发展文化产业集群品牌，推动文化产业转移与承接，深化文化产业竞争与合作，并以此创新区域文化产业发展模式，促进区域文化产业发展转型，具有突出的重要意义。各地区应结合实际，充分利用国家的文化产业发展政策契机，科学规划“十二五”文化产业发展蓝图，以更加主动的姿态、更加开放的胸怀，主动参与和融入国内外文化产业竞争，在内需、外需并行的“双循环”中谋定而后动，在区域文化产业发展布局中找准自己的定位，在新一轮区域文化产业发展竞争中抢占制高点，在未来的文化产业分工体系和文化产业结构调整中谋得更多的话语权。

2．大力培育和发展区域文化产业集群与品牌的特点、功能与趋势

在激烈竞争的市场经济社会，不仅制造业及其产品需要品牌，文化产业及其产品和服务更需要品牌。文化品牌体现着文化产品和服务的特性和质量，它的形成表明该区域文化产业的优势和产品特征，能够吸引更多的市场消费。由文化资源的集群特性可以看出，文化产业及其品牌是一种“集群品牌”，即是区域经济发展中形成的具有独特性和广泛影响力的文化现象，是文化的经济价值与精神价值的双重凝聚。与经济品牌相比，文化品牌除具有品牌普遍意义上的共性外，还有其独特的个性：不同于经济品牌侧重于文化的内蕴发掘和培育，文化品牌主要通过实现文化创新来推动文化项目的完善与发展；文化品牌不仅具有经济属性，更具有意识形态属性，文化品牌首先要体现一种文化精神；文化品牌源自丰厚的文化底蕴的张扬与发展，而不仅仅是追求利益的最大化；文化品牌是创意与梦想的产物，比经济品牌更加注重个性、情感与想象。文化品牌体现了文化的核心竞争力，对文化产业有着巨大的提升和带动作用。一是整合效应，能够最大限度地整合文化资源，优化资源配置；二是聚集效应，能够有效吸引人流、物流、资金流和信息流；三是增值效应，能够大幅度提高产业增值能力，实现利润最大化；四是辐射效应，能够带动形成产业链条，拓展市场发展空间，催生更多的市场主体；五是放大效应，能够大幅度提高市场占有率，扩大区域文化的影响力和知名度。区域发展的文化产业要赢得市场，就必须走品牌化建设之路，打造具有强大竞争力的文化品牌，充分发挥品牌的经济竞争力和文化感召力。

（三）区域转型发展对培育和发展文化产业集群与品牌的要求

1．要适应市场发展的需要

培育和发展文化产业集群与品牌，必须以市场化、产业化、品牌化和社会化为方

向，积极创造条件，把贯彻落实国家促进文化产业发展政策与有效对接市区相关领域产业政策资源结合起来，把推进文化产业重点领域建设与实现传统文化产业升级改造结合起来，把促进文化产业创意创新与加强知识产权保护、运用能力结合起来，把发挥国有骨干文化企业基础优势与鼓励支持社会力量积极参与文化产业发展结合起来，把实现文化资源跨地区、跨行业、跨所有制整合与提升独特、鲜明地域文化传播能力结合起来。

2．要着眼于建设特色文化

上海现代服务业集聚区文化集群的培育与品牌发展各具特色。浦东陆家嘴是金融贸易文化集群品牌，北外滩是航运文化集群品牌，张江是高科技创意文化和信息服务文化集群品牌，淮海中路是国际时尚文化集群品牌，“世博”花木是国际会展文化集群品牌，“海上海”是创意产业文化集群品牌，松江佘山是休闲旅游文化集群品牌，等等。因此，提升区域文化集群品牌的重点：一是着力培植品牌文化企业。二是建设一批标志性文化设施。三是打造历史文化品牌。四是做大做强优势文化产业品牌。五是实施文化产业集群品牌工程。

3．要创新发展思路和手段

一方面，文化产业集群品牌的策划设计必须在坚持文化主导原则、消费者取向原则、真实客观原则等的基础上，追求创新性、特异性和个性化，以塑造出独特、鲜明的文化形象。另一方面，文化产业集群品牌培育还必须注意充分发挥传媒的作用，通过传媒的宣传，让市民、消费者知道、了解文化品牌的产品和服务的功用、性能、特点和优点，确立文化品牌在市民、消费者心目中的地位。

4．要有效整合文化资源

核心文化资源是文化产业集群与品牌发展模式创新的关键因素。表面上看，各地区域文化产业呈现出百花齐放的态势。但究其内涵实质，却都殊途同归：紧紧围绕本地区域的核心文化资源，通过对核心文化资源的挖掘、整理和开发，找到本地区域的特色文化项目，进而形成了自己的文化品牌。因此，充分挖掘文化资源，有效整合文化资源，立足于核心文化资源开展文化产业集群培育，是文化项目能够打造成为文化品牌的关键。

随着经济全球化步伐的不断加速，市场竞争已经从文化企业发展战略向文化产业集群战略演化。黄浦区文化产业集群只有有效地构建和利用区域品牌，才能树立健康的区域品牌形象，在国际竞争中立于不败之地。

第七章

视觉畅想——企业品牌运营创新

品牌是企业竞争力和自主创新能力的标志，是高品质的象征，是企业知名度、美誉度的集中体现，更是高附加值的重要载体。一流品牌不仅是企业的无形资产，能给企业带来直接和长远的经济效益，而且是企业宝贵的文化资源。企业在品牌运营过程中应重视创新和品牌建设，建立以客户为中心、培育差异化竞争优势的品牌战略、品牌识别、品牌传播、品牌资产、品牌应用等一系列品牌管理制度和管理流程，并渗透到设计、营销、售后服务等经营环节中，提升国际竞争力和品牌价值。本章以江山制药CIS策划、海螺服饰品牌广告语策划、双良特灵合资庆典活动策划、“中广赛”品牌形象塑造与设计等个案为例对企业品牌进行全面的策划，包括进行BMI、BBI和BVI设计，致力于以品牌的力量驱动企业成长、缔造市场传奇。

第一节 江山制药CIS策划

一、背景与调查

江苏江山制药有限公司是由江苏华源药业有限公司、江苏省医药保健品进出口（集团）公司、RESISTOR TECHNOLOGY LIMITED、EXPERT ASSETS LIMITED和靖江市新兰生物化工有限公司共同合资兴建的大型医药企业。公司创办于1990年，注册资本2 707万美元，投资总额7 980万美元，主要从事维生素C及其系列产品、成药、保健品的生产和销售，其中维生素C生产能力居世界前列，是世界范围内的主要维生素C制造商之一。

江山制药于20世纪90年代中期全面导入CIS。其策划的前期准备如下：

图7-1　江山制药有限公司大门

（一）江山制药的企业现状调查

（1）企业外部调查与内部调查。

（2）企业形象调查的具体因素：7个方面25项内容、企业形象具体因素。包括市场形象，外观形象，技术形象，未来性形象，经营者形象，公司风气形象，综合形象。

（二）江山制药的企业现状分析

理念分析、经营分析、企业形象分析、传播状况分析。

（1）企业问题

企业高速增长引起资源（特别是人才资源）贫乏，企业产品名称隶属关系不清，缺乏品牌支撑，行业竞争等危机。

（2）解决策略

剥离产品名称，重新更名，包装设计；强化企业文化，建造塑造江山人的江山墙；危机分析即危机对应策略。

（3）策略回应

人才资源储备充足，企业文化对当地文化形成积极影响，顺利度过世界性的行业竞争危机，企业稳健成长，一跃成为世界第三、中国第一的VC生产厂家。

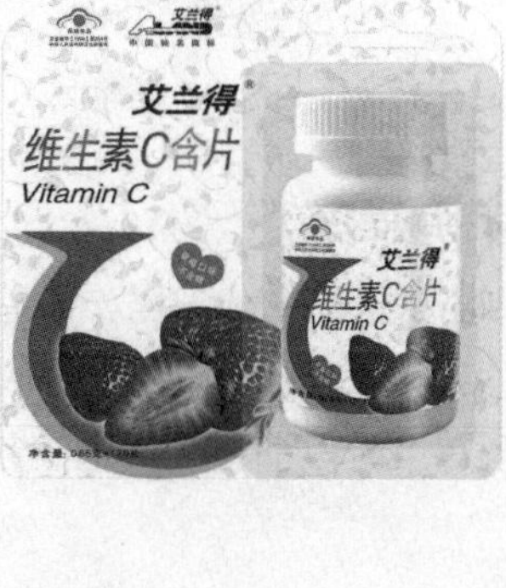

图7-2　艾兰得吉祥物（左）
图7-3　艾兰得VC含片实物图（右）

二、主要内容

（一）企业形象导入系统

企业形象简称CIS。CIS是corporate identity system的缩写，译为“企业识别系统”。所谓企业识别，即一个企业区别于其他企业的标志和特征，它是企业在社会公众心目中占据的特定位置和确立的独特形象。

CIS包括MI、BI、VI三个子系统。MI（Mind Identity System）理念识别系统；BI（Behavior Identity System）行为识别系统；VI（VisualIdentity System）视觉识别系统。详见CIS导入系统图。

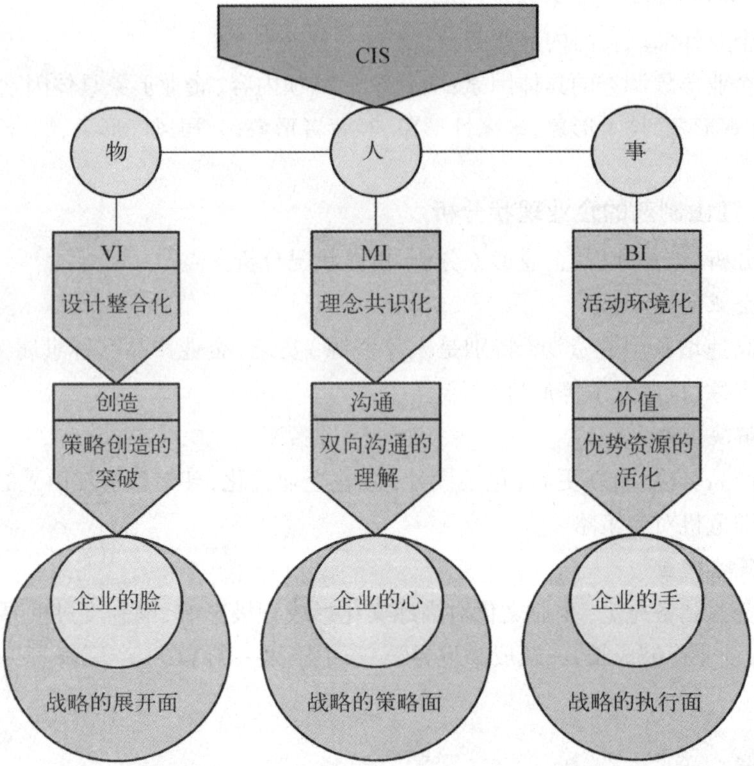

图7-4　CIS导入系统

（二）企业形象策划的内容和程序

企业形象策划即CIS导入的程序是个系统工程。其主要作业划分为四个阶段，即提案阶段、调研阶段、设计阶段和实施管理阶段。这四个阶段囊括了CIS策划的主要内容和程序，是一个相互衔接的过程，每个阶段都有其特定任务和工作重点。详见表7-1：

表7-1 企业形象策划工作任务

阶段	编号	作业项目	主 要 内 容	时间安排	负责人
提案阶段	1	明确导入CIS的动机	确定企业内部、外部的需求背景，针对具体企业的营运与设立状况选择时机，同时明确导入的目的与目标，及时立项		
	2	组建负责CIS的机构	由发起人召集最初的参与人员，委托专业公司，由企业、专家顾问、专业公司三方组成CIS委员会，并设常务机构		
	3	安排CIS作业日程表	按照CIS作业的四大阶段，根据企业的具体情况拟订作业项目与进度安排，提交讨论并最后确定、制表		
	4	预算导入CIS的提案书	仔细进行各项作业的预算，写出CIS预算书，提交企业主管与财务主管审核		
	5	完成CIS提案书	按规范完成CIS提案书，充分说明导入CIS的原因、背景、目的、负责机构的设想、作业安排、项目预算，使推进方针与期待成果明确化		
调研阶段	1	确定调研总体计划	制订调研计划，其中包括调研内容、调研对象、调研方法、调研项目、调研程序与期限、调研成果形式		
	2	分析与评估企业营运状况	分析企业各种相关的报表与调查资料，走访有关人士，诸如企业主管、财务主管、营销人员，充分掌握资料，分析研究		
	3	企业总体形象调查与视觉形象项目审查	采取定性、定量两种形式，就企业的基本形象、特殊形象对企业内外进行采访与问卷调查。收集视觉形象项目，分析比较，广泛征求意见，得出审查意见		
调研阶段	4	调查资料的分析与研究	对经营情况与形象调查的所有资料进行整理、统计，对企业经营实态与品牌形象建设现状做综合的研究与评估。明确企业目前的问题点，从这一前提初步构想CIS导入战略		
	5	完成调查报告书	将调研成果记述在系统的报告书中，提交企业主管、相关部门主管、CIS委员会全体人员讨论、审议		

续 表

阶段	编号	作业项目	主 要 内 容	时间安排	负责人
开发设计阶段	1	总概念的企划	根据调研结果导入CIS的基本战略方针。对企业理念、识别系统的开发设计提出基本设想。对企业主管或董事会解释总概念书的内容并确定总概念书		
	2	创立企业理念	提出具有识别意义的企业理念，其中包括企业使命、经营观念、行动准则与业务范围等，并提供理念教义规范的行为特征，创作企业品牌标语、口号、座右铭、企业歌曲等		
	3	开发设计视觉识别系统	确定企业命名或更名策略，将CIS概念体现在基本因素的设计中，再以基本设计为准，开发应用设计要素。商标与包装设计须认真开发。对新设计方案进行技术评估与形态反应测试、修改，最后确立。编印CIS设计手册		
	4	办理有关法律行政管理手续	企业名称登记或更名登记。商标核准与注册登记		
实施管理阶段	1	内部传播与员工教育	完成CIS委员会的改组与工作交接。制订内部传播的计划。准备教材教具，实施员工CIS教育。定期发行CIS通讯，动员大家参与普及CIS知识的企业内部公关活动		
	2	推行理念与设计系统	按计划举办各种公关活动，对外树立企业新形象，扩大知名度与提高好评度，对内推行贯彻理念，鼓舞员工士气，发扬敬业精神。同时向企业有关部门、人士宣传新设计系统，督导应用，并定期进行检查		
实施管理阶段	3	组织CIS系统的对外发布	制订对外发布计划、选择媒体、安排时间与频率、确定发布内容、合理预算，完成发布计划		
	4	落实企业各部门的CIS管理	将CIS计划落实到企业相关部门的实际工作中，融入日常企业管理的制度中		
	5	CIS导入效果测试与评估	制订督导与定期测试评估制度。定期完成对内对外企业形象建设效果测试，进行效益统计，并制订改进方案		

三、MIS策划

CIS策划开始于MIS。MIS是BIS和VIS的基础，即是说，BIS和VIS都是在MIS的基础上设计与实施的。MIS策划主要包括企业理念的开发、企业理念的定位和企业理念的实施等内容。企业理念识别系统策划的内容与流程，如图7-5所示：

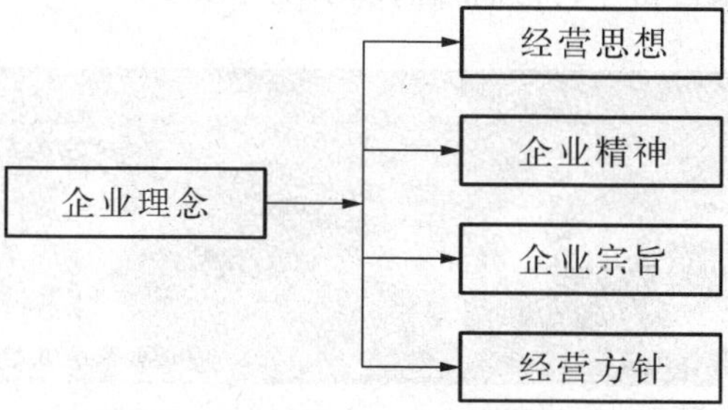

图7-5　企业理念识别系统策划内容与流程

（一）江山制药理念识别系统策划内容

江山制药MI主要是：

企业精神：实干、和谐、积极进取

企业使命：关心人类的健康与未来

企业口号：超越再超越

企业座右铭：好的就学

远景目标：百年江山

以“关心人类的健康与未来”之理念，以“实干、和谐、积极进取”之精神，以“贡献于员工、股东和社会”之行动，向着建成“百年江山”的目标坚实前进。

（二）江山制药理念识别系统策划流程

江山制药的企业理念开发与建立大致分三阶段进行：第一阶段：艰苦创业之理念——自我开发与成长VC产业的新秀；第二阶段：精诚团结之理念——个体激荡与奋进创造江山企业模式；第三阶段：敢为天下先之理念——全体使命与目标立足世界工业之林。

1．第一阶段：艰苦创业之理念

认识自己的体质，了解自己的能力，开发自己的潜力。

态度：艰苦奋斗，积极向上，吃苦耐劳，少说多干，无畏失败，产业报国。

目的：体现人性管理，吸引不同人才；提高专业水平，树立必胜信念；VC产业新秀，靖江地区明星。

策略：辛苦耕耘，吸引外资，建立新型企业实体，以踏实的发展方式开始创业模式，着重公司在生产能力上的肯定。积极开拓国际市场。

成长应是此阶段最重要的课题。

方法：以争取当地政府支持来保证公司的成长，有效地运用外资，加强技术设备的投入，激励创业者艰苦奋斗，自强不息，以求生存发展。

图7-6 江山制药厂

图7-7 江山制药新员工参观开发区

状况：此时的产品和市场状况表现为，一是产品的收率比同行高出7个百分点；二是产品几乎全部销往欧美；三是市场开发良好，客户基础稳定。

2．第二阶段：精诚合作之理念

精神至上，人和为贵，尽情发挥，相得益彰。

态度：勇于革新，光明正大，和亲一致，礼节谦让，激荡活力，挑战自我。

目的：建立团体精神，互相取长补短，共同创造未来，开辟国内市场，抢占VC第一品牌。

策略：整合企业精神，重温创业艰难，依靠社会科技力量，保持技术继续领先。新厂区的投入使用，进入规模经济运作。适时导入CI，强化企业体质，重塑企业理念，推行以企业活性化为目标的形象战略。

CIS的全面导入和有效执行是此阶段最重要的课题。

方法：以企业形象识别系统，整合企业经营理念，确立企业的主体性，争取外部与内部相关者的赞同并建立共识。

以团队合作和个体竞争的发展方式，积极开拓市场，巩固企业地位。

状况：此时可分为两个阶段。一是VC产品细分化，并向系列产品发展：以小型巨人对应危机，开辟国内VC市场。二是试炼开发新产品机能；采用新产品策略，为企业重新定位，向多角化经营过渡作准备，此阶段重点在顺利渡过危机，确立国内VC霸主地位，伺机兼并其他企业，积极上市股票，为企业积蓄财力，继续扩大公司规模，创建江山企业模式。

3．第三阶段：敢为天下先之理念

站在新世纪前沿，重振大中华雄风。

态度：雄心勃勃，放眼世界，高尚人格，顺应同化，感谢服务，回馈社会。

目的：丰富人生内涵，造福人类健康，完善人文理解。

策略：以开阔的眼界、成熟的人格、精湛的科技进行世界流通。着重公司在企业理念上的实现，扩充商品品牌策略。企业定位于国际化、制度化、自由化的制高点。

企业的中枢系统移师于上海或其他人才资源丰富之地。以21世纪企业应有的位置为思考是此阶段最重要的课题。

方法：以企业形象诉求，积极建立价值标准。从原始的“家族企业”模式走向高层次的“企业家族”意境，以CI与POYTFOLIO管理联合运作，控制理想的方向，同时，一方面要应对意外的事态与想象不到的成长性，一方面紧握经营战略之舵。

状况：本阶段的产品应向多样化发展，在国际上VC品牌形象超群，企业的规模、技术、人才、资金都得以充实，成长稳健。

四、BIS策划

（一）BIS——行为识别系统策划

行为识别系统策划，一般包括企业外部的行为识别和企业内部的行为识别。行为识别策划的内容与流程，如图7－8所示：

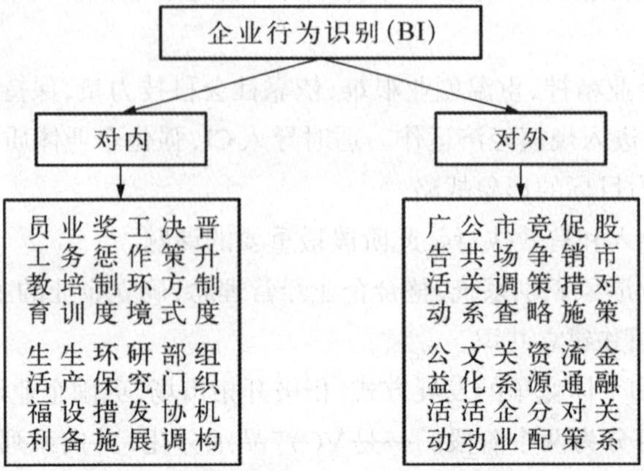

图7－8　企业行为识别系统（BIS）策划内容与流程

（二）江山制药的行为识别系统（BIS）设计

江山制药的行为识别系统（BIS）设计主要包括：企业对内行为与对外行为。对内行为主要指干部教育、员工培训、生活福利、工作环境、内部修缮、研究发展、环境保持等管理活动。对外行为主要包括企业创新行为、交易行为、谈判行为、履约行为、竞

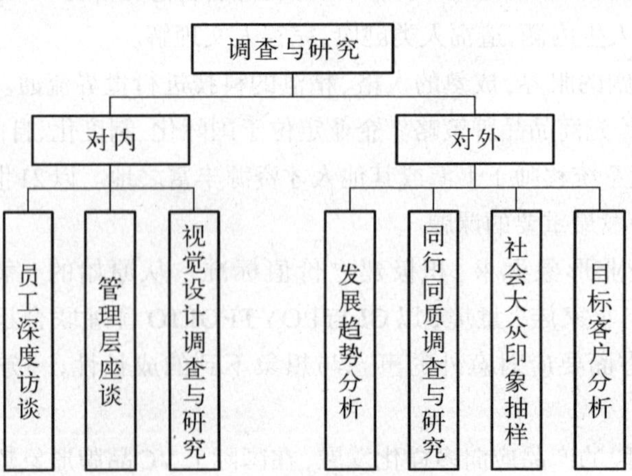

图7－9　江山制药的（BIS）行为识别系统设计

争行为、服务行为、广告行为、推销行为、公关行为等。

图7-10　江山制药企业文化

江山制药凭什么办成百年企业呢？一是理想远大。江山制药始终以“关心人类健康和未来”为理念，矢志不渝地关注着人类生活质量的提高，为广大消费者提供更多更好的健康产品。二是制度立企。人是靠制度来推动的，制度好，人就有积极性；人有积极性，生产力就会发展。这是创办“百年江山”的根本保证。三是坚持创新。办企业如逆水行舟，不进则退。一个企业，如果缺乏创新精神，不去开拓进取，就会被激烈的市场竞争所淘汰。江山人不懈追求技术创新、制度创新和管理创新。

产品策略——提出“永远的维生素C”的保健概念，让消费者了解维生素C的功效。

质量策略——致力于人类健康事业，为顾客提供优质安全的产品；持续改进产品质量，永恒追求顾客满意；产品出厂执行高于中国、美国、英国药典的内控质量标准；出厂优级品率100%，顾客满意率≥70%。

品牌策略——将品牌形象定位于：关注下一代，关注成长的点滴。

促销策略——提出“牛奶和维生素C是健康两大基本要素”，利用人们已经建立的对牛奶的信任感和对其部分品牌的忠实度扩大“艾兰得”品牌的影响。

“蓝桶牌”维生素C荣获“江苏省名牌产品”称号；“三旗牌”维生素C获“江苏省名牌产品”称号；维生素C、维生素C钙盐获“江苏省高新技术产品”称号；“艾兰得牌”荣获江苏省著名商标，艾兰得维生素C荣获江苏省名牌产品，艾兰得维生素C、

图7-11　艾兰得广告

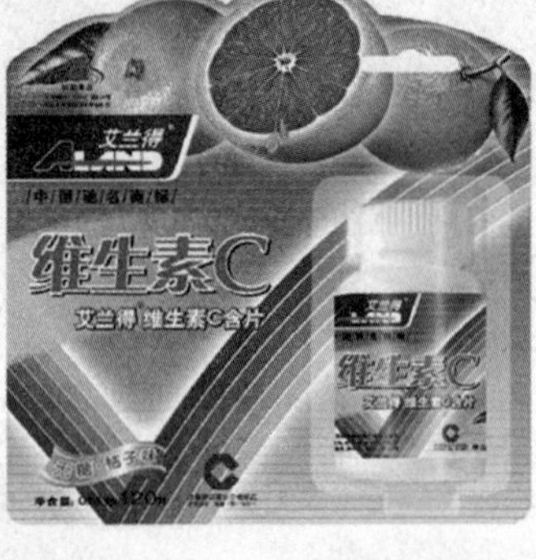

图7-12　艾兰得VC含片瓶贴1

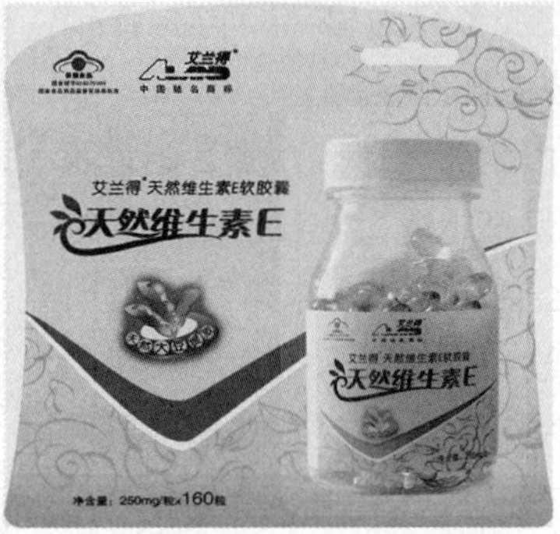

图7-13　艾兰得VC含片瓶贴2

维生素C颗粒被认定为江苏省高新技术产品。“艾兰得”入选中国最具价值行业十强诚信品牌,其商标被认定为“中国驰名商标”。

五、VIS策划

（一）企业视觉识别系统（VIS）策划

在企业的视觉识别系统（VIS）策划中，一般包含两类要素：基本要素和应用要素。其模式，如图7-14所示：

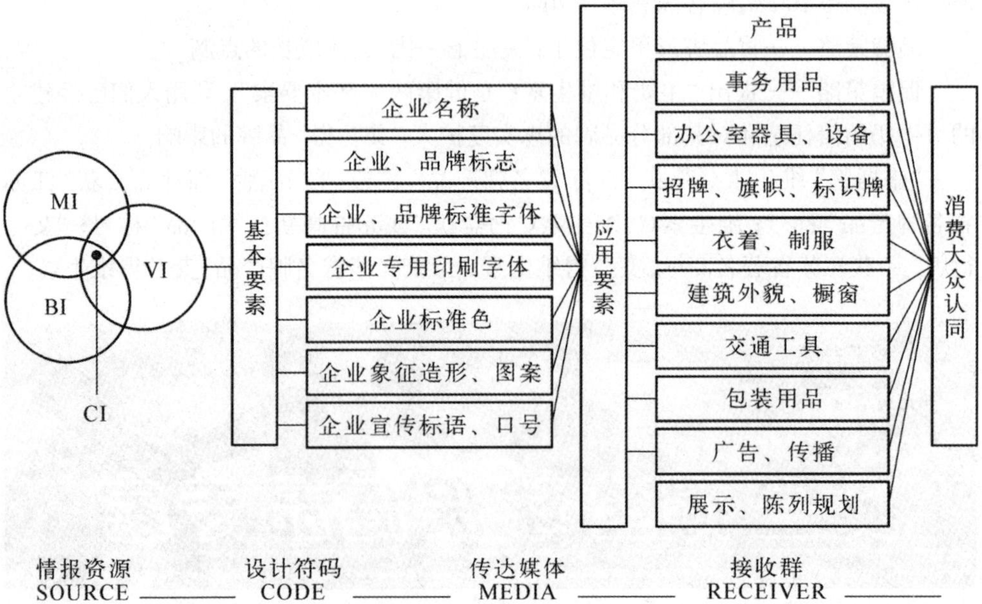

图7-14　企业的视觉识别系统（VIS）策划的内容与流程

（二）江山制药VIS视觉识别系统策划

江山制药的VIS视觉识别系统策划包括：基本要素：企业名称、品牌标志、标准字体、标准印刷字体、标准色、象征图案、企业歌曲、精神标语及口号、标志和企业标准字组合系统及其使用规范、标准字与企业形象象征图案的组合系统及使用规范等；应用要素，如产品设计、招牌、旗帜、标识牌、包装设计、办公事务用品、业务用品、室内环境与设备、陈列展示等。

应用设计系统：

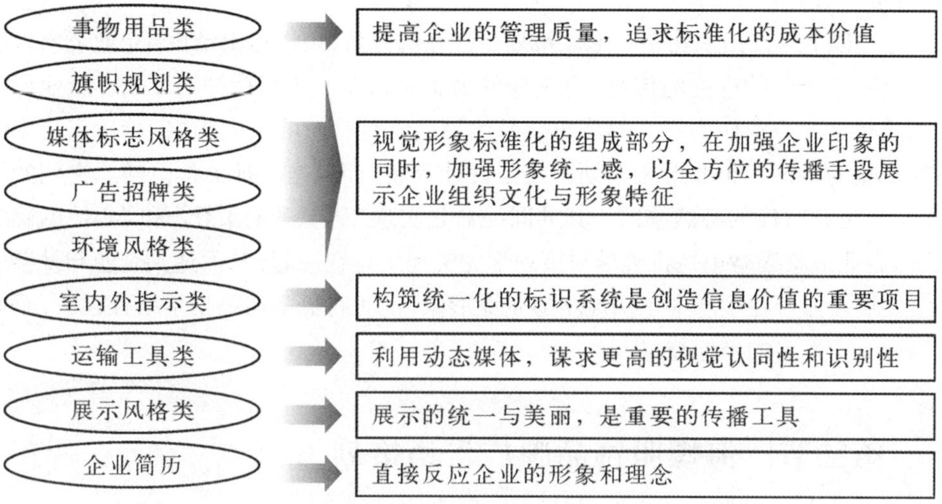

图7－15　基础要素设计系统

江山制药：企业名称、企业标志；企业标准字：简洁鲜明，富有感染力；设计江山制药CIS手册、江山文化墙、企业歌：《我们是“江山”人》。

结束语

企业形象策划本质上是一种审美战略，是用审美的眼光和美的规律定位企业的生产和经营，使其在企业的人的形象、物的形象、产品品牌形象、道德形象中得以渗透，从而达到对企业整体形象的塑造和把握，因此也可以将这种审美战略称为美学管理。

江苏江山制药有限公司于20世纪90年代中期导入CIS。其特点是全面性，即从公司理念、品牌定位，到产品命名、整合营销，江山主题歌、江山文化墙，公共关系与形象设计等。

企业形象定位：维生素C生产能力居世界前列；以“关心人类的健康与未来”之理念，以“实干、和谐、积极进取”之精神，以“贡献于员工、股东和社会”之行动，向着建成“百年江山”的目标坚实前进。

导入效果：江山制药入选为中国最大的500家外商投资企业；被评为中国百家高新技术企业之一；进入全国医药企业销售50强、利润总额10强之列；位居化学药品原料制造行业第七名；被评为十佳外商投资企业、十强出口企业、十大纳税企业称号；获得社会责任国际组织（SAI）授权颁发的SA8000证书，成为中国医药行业第二家、泰州市第一家通过此项认证的企业。

通过以上对江山制药企业形象策划与设计的分析，可以得出结论：企业形象塑造决不仅限于企业的视觉的传达，更重要的是企业内在文化和精神的凝聚。企业形象策划战略一改企业作为一个经济单位带给社会唯利是图的负面影响，传达出更多的精神文化的特征。企业形象策划不仅是设计范畴，而且是一种美学范畴。它们的结合，是历史和时代的必然趋向。其共同使命是实现“感觉的心灵化”和“心灵的感觉化”。企业形象战略正是将美学与策划学完美地结合在一起，从而达到企业与社会的同步发展。能否在生产中正确地塑造企业形象，能否将美学与策划学结合起来，是衡量未来企业发展的坐标与尺度。

第二节　海螺服饰品牌广告语策划

品牌的广告语是企业的品牌文化和品牌定位的体现，如何将品牌的内涵具体地展示给消费者，很大一部分取决于广告语向消费者所表达的含义。广告语不能哗众取宠，广告语应该反映品牌自身的特点，并结合自身的特点找出品牌的核心价值，而广告语就是品牌核心价值的灵魂。

广告语和服装之间的相得益彰体现在服装主题上，要有具体的实物相通。好的广告语能准确地抓住服装所欲表现给消费者的形象，赋予服装产品一个灵魂。服装品牌一定需要广告语，广告语应该是体现品牌价值的灵魂。还没听说不用广告语的服装品牌，几乎越是大品牌，广告语越是让人记忆深刻。

那么，海螺服装品牌如何策划广告语呢？

一、海螺服饰品牌概述

海螺服饰有限公司是上海龙头（集团）股份有限公司的全资子公司，是专业生产经营各类中高档衬衫、西服、夹克、休闲服、时装等系列产品的著名服装品牌企业，作

图7-16　海螺专卖

为有着70多年历史的老字号品牌，追求卓越、永不自满是海螺服饰的企业精神。不管岁月如何变迁，海螺永远坚守勤勤恳恳“为国人做最好的衬衫”的使命。如今，公司不仅在全国构建了较为完善的分公司直营与加盟商分销相结合的营销体系，而且创建了B2C网络营销系统。据统计，公司全国共有9家分公司，近700家销售网点，产品的市场占有率始终处于全国领先地位，并外销欧美、日本等20多个国家和地区。

（一）从“赶超美国阿罗（ARROW）”起步

1．岁月留痕

• 1950年，荣新内衣厂成立，由林成梁等7人，出资购买5台缝纫机，在延安中路704号30平方米的小楼内开始生产男式衬衫。

• 1951年，绿叶牌商标正式启用。1954年绿叶牌衬衫作为中国衬衫的唯一代表，参加了苏联举办的博览会和民主德国举办的莱比锡服装展览会。

• 1977年，荣新内衣厂改名为上海第二衬衫厂。1973年，上海第二衬衫厂以美国品牌“ARROW”为赶超目标，“海螺”商标注册成功。

• 1979年，海螺牌男衬衫荣获衬衫行业唯一国家金质奖。1995年，以第二衬衫厂为主体，海螺服饰、第一衬衫厂、第三衬衫厂等单位合并组建上海海螺（集团）公司。

• 1998年，龙头股份资产重组，上海海螺服饰公司更名为上海海螺服饰有限公司。

• 2007年，荣获商务部颁发的“最具市场竞争力品牌”，衬衫销售全国排名第二位。

• 2010年，公司通过“上海市企业技术中心”认定。2011年公司被国家商务部授予“中华老字号”企业称号。

2．品牌故事

1973年，海螺服饰以美国名牌“阿罗”为赶超目标，并从“海螺姑娘”的美丽传说

图7-17　海螺牌衬衫

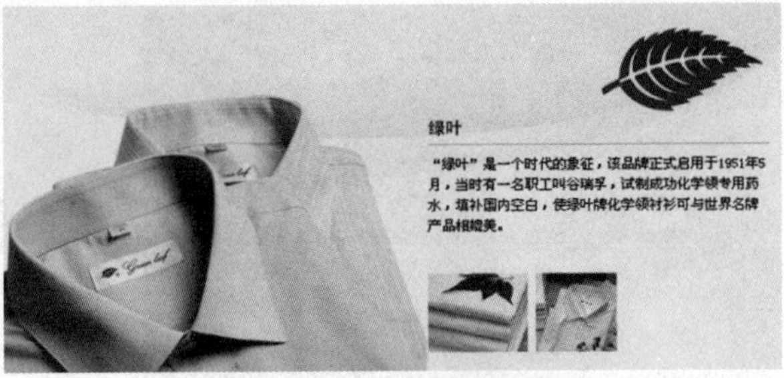

图7-18　绿叶牌衬衫

获得灵感,“海螺”品牌既象征着上海,同时也将上海的“海螺”赶超美国“阿罗”的品牌发展目标隐喻其中,寓意为“上海的阿罗”,即其目标就是要打造中国一流的衬衫品牌。“海螺”牌衬衫诞生后,通过“定车间、定设备、定面料、定工艺、定人员”的五定管理,很快打出了市场,创新使用的120支高支棉在当时国内首屈一指。1979年,在全国第一次质量月总结表彰大会上,海螺牌衬衫经国家质量奖审定委员会批准,荣获国家金质奖。迄今为止,已先后获得国家金质奖、中国名牌产品、中国驰名商标、上海市著名商标、中国最具市场竞争力品牌等30多项殊荣。

(二)不仅“卖产品”,也要“卖服务”

销售衬衫,不仅是卖产品,越来越多地需要卖服务。

1．“量身定制”服务

针对市场的高端需求,海螺推出“量身定制”服务,就是想让追求个性时尚的男士,在一个自由温馨的私人空间里,提出对生活、对时尚的新主张,让衣橱里的每一件衬衫都专为自己而度身打造,展现男人的生活新主张。上海地区量身定制业务网点已基本做到全覆盖,并逐步扩展到外地分公司。此外,各专卖店还推出了“天天免烫”服务,受到消费者欢迎。

2．拓展创新营销模式

近年来,海螺公司进一步拓展创新营销模式,进驻新型经济商圈。在上海、江苏等传统优势市场中,进一步做大做强,增加销售网点,扩大销售收入;并根据不同市场的不同需求寻找突破口,进驻与海螺品牌发展匹配的Shopping Mall购物中心。如海螺在南京的新城市广场、苏州的万达广场开设网点,取得了较好的业绩。同时,作为传统老字号品牌,海螺加速发展B2C电子商务销售。海螺加强与淘宝商城的深度合作,积极参与各类具有高关注度的促销活动,包括淘宝网周年庆促销活动、聚划算团购,以及父亲节、光棍节的活动,并充分利用社会资源做好促销宣传、物流配送。

3．“天时、地利、人和”是海螺人的信心

所谓“天时”是指，尽管这几年服装行业竞争非常激烈，销售渠道中的品牌更迭也非常频繁，但海螺等老字号品牌，却经受住了岁月和市场的考验，特别是在“创新驱动、转型发展”的过程中，大家对老字号品牌，逐步形成了新的认识、新的定位；“地利”是指，上海是继米兰、巴黎、伦敦、纽约、东京之后，又一个国际时尚之都，海螺作为上海纺织行业屈指可数的服饰品牌，将获得更广阔的成长空间；“人和”方面，公司目前的团队呈现年轻化、专业化态势，重市场、重技术、重服务、重消费者体验。

（三）大力发展“两头在沪，中间在外”

“发展‘两头在沪，中间在外’模式是海螺，也是整个上海纺织行业转型发展的出路”。

1．打造高端制造与贸易中心

在制造园成为高端产品制造中心的基础上，海螺设想以“服饰”作为主题，借助嘉定区发展电子商务产业的契机，充分发挥马陆制造园在园区建设、办公设施、设计打样、仓储物流等方面的资源优势，利用海螺的品牌效应，吸引从事电子商务类的企业入驻马陆制造园。海螺的目标是成为集聚电子商务类公司的创意园区，为电子商务企业服务。

2．将中低端产能向外转移

近几年来，海螺已将这部分产品的生产加工，向周边省市进行梯度转移。通过多年的培育扶持，海螺众多的合作伙伴，都已具备了一定技术含量的生产能力。与此同时，为确保海螺产品质量的可靠度，公司不断充实加强“检品中心”队伍力量，加强对产业链及产品的全程监控，确保海螺的产品质量始终处于受控状态。

3．全面提升管理水平

海螺通过建立专业化分工协作的新构架，改变了过去“小贸易”的格局，向贸易的深度和广度拓展，形成真正意义上的“大贸易”，使贸易业务和品牌内销成为公司发展的两个翅膀，真正做到“两翼齐飞”。

4．加大人才培养

培养了一批懂技术、懂生产、懂经营的复合型人才，人力资源队伍的适应性及战斗力均得到提升。公司根据创新业务对人才的需求，实施内部轮岗，强化跨部门沟通，每年组织、实施青年骨干“轮岗”实习，提升他们的服务意识，凝聚团队的战斗力。目前，公司中层干部平均年龄为43岁，40岁以下（含40岁）青年中层干部比例达到40.7%，干部队伍明显年轻化，为公司的长足发展奠定了坚实的人才基础。

5．弘扬企业文化

海螺曾先后出巨资捐助全国受灾地区、开办“海螺希望小学”、冠名出版“海

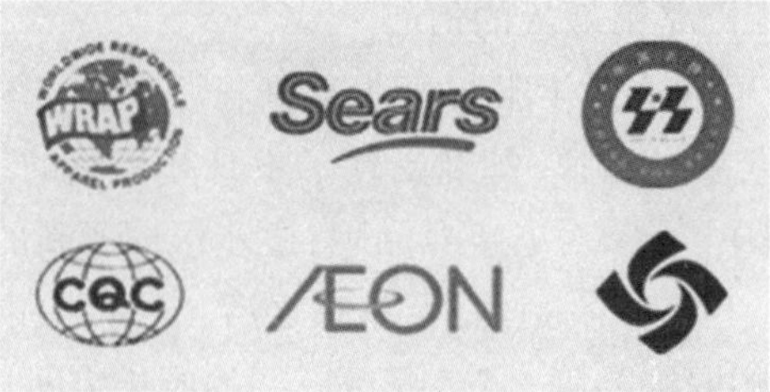

图7－19　获得认证

图7－20　最具竞争力品牌

螺·绿叶文库”、赞助“残奥会”、在高校设立“服装人才奖学金”等，积极回报社会。海螺的企业文化已成为一种无形资产，对外是一面旗帜，对内则是一种向心力。

二、“正式场合穿海螺”广告语设计

（一）广告语征集

1．基点及目标

向社会公开征集广告用语，让广大消费者真正了解海螺产品，扩大海螺产品市场占有率。

2．要求

（1）突出海螺打造“中国一流的衬衫品牌”这一主题，设计理念和面料选择能正确巧妙反映海螺衬衫的行业地位、品牌影响、市场价值和目标消费群体。

（2）广告语字数在20字以内，要求主题鲜明，富有创意和内涵，通俗易懂，朗朗上口。可附文字说明，字数在300以内。

新民晚報

1993年1月22日　星期五

第九版

上海第二衬衫厂　上海第二衬衫厂　上海第二衬衫厂　上海第二衬衫厂　上海第二衬衫厂　上海第二衬衫厂　上海第二衬衫厂　上海第二衬衫厂

CONCH

请您为——“海螺”谱金曲　“绿叶”发新枝

上海第二衬衫厂（国家一级企业）委托上海海信市场研究公司

向社会征集广告语

一、企业简介：

二、征集要求：

……告语必须适用各种媒体，两个名牌既可共用一条广告语也可分别拟就，字数不超过20个。

三、征集与评选办法：

1、为使本次征集活动保持公正、客观和具有广泛的群众性，上海第二衬衫厂特委托上海海信市场研究公司，向社会公开征集广告用语且负责评选工作，并邀请全国及本市广告学术界有关专家组成评委会进行复选和终评。2、应征者于1993年1月31日前将广告语及创作寓意说明壹份，寄：“上海市长寿路990号（邮编：200042）：上海海信市场研究公司广告部（电话：2583992）罗先生，沈小姐收（来稿人必须写清姓名、通讯地址、邮编和贴足邮资）3、评选结果将于1993年2月下旬在本报本布。

四、评委成员：

五、奖励办法：

1、录用奖一名：奖人民币5000元；2、入围奖二名：各奖人民币1000元；3、鼓励奖十名：各奖价值300元高级“海螺”衬衫一件；4、纪念奖三十名：各奖价值30元的纪念品壹份。

图7-21　广告语征集

（3）不违背宪法、著作权法律法规规定，必须是原创作品，杜绝抄袭、雷同，如有因著作权问题产生的法律责任，由参赛者自行承担。

（4）活动对象不限。

（二）海螺广告语设计美及创意解析

“海螺不吹也是歌”、“正式场合穿海螺”广告语的设计美的特点及效果有以下几个方面。

1．点睛之笔

“海螺不吹也是歌”、“正式场合穿海螺”，朴实无华，但字字扣住产品：“海螺”，亮出产品的主信息——品牌；“穿”，指出产品的属性；“正式场合”更是点睛之笔，仅7个字就把海螺衬衫质优品位高的特点和盘托出。全句言简意赅，主旨突出。此广告语，看似语句平淡却能夺人耳目，最值得回味。

2．一语双关

“海螺不吹也是歌”、“正式场合穿海螺”，其表达效果一方面可使语言幽默，颇有风趣；另一方面，则使语言含义丰富，生动活泼。“双关”是修辞学中重要的辞格，指的是利用语音或语义的条件，有意使语句兼顾表面和内里两种意思，言在此而意在彼。“海螺不吹也是歌”、“正式场合穿海螺”，在主题广告语的创意思维中，运用一语双关的设计思路，获得了既突出产品或品牌的优点，又备受大家喜欢，达到传播的效果。

“海螺”衬衫设计“海螺不吹也是歌”、“正式场合穿海螺”的广告语，言简意赅地展示出其高雅、庄重、严谨的风范，与一些专业人士的价值取向形成共鸣，获得了这部分消费者的青睐，所以“海螺不吹也是歌”、“正式场合穿海螺”的广告语在一个时期

图7-22 广告海报

图7-23 广告海报

成为美谈，几乎是家喻户晓，仅衬衫单品销售额就从1992年的0.3亿元，增加到1995年的1.7亿元。2012年海螺衬衫的销售额超过2亿元。

三、海螺广告语的设计及启示

海螺品牌定位：中高档时尚经典、商务休闲男装；年龄定位：28—45岁；消费群体：有内涵、追求品位的成功男士；市场定位：国内一线城市二类商场，二线城市一类商场，适合在一线、二线、三线城市繁华商圈设置形象专卖店。

“正式场合穿海螺”——上了一定年纪的人都知道这句曾经家喻户晓的广告语。在当时，拥有一件海螺牌衬衫，是一种身份的象征。海螺成为不少上海男人结婚时必穿的衬衫品牌。1973年，当时的上海第二衬衫厂提出口号：打造中国自己的民族品牌，让国人也能穿上一流的衬衫。他们从“海螺姑娘”的美丽传说中获取灵感，提议新创“海螺”品牌。“海”象征品牌诞生于上海，“螺”是赶超美国衬衫名品ARROW的志向。从此，“海螺”形象横空出世，海螺衬衫以其严格的标准、新颖的款式、精细的缝制工艺赢得了国内外消费者的青睐。其策划与设计的奥秘：一是合理地抓住了消费者的审美心理的规律，巧用修辞。二是合理地运用消费者的表现欲，精炼词语。人都有表现自己的欲望，体现在两个方面：一是创造新的生活方式，一是把原有的生活方式推向普通人难以企及的高度。广告语一般要求简明、精炼、有号召力、便于记忆。三是合理地抓住了由功利目的到审美爱好，活用代词。四是广告语设计的注意事项：讲究语言表达技巧、注意设置的环境、讲求时效、突出个性、注意语气、注重视觉效果、名人效应等。

总之，服饰品牌广告语的策划设计既要有科学性，又要有艺术性。每一则优秀的服饰品牌广告语，都渗透和浸润着美的理性和内涵。除审美创造、审美特点和审美价值外，还有审美情感、审美想象、审美环境、审美认识和广告语的形式美法则等范畴，它不仅能传播服饰品牌广告的核心信息，而且还以其形象之美、情感之美、形式之美、新颖之美、幽默之美蕴含着丰富的审美价值，给人以美的享受，这些都有待广大广告策划创意人员，以及热爱广告设计的人们去钻研、去探求、去品味和创造。

第三节　双良特灵合资庆典活动策划

随着双良集团公司稳健的成长，其成为行业中一支独具魅力的劲旅，发展态势喜人。但是，随着行业竞争格局的变化，行业将面临国际与国内双重竞争的压力，迫使全行业进入品牌竞争时代，要在这种竞争格局下胜出，必须前瞻性地将品牌体系及早完善，做到与时俱进。时逢双良特灵合资庆典，如何实现“庆典活动”与“品牌建设”的优势互补，成为双良集团的一件大事。

如何办好庆典活动呢？关键有两点：一是要策划好整个庆典活动，包括策划好活动的指导思想、活动的规模、活动的时间地点及开幕式的程序等。二是写好庆典活动的致辞，包括主办者致辞、上级领导致辞、来宾致辞等。双良特灵合资庆典活动策划就是从这两点出发的。

一、双良特灵公司概述

（一）造福人类，志在世界

“成为中国制冷空调的行业标志，与世界和时代同步的国际化企业”是双良特灵公司追求的目标，双良特灵以客户的满意，员工的自我实现，民族工业的发展和社会的进步为最高价值，不断拓展高科技，采用世界最先进的加工设备、检测手段和DFM管理方式，以销售即服务的国际概念为国内外客户提供最理想的设备，贡献国际一流产品,共同创造人类生产和生活的美好环境。

双良特灵公司品牌创造价值:卓越品质,立足全球,成就无限;细节决定成败,执行决定战略。具体是:

1. 释意:优良的产品、优良的服务;资产优良、盈利能力优良。
2. 精神:学习才能进取,创造方为永恒。
3. 经营理念:品质、服务、创新。
4. 社会使命:提升人类生活品质、改善人类生存环境。
5. 价值观念:富有前途,富有个性,富有回报。
6. 道德规范:信任人,同时取信于人;尊重人,同时也要自尊。

图7-24 双良集团LOGO与美国特灵公司LOGO

二、双良特灵合资庆典活动方案

(一)主题

中国双良集团与美国特灵公司合资庆典活动暨新闻发布会。

(二)背景

1. 江苏双良特灵溴化锂制冷机有限公司

江苏双良集团公司创业于1982年,专业生产具有世界先进水平的直燃型、蒸汽型、热水型和特殊规格的溴化锂吸收式冷水机组和冷热水机组。合资的中方——江苏双良集团公司为国家机械工业部定点企业，是目前国内规模最大的溴化锂吸收式冷热水机组的专业生产企业。1994年被国家经贸委列入“全国百家企业技术中心”，国家大型一档企业，被评为“中国机械”十大杰出企业。长年致力于为核能、航天、航空、船舶、机械、电子、纺织、化工、医药、商用及民用建筑等行业提供溴化锂吸收式机组，产品遍及全国各地，国内市场覆盖率连年持续在70%以上，产品远销东南亚。现有18家子公司，两家上市公司（双良股份700481，舒卡股份000584），双良商标被国家认定为“中国驰名商标”、“中国名牌”。

2. 美国特灵公司

美国特灵公司作为世界空调业的先驱，成立于1913年，自1938年推出全球第一台全封闭直接驱动离心式冷水机组以来，一跃成为空调行业的巨人，是美国最大的中央空调设备制造公司之一。产品在欧美的销售量处于绝对优势的地位。公司的销售网络遍布世界各地，有超过350个销售和服务机构分布在92个国家与地区，并拥有世界空调行业中规模最大、最先进的科研发展中心。

（三）时间

20世纪90年代某一天，8：30—17：00。

（四）媒体

电视台：中央电视台、江苏电视台、江阴电视台、东方电视台等。

电台：中央人民广播电台、江苏人民广播电台、江阴人民广播电台、上海人民广播电台等。

报纸：《人民日报》、《解放日报》、《江阴报》、《参考消息》、《新华日报》、《大公报》、《机电日报》等。

（五）资料

- 双良公司简介和产品录像带或样本
- 特灵公司简介的录像带或样本
- 双良总经理的发言稿
- 特灵总经理的发言稿
- 新闻通稿
- 礼品等

（六）公关

接待组（签到、导引、车站接送等）

票务组（客人的车、船、机票等安排）

会务组（会场执行和事务人员等）

车辆调度（接送客人的车辆调度和安排）

礼仪小姐（剪彩、导引）

（七）会场

整个环境以红、蓝两种色彩作精神标志，体现企业属性及产品为提高人类生活品质所作的贡献；同时两种企业色彩的整合表现了双良和特灵携手开创明天的崇高寓意。

气氛布置

视听设备

展板示意

餐饮安排

（八）周边环境

公路口

公司大门口

停车场

厂区大道布置

升旗和剪彩场地

各种横幅、直幅标语

（九）内容与流程

上午8：30—11：00

8：30—9：15　开场

- 开场前庆典活动预热（狮子舞、腰鼓舞等）
- 吉祥物及礼仪小姐引导贵宾签到

9：15—9：25　升旗

- 升国旗并奏国歌（中国、美国）
- 升企业旗并唱企业歌（双良、特灵）

9：25—9：30　主持人介绍主要贵宾名单

9：30—9：35　揭牌

• 双良集团与特灵公司总经理携手剪彩揭牌

• 彩球与和平鸽同时放飞

9：35—9：50

• 进入会场浏览展板

9：50—10：15　发言（具体发言人由企业决定）

• 中国制冷空调协会领导致辞、讲话

• 江阴市领导致辞、讲话

• 双良集团总经理讲话

• 特灵公司总经理讲话

• 代表（双良、特灵）发言

10：15—11：00　电视墙（VIDEO WALL）或大屏幕投影、幻灯

• 美国特灵公司及产品介绍

• 江苏双良集团及产品介绍

11：00—11：30　参观厂区

12：00　午餐

下午14：30—17：00

14：30—14：50　进入会场浏览展板

14：50—15：15　发言

• 双良集团总经理讲话

• 特灵公司总经理讲话

• 代表（双良、特灵）发言

15：15—17：00　电视墙（VIDEO WALL）或大屏幕投影、幻灯

• 美国特灵公司及产品介绍

• 江苏双良公司及产品介绍

17：00　庆典活动结束

（十）预算

1. 活动承办费用；
2. 媒体人员酬金；
3. 媒体交通费用；
4. 物料采买费用；
5. 媒体版面购置费用；
6. 其他费用。

第四节 “中广赛”品牌形象塑造

广告赛事一般是指所有参赛方都遵守相同规则，有组织、有规模、有级别的正规比赛。广告赛事必须十分重视塑造品牌形象。品牌形象是指企业或其某个品牌在市场上、在社会公众心中所表现出的个性特征，它体现公众特别是消费者对品牌的评价与认知。品牌形象与品牌不可分割，形象是品牌的根基，是品牌表现出来的特征，反映了品牌的实力与本质。

笔者通过对“中国广告与品牌大会暨中国广告年度大奖”（简称“中广赛”）的策划与设计，从应用性角度出发，对广告赛事品牌不同于一般赛事品牌的特殊性问题进行研究。重点对中国广告年度大奖赛事品牌形象塑造与设计的成功之道与传播策略进行阐述。

一、“中广赛”的背景及特点

（一）历史与现状

“中广赛”创始于《中国广告》杂志。《中国广告》杂志创办于1981年，是国内第一本广告专业刊物、月刊，是中国新闻传播类核心期刊。从一本广告专业刊物，到建设为集杂志、网站、微平台、丛书、会务、广告赛事为一体的综合系统，旨在为广告业提供一个最具影响力的专业传播平台。“中广赛”是由《中国广告》杂志社与上海市广告协会主办，中国中央电视台、国家广告产业试点园区、企业等协办。“中广赛”的举办为中国广告市场、广告教育领域等提供了最专业的行业解读，为相关从业人员与专业学生创造了更多的机会。

“中广赛”是为表彰中国地区当年广告与媒体领域所取得的成就而设立的重大奖项，每年在中国广告与品牌大会上进行隆重颁奖。自2001年开始，至今已成功举办13届，推动了中国地区广告产业的专业水准，已成为中国广告业界最具权威性的广告赛事品牌之一。

（二）主要特点

“中广赛”是每年保持四百人以上高端专业人士参会规模的国内广告赛事，每年春天举办的大赛注重把握前沿趋势，在传播、广告与营销领域具有不可替代的影响力，已日渐成为中国广告界的行业导向。“中广赛”的特点可概括为以下三点：

1. 以引领为使命

前瞻的主题，高品质的讲师队伍，超值的内容回报使“中广赛”以广告界的“风向标”著称，以其前瞻的眼光把握前沿趋势。每届大赛都会吸引国内外不同领域的权威讲师，为行业带来最新的广告创意发展趋势以及品牌传播理念，把引领行业作为首要责任。

2．以影响力著称

“中广赛”是中国广告界规模最大、最高端、历史最长的会务品牌，在由亚洲财富论坛主办的第五届中国会展节事评比中，荣膺“2007年度中国十大影响力会议”奖，同时还获得“2007年度中国行业品牌会议TOP3奖”，名列传媒类论坛第1名。在传播、广告与营销领域具有毋庸置疑、不可替代的影响力。

3．以品牌为核心

打破行业的惯例，真正实现以品牌为核心，广告界、企业界与媒体界交流品牌传播的全新模式。从2005年开始，每年吸引数十家知名品牌到场，累计吸引数百家知名品牌的关注。

二、“中广赛”品牌形象塑造内容

提炼鲜明的赛事品牌个性识别是“中广赛”品牌形象塑造与设计的核心内容。主要包括赛事品牌文化、赛事品牌标识和赛事品牌产品。

（一）赛事品牌的核心——赛事品牌文化

广告赛事品牌文化是一种价值观念体系的综合，是广告赛事品牌的灵魂。广告赛事品牌文化不仅是赛事品牌差异化的重要来源，也是赛事品牌价值的重要成分。

1．设立理念

“中广赛”旨在打破行业惯例，真正实现以品牌为核心，广告界、企业界与媒体界交流品牌传播的全新模式。“中广赛”也始终致力于挖掘中国市场丰富的潜能并为广大从业人员与高校专业学生搭建更为实用、更为有效的沟通展示平台。在众人的瞩目中，“中广赛”走进了令人期待的第13年。在过去成功举办的12年里，大赛总共为超过1 000家企业、广告公司和媒体的4 000多位参会嘉宾提供了一个了解并讨论中国广告与品牌、展示及证明自身实力的平台。

2．评奖标准

“中广赛”的主要评选标准，以衡量集体或者个人本年度对于中国广告业发展所作的贡献、鼓励业界的不断创新为评奖的重要特色。中国广告年度大奖聘请了50—70名广告界与传播界的权威、资深的知名专家组成评委会，其中包括16—18位常务评委，并制定了严格的评审程序，通过严格、公正、专业的评审程序选出，具体评奖标准如下：

表7-2 “中国广告年度大奖”评奖标准

目标(0—100分)	参赛案例是否有清晰且科学合理的营销传播目标
	该目标在行业中,或在竞争对手面前具有挑战性
创意(0—100分)	参赛案例能够清楚交代其创意来源
	其创意符合其目标设定,能够应对市场的挑战
传播(0—100分)	参赛案例是否能够完整地将其创意表现出来
	参赛案例能否有效地传递给目标受众
效果(0—100分)	参赛案例是否达成预定的目标
创新(0—100分)	参赛案例在其传播形式上、表现方式上或技术上等方面是否有大胆的尝试和突破性的应用

资料来源:根据《中国广告》文献资料整理

3. 奖项设置

“中广赛”的奖项设置意在表彰中国广告媒体领域取得的突破成就,推动和发扬中国地区广告产业的专业水准,每年在“中广赛”颁奖盛典上进行隆重颁奖。以2013年各类奖项设置为例:

表7-3 2013“中国广告年度大奖”奖项设置

公司奖	品牌奖	作品奖	人物奖	媒体奖
2013CR3中国广告创意公司大奖	2013中国广告年度品牌营销创新大奖	2013中国新广告奖	2013中国广告杰出贡献人物大奖	2013中国新媒体贡献大奖
2013CR3中国广告媒介代理公司大奖	2013中国广告年度品牌全场大奖	2013实效案例奖	2013中国广告杰出品牌人物大奖	2013媒体运营创新奖
2013CR3中国广告年度新业务明星大奖	2013中国广告年度品牌创意表现大奖	2013数字营销年度酷案	2013中国广告杰出设计贡献大奖	2013中国年度新媒体大奖
2013中国本土广告公司年度大奖	2013中国广告最具传播价值营销案例大奖		2013中国数字营销年度人物	2013中国广告整合传播贡献大奖
2013中国广告数字创意营销大奖	2013中国广告整合营销传播案例大奖			
2013中国广告年度设计贡献大奖	2013中国广告创新营销年度大奖			
2013中国广告媒体策划特别大奖				

资料来源:根据《中国广告》文献资料整理

"中广赛"在奖项设置、奖项评选上更加注重与专业调研公司的合作，在科学性、标准性、规范性上越发趋于成熟。在数字媒体营销占据企业营销越来越大比重的今天，"中广赛"组委会审时度势，新增加了数字整合营销案例奖，以挖掘和表彰那些在这个领域作出突出贡献的公司，为这个领域的逐步崛起起到引领的作用。

4. 评委组成

"中广赛"由16—18位常务评委，50—70位业内最权威、最资深的专家，通过严格、公正、专业的评审选出获奖者。届时，获奖单位和个人将在"中广赛"的论坛活动中和行业内最资深的演讲嘉宾进行互动，在颁奖盛典的作品观摩与讲解中一起分享最优秀的作品与权威的点评。

（二）赛事品牌的符号——赛事品牌标识

广告赛事品牌标识是一种具体化、视觉化的符号传达方式。它将广告赛事组织理念、文化、服务、规则等抽象内容，以视觉传播手段转换为具体符号概念，应用在形象展开的各个方面。

1. 品牌名称

对一个广告赛事来说品牌名称是赛事品牌的一个核心要素，人们对于赛事品牌的识别始于对一个广告赛事品牌名称的记忆。一提到广告赛事品牌，人们能够脱口而出的就是品牌名称，所以广告赛事的组织方在选择品牌名称之前必须要进行一项战略策划。广告赛事品牌名称不仅直接影响赛事在市场上的吸引力，还决定着整个营销的计划和效果。

赛事品牌名称的命名特点是：一般来自赛事组织方名称、赛事产品名称、赛事举办地名称、技术名称和品牌文化等元素，但最常见的是赛事组织方名称、产品名称和生产地名称。"中广赛"的名称确立就是来源于赛事组织方的名称，"中广赛"的主办方是创办国内第一本广告专业刊物、月刊的《中国广告》杂志社。赛事借《中国广告》这个已经具有一定传播度和知名度的刊物品牌来命名，可以使赛事品牌名称简洁易记、启发联想并具有文化附加值。

2. 品牌主题

"中广赛"的主题设立是根据每年行业的发展动态和趋势来决定的，有着时代前瞻性。"中广赛"2014年的主题是："新规则，大设计"。站在2014年的起点回望，纵观不长的中外广告历史，我们可以发现，每一次市场规则的变革都会导致一大批强势公司的衰落和另一批新型公司的崛起。另一方面，设计这个话题也正在从"少数人的谈资"变为"大众的狂欢"，从单纯的艺术技巧变为改变生活的强大力量，我们开始从人性的触角探索大设计的方向，而不仅仅是审美。根据13年来大赛主题的变化，可以从中看出整个广告创意行业的动态发展趋势。

表7-4 “中国广告年度大奖”历年主题

2001	品牌、信誉 Brand & Reputation	2009	超越广告 Beyond Advertising
2002	品牌、创造 Brand & Creative	2010	后危机时代的品牌跨越 The Cross of Brand in Postcrisis Era
2004	户外广告规范运营　科技创新 The Specification Operators of OOH	2011	“30后”中国广告时代 30+ Next Journey
2005	户外广告与城市的协调发展 The Coordinated Development of OOH with Urban	2012	现在就是未来 Future Is Now
2006	见证历史把握未来 Grasp Future with History	2013	创意无界 Unlimited Creativity
2007	品牌的中国时代 Grasp Future with History	2014	新规则，大设计 New Rules Grand Design
2008	数字时代的创意 Ideas in Digital Time		

资料来源：根据《中国广告》文献资料整理

3. 品牌标识语

广告赛事品牌的品牌名称和品牌标识语对赛事品牌都有识别和沟通的功能，但是品牌名称更大的作用在识别性上，而标识语的首要作用则是与受众的沟通性。

一个简单的名称和词语对广告赛事品牌形象塑造的贡献毕竟是有限的。“中广赛”的名称识别度高，但不能对品牌的定位战略起到帮助。但是标识语则不同，“中广赛”的标识语是“创意引领产业，角度决定价值”，清楚地表明了“中广赛”在行业里的定位目标和所承担的角色，为“中广赛”在新时代条件下塑造富有崭新内涵的品牌形象起了很大作用。品牌标识语创意的作用已超越了传统的广告传播领域，正变得越来越重要。

（三）赛事品牌的基础——优质赛事产品

作为一个品牌，必定蕴含着“产品优质”的特征。如果没有优质产品作为基础，品牌将难以生存。长期稳定又被受众感知的优质赛事产品是赛事品牌发展的根基。优质的赛事产品一般包括：赛事质量及顾客分析、顾客需求分析、顾客整体需求特征以及优质赛事产品特征四个方面。

广告赛事的优质产品可以从中获得经验借鉴。“中广赛”重点从赛事品牌的受众需求着手，调查分析了工作人员需求、政府需求、参与者需求以及赞助商需求等四个方面。

1. 工作人员需求

“中广赛”中的工作人员需求表现在与赛事相关的工作中。比如包括经济收入、职业的社会地位、工作中被尊重、工作与个人兴趣一致、工作群体和睦、赛事组织发展前景良好、工作环境不错等方面。由于工作人员个人对赛事产品的选择性较小,他对赛事的需求主要集中在赛事所带来的结果,希望赛事能够为自己的工作环境和经济收入提供帮助。

2. 政府需求

通过广告赛事的主办,国家、省市和当地的政府可以提高赛事举办国家或城市的声誉和形象以及城市品牌的推广,展示文化多样性和友好邻居特征,促进国家或城市中创意设计产业的提升。另外,广告赛事的高文化价值和高知名度是得到政府支持的先决条件。

3. 参与者需求

广告赛事参与者的需求是优质赛事产品组成要素里的重中之重,其中包括了对行业动态的需求、对专业知识的需求、对自我社交的需求、对生意合作的需求及行业的启发等。对此"中广赛"的主办方对赛事参与者进行了调研分析。

(1)您期望从中国广告与品牌大会暨年度大奖中最主要收获什么?

表7-5 "中国广告年度大奖"参与者调研(1)

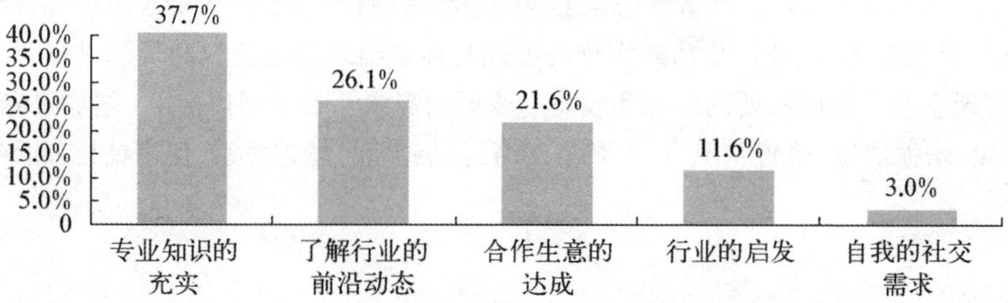

资料来源:根据《中国广告》文献资料整理

(2)您认为中国广告与品牌大会暨年度大奖赛要做好哪些方面?

表7-6 "中国广告年度大奖赛"参与者调研(2)

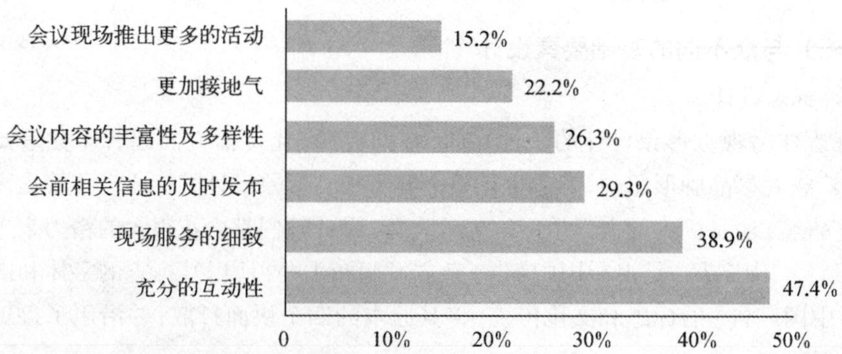

资料来源:根据《中国广告》文献资料整理

（3）您希望在中国广告与品牌大会暨年度大奖上听到哪类嘉宾的演讲？

表7-7 "中国广告年度大奖"参与者调研（3）

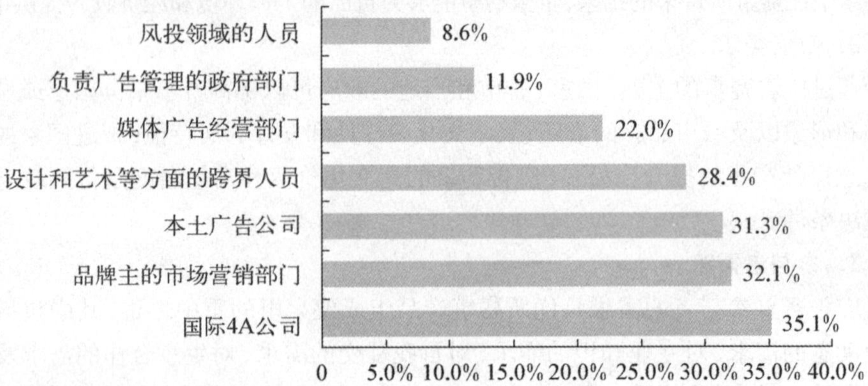

资料来源：根据《中国广告》文献资料整理

4．赞助商需求

在市场经济中，广告赛事赞助是企业的一种理性投资，在广告赛事组织和赞助企业的共同管理下，企业以货币或实物的形式与赛事组织的相关权利资源进行公平交换，实现企业发展所需要的资源和收益。获得的资源及收益则包括了：增加曝光、加强认知、增强地位、改善状况、扩大贸易网络、拓展关联、增进关系、促进销售和服务公众等。

三、"中广赛"品牌形象塑造元素

设计独特的赛事品牌视觉要素是"中广赛"品牌形象塑造与设计的符号元素。主要包括与众不同的基础要素设计和独具魅力的应用要素设计。

（一）与众不同的基础要素设计

1．标志设计

标志作为视觉形象设计的一种媒体，在商业、文化传播方面起着非常重要的作用，在广告赛事品牌形象中，标志也是整个赛事视觉形象设计的核心。不管是国际的戛纳广告奖，还是国内的大学生广告艺术大赛，设计师们都会花很大的精力来进行标识的设计。"中广赛"是由《中国广告》杂志发起和主办，所以其标志的字体和图形沿袭了《中国广告》的标志和文化传统，将其原本的四个块面打散，并沿用了鲁迅书法体标准字。

图7-25 《中国广告》杂志标志、中国广告年度大奖标志
图片来源:《中国广告》

2．标准色及延伸图形设计

2014“中广赛”的主题是“新规则、大设计”。由此，赛事形象识别设计的理念是要给大众一种眼前一亮的突破感，标准色选择了时尚的孔雀蓝（C：94 M：11 Y：2 K：6），并配上五个系列的“不规则”线条作为延伸图形，形成了五套夺人眼球的系列宣传画面。

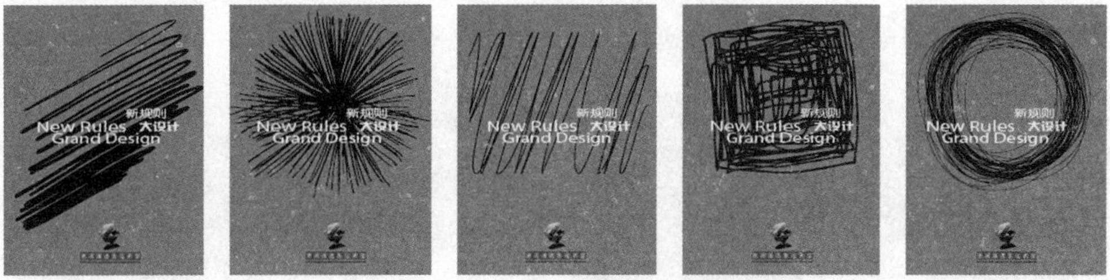

图7-26 2014“中广赛”系列主视觉画面
图片来源:《中国广告》

（二）独具魅力的应用要素设计

1．办公事务设计

办公事务是指如工作证、名片、信封、邀请函等工作行为中直接供参与者使用的材料或工具，就形象传播而言，应用系统中的办公事务与公共关系是极大的传播媒介。

（1）工作证

工作证或工作吊牌是赛事现场的工作人员都会佩戴在胸前以示身份的证件。证件作为一种识别标志，在“中广赛”中被分为五类：讲师类、嘉宾类、媒体嘉宾类、贵宾VIP类以及工作人员类，分别表示所佩戴人员的身份。他们可在指定的时间和场所参加竞赛活动，在设计时注意强调颜色和文字的运用要与赛事的基础视觉要素统一，另外在“中广赛”的工作证背面，还非常贴心地将赛事日程活动安排表列出来，方便参与者随时查看。

图7-27　2014“中广赛”工作证
图片来源:《中国广告》

(2) 邀请函

邀请函是广告赛事活动开始前最先送到参赛者、评委和嘉宾面前的赛事品牌形象,对受众产生对品牌的认知至关重要。“中广赛”的纸质邀请函分为讲师邀请函、贵宾邀请函及媒体邀请函三类,在元素和用色设计上会稍有区分,每种邀请函在排版上和材质上的选择都十分讲究。另外由于科技的进步和网络时代的来临,越来越多的邀请函通过网络电子版的形式发送。

图7-28　2014中国广告年度大奖纸质邀请函
图片来源:《中国广告》

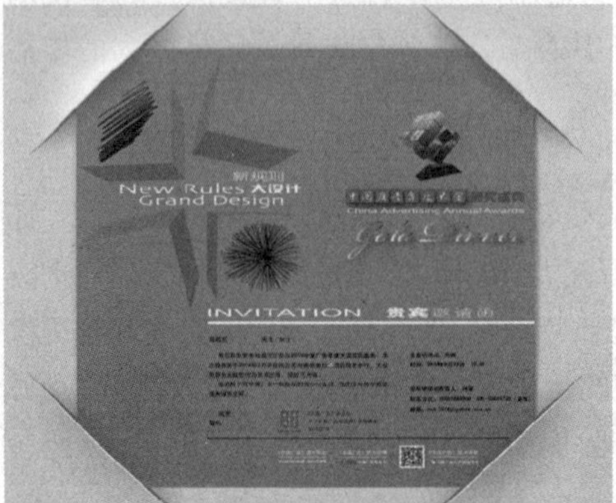

图7-29　2014中国广告年度大奖电子邀请函
图片来源:《中国广告》

2．赠品

“中广赛”中有各种各样与赛事有关的公关赠品，它们都进行了专门的设计，并用赛事的标志和名称以及各种基础要素中的装饰图形和色彩使之成为“中广赛”形象设计要素的重要组成部分。手提袋、笔记本、纪念T恤、纪念礼品等这些既有宣传作用又有馈赠价值的物品作为“中广赛”公共关系赠品，它与办公事务系列在赛事过程中共同被受众大量地接触和使用，流动性很强，所以，就形象传播而言，应用系统中的办公事务与公共关系是极大的传播媒介。

（1）手提袋

在各类广告赛事中经常可以看到各种不同的手提袋，近几年在环保概念的广泛推广下，手提袋的材料运用一般是无纺布和各种新兴的可再利用材质。“中广赛”的赠品包袋就是无纺布材质。手提袋设计时要注意尽量用重点突出的文字去表达画面，不用或者少用图片，通过点、线、面等简单的要素来进行设计，方便制作。

图7-30　2014中国广告年度大奖纪念手提袋
图片来源：《中国广告》

图7-31　2014中国广告年度大奖纪念笔记本
图片来源：《中国广告》

（2）笔记本

笔记本是每年“中广赛”的必备礼品，各类其他广告赛事中也常见，其用色一般都以黑色或暗色为主，排版的设计也是极其简洁，通常只出现竞赛的主标志。笔记本最重要的是其封面和内页的材质选择，精致的包装和高质感的材质会给受众良好形象的体验，留下高品质赛事的印象。

（3）服饰

服饰是必不可少的一个部分，“中广赛”中相关的工作人员在赛事活动现场承担着服务、疏散和引导赛事参与者的责任，统一的着装一方面方便参与者的寻找和辨识，另一方面也营造了赛场现场的气氛。

图7－32　2014中国广告年度大奖赛纪念T恤

图片来源：《中国广告》

3．相关印刷品设计

印刷品是“中广赛”中用来传达信息的一种方式，包括了会刊、门票，还有展板、灯箱等基于立体环境中的平面板式设计。

（1）门票

门票是参与者进入“中广赛”活动会场的凭证，是面向所有参与者的一种形象展示的设计，是具有功能性的票据；广告赛事的门票设计一般包括五大要素：赛事活动的时间、地点、赛事的名称、票面价格以及主办单位；其他要素例如联系方式、网站地址、赛事介绍等则可省略。

（2）会刊

“中广赛”会刊是“中广赛”的权威资料，同时也是赛事的非人工向导，是赛事活动结束后留下来的一本综合资料汇编。设计者通过会刊的形式向参观者展示赛事的内容、主题及活动安排，可以赠送给赛事参与者，也可以被当作是赛事的附属产品进行贩卖。但是会刊没有刊号，不进行公开发行同时具有时令性，只在短期展示中流通。

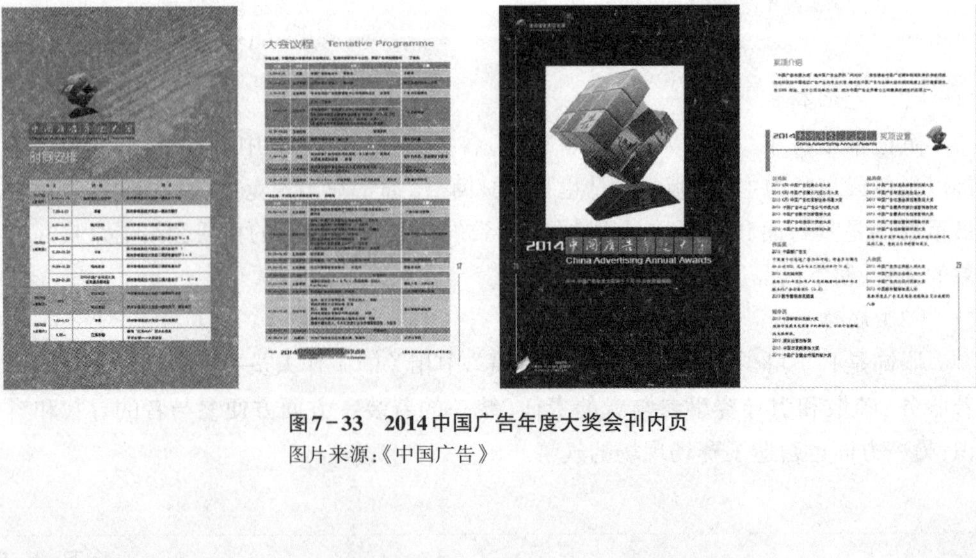

图7－33　2014中国广告年度大奖会刊内页

图片来源：《中国广告》

4．奖杯设计

“中广赛”的奖杯是一个魔方造型，主块面设计同样与《中国广告》杂志的标志相呼应，并秉承着中国广告与品牌大会一贯的设计风格。奖杯以金色为主色调，给人以璀璨夺目之感，喻示着中国广告发展30年来的光辉历程；奖杯形状以魔方为原型，刚劲有力的线条勾勒出奖杯极具公信力的形象，多面体的设计寓意着创意的无限可能，并象征着中国广告的未来具备无可限量的光辉前景。

图7－34　2014中国广告年度大奖奖杯
图片来源：《中国广告》

四、“中广赛”品牌形象塑造路径

整合有效的赛事品牌传播策略是“中广赛”品牌形象塑造与设计的基本路径。主要包括广告传播策略、公关传播策略、活动传播策略和名人传播策略。

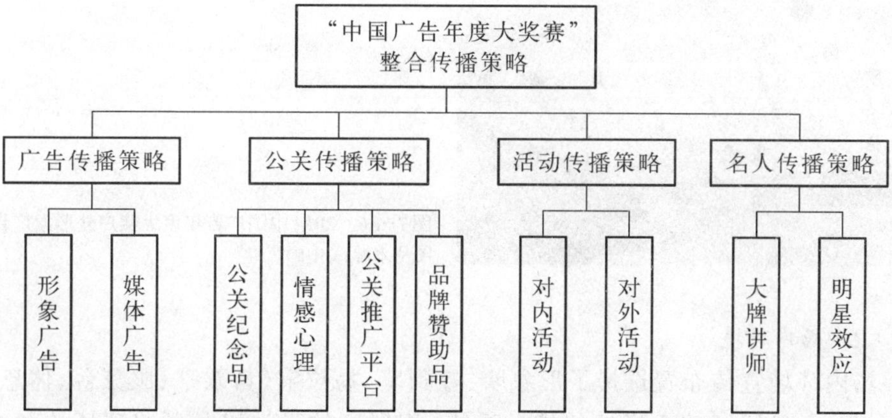

图7－35　“中国广告年度大奖”整合传播策略媒介
图片来源：笔者自绘

（一）广告传播策略——线上线下，跨界互动

在“中广赛”塑造品牌形象的工作中广告传播策略是不可或缺的一部分。广告宣传形式和投放量的安排事前必须要对广告活动的规律和特征进行研究。针对“中广赛”的品牌定位和品牌个性进行宣传。同时要实地掌握赛事活动、颁奖典礼等举办现场的周边环境，结合进行规划，这样才能做到传播得当并精准。

1. 形象广告

“中广赛”形象广告传播主要包括了户外广告与场内环境布置，“中广赛”从中择优选出了一些渠道宽、效果好的形象广告传播途径。

（1）户外广告

户外广告有户外展牌、路面道旗、大型灯箱、三面翻、广告气球，还有包括公交车身、地铁车身等这些流动性的户外广告媒介。

图7-36　2014中国广告年度大奖户外形象广告
图片来源：《中国广告》

（2）场内环境

场内环境宣传布置选择了形象墙、签到墙、易拉宝、售票亭、服务台、休息室、洗手间，还包括了整个场地的指示系统、用餐区的设计以及颁奖现场的精心布置等。

图7-37　2014中国广告年度大奖室内形象广告
图片来源:《中国广告》

2．媒体广告

“中广赛”的媒体广告投放分为传统媒体投放及新媒体投放两大块,如果说形象广告是针对赛事参与人群所做的宣传,那么媒体广告则是普罗大众、创造更大赛事影响力的传播途径。

（1）传统媒体

传统媒体中除了广播外,“中广赛”在电视与纸媒上都有广告投放。如有的赛事举办前一个星期开始,就在东方卫视的黄金档投放赛事的广告宣传片,此片由法国创意热店

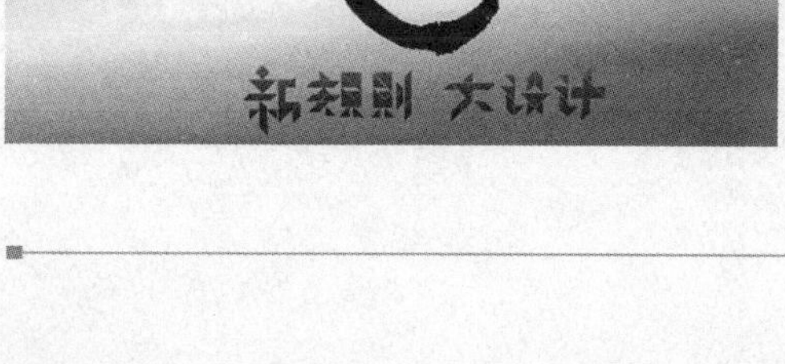

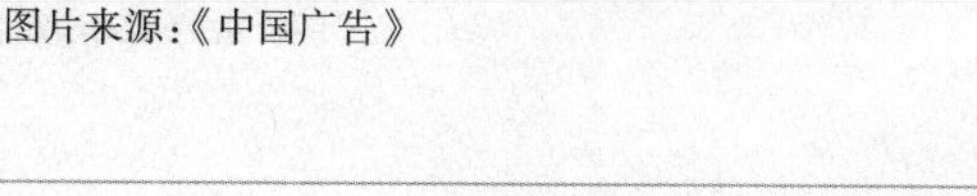

图7-38　2013中国广告年度大奖宣传片
图片来源:《中国广告》

Fred & Farid后期操刀制作，画面华美、势如惊雷，得到了观众与赛事参与者们的广泛好评。

“中广赛”在《环球企业家》、《东方周刊》、《成功营销》、《广告大观》等诸多杂志媒体都有宣传，还包括部分报纸媒体如《第一财经日报》、《新民晚报》、《理财周报》等。尽管现在传统媒体在走下坡路，但不可否认目前其某些价值还是新媒体无法完全替代的。

（2）新媒体

互联网技术为人们提供了构建全球性社区的可能性，移动端技术更是让用户群具有前所未有的力量。交互性、即时性与海量性是新媒体技术具有的明显优势，是“中广赛”品牌形象传播过程中比较具有开发价值的传播载体，如赛事官方网站、直播网站、手机APP等。

“中广赛”的官方网站是各界设计公司、专业人群报名参赛，以及普通大众了解赛事信息的主要渠道。官网的设计要求是页面视觉形象统一、布局合理、操作方便。

图7-39　中国广告年度大奖官方网站

图片来源：《中国广告》

图7-40　中国广告年度大奖现场直播

图片来源：《中国广告》

赛事直播网站为无法来现场听名师讲座、观看颁奖典礼的受众提供便利。2014年“中广赛”与新浪网、中国广告网等都有合作，广大网友只要轻击按键就能网罗活动现场的一手信息。

现在有了手机APP技术更是让赛况资讯掌握变得更加易如反掌。通过安装“中广赛”官方APP，不仅可以回看错过的现场直播视频，还可以回看往届每年大奖赛的各类情报。

（二）公关传播策略——沟通交流，攻心为上

公共关系是塑造“中广赛”品牌形象的另一个关键传播手段。通过各种公关，赛事品牌以受众喜闻乐见的方式将目标信息传递给受众群体。对受众来说，这样的方式更容易接受，而且可信性更强。公关传播达到的作用已经超过了广告传播。

1．公关纪念品

“中广赛”的公关纪念品分为两类，一类是在赛事相关活动中免费提供给赛事的相关参与者，用来增加赛场氛围；另一类是具有双重作用的纪念品，既可以作为公关礼品赠予赛事参与者，又可以作为商品放在网络上进行出售，产生经济收益。这些纪念品在受众群体之间不断传播扩散，有的被作为永久的纪念收藏，对“中广赛”形象的提升有极大的帮助。

（1）赛场氛围类

比如赛事活动现场的工作人员吊牌、赛事纪念笔记本、纪念T恤等公关礼品的范畴都属于增加赛场氛围的公共纪念品。

（2）经济收益类

“中广赛”专门为大赛而设计制作的纪念性物品，还有整编成册的获奖作品年鉴、赛事纪念DVD以及1∶1制作的纪念奖杯等。这些纪念品可以在赛事官方网站商铺

图7-41　中国广告年度大奖定制纪念品

图片来源：《中国广告》

中售卖。

2014年“中广赛”组织方为大赛准备的纪念品是一套精致的木质七巧板。七巧板是中国人的创意发明，是中国的“魔方”。七巧板的设计一方面旨在传播广告赛事品牌、广告设计创意无边的理念，另一方面也在弘扬我们国内的创意成果。

《中国广告案例年鉴》是“中广赛”的官方作品年鉴。年鉴展示着所有得奖作品的概念和创意，在这样的一个“超越广告的时代”，广告公司与媒体的观念与运作都必须突破广告的范畴，《中国广告案例年鉴》的编纂工作在这样的时代背景下凸显出更为深刻的意义。年鉴一方面已经成为图书馆、企业和设计师常备的重要设计参考书，另一方面年鉴将参赛者的概念永久记录其中能让参赛者在全世界备受瞩目。

赛事纪念DVD一般随着案例年鉴一起售卖，里面包括了整个赛事活动现场的重要视频集锦和获奖作品的收录。比起年鉴来说，DVD是电子版的赛事收藏品。而纪念版奖杯则提供给那些广告爱好者们购买，奖杯上没有获奖信息，只能作为摆设和收藏使用。

图7-42 《中国广告案例年鉴》
图片来源：《中国广告》

2. 情感心理

“中广赛”不会损害参赛者的知识产权，在获知竞赛成绩和公布成绩之前留有一段时间，赛事主办方将会免费为获奖作品申请知识产权保护，参赛者也可以选择在提交作品参赛之前申请保护。获奖者将通过邮寄方式获得通知。

未获奖的创意不会被公布，将对大众保持匿名。这样参赛者就不用顾虑未获奖会对自己作品以后的用途和自己今后的发展造成影响。这两方面提升了赛事在参与者心理的情感认同度。

3．公关推广平台

公关推广平台，例如外国的Twitter、Instagram和国内的微博、微信等，如今已经拥有了越来越高的传播价值，主要是因为其零门槛、效果好的传播特点。只要用心管理维护，任何人都可以在推广平台上创造品牌。

（1）微博

微博是目前使用度很广、传播范围很大的推广平台之一。广告赛事如何利用其来扩大自身品牌的影响力？方法可以归纳为一句话：引发悬念，宣传造势。那么如何才能引起大众对赛事的悬念？笔者认为，首先要挖掘出赛事品牌的价值点和个性点，从中提取出大众可能会感兴趣的卖点，再用社交媒体化的语言进行组织，提高大众的参与度和记忆度。比如2014年“中广赛”的主视觉画面就是其中一个吸引眼球的点，且不涉及专业知识，人人都能参与。笔者为此设计了一个题为“新规则，玩转大设计”的创意联想微博活动，引导受众从赛事主视觉中寻找一些与生活的契合点，并从回复中抽取幸运网友送出赛事礼品。在这个互动过程中，就能把“中广赛”的品牌视觉形象内化到受众的记忆中去，传播赛事影响力。

图7-43　中国广告年度大奖微博传播活动

图片来源：《中国广告》

（2）微信

微信传播的势头正在逐步赶超微博，首先是由于相较于微博的受众定位泛化，微信更具针对性；其次是由于微信的互动性更强，即时沟通更加高效便捷。“中广赛”的微信平台可以随时了解赛事相关信息，并查看历届回顾。在赛事活动现场，微信又可以充当赛事举办的即时反馈工具，现场观看讲座、参加活动的人群可以随时通过大屏幕上的微信互动墙来发表自己的意见，也增加了他们参与赛事活动的热情。

图7-44　中国广告年度大奖手机微信界面和互动大屏幕
图片来源：《中国广告》

图7-45　中国广告年度大奖赞助产品
图片来源：《中国广告》

4．品牌赞助品

品牌赞助品为“中广赛”提供了一些物资上的支持，为赛事活动现场的环境增色不少。这些赞助的物资一方面提供给赛事参与者免费取用，提升赛事的公共关系；另一方面赞助品也扮演着传播赛事品牌符号的重要作用，通常的做法是可以在赞助产品上加印赛事标志。

（三）活动传播策略——内外联动，服务周到

活动传播是“中广赛”发挥品牌权威性、引领行业价值的一系列具体实施行动。

其中包括一些培训活动、展会活动及论坛会议等，具体可归类成对内活动和对外活动两种。

1．对内活动

对内活动是针对专业广告从业人员或广告赛事相关者的一些具有行业引领性价值的活动。“中广赛”的对内活动主要是开展相关广告培训课程。每次课程会邀请国内外一流广告专家，带来他们亲手操刀的最新创意案例进行讲授，并结合国内市场环境分析提出见解和对策。这类课程对提升国内广告从事者或学者的专业素养有较大帮助，并且为赛事品牌形象的美誉度加分。

2．对外活动

比起对内活动，“中广赛”的对外活动更加丰富多彩，由展会活动、论坛活动及颁奖典礼三个部分组成。

（1）*展会活动*

“中广赛”的展会分为两种，第一种是线下展览（也称实体展会），第二种是线上展览。

线下展览是为那些突破层层筛选、获得最终荣誉的获奖作品所组织的巡回展，每年在大赛评选过后的一个星期，这些作品都会开始被送往世界各地的主要城市进行巡展。到目前为止，这些城市包括上海、北京、深圳、首尔和东京。巡回展览为参赛者提供了在国际上保持一席之地、发起讨论和建立国际联系的机会，也为其迅速提升了大众知名度。

线上展览是“中广赛”的主办方在网上建立作品检索库，便于获奖者查询自己的获奖讯息，也可以供广大群众了解获奖情况，进行相关学习。“中广赛”的作品检索库在《中国广告》开设的“广告图书馆”资讯网站中，将参赛者与数百万的设计师、广告

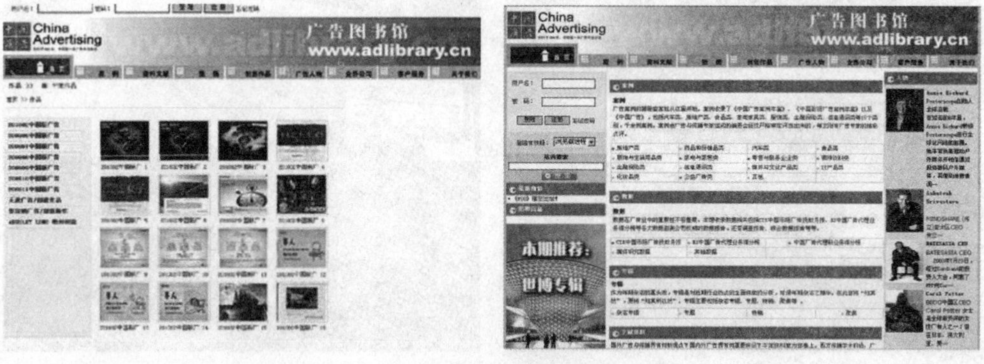

图7-46　中国广告年度大奖线上展览检索库

图片来源：《中国广告》

公司、企业和客户紧密相连，并展示给全球的观众查阅。

（2）论坛峰会

中国广告与品牌大会是“中广赛”的延伸辐射平台，每年保持四百人以上高端人士的参会规模，迄今已连续举行9届。大会以业界的“风向标”著称，以前瞻的眼光把握前沿趋势。每一届大会都吸引着众多国内外不同领域的权威讲师前来进行学术交流、擦出创意的火花，为行业带来最新的品牌传播理念。

图7-47　2014中国广告年度大奖论坛会

图片来源：《中国广告》

（3）颁奖典礼

颁奖典礼是“中广赛”一系列活动事件中极为重要的组成部分，目的在于公开表彰在赛事中获奖的个人与集体，催生获奖者荣誉感的同时也树立了品牌赛事自身的权威形象。每年，这个令人难忘的颁奖盛典都会吸引来自广告、媒体和设计领域的数百名来宾在此网罗重要的人脉关系。这是一个欢庆的夜晚，也是广告界的重要亮点。

图7-48　2014中国广告年度大奖颁奖典礼

图片来源：《中国广告》

（四）名人传播策略——传递体验，强化声誉

赛事的明星人物是支撑起整个赛事看点的中坚力量，特别是重要讲师和嘉宾的参与，主导着赛事的进行节奏和运行质量，同时他们自身的知名度也能帮助扩大赛事的影响力。“中广赛”中的名人包括了政界领导、商界领袖、大牌讲师、娱乐明星等。

1. 大牌讲师

“中广赛”现场参与演讲的讲师都是国内业界重磅级的，比如像国家工商总局广告司司长张国华等。这些明星讲师的讲授在平时都是难得听到的，而这也是大赛论坛会的价值点之一，吸引着无数关注者，是赛事品牌形象传播如虎添翼的辅助手段。

图7-49 《中国广告》杂志社社长兼主编张惠辛先生致开幕词、大奖论坛会明星讲师
图片来源：《中国广告》

2. 明星效应

明星嘉宾的穿插安排无疑会使整个赛事增色不少，他们的明星效应能号召来自四面八方各行各业的大众关注到赛事上来，增加品牌的口碑传播效率。同时明星嘉宾的出场也能够掀起整个活动现场的高潮。例如著名歌手周华健曾出席颁奖盛典并以“年度最佳品牌代言人”的获奖身份来与大家分享见解。东方卫视评论员、著名节目主持人骆新是“中广赛”颁奖盛典的招牌主持人，每一届赛会上都能以其睿智和敏捷的反应让整场颁奖典礼气氛爆棚。

本案通过对目前国内为数不多的有关广告赛事品牌形象的策划和设计，研究了“中国广告与品牌大会暨年度大奖”赛事品牌形象塑造与设计的理论与应用，以期为中国广告赛事品牌形象理论研究的深入以及实践的展开提供理论上的借鉴和支持。

第八章

博览空间——展馆品牌艺术设计

把品牌作为一门艺术，侧重于品牌的艺术表现力：一是它直接运用艺术形式与手段为其服务，二是指它的经营艺术。现代展馆品牌艺术设计远远超过了传统的空间艺术范畴，以满足大众的物质、精神、心理、行为规范诸多方面的需求为设计目的，追求舒适、有人情味的空间。本章以商标火花收藏馆脚本策划与布展设计、成龙电影艺术馆脚本策划与展示设计、C32会所脚本策划与陈列装饰设计、家电生活馆脚本策划与布展设计等为例，以创意、新颖、独特为原则，突出现代展览展示设计的前沿潮流和品牌驱动创新趋势，并着重就展馆陈列布展工程的设计、项目的实施步骤及其工程的施工等主要内容作实质性的表述和呈现。为此类型的展馆策划与设计提供思考与借鉴价值，同时指导实践。

第一节　商标火花收藏馆脚本策划与布展设计

上海商标火花收藏馆坐落在上海市普陀区长风生态商务区上海火柴厂原址，建筑面积3 775平方米，展示面积1 500平方米，以四个“火柴盒”、若干个“火柴棒”立柱为建筑造型，“龙游”火花图案作为外墙壁画。

商标火花收藏馆藏有中外火花20余万种、700余万枚，老商标包括酒标、烟标、电影海报等10余万种和300余万枚，以及相关实物、照片、图片等。

商标火花收藏馆的主题是：“点亮城市，点燃生活”。策划与设计了三个展厅，即商标源流、火与人类、火花世界三个部分，突出了老商标、老品牌见证城市经济文化发展的历史，从一个侧面反映了苏州河百年来民族工业发展变迁和产业更新的轨迹，见证了上海从“火柴生产作坊”到“火箭制造基地”的沧桑巨变。

图 8-1 商标火花收藏馆

图 8-2 商标火花收藏馆外景

一、功能定位与藏品分类

（一）功能定位

商标火花收藏馆功能定位应该符合于体现现代收藏馆理念、凸显自身特色、富有时代特征等基本原则，重点突出展示、推广发布、研究等“三中心”为主要任务。

市场定位：以展示为主，推广发布为辅，兼容研究，“展推研”互动，体现休闲，强化生态，突出体验，走出一条以文促商、以商养文的文博产业新路子。

具体来说：

基本功能定位：展示、推广发布、研究为主要工作任务；

主要功能定位：服务对象及受众定位；

延伸功能定位：休闲、体验、生态。

（二）藏品分类

1. 收藏馆民族工业商标的藏品分类

行业部门：缫丝、棉纺织、面粉、火柴、造纸印刷、船舶维修、机器制造等。

主要代表：1866年，方举赞上海发昌机器厂（最早的民族工业企业）；1873年，陈启源南海继昌隆缫丝厂。以及阜丰面粉厂、申新九厂、汇明电筒电池厂、天厨味精厂、大隆机器厂、湃华造漆厂、华生电扇厂、中华书局等老字号企业。

知名实业家：黄佐卿、吴蕴初、荣宗敬、荣德生、严裕棠、孙多森、刘鸿生等。

知名商标：纺织商标、丝绸业商标、化学工业商标、搪瓷器皿业商标、机电业商标、食品商标、烟酒业商标、鞋帽业商标、日用化工业商标、文化用品业商标、药品商标、其他行业产品商标。

2．火花的一般分类

火花商标品种繁多，为收藏、保管、交换上的方便，通常有以下几种分类法：包装分类法、历史分类法、地区分类法、档级分类法、品种分类法、艺术分类法、综合分类法等。

3．特别建议：主题分类法

收藏馆藏品的分类：主题内容（主题或故事线），即以"商标火花，点亮城市，点燃生活"的主题思想为灵魂与精髓，反映苏州河及上海近现代民族工业商标、产品和火花实物等重要事件和主要历史，以故事线表现形式展现事件内容。

二、布展内容与展示形式

（一）布展内容

1．展示理念

收藏馆陈列展示设计的最新文化符号是信息（知识）、娱乐和审美。因为人们希望在看收藏馆陈列展示的同时，除了信息（知识）交流这样的一条基本原则外，还希望收藏馆陈列展示不仅仅告知什么，而且能从中得以获取更多的"情感"、"沟通"、"共鸣"等富有人情味的概念。

2．基本原则

从坚持"以人为本"和满足多层次需求（展示、推广发布、研究）的角度出发，并突出苏州河普陀段民族工业商标、产品和火花物品资源的分布状况，选择特色鲜明、内容独特、国内外独有或少有的题材进行布展。

3．主要特点

收藏馆文物征集和展览打破大而全或小而全以及雷同的格局，把展览内容办新（主体的新颖性）、办特（特有的展示方式）、办精（展品不在多而在于精）、办趣（陈列的趣味性）。

收藏馆不仅是一座商标火花知识的宝库和品牌展示、推广发布、研究的中心，也是一个集观光、休闲、旅游的极好场所。

4．布展主题

创意主题，紧扣功能定位、紧扣时代脉搏，即“商标火花，点亮城市，点燃生活”的主题构想：

突出了商标火花，传承城市与生活的历史性；构筑城市与生活的艺术性；展示城市与生活的风采性；创造城市与生活的价值性。

“点亮城市，点燃生活”就是重现百年民族工业历史，感受深厚商标火花文化；苏州河畔的光辉印记，工业遗产的真实再现。

5．展示功能

收藏馆陈列展示采用不同的展示手段渲染特定氛围，揭示陈列主题，在轻快或凝重的娓娓诉说中，再现历史，延伸展示内容，浓缩更多的知识信息以挖掘更深层的历史文化内涵，是陈列展示中主题陈诉的基本概念。

（二）展示形式

有形空间，即收藏馆地点。可以由常设展示和短期（即时、临时）展示组成。

1．常设展示

以参与、体验、互动的动态展示方式为主，综合运用静态陈列、虚拟现实、多媒体展示和场景化布展等技术手段，共同营造愉悦情境，改变展品罗列、展品间缺乏相互联系的局面。

结合展示内容，设计表演台、创意互动区、剧场、影像放映、专题讨论多种形式，并努力使展示区、表演区（T台秀场）和创意互动体验区等实现有机融合，增强展览的娱乐功能。

在展区内设置多媒体计算机信息查询系统，供观众检索和浏览与展示内容相关的商标火花知识，满足观众被展示内容所激发起来的求知欲，并有效扩充收藏馆的展示内容和信息容量。

展厅环境设计要为营造愉悦情境服务，成为相关展品的延伸与补充，并与其他辅助展示手段相结合，增强展览的效果。

2．具体形式

展示设计包括：展品（包括多媒体系统、虚拟现实系统）的原理与形式设计、展品效果图设计（包括体量与色彩）；展厅（包括各展区、展示单元和互动创意区、影视放映区）环境效果图设计；活动的对象、内容、方式、软硬件条件的设计，完成活动实施方案。在这一阶段，还应与相关设计单位交流沟通，修改和完善展区脚本。

具体形式主要有场景展示、互动展示、生态展示等；其复杂程度由低到高。

收藏馆的陈列展示，主要采取前两种展示方式。

（1）场景展示

收藏馆尽量采用场景式的展示方法使展品的形与义发生关系。这种方法可分为两种：

第一，原状（复原）陈列，即再现展品的原始使用状态和环境。这种方法可以用于上海火柴厂及生产过程复原。第二，新空间的再造，如人类使用火的历史再现、火柴游戏等。

（2）互动展示

"互动"包括两方面含义，一是人与展品之间互动，二是人与人之间交流。

人与展品之间互动。在收藏馆中，对于形形色色的火花商标，将其布满空间的上下左右，营造一种五彩缤纷、妙趣横生的氛围，并利用不同色调反映历史年代的变迁；同时设置一面电子屏幕，让观众可以点击自己喜爱或者感兴趣的商标，然后将其在屏幕上放大，供其欣赏或研究其中的图案等内容，而无须费力地观察一枚枚小小的火花。

人与人之间交流。我们可以设置创意互动体验区，例如，让观众亲自设计火花商标，利用火柴、火柴盒等相关物品制作工艺品，并且收集其中的优秀作品设立"观众艺术品展示馆"，作为本馆的一大特色。

互动式的展览仅仅在陈列中尽量多地增加一些可触摸的、可用于直接操作的展品，它有助于观众理解展品，并通过亲自动手参与展览，加深对展览的印象。

3．短期（即时、临时）展示

（1）即时展示

为克服常设展示内容时效性较差、更新慢的缺陷，应以重要经济事件、公共事件、最新科技进展为题材，及时开发即时展示。

即时展示与常设展示的相关展区内容形成呼应关系，并可成为展区内容更新的基础。即时展示是收藏馆对展示形式的创新，可增强收藏馆对经济事件、社会热点和科技动态的及时反应能力，并可成为收藏馆的一大特色。

即时展示主要是收藏馆为知名企业展示成果，包括新产品、新技术、新成就、新方法的展览，以及产品与服务品牌的新闻发布和市场推广。

短期展示和即时展示的来源主要有自主开发、合作开发和外部引进等途径。

（2）服务设施

收藏馆应为观众提供参观导览、休息、餐饮、购物、信息等服务，并寓审美教育于服务之中，发掘服务设施的体验、娱乐功能。观众综合服务设施应该考虑：

馆前雕塑——与建筑主体统一，周围环境、景观协调；

参观导览设施——标识导览系统、信息查询系统；

休息设施——观众集散区、休息区；

餐饮购物设施——餐厅、茶室、咖啡厅、商店出售纪念品、卡、火花、书籍等；

其他设施——存包处、广播和闭路电视系统、监控系统、安检系统等。

电子讲解员——此物大小像MP3的笔形器，拥有强大的即点即读功能，通过点触特殊印刷书册上的文字图片，“妙笔”可以用多达8种语言朗读出预先设定的介绍性内容。只需将展品图片等信息编辑成册，并将这些展品的语音介绍存入“妙笔”即可。“妙笔”相当于一个专业讲解员，支持多种语言对展品从历史、文化等方面进行讲解，方便游客“自助游”。

收藏馆的建设，将作为一个特色鲜明、内容丰富、形式多样的品牌文化服务平台，为社会公众服务。

三、展区设计与布展亮点

（一）展区设计

1．第一展区　商标源流

（1）商标起源

商标，即商品的标记，是商品经济的产物。商标起源于符号，当人们将符号与商品结合起来时，“商标”就出现了。随着社会经济的发展，商标逐步成为商品的重要标识。近代商标是欧洲产业革命以后出现的。19世纪中叶，法国、日本、美国等先后制定商标法，推动了商标的应用和发展。

（2）中国近代商标

中国古代人们在买卖商品时，许多商品或包装上也印有特定的文字和图案。北宋时期，山东济南有一家“刘家针铺”，以家门前的石兔作为自家产品的标志，并在包装上印有兔的图形和“兔儿为记”及其他说明文字，已经具有现代商标的各种元素。清朝末年，随着外国产品大量输入，清政府制定了第一部商标法规《商标注册试办章程》。商标在日常经济活动中的应用日益广泛。

（3）上海近代商标

上海是中国民族工业及商标的发祥地。近代开埠以来，民族工商业者“实业救国”，在激烈的市场竞争中，创造了我国最早的产品品牌与商标。

（4）苏州河工业商标

苏州河孕育产生了众多享誉海内外的民族工业品牌和著名商标。

（5）苏州河两岸的产业更新

苏州河源起太湖瓜泾口，东至黄浦江，总长125公里，历史上曾是物资进出、人员迁徙的重要航道和水源，被誉为上海的母亲河。上海开埠之后，苏州河凭借舟楫之利和通江达海之便，逐步建立起大批工业企业，形成在中国产业版图上具有举足轻重地位的苏州河产业带。进入21世纪，上海加快建设国际经济、金融、贸易、航运中心，苏州河的民族工业企业，随着上海产业结构的战略性调整和苏州河生态景观走廊的建设，逐步退出历史舞台。长风生态商务区是老工业区向现代服务业集聚区转变的一个代表性区域。

（6）老商标

老商标由于包含丰富的历史文化信息，容易引起人们的怀旧情感。加之印制精美，具有一定的鉴赏价值，日趋成为热门的收藏品。

（7）商标和品牌

随着世界经济一体化进程的加速，商标在社会生活中的影响和作用更加广泛，并从工业产品扩展到服务、文化等许多领域。知名商标作为一种品牌乃至名牌，不仅是产品或服务质量、信誉的保证，而且具有巨大的经济价值和文化影响力。

（8）物品、图片

商标历史：近现代商标；

著名商标：棉纺织、面粉、火柴、造纸印刷、船舶维修、机器制造等；

商标刊物：《商标公报》、《东亚之部 · 商标汇刊》等；

商标之最：近现代商标历史之最，近现代商标产品之最；

知名实业家：黄佐卿、吴蕴初、荣宗敬、荣德生、严裕棠、孙多森等；

商标故事：纺织商标（三松纱与三燕布、三角毛巾与钟毛巾、钟毛线与抵羊毛线），食品商标（兵船、老车、冠生园、金山、胡玉美）等。

（9）多样化展示

配合仿真场景、影视表演、幻影成像等各种多媒体演示手段，增加展示的互动性和参与感，呈现出商标独特的文化内涵。

环形银幕，滚动播放近代民族工业时期的宏大场面。灯光打到哪里，静止的事物和人物就会动起来。

苏州河民族实业家雕像的“大王墙”：“纺织大王”荣宗敬、荣德生；“火柴大王”刘鸿生；“味精大王”吴蕴初；“榨油大王”朱葆三；“国货大王”方液仙；“电扇大王”杨济川；“丝绸大王”蔡声白。

2．第二展区　火与人类

（1）人工取火

火的使用和取火方法的发明，是人类古代文明的重要标志，它使人类第一次获得

图8-3 “大王墙”

一种支配自然的力量,并最终脱离动物界,完成了从猿到人的进化过程。

恩格斯说:“就世界性的解放作用而言,摩擦生火是第一次使人支配了一种自然力,从而最终把人同动物分开。”人工取火“是人类对自然界的第一个伟大胜利”。

(2)形形色色的取火方式

从原始社会的钻木取火到青铜器时代的阳燧取火、铁器时代的火镰取火、明清时代的取灯引火,见证了人类祖先千万年来苦苦追寻文明之火的足迹。

a. 钻木取火 传说“燧人氏”发明钻木取火。“燧人氏”所造之火被誉为“中华第一火种”。我国少数民族黎族至今仍保留着钻木取火的技艺。这是一项古老的野外生存技艺,分“手钻取火”和“弓钻取火”两种,具有鲜明的地域特色,已被列入国家非物质文化遗产。

b. 阳燧取火 阳燧是我国古代青铜器时代利用太阳能聚光的工具。它是一个铜锡合金的圆形凹面反射镜,将阳燧面向太阳,将易燃物放于凹面的反射焦点处,几秒至十几秒钟,易燃物即被点燃。

c. 火镰取火 火镰又称火刀,是一种较原始的取火工具。铁器时代,人们用铁制成刀状,猛击燧石(俗称火石),发出火星,点燃火绒(火捻)或媒头子,从而达到取火目的。

d. 取灯引火 取灯源自我国南北朝时期,北齐的一群宫女用土制的方法,在弯弯的木片尖上粘些硫磺,能将“暗火”引为明火,点燃油灯和炉灶,称取灯。明清时代成为人们常用的一种引火工具,取灯是现代火柴的雏形。

北京前门大栅栏有一条古老的胡同,明清时期许多制造和买卖取灯的商人居住于此,故名为取灯胡同,至今仍存。

e. 普罗米修斯盗火 普罗米修斯是古希腊神话传说中的一个神,为了解除人类没有火种的痛苦，不惜触犯天规，勇敢地盗取天火，从而给人类带来光明与智慧，并且与宙斯进行不屈不挠的斗争。

f. 奥运取火　奥运会开幕前，在奥林匹克运动发祥地希腊举行隆重的取火仪式，并通过传递，于开幕当天到达举办国主体育场，点燃主火炬。奥运圣火象征着光明、团结、友谊、和平、正义。2008年，北京首次点燃奥运圣火。火炬以中国传统祥云符号和纸卷轴为创意。北京奥运会火炬接力传递火炬手总数21 780人，传递时间130天，传递距离13.7万公里，并首次登上世界最高峰珠穆朗玛峰，创下历届奥运会中多项最高纪录。

图8-4　钻木取火

图8-5　商标火花馆

（3）火柴和火柴工业

1805年世界上第一根火柴出现于法国，1827年英国药剂师约翰·沃克发明“摩擦火柴”，1855年瑞典伦特斯特路姆兄弟俩发明“安全火柴”。至此，火柴工业迅速发展，火柴在日常生活中得到广泛应用。19世纪60年代，火柴传入中国，俗称“洋火”或“自来火”。1877年上海成立制造自来火局，开始生产火柴。火柴工业很快发展成为苏州河畔最有代表性的民族工业之一。

（4）上海火柴厂和刘鸿生

上海火柴厂位于上海光复西路2521号，前身是燧生火柴厂，1923年创设于苏州河畔现址上，1931年改名美光火柴公司，1953年更名为上海华光火柴厂，1966年更名为上海火柴厂。曾经是全国著名的火柴龙头企业。

上海火柴厂原厂牌2006年在该厂拆迁时被长风生态商务区收藏。

刘鸿生（1888—1956），浙江定海人。1920年代起陆续投资创办煤业公司、华商上海水泥公司、上海章华毛绒纺织厂、大中华火柴公司、中国企业银行等，被誉为“火柴大王”、“煤炭大王”、“水泥大王”。新中国成立后，大中华火柴公司整合演变为上海火柴厂，刘鸿生将两千多万元资本的全部企业资产实行公私合营。

图8-6 上海火柴厂

(5)火柴艺术

国内外许多爱好者用火柴创作火柴杆画、火柴杆玩具、火柴杆智力游戏等，丰富了人们的文化生活。

a. **火柴拼图** 根据自己的想象力在规定时间内将普通火柴粘成美丽的艺术品。

图8-7 火柴拼图（德国男子用95.6万根火柴搭出F1赛车，苏格兰的大卫·马赫用火柴棒拼出的动物脸。）

b. 火柴游戏100道 火柴游戏寓知识、技巧于游戏之中，启迪你的智慧，开阔你的思路，丰富你的生活。

（6）多功能厅

多功能厅设有“火花大王”电影纪录片、“火花”动画片、“卖火柴的小女孩”、“七根火柴”等多媒体播映。

（7）火药——中国古代四大发明之一

火药的发明，起源于中国古代炼丹术的发展。唐初，著名医药学家和炼丹家孙思邈认识并掌握了硝石、硫磺、木炭混合在一起能发生异常猛烈的燃烧这一特点，发明了最初的火药，即著名的“伏硫磺法”。北宋初年，火药技术发展迅速。宋初《武经总要》一书中，载有毒药烟球、蒺藜火球、火炮这三种火药武器所使用的火药配方。约在南宋末年，火药由商人经印度传入阿拉伯国家。13世纪后期，希腊人通过阿拉伯人的著作知道了火药。此后，火药传入欧洲。火药的发明大大地推进了历史发展的进程，是欧洲文艺复兴、宗教改革的重要物质力量。

（8）火与蒸气机

蒸气机将“火”变成“力”。英国发明家詹姆斯·瓦特（1736—1819）发明了现代意义上的蒸汽机。蒸汽机的发明，使人类第一次实现了把热能转化为机械能，成为人类征服和改造自然的强大的物质力量。同时，蒸汽动力的广泛使用，带动了纺织工业、冶金工业、煤炭工业、交通运输业、机器制造业的飞跃发展。

（9）火药与诺贝尔

阿尔弗雷德·诺贝尔（1833—1896）生于瑞典的斯德哥尔摩，他一生致力于炸药的研究，是瑞典化学家、工程师、实业家和“诺贝尔奖”的创立人。

诺贝尔一生的发明极多，获得的专利就有255种，其中炸药方面占了一半。诺贝尔1863年发明硝化甘油炸药用的雷管。1866年，制成安全炸药。1887年，发明无烟火药。直到今天，在军事工业中仍普遍使用这一类型的火药。

诺贝尔终生未娶，把自己毕生心血献给了科学工业，大部分时间在实验室度过。在去世前一年，立下遗嘱，将其巨额遗产设立基金，并每年以利息奖给“为人类作出杰出贡献的人”。诺贝尔奖包括金质奖章、证书和奖金，分为物理、化学、生理或医学、文学、和平奖5种，1968年又增设经济学奖，授予世界各国在这些领域对人类作出重大贡献的科学家、文学家、社会活动家及有关著名人士。

（10）火药与战争

我国发明火药后，在唐德宗年间即用于战争。北宋末年，战争中已开始使用“霹雳炮”、“震天雷”等爆炸力较强的新式火器。五代十国时期，吴国将领郑璠攻打豫章（今江西南昌）时，曾用“发机飞火”烧毁该城的龙沙门。这一战例一般被认为是火药兵器出现的最早战例。

火药传入欧洲时，正值欧洲中世纪“千年暗夜”的末期。火药一传入欧洲就被用于战争。火药的发明给人类带来了福音，但火药也改变了战争的方式和历史。战争中使用的各种武器，从火弩到枪弹、从地雷到手榴弹、从大炮到导弹，都离不开火药。20世纪发生的两次世界大战，死伤共计2.2亿人，许多城镇和无数人类文明成果毁于战火。

（11）火箭和大飞机

火箭是以热气流高速向后喷出，利用产生的反作用力向前运动的喷气推进装置。上海是国家航天航空科研和产业的重要基地，1969年开始研制“风暴1号”、“风云1号”、“创新1号”以及长征系列火箭，连续成功发射，为中国航天创立诸多第一。2011—2012年，中国发射“天宫1号”飞船，神舟8号、9号、10号飞船在太空与其对接。其中关键部件对接舱由上海为主研制完成。上海还承担新一代长征运载火箭的研制任务。

大飞机是指最大起飞重量150吨以上的军用运输机、载客超过150人的民用干线客机。2008年5月，中国商用飞机有限责任公司在上海成立，拉开了自主研制大型客机的序幕。上海大飞机项目重点发展民用航空发动机、民用飞机客户服务以及航空电子等相关产业。

（12）万吨巨轮

上海是中国船舶工业的发源地。改革开放以来，上海造船业不仅在船舶吨位上有了很大规模的发展，所造船型也品种繁多，包括大型客轮、油轮、散货船、集装箱船、化学品船、滚装船以及特种船等，涵盖了世界造船发达国家现有的大部分船型。中国人自主设计建造的十大名船中，“东风号”、“向阳红10号、“渤海友谊号”、“远望3号”等，均由上海建造。随着我国规模最大的长兴岛现代化造船基地的建成，上海的造船能力和造船技术跨上一个新台阶，成为全球最重要的造船基地之一。

（13）火力发电和核电设备

利用煤、石油和天然气等化石燃料所含能量发电的方式统称为火力发电。上海制造的火电机组的最大单机容量达60万千瓦，蒸汽参数升至超临界，1 000 MW等级超超临界机组达到国际先进水平。

核电技术，是通过核裂变产生能源，把水变成蒸汽，再带动汽轮机、发电机发电。核电具有显著的清洁特性，成本低于燃煤、燃油发电。上海是中国核电设备制造的重要基地，以上海电气为代表的上海核电制造企业，形成了从核岛主设备、常规岛主设备和主要辅机到大型锻件、仪控仪表等核电设备的配套生活能力和供应链，拥有300 MW等级、600 MW等级、1 000 MW等级核电机组、高温气冷堆实验堆和其他新堆型等主要设备的制造技术，并分别在秦山核电站一期、秦山核电站二期、岭澳核电站等投入运行。

（14）轿车和新能源汽车

汽车以汽油为燃料产生动力，极大地方便了人类的生产生活。轿车工业是上海的支柱产业之一。

新能源汽车是指采用非常规的车用燃料作为动力来源，或者使用常规的车用燃料，但采用新型车载动力装置，具有新技术、新结构，节能环保的特性。上海重点发展新能源汽车产业。

3. 第三展区　火花世界

火花是一个美丽、温馨、富有诗意的名字，是火柴盒上的商标和贴画（贴花）。火花具有丰厚的文化底蕴，是袖珍艺术品、小百科全书。火花和邮票被称为世界性收藏品姐妹花。

火花，既可按照时间顺序分为早期火花（19世纪至20世纪初）、近代火花（20世纪初至中叶）、现代火花（20世纪中叶至今），也可按国内收藏惯例分为古花（清朝火花）、老花（民国火花）、早期花（20世纪五六十年代火花）、文革花和现代花等，按品种可分为贴标、卡标、卷标、封标、套标、箱标等，按性质可分为商标火花、纪念火花、旅游火花、宣传火花、广告火花等，按图案主题可分为人物、动物、植物、风景、建筑、文学、艺术等。

火花内涵丰富，雅俗共赏，观之有情，喜剧大师卓别林、美国前总统里根都喜欢火花，著名收藏大师钱化佛、京剧表演艺术家梅兰芳也酷爱收藏火花，而胡适这位一生共获得36个博士学位的大学者，更是被人们誉为“火花博士”。

“火花世界”收藏中外火花20余万种、700余万枚，展示分为“外国火花”和“中国火花”两个藏品区。

（1）外国火花

a. 第一枚火花　世界上最古老的火花，诞生于1827年，是英国克里夫兰郡的史托克登公司出品的“约翰 · 沃克”版火花。约翰 · 沃克是英国药剂师，他于1826年制成了世界上最早的摩擦火柴，为了纪念他，表扬他在火柴发明上的杰出贡献，就把世界上第一枚火花称为“约翰 · 沃克”牌，火花上印有他的头像。

“约翰 · 沃克”牌火花比世界上第一枚邮票——英国的“黑便士”（1840年5月1日发行，5月6日正式使用）还要早13年。

b. 参展国火花　火花，英文称Matchbox Label，在国外叫“火柴商标”、“磷票”、“火柴标签”、“火柴贴画”、“火柴画片”等。

中国2010年上海世界博览会参展国火花，主要展示欧洲、大洋洲、美洲、非洲和亚洲等100多个国家和地区的首都火花、景观火花和其他艺术火花。其题材广泛，包括历史风云、历史事件、风土人情、著名建筑、自然风光、体育卫生、文化艺术、动物植物、妇女儿童、交通安全、标签广告等，表现形式有版画、油画、漫画、招贴画、水彩、素描、雕塑、摄影、剪纸等。

参展国火花，不仅反映了各国风光、风土民俗、文学艺术，还从一个侧面反映了各国民族的历史以及不同时期的政治、历史和科技文化水平。

由于世界各国各民族的历史以及生活方式、风俗习惯的不同，各国火花的图案色彩、情调也就各不相同。

c. 欧洲国家火花 欧洲的瑞典、法国、英国等国是火柴的发源与生产地，也是火花收藏文化交流和展示的摇篮与中心。

瑞典火花商标在世界尤其是在亚洲的火柴工业史上，有着非常重要的地位和作用。在瑞典火柴博物馆里，有不同年代、不同国家的火柴商标在陈列柜里争奇斗艳，各领风骚。每枚小小的火花都凝聚着匠人的智慧，都以不同的色彩默默地向观众展示着它们的历史，甚至它们本身已成为不可多得的历史文物了。正如钟表是瑞士的骄傲一样，火花亦是瑞典人的骄傲。

现已解体的苏联火花，有纪念“二战”胜利的火花、攻克柏林火花，特别值得一提的是那套“纪念布列斯特要塞战役”火花，被众多史学家称为残酷的卫国战争中一曲响扼云霄的悲歌。曾经记载昔日辉煌的苏联火花，却以它展现的丰富主题和蕴含的历史文化，影响着几代人，收藏意义和价值潜力巨大。

欧洲各国火花图案精美，内容广泛，反映了欧洲各国民族的历史以及不同时期人民的风貌。欧洲参展国火花有：冰岛、波斯尼亚和黑塞哥维那、爱尔兰、黑山、爱沙尼亚、立陶宛、阿塞拜疆、斯洛伐克、卢森堡、阿尔巴尼亚、圣马力诺、塞尔维亚、斯洛文尼亚、克罗地亚、乌克兰、塞浦路斯、摩尔多瓦、列支敦士登、捷克、比利时、德国、南斯拉夫、西班牙、匈牙利、荷兰、芬兰、瑞典、法国、波兰、苏联、俄罗斯、白俄罗斯、拉脱维亚、波兰、保加利亚、葡萄牙、爱尔兰、挪威、瑞士、奥地利、丹麦、意大利、摩纳哥、希腊、英国、土耳其、马耳他等参展国火花。

d. 大洋洲、美洲、非洲国家火花

大洋洲参展国火花 大洋洲通指太平洋西南部的大陆与赤道南北辽阔水域的若干岛屿。大洋洲各国经济发展水平相差显著，澳大利亚和新西兰两国经济发达，其他岛国多为农业国，其火花反映了各国民族的历史以及不同时期人民的风貌。大洋洲参展国火花有：马绍尔群岛、基里巴斯、图瓦卢、汤加、帕劳、瓦努阿图、萨摩亚、密克罗尼西亚、瑙鲁、所罗门群岛、纽埃、库克群岛、巴布亚新几内亚、澳大利亚、新西兰、斐济等。

美洲参展国火花 美洲全称“亚美利加洲”，由北美和南美两块大陆及附近岛屿组成。北美洲是世界上经济最发达的地区，美国和加拿大都是世界经济强国中的佼佼者。美国有众多的火花团体，如新英格兰火花俱乐部、威斯康星州火柴盒俱乐部、新月火柴卡和贴花俱乐部、纽约帝国书式火柴收藏家俱乐部等。美国几乎是清一色地收藏火花硬卡，很少有人收集贴花。会员们相聚一堂，交换藏品，交流情感，尽情享受收藏之乐。美洲大部分移民来自欧洲，尤其是北美洲国家，其火花图案大多保持欧洲人的文化习俗，拉丁美洲部分国家由于种族的融合而形成别具一格的人文风情。美洲参展国火花有：萨尔瓦多、圭亚那、安提瓜和巴布达、秘鲁、尼加拉瓜、危地马拉、厄瓜多尔、哥斯达黎加、苏里南、古巴、牙买加、巴西、智利、巴哈马、乌拉圭、洪都拉斯、阿根廷、多米尼加、玻利维亚、巴巴多斯、多米尼克、巴拉圭、墨西哥、巴拿马、格林纳达、圣卢西亚、海地、伯利兹、加拿大、特立尼达和多巴哥、委内瑞拉、美国等。

非洲参展国火花 地理上，习惯将非洲分为北非、东非、西非、中非和南非五个地区。埃及火花反映了该国作为历史最悠久的文明古国，曾对世界历史发展进程产生的重大变化、风土人情和文化传统。非洲参展国火花有：莫桑比克、毛里求斯、尼日尔、喀麦隆、卢旺达、利比亚、马拉维、厄立特里亚、加蓬、乌干达、埃塞俄比亚、摩洛哥、刚果（金）、博茨瓦纳、肯尼亚、苏丹、索马里、马达加斯加、布隆迪、突尼斯、塞拉利昂、赞比亚、纳米比亚、利比里亚、乍得、津巴布韦、几内亚比绍、塞内加尔、阿尔及利亚、贝宁、坦桑尼亚、尼日利亚、吉布提、科摩罗、莱索托、科特迪瓦、布基纳法索、中非、赤道几内亚、塞舌尔、刚果（布）、毛里塔尼亚、佛得角、多哥、马里、几内亚、埃及、加纳、南非、安哥拉、摩洛哥等。

e. 亚洲国家火花 火花，日本称为“燐票”。日本是亚洲最先生产、产量最大的火柴国家，也是全球最早成立的火花团体，即1906年成立了“日本磷枝锦集会”。在世界火花收藏界，日本的吉泽贞一被公认为“火花大王”。这位收藏家，收集到130余个国家和地区60余万种火花。泰国在百年前已有火柴进口，印有泰王五世拉隆功英明大帝骑马御像，纪念他对泰国的丰功伟绩。泰国火花乐天多福，艳丽多娇。亚洲参展国火花有：卡塔尔、约旦、越南、亚美尼亚、巴勒斯坦、不丹、韩国、叙利亚、阿联酋、新加坡、土库曼斯坦、塔吉克斯坦、沙特阿拉伯、也门、格鲁吉亚、孟加拉国、马尔代夫、斯里兰卡、尼泊尔、蒙古、老挝、菲律宾、科威特、东帝汶、阿曼、柬埔寨、巴林、巴基斯坦、乌兹别克斯坦、吉尔吉斯斯坦、哈萨克斯坦、黎巴嫩、文莱、印度、日本、印度尼西亚、伊拉克、马来西亚、阿富汗、泰国、朝鲜、伊朗、缅甸、以色列等。

（2）中国火花

a. 最早的火花 1877年，中国第一家民族火柴工厂——上海制造自来火局诞生，该局首次使用“马牌”火柴商标。它可以称为中国最早出现并使用的火柴商标。

我国的早期火柴商标俗称“中国古花”，被誉为中国近代历史与文化的一种载体，素有“尽收天下大事，兼图里巷所闻”的内涵特征，有“民间名片”之称。

b. 参展省区市火花 参展省区市火花主要展示“新中国首套风景套花”。如北京火柴厂1958年出品的“北京风景”的天安门、太和殿、长城、北海白塔、颐和园、十三陵等12处北京的标志景观文物，也有当地标志名胜的风景及命名已久的“八景”、“十景”，如杭州的“西湖风景”、南京的“鼓楼风景”、呼兰的“呼兰风景”、济南的“泰山风光”、芜湖的“黄山”、苏州的“苏州园林”、武汉的“敦煌壁画”、九江的“庐山”、长沙的“武陵源”、香港的“风光”、澳门的“风光”、上海的“风光”等。参展省区市火花不仅反映了我国各地风光、山川河流、名胜古迹、风土民俗、文物历史，还忠实地记载着各地的变革、社会的变迁，并折射出地域的特色。

c. 老火花 1949年前老火花，包括清朝火花和民国火花。清朝火花主要有舞龙火花、鹿系列火花、猴系列火花、鲤鱼系列火花、其他动物系列火花（鸡、虎、马、狮），以及谐音寄意的蝙蝠（福）、仙鹤（寿）和财神、寿星，仕女等，真实地反映了中国民风和当时各族人民的生活风貌。民国火花主要有辛亥革命系列火花、抗战系列火花、民国新生活系列火花等。1919年“五四”运动以后，我国火花上诸如“振兴国货”、“挽回权利”、“救国火柴”、“请用国货”、“提倡国货”等宣传文字，充分反映了我国人民抵制外来侵略、振兴民族工业的爱国热情。为慈禧祝寿的“蟠桃牌”以及“甲午海战”、“革命先行者孙中山”、“袁世凯出任大总统”等历史题材的火花，是研究我国近代史的重要资料。“九一八”事变后，火花又反映了全国军民抗日浪潮；解放区根据地火花则反映了开展大生产运动生龙活虎的景象。

d. 早期火花 早期火花是指1949年新中国成立到1966年“文革”前的火花。这一时期的火花种类有新中国成立初期火花、抗美援朝火花、大跃进火花、人民公社火花、新建筑新风景火花、英雄人物火花等。其特点是主题鲜明，紧跟时代步伐，如“中苏友好”、“土地改革”、“抗美援朝”、“人民公社”、“社会主义总路线”等。这一时期生产了一些套票火花，如“一运会”、“北京十大建筑”、“国庆十周年”等。1958年，北京火柴厂在我国最先推出了以风景花鸟为图案的成套火花。突破了我国原来单调的一枚一套的火花格式，打破了火花在我国原来只是作为单纯商标而存在的惯例。其中包括北京风景、花卉、鸟类等火花；解放建国的火花；同一商标、不同厂名的火花；工农联盟的火花；死宝变活宝的火花；多快好省的火花等。

e. “文革”火花 “文革”火花是指1966年至1976年的火花。这一时期的火花主要内容可以归纳为“三大”、“三新”。三大：大冤案、大批判和大行动。如“批臭黑修养”、“批臭论修养”、“破四旧立四新”、“灭资兴无破旧立新”、“横扫一切牛鬼蛇神”等。三新：新事物、新人物、新成就。新事物有大学“毛著”、“语录”不离手、“最高指示”、“忠”字化、上山下乡、“革命串联”、革命样板戏等。新人物有红卫兵、女民兵、赤脚医生、英雄人物等。新成就有抓革命促生产、工业学大庆、农业学大寨、革命圣地、备战备荒、世界革命等。

f. 现代火花 现代火花，包括20世纪70年代末至80年代的火花和20世纪90年代至今的新花。这一时期是火花百花齐放的时代。最有代表性的火花种类有：实现四化、民族风俗、山川风光、名胜建筑、风土人情、文学名著、京剧脸谱、古今人物、动物花虫、植物花卉等。它以水彩、油画、木雕、剪纸等方式，真实地展现了中国传统文化、社会发展、经济腾飞、自然风貌、文物古迹、人文景观等内容，充分反映了我国改革开放以来，祖国建设、发展，人民生活的重大变化的新成就、新风貌。这一时期也是火花功能和作用发生重大变化的年代。火花从单纯的火柴注册商标变为火柴装饰画（宣传广告画），其作用也从产品标识演变成人们争相收藏的艺术品。如"古代仕女"、"中国名画"、"苏州工艺扇"、"金边白鹤"、"京剧脸谱"、"桂林山水"等火花尤为突出，具有较高的收藏价值。"现代火花"种类有：祖国百花园（花卉）火花、民族大团结火花、宣传教育火花、生产建设火花、历史风云火花、体育火花、艺术火花、美术工艺火花、戏剧火花、美女火花、人物火花、动植物火花、吉祥如意火花、港澳台火花等。"现代火花"成套火花有："电影海报"、三毛流浪记、清明上河图、中国京剧脸谱、文化名人、八十七神仙卷、金陵古诗抄、中国民居、百家姓、故宫文物珍藏、中国剪纸、杨柳青年画·百子图、中国汉画、中国百帝、红楼梦等火花。

g. 奇珍异藏火花 上海商标火花收藏馆藏有1949年前老火花、早期火花、"文革"火花，包括商标火花、纪念火花、旅游火花、宣传火花、广告火花等，其主题有人物、动物、植物、风景、建筑、文学、艺术等珍稀火花、精品火花和火花之最。珍稀火花：如舞龙、福鹿、国耻纪念、救国、麒麟、清明上河图，以地名为商标的"眼镜"火花，各种带有吉祥如意的老火花，反映民耕文化的老火花、最早的电影广告火花等，以及钱化佛的藏品火花。精品火花：如苏联16+1火花、比利时印有毛泽东侧面像的火花、外国火花中的中国事、捷克印有五星红旗、天安门的火花、荷兰印有中国金鱼邮票的火花等，民国时期的四强、振兴国货、挽回权利、救国火柴、请用国货、提倡国货等火花，新中国成立至改革开放前的中苏友好、土地改革、抗美援朝、人民公社、三大纪律、八项注意等火花，三个和尚、百羊呈祥、三毛流浪记、京剧脸谱、中国百帝、文化名人、中国汉画等火花。"文革"火花：如"最高指示"、"毛主席语录"，样板戏的白毛女、红灯记等，英雄人物的雷锋、王杰，样板戏人物白毛女、李铁梅、李玉和等火花。大套火花：北京的北京风景、一运会、十大建筑、国庆十周年、中国汉画、文化名人等火花，天津的中国京剧脸谱、杨柳青年画·百子图等火花，上海的中国连环画图录、八运会等火花，南京的水浒人物、金陵古诗抄、红楼梦、国庆四十周年等火花，湖南的中国民居、百家姓等火花，湖北的故宫文物珍藏等火花，南平的三毛流浪记等火花，成都的中国百帝等火花。

廣東巧明舞龍火花
洋務運動系列火花
大清海軍火花
立憲運動火花
革命偉人紀念火花
民國成立紀念火花
十月革命勝利火花
五·九國耻火花
大中華美麗牌火花
淞滬抗戰火花
七七抗戰救國火花
大中華龍游火花
淞滬抗戰火花
七七抗戰救國火花
大中華龍游火花
西安報國牌火花
革命搖籃豐足火花
第二次反法西斯勝利火花
新中國天安門火花
工農翻身牌火花

图8-8　珍稀火花

（二）设计亮点

1. 布展主题

（1）主题：点亮城市　点燃生活

欣赏瑰丽的商标火花艺术

了解火与人类的科学知识

展示苏州河百年工业文明

（2）走进苏州河——民族工业的发祥地

前言

文字部分；英文翻译；图片：① 收藏馆外景；② ×××同志题词：商标火花收

图8-9　商标火花收藏馆内景

图8-10　刘家针铺“玉兔”商标

图8-11　“龙游”：大中华火柴公司（上海火柴厂前身）

藏馆；③ 商标火花收藏馆LOGO；“刘家针铺”玉兔商标。

“刘家针铺”玉兔商标见收藏馆前厅，原件藏中国历史博物馆。

北宋时期济南有家姓刘的针铺店，以白兔为商标，颇负盛名，是我国最早的商标。上面刻有“济南刘家功夫针铺”，中间是一幅兔儿捣药图，“认门前白兔儿为记”分写在商标两边。下面标明商品质量和销售办法：“收买上等钢条，造功夫细针，不偷工，民便用，若被兴贩，别有加饶，请记白（兔）。”

上海商标火花收藏馆外墙壁画是一枚放大的火柴贴画——“龙游”图案火花；主体图案为巨龙遨游云海，商标名称“龙游”两字居中；四角印制“请用国货”四字；用玻璃彩色马赛克精心烧制，总面积三百多平方米，堪称“火花之最”。

模拟的苏州河景观图，拉开了游客参观的序幕。

参观者一进入序厅，便恍然有时空交错的感觉。一艘古朴的船开过来，船形式变化多样，灯光闪烁流经上海市区位置（青浦、嘉定、闵行、普陀、长宁、静安、闸北、虹口、黄浦等区）→普陀（游艇）→长风（游艇），气势恢宏，拉开了游客参观的序幕。

LED高清晰大屏演示墙，以鲜艳的色彩和高清晰的画面，烘托气氛，并可根据需要进行各种演示。

2．布展重点

（1）商标展示（近代工业商标文化）——方寸间尽显民族工业之最

作为一个在上海火柴厂的旧址上全新打造的商标火花收藏馆，正是要把苏州河沿线老工业历史及商标火花留给我们的后人，让民族工业商标火花的历史文脉“集成创新”，从而与其他收藏馆区别开来，成为独具特色的上海城市建设的新名片。

近代工业商标历史：苏州河畔民族工业的发展和变迁，近、现代商标。

近代工业知名商标：棉纺织、面粉、火柴、造纸印刷、船舶维修、机器制造等。自行车牌面粉、佛手牌味精、华生牌电风扇、长城牌保温瓶、飞虎牌油漆等。

近代工业商标刊物：商标公报、东亚之部 · 商标汇刊等。

近代工业商标之最：近代商标历史之最，近代商标产品之最。

获得世博会金奖的松鹤牌，中国标准纱的金双马牌，佛手牌、古鼎牌味精，友啤啤酒等。

知名民族实业家：黄佐卿、吴蕴初、荣宗敬、荣德生、严裕棠、孙多森等。

近代工业商标故事：纺织商标（三松纱与三燕布、三角毛巾与钟毛巾、钟毛线与抵羊毛线），食品商标（兵船、老车、冠生园、金山、胡玉美）等。

振华油漆厂、天厨味精厂、华生电扇厂、中华书局等共8家企业分获世博会金银和荣誉奖，申新纺织九厂（上海第二十二棉纺织厂前身）与阜丰面粉厂（上海面粉厂前身）。

长风地区与民族工业：冠生园食品厂、上海火柴厂、天厨味精厂、天原化工厂等。

（2）火花展示——争奇斗艳，各领风骚

不同年代、不同国家的火花商标在陈列柜里争奇斗艳，各领风骚，每枚小小的火花都凝聚着匠人的智慧，都以不同的色彩默默地向观众展示着它们的历史，甚至它们本身已成为不可多得的历史文物了。

艺术形式：如工笔、水墨、素描、装饰、服画、漫画、年画、金石、摄影、剪纸等各种写实或写意的火花商标。

艺术表现形式：如名胜古迹、人情风光、书法绘画、奇花名卉、珍禽异兽、古服时装、文物建筑、体育武术、戏剧舞蹈、京剧脸谱、文学经典等。

历史人物：如火柴之父、辛亥伟人、孙中山逝世、戊戌变法、共和伟人、水浒一百零

图8-12 火花展示厅

八将、周恩来、毛泽东、邓小平等。

重大事件：如甲午战争、辛亥革命、七七事变、抗战胜利、新中国成立、港澳回归、申奥成功等。

珍稀品种：如舞龙、海军、丁山射雁、母子白、国耻纪念、灯塔、语录、瓦当、清明上河图等。

（三）空间布局

根据收藏馆的主题及功能要求，我们按照收藏馆建筑的平面图将整个展览空间划分为四层：地下层为餐厅，供游客就餐和宴会招待所用；一层为商标展示；二层为火与人类展示；三层为火花展示。在具体布展过程中，考虑到商标火花展示的独特性，采用灵活增加隔断的方法，以扩大展示面积和展示空间。

一层至三层的展区、厅（部）布置及参观路线设计方案是：

正对入口大厅为一面贯穿一二层的主题景墙，景墙上设置为商标火花收藏馆的LOGO以及领导人或知名人士的题词。景墙背面为本馆的参观引导图。景墙右侧为收藏馆服务台、管理房。

参观线路从入口大厅的左侧开始，首先是序厅，其内容为对整个收藏馆的展馆设置、主题思想以及展示内容的简介，使得观众对本馆有一个大致印象，为参观作铺垫。

一层的其他展示区域，用于展示商标历史、知名商标、商标刊物、商标之最、知名实业家等，突出了老商标、老品牌见证城市经济文化发展的历史。

二层展示区为火与人类展示、陈列。在楼梯间的左侧，即本层的最右侧设置为多媒体展示厅，其立意在于通过明、暗两个空间，以及各种多媒体方法来展示火与人类、商标火花文化，即通过浏览平台、设置电脑等自行浏览方式和投影幻灯、影视短片等介绍方式，让观众浏览本馆的商标、商标火花等内容与特色，见证了上海从“火柴生产作坊”到“火箭制造基地”的沧桑巨变。

三层为火花世界，以大量的中外火花20余万种、700余万枚为设置，并根据不同时期的需要，设立临时展览、即时展览。其展示内容，将根据需要不断调整、充实和完善。

以上展区布置及参观路线设计，既考虑展馆建筑的场所形态，也注意到观众的生理与心理需求以及光环境的营造、空间的可变性等方面要求。

（四）结束语

收藏馆是一个提供教育和心灵愉悦的场所。长期以来人们将它想象成一个神圣的空间。今天，寓意“美和艺术，历史、荣誉和权力”的主题性收藏馆作为地域性、专业性特色较强的收藏馆在展现传统文化、产业文化、地域文化，发掘深层次文化精髓有着极为重要的作用和积极意义。

如何整理和提炼主题性收藏馆展示设计中所蕴含的丰富文化积淀，凸显特有的文化审美理念，并以此来张扬城市文化个性，丰富城市文化内涵，提高城市文化品位是值得设计师研究与探析的现实问题与理论建构的重要课题。

商标火花收藏馆脚本策划与布展设计，从其指导思想、理论背景、创作手段方式、风貌个性等方面，力求全面深入地分析地域文化、民族特色在展示设计中营造的途径方式和表现形态。

空间构架 突出地域建筑风格。就本馆整体构架而言，展示设计从外部整体结构和展厅布局两个方面进行考虑。无论哪一方面，在实现其使用价值的同时，更强调人们在这一空间中的精神需要与环境文化的内涵，实现功能性与精神性的统一。

局部装饰 彰显地域风格与产业特色。如果说展厅是整个收藏馆建设的骨骼，那么局部的装饰设计则是肌肤是点缀，它同样可以起到渲染整个展示设计效果的作用。装饰与展具的摆设也是体现人文情怀的重要因素，在文风基调的基础上统一安排，达到浑然一体，突出主题性收藏馆的专业特性及其所具有的人文精神。本馆分为商标展示、火与人类展示、火花展示等三个展厅。在展厅装饰设计上充分结合苏州河的地理、经济、文化特点，将与苏州河百年变迁相关的元素运用于设计之中。如此，在装饰设计中充分融合地域性、民族性、产业性特点，强调收藏馆的主题。

色彩设计 体现展览性质、突出展示文化。色彩被认为是最能影响人心里的视觉要素，通过协调展板、展具、灯光等色彩环节，营造出特殊的人文氛围与意境。本馆根据展览性质、展览特点，营造情调与氛围，实现展览目的。把主题性收藏馆设计成一种自然、纯朴、富有生命力的境界，从而有利于参观者融入生活的怀抱，思想的放飞。

背景音乐设计 合景、合物、合展览性质。一个优秀的设计师，总是从形、色、声、像等全方位来考虑问题。声乐的有和无、和谐与纷乱，对展示效果有着意想不到的影响力。参观者总是根据自己的目的，通过视觉来选择、分析做出判断，这一过程中声乐会起到"推波助澜"的作用。本馆在不同的展厅中选用不同的背景声乐加以渲染、调和，"声情并茂"，即声乐设计不仅迎合参观者的心理，拉拢参观者的情感，达到"以声传情"；同时还符合空间情景，达到"声"与"景"的和谐统一。

总之，商标火花收藏馆脚本策划与布展设计是在对主题性收藏馆展示设计形态的一次全面调研、分析基础之上，探讨地域性文化在现代主题性收藏馆展示设计中的体现与融合。通过对空间类型、艺术特征、传达方式、视觉元素的分析，实现地域文化特色是现代主题收藏馆展示设计的内在需求，现代主题收藏馆展示设计中地域性文化元素的融入与体现。以期通过本案的研究，整理和挖掘主题性收藏馆展示设计内在的文化根源与美学理念，或许这种包含地域民族文化价值的设计才是最能得到认同的作品。可能这也是设计师们不断追求的。

图8-13　火花厅参观内容介绍

图8-14　展示设计形式表现

第二节　成龙电影艺术馆脚本策划与展示设计

一、设计理念与展示定位

（一）项目概况

成龙电影艺术馆坐落于上海市普陀区长风生态商务区，与虹桥开发区隔河相望，东临上海市内著名的山水公园——长风公园。周围有长风景畔广场、五星级酒店、商业中心等一批功能性项目。

成龙电影艺术馆共有三幢保留房屋，其中一栋为半世纪前保留的老厂房改建而来。整体占地约15亩，共有三幢保留房屋，其中一幢为保留的老工业厂房，建筑面积约2 800平方米，共分为两层，另外两幢为老式办公房，面积约为1 100平方米。

图8-15　成龙电影艺术馆

图8-16　成龙展示馆脚本

（二）设计理念

成龙电影艺术馆是中国第一座以国际电影巨星名义设立的“电影艺术馆”，是成龙自孩童时期就立下的梦想。

成龙电影艺术馆成为境内外成龙影迷和社会各界关注和了解成龙的一个窗口，并成为上海一个新的文化旅游景点。

成龙先生是一位享誉国际的著名影人，中国功夫经由他的电影在国际影坛上大放光彩。他古道热肠、满怀侠义，在全球各地留下许多温暖人心的善举，更是世人眼中“龙的传人”的优秀代表之一。

（三）展示定位

展馆意在全面展示著名电影艺术家成龙先生的人生轨迹和从影四十多年来取得的骄人成就以及诸多方面的成就。整个展示脚本以成龙先生的生平为经，以四十余年的电影实践为纬，以香港社会的演进变化和香港电影的发展成长为背景，构成全景式、多维度的观照视野。

基于以上设计理念，我们将展主成龙定位为：中国符号、功夫巨星、慈善大使。所谓中国符号，指的是他所践行的积极、务实、勇毅的生命态度；而作为中国类型电影的代表，成龙带有鲜明个性的喜剧武打电影，具有广泛国际影响，成就了一代巨星的辉煌银幕生涯。而银幕之外的成龙则是一位慈善大使，努力将慈善这一和谐社会构建中不可或缺的重要理念发扬光大。

二、展示主题与布展内容

展示设计围绕成龙的生平、他在香港电影界和好莱坞的电影成就以及慈善事业的事迹等展开，分为“童年时光”、“勤奋创新”、“分享成功”、“大爱无名”等主题，精心呈现一个平凡又顽皮的小孩，如何历经淬炼最终成为国际巨星的精彩历程。布展内容主要是：

（一）第一板块：童年时光

着重介绍展主童年史，突出其成长背景、戏曲学院学习经历，介绍这一阶段中对展主艰难却坚忍的成长具有深刻影响的亲人、师长、朋友。

具体内容为：成龙的出生；父亲坚忍的性格、信守诺言的品质以及母亲善良的品格、勤勤恳恳的生活态度对成龙潜移默化的影响；早年父亲给予的武学的启蒙；7岁进入中国戏剧学院后艰苦的学艺生涯，以及入选“七小福”，获得初步的舞台经验等。其他如为成龙打下扎实的武学基础的师父于占元，大师兄元龙——洪金宝、师弟元彪以及日后他们事业上的相互提携等内容也包含其间。此部分展示主要以照片和图片资料为主。

（二）第二板块：勤奋创新

包含两个组成部分，前段展示成龙最初的电影实践并辅以香港电影发展初级阶段的状况介绍。

随着香港戏剧表演氛围的淡薄，人们的注意力转向了电影。戏园出来的弟子也大量奔向了电影行业，做特技人。在激烈的竞争中，成龙凭借拼命三郎的精神，渐渐在电影圈中被导演所熟知。这是成龙最初在电影圈中的龙虎武师生涯的开始。20世纪70年代，李小龙的出现，带动了香港电影的新类型——功夫电影的产生。功夫电影适应了当时的社会经济和文化背景，冲击了人们的心态，迅速取得了成功。而成龙因为做特技人期间获得的名声，受到了陈志强的重视，被纳入了罗维的制片公司。罗维则希望让他成为李小龙第二，至此，成龙开始作为男主角进行电影拍摄的生涯，这是成龙电影的模仿期，也是他本人的沉潜期。

后段的展示重点放在香港类型电影的崛起和个性化表演的结合上。香港经济的迅猛发展带动了电影产业的长久繁荣，香港类型电影如雨后春笋般地成长壮大。在导演袁和平的发掘之下，厌倦了传统武打电影陈旧套路的香港人被成龙在表演中展现的活泼机灵的功夫小子形象深深吸引，他也迅速成为新时期香港武打电影的领军人物、“功夫喜剧”的创始人，开始了他不断突破自我，挑战极限的银幕生涯。在这一板块中我们通过声像资料和照片以及道具相结合的方式，凸显成龙在银幕上无论作为玩世不恭的武学奇才，还是铁血豪情的都市警察，抑或是勇者无惧的边缘人物，塑造的一个又一个银幕神话。同时也反映功成名就后成龙并不局限于单一的戏路模式，从《我是谁》的追问，到《新警察故事》的尝试与突破；从《神话》的蜕变与升华，到《宝贝计划》的颠覆与回归，在天命之年，他对电影和人生的新的思考和新的感悟。

图8-17 《蛇形刁手》

图8-18 《醉拳》

图8-19 《醉拳》

1997年，在西片风头正劲之时，成龙新片《一个好人》再次成为香港票房冠军，为疲软的香港电影注入了一支强心剂。

图8-20 《警察故事》

图8-21 《一个好人》

（三）第三板块：分享成功

第三板块是成龙勇闯好莱坞经历的重点介绍，突出西方主流文化对中国电影从拒斥到认同并喜欢的进程。

在经济全球化背景之下，成龙的电影实践从神秘东方之巅迈向了造梦的世界——

图8-22 1985年，第四届香港电影金像奖“最佳动作指导奖”——《A计划》

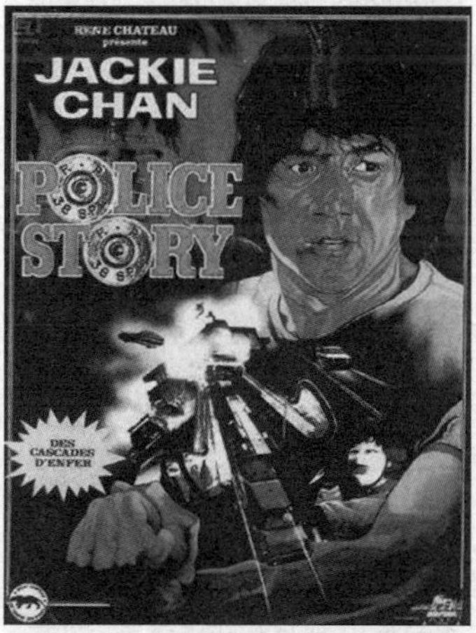

图8-23 1986年，第五届香港电影金像奖“最佳动作指导奖”——《警察故事》

图8-24 1988年，第七届香港电影金像奖“最佳动作指导奖”——《A计划续集》

好莱坞。由于东西方文化的差异，成龙的“西行”之路并不一帆风顺，甚至充满了坎坷与无奈。然而，成龙以不懈的努力和永不言败的精神，令西方世界为之倾倒，终于得到广泛的认可和尊重。这一板块也主要通过声像资料和照片、道具予以展示。

图8-25　1989年，第八届香港电影金像奖　“最佳动作指导奖”——《警察故事续集》

图8-26　1990年，第九届香港电影金像奖　“最佳动作指导奖”——《奇迹》

图8-27　1995年，第十四届香港电影金像奖　“最佳动作指导奖”、1994年，第三十一届台湾金马奖“最佳动作指导奖”——《醉拳Ⅱ》

图8-28　1995年，第三十二届台湾金马奖　“最佳动作指导奖”（元奎、成家班、洪家班）

图8-29　1997年，第三十四届台湾金马奖　“最佳动作指导奖”——《一个好人》

图8-30　1999年，第十八届香港电影金像奖　“最佳动作指导奖”、1998年，第三十五届台湾金马奖　“最佳动作指导奖”——《我是谁》

图8-31　2002年，第二十一届香港电影金像奖 “最佳动作指导奖”——《特务迷城》

图8-32　“一炮而红”的《红番区》

图8-33　《尖锋时刻》海报

图8-34　《上海正午》（又译《龙旋风》）

（四）第四板块：大爱无名

第四板块是关于成龙的新梦想、新起点——慈善事业的全方位展示。

1985年，南斯拉夫电影拍摄的意外，让英雄与死神擦肩而过。死亡边缘的深度体验，引发了成龙对生命意义的深入思考。他传奇的一生从此刻上了“慈善”这一崭新的生命主题。

1．成龙慈善基金

成龙的慈善宣言：“关怀可以改变人的一生。当我还是孩子的时候，善心人士曾经向我伸出援手，而我成立‘成龙慈善基金’的目的就是要把这份善心传开去。希望尽我微薄之力，令世界变得美好。”

“成龙慈善基金”是一家致力于协助有困难的青年人和推动青年人发展的香港慈善团体。下设“香港演艺学院奖学金”、与全美泛亚商会联合设立的“成龙奖学金”、“成龙挑战杯”、“青年发展计划”等。

2. 关于“龙子心”

2004年，惠及内地的慈善机构“龙子心”基金及“龙子心”工程工作组正式成立。该工程旨在为内地提供助学、帮困等慈善活动。迄今为止，已在多省建立20多所学校与多间老年公寓、敬老院。成龙更是亲力亲为，保证项目实施。

图8-35 “龙子心”标志

该标志中，蓝色代表蓝天，并象征孩子至真至纯之心；绿色代表大地以及所有的孩子携手立于草地之上；红色代表中国人的赤子之心。生动地诠释了成龙对于孩子们的无限关爱，也意味着世界没有将弱者遗忘。

成龙用行动实践对生命的承诺。从老人到孩童，从中国到世界，“老吾老以及人之老，幼吾幼以及人之幼”的生命关怀从未停止。从“龙子心”希望小学到汶川地震的紧急施援；从北京申奥形象大使，到2008年北京奥运火炬手；从自然与遗产基金会形象大使，到联合国亲善大使；从反盗版形象大使到反艾滋病形象大使，这些荣誉背后是责任，是自觉的使命。

3. 世界慈善地图（国家和地区）

成龙在近30个国家、50多座城市做了百余件善事。

在中国，他成立“龙子心工程”……；

在越南和柬埔寨，他作为联合国慈善大使，宣传防治艾滋病和扫雷工作；

在新加坡，他捐资建立儿童医院；

在澳大利亚，他成立“成龙科学中心”；

在美国，他捐款安老自助处、成立癌症基金、为纽约贫困区学校捐款；

在日本，他成立慈善基金；

在韩国，进行慈善义演；

在南非的卡卡马斯，他看望受战争、疾病折磨的儿童；

……

正是因为这种悲天悯人的情怀，成龙才能用心行善，真正将这份善传开去。在他的感召下，一批又一批的演艺明星投入到慈善的事业中来，继而开辟了香港演艺圈的新气象。不同的人因为同一个梦想携手同行。成龙已不仅仅是一个银幕上的明星、娱乐圈中的偶像，他是一种精神，传递着爱的力量的象征。这一部分展示的实物材料相当丰富，有许多还是第一次与观众见面。

三、设计手段与艺术风格

（一）设计原则与灯光设计

1. 展示设计原则

成龙电影艺术馆展示设计原则与特点如下：

（1）加强艺术馆功能设计

成龙电影艺术馆除了与参观的观众进行交流，还直接参与日常生活的体验，服务艺术馆以外的公众。提供适合多种人群、满足不同需求的活动设施，如邀请一些国内外影视界的明星来这里宣传电影文化，和喜欢电影的朋友，特别是青少年一起聊电影，普及电影知识。多功能厅除了用于演讲会及专题研讨会之外，还能提供放映、音乐会、表演等，使艺术馆成为一个吸引公众、实现自我完善的都市公共活动中心。

（2）强化艺术馆空间设计

成龙电影艺术馆通过外部公共开放空间的设计，给人们更多接近艺术馆的机会，使艺术馆在城市生活中更有吸引力和亲和力，提供给参观者一种开放而舒适的参观环境。设计师运用艺术概念，消除内外空间之间的差异，使人们的习惯和记忆得以保留与延续，感受艺术魅力。

（3）特别注意休息空间设计

艺术馆设计中重视休息空间与展示空间的融合，将展示厅、露台、咖啡厅等休息空间与展厅互相包容、交错，使观众在经历展览序列过程中得到身心的舒缓、放松。

（二）展示灯光设计

首先，发挥灯光在成龙电影艺术馆中的作用，体现室内空间的实际存在，促进艺术馆使用功能的实现，保证参观者行为、工效、生理的要求。在艺术馆采光设计的基础上创造自然光设计的艺术。

其次，运用灯光的特性，如灯光的光辉、质感、方向性等，体现出灯光的表现力；运用灯光和影的对比和变化取得光影效果、表面效果和立体感；运用灯光和色彩的关系，取得色彩效果，进而表现灯光和材料的综合艺术。

第三，运用建筑特征和主题艺术馆室内空间的尺度、比例、体量等，取得自然光的最佳分布。

第四，运用结构构件，如墙体、平顶、拱顶等来采光并实现自然光用光构图。

第五，大胆自由地处理自然光，采用自然光与人光的对比，层次、节奏等技法，创造出迎合的艺术馆室内优美的自然光环境。

（三）展示空间与动线分析

成龙电影艺术馆将运用先进的展示技术和手段，利用各种新的媒介形式，形象生动地展示相关内容。不但展示成龙从影以来悉心收藏的大量道具、服装、剧照、奖品和荣誉证书、声像资料等实物原件或复制品，而且还设立成龙的艺术工作室和慈善工作机构，具备小型文艺演出活动、电影动作设计工作空间和新闻发布会等功能。展馆设置一个小型多功能电影厅或影音室，届时可放映不对外公开专属的资料片。在展馆中设置一个半开放的区域，能够供成龙和他的朋友与参观者在阳光下开展互动活动。

成龙电影艺术馆分为上下两层，根据成龙本人提出的参观路线是：单线行进，不能中途折返，保证每个游客各个展厅都能参观到位，且不走回头路，避免拥挤的要求，从进门到出门沿线行走，设计师把一至三厅设置在二层，四厅和电影厅、多功能厅、成龙工作室设置在一层。每个厅与厅之间都设有回廊、过道，有供参观者小憩的小椅，自然光照明，每个展厅隔墙采用多边形或斜墙做隔断与原建筑钢结构风格保持一致，使展厅展示面积最大化，参观者停留时间沿着转折路线而充分延长，每个展厅因展出的主题不同，设计的风格也会有所不同，色调、材质、灯光随着展厅的变化而有所区别，同时又有很多设计元素一直贯穿到每个展厅。参观者从入口进入展览大厅，大厅设计成挑空结构，顶面钢结构采光，空间造型独特，既有中国元素，又体现出成龙本人的艺术特点和个人高尚品德。区域设置有展观序言、成龙展观主题墙、大型LED宣示屏、展观导游图、自动查询设备。

展厅设计体现了在那个时代背景下的温馨的氛围，并考虑到灯光、材质和历史元素；参观者可一边欣赏文艺活动，一边欣赏自然光线和独特造型的美感；展厅特别加入了国际化元素的设计，光线丰富、色彩明亮；展厅以明快为设计思路，以白色为主色调，以大块面整体化为设计方向，象征和平、环保、纯善之心，简洁大方，而不杂乱，一切显得整洁有序；展厅可设置一个多功能电影厅，用来播放那些珍贵的资料片，多功能厅主要作为成龙和影迷交流活动中心、新闻发布会现场、慈善拍卖会、成龙和他朋友的演唱和交流中心等。

在展厅中，我们充分利用顶部，便于以悬空方式装吊如"道具车"之类的展品。

出口处设置了休息区和卫生间、签名墙、蜡像、雕塑等。

（四）虚实互生与和谐统一

成龙电影艺术馆脚本策划与展示设计的特色与艺术风格的体现主要是：

成龙电影艺术馆的展示理念是设计人通过人与环境的物证，以及与观众沟通的特有展示语言，对成龙的人生轨迹和从影四十多年取得的骄人成就以及诸多方面的成就作出诠释。它包括了展示设计规划、展示设计手段与风格、观众体验、展示设计管理等方面，是成龙的价值观、艺术观与美学观的体现。设计者以为，成龙电影艺术馆要长期吸引观众、持续发展，就必须不断推出好的展览，满足观众不断增长的求知欲望。要满足观众的求知欲，就应放弃传统展示理念，不刻意追求展示内容的全面、系统，避免进行枯燥的说教，而以提高观众兴趣为主要目的，科学提炼与展示主题相关、观众感兴趣的内容。树立展示设计"娱教"的新理念：理性与情感——从"展品为主"到"观众为主"、互动体验性——从"请勿触摸"到"请你参与"、娱乐性——从"传统说教"到"寓教于乐"、绿色生态——注重强调循环的生态美学，突出可持续发展。

成龙电影艺术馆作为一个现代建筑，却具有了比一般现代建筑更多的中国传统文化符号，随处可见，既有传统符号的明显特征，又做了恰当的提炼和改变，既有古韵，又有今味，体现传统与现代完美结合。在该馆设计中对传统文化符号的具体运用试举两例。

虚实结合——中国传统文化的艺术之魂。"虚"与"实"是中国古典美学的重要范畴，来源于中国古代哲学中的虚实论，认为天地万物以及一切艺术和审美活动都是虚与实的统一，艺术创作和审美活动唯有实现虚与实的统一，才能达到完美的境界。清初文人赵执信在他的《谈艺录》序言里生动形象地说明了"虚"与"实"统一的这种美学艺术境界，他说：神龙者，屈伸变化，同无定体，恍惚望见者，第指其一鳞一爪，而龙之首尾完好，固宛然在也。从"一鳞一爪"（实）见"龙之首尾"，龙之"神"态，虚中有实，实中有虚，虚实相生，否则便索然无味了。在成龙电影艺术馆设计中有意缩小了展示面积，而留出了一大片的空间。让我们很自然联想到了这种"留白"的用意不外乎增加展示的灵气和减少展示太多对空间造成的压迫感，让这种"留白"形成与建筑物之间的虚实对照。这种虚实相间的空间构成手法和中国画留白所创造的空间形态手法是相似的，让观者充满无限遐想。

隐喻内敛——中国传统精神的人格之美。在成龙电影艺术馆的设计亦可见含蓄内敛的表现方式。从造型、用材、色彩等方面都可以看出中国传统文化的优雅气质。

成龙电影艺术馆共由三幢建筑组成，其中一幢为保留的老工业厂房，建筑面积约为1 390平方米，局部分隔为两层，总面积可达到约2 000平方米。其余两幢分别为面积约320平方米和720平方米的老式办公房。整个建筑的选材也尽量与周边环境协调一致。成龙电影艺术馆的设计以“精、巧、雅”为主要特色，整个成龙电影艺术馆的设计在现代设计的基础上加入了对本土文化和景观符号的挖掘和对传统文化符号的运用，让建筑具有时代特征，同时也不失民族文化特色。

人们通常认为艺术是属于高雅文化范畴，专业性很强，非一般人所能企及，因此，我们所能看到的国内建造的种种艺术馆仿佛只为少数人打造，缺乏广大群众的活动支撑，显得有些曲高和寡。成龙电影艺术馆打破常规，从“服务大众”出发，建设一个适合群众参与并体验的充满艺术与文化气息的艺术展馆，设计理念“体验性的新型艺术空间”则一直贯穿于整个方案设计中。

展示内容　以成龙的电影生涯为主线，艺术馆展出成龙从影以来收藏的大量道具、服装、剧照、奖品、声像资料等实物原件或复制品。

布局与形态　艺术馆建筑设计符合生态商务区整体规划布局，单体与周边景观环境相协调。通过艺术馆的建设，使该生态商务区更显文化内涵，同时打造为当地的标志性建筑。

功能性　满足作品的陈列与收藏，同时能灵活转换，能够亲近于大众。

景观性　设计中建筑单体总平面与生态商务区总体规划协调，立面造型上大胆选用金色，给人以强烈的视觉景观冲击。通过建筑的语言与景观的意境将其自然流露，带给人们一座可以感知与体验的艺术建筑。

场所精神　既体现出时代脉络，又突出建筑的文化性、地方性、艺术性，使之成为上海的一个旅游景点。

总之，成龙电影艺术馆展示设计强调虚实互生的美学，追求意境和谐统一的美学思想与空间设计。

经典场景　艺术馆户外有众多精彩场景。其中最有特色的是：

“成龙斗”是著名美籍雕塑家Julie Rotblatt与Omri Amrany夫妇，以最大的热忱与绝佳的灵感才华，历时10年专门为成龙打造的新作品。雕塑造型取材成龙的手而塑造出一条由成千上万只手构成的龙的意象，寓意每个人人生中最大的对手正是自己，展现出成龙勇于面对自己、挑战自己的坚韧精神。

“星光门”是成龙电影艺术馆“老木新做”中西合璧的又一力作。是成龙寻找专人工匠耗时两年有余精心雕琢而成，成龙希望，每一位来宾都能借由“星光门”的指引，通往幸福与成功。

“大轮胎”、“十二生肖铜首”、“老灯”、“铜猪”、“大车头售票亭”等众多精彩场景。

“大车头售票亭”，其中的大车头来源于电影《特务迷城》中最后从大桥冲下的那辆大型的油罐车，现已改装为成龙电影艺术馆的售票处，位于正门入口处，用以模拟“从玻璃厅撞出”的电影场景，既具电影真实性，又富含商业潜力，让每一位游客一来就啧啧称奇。

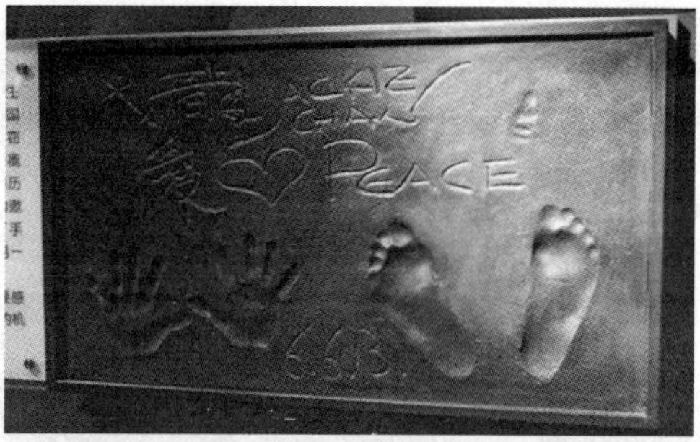

图8-36　成龙电影艺术馆部分图片欣赏

图8-37　成龙电影艺术馆部分展示与户外场景

第三节　C32会所脚本策划与陈列装饰设计

一、立项的必要性和有利条件

（一）项目概述

1. 项目名称：C32会所展陈策划脚本与设计方案（以下简称展示项目或C32会所）。

2. 策划设计单位：华东理工大学广告与品牌文化研究所。

3. 项目主题、表现形式与运作方式：以弘扬均瑶“因势而变，敢于创新”为主题，融入观念的创新、品牌的创新、人才的创新等元素，以实物、图片、文字、场景和多媒体为表现形式，展现均瑶集团“敢于创新、勤于创业”的发展史，特别展现均瑶集团在向现代服务业转变的过程中，除了厘清

图8-38　均瑶国际广场

航空运输、营销服务为主营业务外，还在置业、投资、文化产业和教育事业夯实了集团现代服务业的根基，甘做中国“百年老店”的探索者。文化创意展示项目采用均瑶集团投资及社会化、市场化运作模式。

图8－39　均瑶集团LOGO

4. 项目地址：上海肇嘉浜路789号均瑶国际广场32层楼。

5. 项目经费估算：人民币400—500万元左右。

6. 效益分析：通过多种表现方式的文化展示，把C32会所打造成为宣传均瑶形象的“窗口”，传播企业文化的“基地”，实现品牌体验的“中心”，是均瑶集团的一张“文化名片”。

7. 主要设想：C32会所建设集宣传、接待、教育、交流、观光等展示功能于一体的文化长廊，是均瑶集团的一道风景奇观。

（二）项目建设的必要性和有利条件

1．项目开发的必要性

（1）企业发展迅速，实力与日俱增

均瑶集团成立于1991年，至今走过了20余年的发展历程。集团总资产达115亿元，员工7 000余人，上缴税收9.4亿元（2011年），名列中国服务业500强（2011年第158位）、中国民营企业品牌百强（2010年第81位）。

（2）展示项目开发可以获得品牌价值的增值

“均瑶”是民营经济中一个响亮的品牌。无论是均瑶要缔造“百年老店”，做可持续发展的企业，还是民办世界外国语小学和中学要建成“百年名校”，做可持续发展的学校，品牌都是均瑶集团核心竞争力的首要要素，并通过对品牌价值链的整合与延伸，将国内外大型赛事、主题文化活动品牌连接到消费者领域，为消费者带来触手可及的主题文化体验。

（3）资源优势是展示项目开发的主要原因

“创业展示厅”既有均瑶集团从一个小企业到如今的著名民企，创业的甘苦和成果的经典历史照片，又有主营业务（航空运输、营销服务）、文化产业（北京奥运会、上海世博会、西安艺博会等）国家重大赛事（会）活动的纪念品、荣誉证（全国民营企业思想政治工作先进单位、上海市企业文化建设示范点、上海市非公企业党建工作示范点等），还有指引着均瑶集团迈向新的未来的“百年老店”牌匾等一批文化资源，为文化创意展示项目开发奠定了坚实基础。

（4）开发展示项目必将提升均瑶人才的质量和内涵

人才是均瑶实现文化资源优势向发展优势转化的坚强基石，实现转化、推动发展，就要把展示项目作为文化人才引进的载体，依托重点展示项目建设，采取项目聘用、项目合作等方式，柔性引进文化人才。同时，完善“以才引才”机制，引导现有人才，让高素质人才和智力资源为我所用。在均瑶集团发展进程中，从自身文化积淀中汲取丰富营养，传承育人，创新文化，已形成具有育人特色的人才培养路径。人才乃均瑶集团创新驱动转型之本。

2. 项目开发的有利条件

展示项目占有天时、地利、人和得天独厚的条件。

（1）天时

当今世界，文化软实力已成为提升国家与城市综合实力和核心竞争力的重要内容。党的十八大报告对坚持走中国特色社会主义文化发展道路、建设社会主义文化强国进行了新的阐述，作出了新的部署，提出了“扎实推进社会主义文化强国建设”、“增强文化整体实力和竞争力”、“提高国家文化软实力”等论述。对于一个城市来说，同样也需要拥有强大的文化软实力，才能建立自己的城市文化品牌，增强城市的综合竞争力。上海《“十二五”规划纲要》中，首次提出了将上海建设成国际文化大都市的构想。上海要按照开放、多元、传承、创新、繁荣的方针，坚持文化、创意、金融、科技融合发展，加大与世界各类文化交流的力度，增强集聚和配置国际文化资源的功能，出形象出亮点，打造一系列文化品牌、文化地标、文化企业、文化活动，使文化创新力达到一个新高度，全面增强城市文化软实力和国际影响力。政策的支持乃天时。

（2）地利

上海均瑶国际广场地处淮海、徐汇两大商业中心连接点，特别是与“徐汇滨江”、“徐家汇源”比邻。徐汇滨江延承历史经典，保留“老上海元素”，并以现代城市水岸景观营造为核心，将黄浦江的辉煌历史与徐汇区的璀璨未来完美融合，8.4平方公里的滨江岸线为上海呈现一道别样的江滩风情，引领上海这座国际大都市的人文时尚潮流。目前，区域已经拥有了世界级的文化传媒产业、世界级的创意产业以及世界级的民用航空产业。其项目有“东方梦工厂”、龙当代美术馆、余德耀美术馆、民生现代美术馆等视觉艺术场馆。未来还将以许多工业遗存和历史建筑为原型进行改造和复建，如南浦火车花园的老式蒸汽火车、北票码头塔吊、煤炭传输带、水泥厂预均库等，成为“上海黄浦江西岸”的文化新地标。徐家汇源为国家4A级旅游景区，展现的是一个“生活着的百年上海”形象。其范围共2.4平方公里，东至宛平路，南到蒲汇塘路，西至文定路，北到广元西路，是上海海派文化繁荣代表起源地。目前景区内主要的景点有徐家汇天主堂、徐家汇观象台、徐家汇藏书楼、徐光启纪念馆、徐光启墓、土山湾会所、徐汇公学旧址、百代公司旧址、圣母院旧址等。徐家汇源景区及周边南洋公学旧址、钱学森图书馆、交大校史会所、董浩云航运会所、上海体育场、上海大舞台、上海游泳馆、东亚展览馆等旅游资源串联起来。徐家汇源景区还将建成开放上海首个电影会所、气象会所等。随着场馆陆续开放，一系列体验性、互动性的旅游项目也将逐步推出。上海均瑶国际广场不仅有“商务办公”向“商办文结合”转换的文化资源优势，还占有与“西岸徐汇滨江”、“徐家汇源”主动接壤的有利条件，是“借鸡生蛋”又一个难得的发展机遇。

（3）人和

均瑶集团领导具有一种文化的自觉、文化的自信、文化的自强，也有一种文化的远见。例如集团承担了中国浦东干部学院（均瑶）现场教学点工作，为国内外各界人士了解中国民营经济发展和社会责任开辟了一个窗口。又如2004年，集团成立党委以来，针对民营企业不同的党建基础条件和环境，创造了具有“草根”特点的党建工作新方式，提出了“一服务、三满意”，“四结合”，“五纳入”等，集团上下形成了“正直、向上、诚信、高效”的良好氛围，对内关心员工，提倡“家”文化建设；对外始终恪守义利兼顾、以义为先的传统，主动为灾区、贫困地区提供帮助，以各种形式赞助社会公益活动。均瑶集团精神文明建设扎实推进，先后获得“中华慈善奖”、“全国民营企业思想政治工作先进单位”、“上海市文明单位”、“上海市五一劳动奖状”、“上海市企业文化建设示范点”、“上海市非公企业党建工作示范点”等称号，为展示项目成功提供了关键条件。

二、需求分析和功能定位

（一）项目的需求分析

1. C32会所现状

（1）会所的优势

C32会所位于肇嘉浜路789号上海均瑶国际广场32楼，建筑为欧陆风格，楼高135米，共37层，总建筑面积8万平方米，5A甲级写字楼；广场地处淮海、徐汇两大商业中心连接点，与徐汇滨江、徐家汇源比邻；作为上海人文精神聚集地，集中了上海图书馆、衡山路酒吧街、徐家汇公园等地标；5分钟路程内便有十余条公交线路，抵达上海核心交通系统地铁有1号线衡山路站、徐汇站，4号线和7号线东安路站、地铁9号线肇嘉浜路站，距离高架入口车程10分钟；广场着重引进了金融、信息、技术、咨询、外贸等专业机构；律师、会计师协会等现代服务体系已入驻多年；屈臣氏、柯尼卡美能达、富士电机等海外企业也陆续入驻；广场1楼星巴克咖啡、全家便利、吉祥航空、车辆租赁、洗衣，2至5楼有大型高档餐饮娱乐的小南国、上海歌城等。

位于广场的C32会所建筑面积为1 500平方米，为举行会议、培训、Party或展览等一系列活动而提供的具有专业服务及配套设施的商务场所。可供楼内外客户租用。会所拥有独具匠心的360度环形露台，可近观港汇广场、衡山路酒吧街、淮海路别墅群，也可远眺东方明珠、21世纪环球金融中心、金茂大厦等景观。会所采用英式俱乐部风格的室内设计，配以低缓的乐声，流畅的无线网络，随意亲切的服务，私密的独立空间，满足客户的不同功能需求。会所内设有咖啡吧、红酒房、雪茄房、大班房、董事会议室、多功能会议厅等。商务套餐、下午茶、宴会及多种功能会议室等商务设施，供客户开展各种商业会晤、培训及社交聚会等活动。

（2）会所的不足

展示项目开发的不利之处：第一，会所装修、布置过于高级和英式，让人略有一丝疏远感，少了些民营企业平易近人的亲切感和归属感。第二，楼层总面积虽大，但分割过于琐碎，独立的厅太多，且每个厅的定位功能都不同，为整体展示布局造成一定的不便。第三，楼层装修风格、布局不变，影响了文化展示项目的创意、设计及装饰。

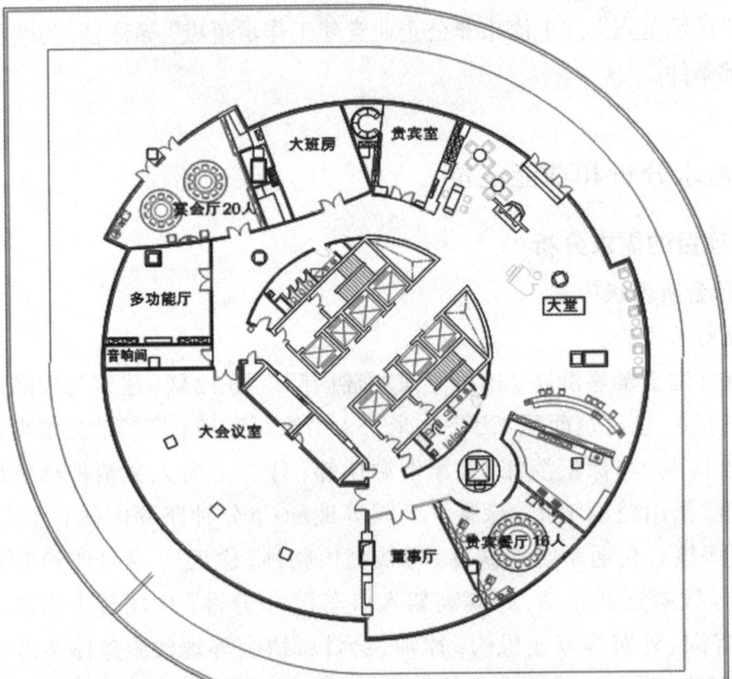

图8－40　C32会所平面图

2. 需求分析

展示项目开发的需求,可以从内外两个方面来分析。

(1)战略转型与管理升级的需求

均瑶集团2004年开始,向国际化的现代服务业百年老店转型。转型时期如何寻找增长新动力?其动因之一,即加大品牌建设和提升企业文化力度。均瑶集团未来的发展真正的竞争力来源于文化与品牌的影响力、凝聚力和感召力。综合实力是由硬实力和软实力构成的,一定程度上讲,两种实力的关系不是和而是积。没有软实力的支撑,即使短期内经济实力得到了发展,但长久来看,都难以形成可持续的发展。这就是说均瑶集团要加强企业文化和品牌战略建设,就要提高企业的软实力,努力达成顾客满意、员工满意、股东满意、社会满意,共同履行"服务创造美好生活"。

(2)服务客户、满足客户的需求

均瑶集团要全面落实"以客户需求为导向"的战略转型,不断为客户创造价值。需求是指客户对会所的需求,客户是会所服务的对象,了解客户、熟悉客户、争取客户、组织客户、服务客户、满足客户的需求是会所文化展示项目建设的着眼点。

C32会所客户主要由以下部分构成:一是大、中型工业企业的团体消费。主要接待对象分别是各级政府部门、海外合作者、国内合作企业、经销商、市场销售人员和其他人员。二是三资和民营企业的高层管理人员与高级技术人员。这部分消费者主要消费分布均瑶国际广场的办公、餐饮、娱乐和康乐。会所要把他们作为另一个主要消费群体。三是产权所有者和本地消费者。这部分顾客主要是散客消费,消费构成也比较分散,主要集中在会议、餐饮、休闲等区域。

按参观目的分类,可分为三类:一是观光休闲型。这类客户大都是非组织零星而来,但数量很多,从一些统计数字看占客户总的1/2以上。二是学习型。据有关资料统计占客户总数的1/3左右,这部分客户来会所的目的是为了获得某些专门知识,大多是将会所作为第二课堂的研究生、大中学学生。三是科研型。是以进行科学研究为目的的参观者,这类客户虽然人数不多,但目的明确,研究问题较深,能促使会所展陈的质量提高。

(二)项目的功能定位

展示项目将运用翔实的资料、艺术的构思、高科技的手段,生动形象地展现均瑶发展历程、发展成就和发展前景,建设集宣传、接待、教育、交流、观光等为一体的C32,其功能定位是:

1. 主要功能

(1)宣传均瑶的"窗口"。改建后的C32会所将直观、立体、全面、系统地展示均瑶的发展脉络、艰苦创业成就和未来发展蓝图，向来宾敞开一扇认识均瑶、了解均瑶的窗口，展示均瑶飞速发展、蓬勃向上的活力，让人们对均瑶发展进程有一个比较清晰的认识。

（2）接待来宾的“客厅”。C32会所作为全面推介均瑶形象的重要窗口，富有十分鲜明的企业特色。它既是均瑶品牌形象的重要标志，又是均瑶接待国内外宾客的重要场所。它既能帮助国内外宾客和外来投资考察者比较全面地认知均瑶、熟悉均瑶，又能为吸引外商积极投资均瑶、合作均瑶、建设均瑶发挥重要而特殊的作用。

（3）文化教育的“基地”。C32会所将通过陈列展示，为集团员工提供一个“家”文化和市民了解中国民营经济发展及社会责任的知识教育基地，使人们了解均瑶的过去、现在和未来，激发新老员工继往开来的自豪感，增强建设国际化现代服务业“百年老店”的动力。

（4）展示交流的“平台”。C32会所汇集均瑶集团建设的最新资料、最新成果，展示内容具有科学性、准确性、系统性和专业性等特点，会所内设置了会议厅和多功能展示厅，还有260多个泊车位及其他配套设施，是举办商务文化展示和相关学术交流活动较为理想的场所。

2. 业务功能

改建后的C32会所是以商务文化、体验式为主打，做特色、做品牌，灵活的对内对外同时开放的经营模式，取得文化与经济双收效。主要有以下业务功能：

（1）长年面向海内外接待领导、嘉宾、企事业及团体；

（2）中国浦东干部学院现场教学点、上海市非公企业党建示范点、全国党建联系点；

（3）中国、上海工业文化旅游景点；

（4）徐家汇源4A级景点；

（5）研究生、进修生、访问学者学习和研究基地（点）；

（6）大、中、小学生知识教育基地（点）；

（7）市民休闲、娱乐文化场所；

（8）其他。

（三）项目的策划原则和设计内容

1. 项目策划原则

（1）展示项目策划与布展设计体现均瑶形象，是“企业的窗口”；

（2）内部风格要考虑与C32会所的总体风格相协调，具体展厅内部力求大方、高雅、精练，要求以现代风格融均瑶特色为主调贯穿会所，同时不同展厅根据需要又要特色鲜明；

（3）在现建筑面积、建筑空间的条件下，力求在展示理念、展示手段、展示方式、展示形式上有所突破和创新；

（4）在展示内容上力求“特而精”；在展示手段上力求“新而奇”；融知识性、趣味性、科技性、互动性为一体；

（5）在展厅设计上，考虑不同对象的不同需求；

（6）科学性、前瞻性、可操作性强；并有利于今后的更新；

（7）以“均瑶创业展示厅”、“均瑶集团网站”、《均瑶集团20周年年鉴》、《项目会议纪要》为依据。

2．布展设计内容

C32会所以欧式风格为主，整体色调以深褐色及白色为主，部分房间有细微差别。设置大会议室、多功能厅、宴会厅、大班房、贵宾室、大堂、贵宾餐厅、董事厅、走廊（柱子）、露天阳台（观景台）等十个部分。其布展设计内容和室厅使用面积见表8－1：

表8－1　C32会所使用面积（m^2）分布一览表

序号	名　称	建筑面积（m^2）	使用面积（m^2）可容纳人数	备　注
1	大会议室（3XX）		253.62 m^2/160人	空中剧院、讲座、网络视听、定期论坛
2	多功能厅（3XX）		60 m^2/人	均瑶智造之“创意发声”，商务会议的首选，U形会议台设计，搭配投影仪和投影幕
3	宴会厅（358）		71.9 m^2/60人	培训、活动桌椅、会议、培训、展览等活动，有投影仪和投影幕
4	大班房（328）		70 m^2/6—10人	均瑶智造之“创意发声”：接见政府，商务会谈
5	贵宾室（318雪茄吧）		48.47 m^2/人	休闲会客，记者采访，适用于头脑风暴或部门内会议，爱好雪茄的朋友
6	大堂（3XX）		274.15 m^2/100	视觉均瑶，宽敞，品咖啡，钢琴，Party，360度环形露台
7	贵宾餐厅（398红酒房）		60 m^2/人	宴请高级客人，品酒会
8	董事厅（388）		71.77 m^2/20人	投影仪、投影幕
9	走廊（含电梯厅）		372/3根柱子	
10	露天阳台		739	观景台
合　计		909.91；1 281.91（含走廊）；2 020.91（含露天阳台）		

三、布展设想和实施方案

（一）项目的布展设想

1．一号方案（创：创业 · 创新 · 创未来）

（1）本方案设计理念

历史的记忆片段，完整的企业机理，独特的均瑶理念，具象化的传播方式，多厅多点的文化载体。

本方案设计源自“空间、时间互动”的理念：“历史、现在、未来的时空互动”、“企业与会所的空间互动”、“会所与广场的空间互动”。会所不仅是企业开会商议的地方，而且是一个休闲、联谊、沟通和交流的平台，以及企业文化传播的场所。会所为今天的企业记录过去，也为未来的企业留存今天，因此会所本身也是企业的一件展品，而各厅空间也成为展示企业的一幅流动的画面。布展设计按各厅的功能和特色，并采用“形似”与“神似”相结合的手法，重点强调的是均瑶“家”文化，创业、创新、创未来，甘做中国百年企业的探索者！这就是会所造型所追求的精神特征。

（2）布展设计范围

布展设计范围如下：室厅：大会议室、多功能厅、宴会厅、大班房、贵宾室、大堂、贵宾餐厅、董事厅，各具特色；走廊：3根柱子（油画）、重要照片；露天阳台：均瑶观景台。

2．二号方案（梦：筑梦 · 追梦 · 圆梦）

（1）设计理念

梦想就是不停地突破和探索，是丰富的想象和大胆的创造。均瑶集团二十余年始终与梦想同行。筑梦：自由飞翔的梦想——飞天之梦；追梦：现代服务业的梦想——转型之梦；圆梦：百年老店的梦想——超越之梦。

文化创意展示项目将利用声、光、电等现代科技手段，采用图文说明、模型陈列、计算机演示、影视互动等表现形式，充分体现“筑梦，追梦，圆梦”的展示主题，并以主营业务、其他领域为板块进行布展设计。其内容主要如下：

（2）设计内容

飞天之梦：航空运输 （吉祥航空为主的航空运输板块）① 胆大包天，飞天梦想。（1991年7月28日长沙至温州的包机航线，首开中国民营包机先河；2002年，入股“东方航空”，成为最早入股国家控股业务领域的民营企业）。② 吉祥航空，如意到家。均瑶旅行网，均瑶物流等。

超值之梦：营销服务 （创新商业模式的营销服务板块）① 商业零售（一体两翼：“大东方”百货零售主业为主体，汽车经营服务、食品制造经营为两翼）。② 文化传播

（北京2008年奥运会特许经营商和零售商、中国2010年上海世博会首批高级赞助商、2011年西安世界园艺博览会全球合作伙伴）。③ 食品饮料（均瑶乳业，食品饮料）。

置业之梦：其他产业 （创新置业、投资价值显现）① 置业（温州均瑶宾馆，上海均瑶国际广场，宜昌均瑶国际广场，武汉均瑶房地产开发有限公司，上海康桥即均瑶航空城，大同市均瑞地产项目等）。② 投资（信息技术、金融服务、新材料、环保能源、矿产等方面的投入）。

培养之梦：社会教育 （创新公益模式的社会教育）百年名校（世界外国语小学、中学）。

超越之梦：社会责任 （均瑶是我们的，更是社会的！）① 公益（光彩事业，大学生志愿者西部计划，扶危济困，全球契约，企业社会责任同盟）。② 满意（顾客满意、员工满意、股东满意、社会满意）。

（二）项目的实施方案

1．会所名称

（1）C32会所或馆，维持原名；引用"Tower Club"（tower的寓意是高耸、超过、翱翔，英格兰人姓氏，通常指瞭望塔楼；club，为俱乐部）独特的设计理念，使其成为商务文化会谈和放松休闲的首选之地。

（2）789会所。789，现为上海均瑶国际广场地址，这个数字也成为会所的新"符号"，有其独特的网络意义、文化意义、语言意义和社会意义。因为这是一个数字化的时代，一切目标与可能的收益都被无法模糊化的数字标识出来，好的符号标志，就是企业的化身，品牌的象征。例如，北京798艺术区品牌已成为中国文化艺术的展览、展示中心，成为国内外具有影响力的文化创意产业集聚区；又如，上海M50、8号桥、1933、800秀等成为成功的规模化、主题化文化创意产业园区，并具有上海地标意义的"人文景观"。

2．筑梦会所（馆）与君筑梦

（1）"筑"释义：建造，居室，乐器等；"梦"释义：潜意识的情绪表达，主体经验，意象语言等。

（2）"筑梦"：建筑梦想之意，上海均瑶国际广场C32会所可承载一种生活的梦想与感受；更有铸国际化现代服务业百年老店（基业）品牌内涵与历史使命的创意。

（3）"筑梦"与均瑶集团标志相吻：无垠的宇宙为腾飞提供了无限畅想。无论世界多么宽广，只要身怀理想，无论多远都能到达。蓝色光环就如一个蓝色星球，红色的五星犹如巨人用坚实的双臂稳稳托起这蓝色的星球和梦想，踩着大地去飞翔。奔跑始终要从脚下出发，追逐只因一个梦想。银灰色弧线就是它腾飞的起点，一起飞吧！大地就在我脚下，使命就在我手中，目标就在前方！

3．露天阳台360度环形露台

（1）命名：均瑶观景台；绰号：均瑶“望远镜”；

（2）特色：集大堂、室、厅和房为一体的观景；

（3）安全：弧度处有无缝玻璃墙阻隔；

（4）体验：可赋予胆量，高空俯瞰的刺激体验；

（5）人文：露台的走廊、路面和护栏上刻有文化历史故事，彰显均瑶的人文关怀；

（6）提供：望远镜及中英文语言的MP5视听导览系统；让来宾、参观者在独具匠心的360度环形露台上近观港汇广场、衡山路酒吧街、淮海路别墅群，也可远眺东方明珠、21世纪环球金融中心、金茂大厦等地标建筑及观景台附近环境，获得最美妙的感受，成为一道精彩的新风景。

四、经费估算与效益评价

（一）项目的经费估算

1．项目的成本构成

C32会所策划设计是均瑶集团富有企业文化创意特色的展示项目，与一般的展览、建筑和装饰工程有明显的区别。

成本是文化创意展示项目建设的一个重要方面。它由脚本策划、布展设计、展教装备与装饰施工等成本构成。

脚本策划主要包括：总体概念、主题演绎、内容框架、展示形式等创意策划。

布展设计主要包括：方案的研制、展项布置、展品内容和形式设计等。

展教装备主要包括：展品费用和研究装备费用。展品费用包括用于展教活动的展品及其配套费用；研究装备费用包括用于展教资源开发、展品维护、情报与理论研究、展教资料采集、收藏等工作的装备费用。例如展品购制或租赁，展教宣传品、纪念品的设计、制作和印刷等费用。

装饰施工主要包括：直接费：工、料、机费，综合费用：安全防护、文明施工措施费，施工措施费：工、料、机价差，规费，税金，管理费等。

2．项目的成本费用

按照以上细目及内容，文化创意展示项目成本费用估算为人民币400—500万元左右。主要是：

脚本策划费用：18—20万元。布展设计费用：30—40万元。

展教装备费用：230—300万元（不含大型多媒体、数字影院等设备）。

装饰施工费用：100—110万元。

预备费用：20—30万元（包括基本预备费和专项预备费；一般按总投资之和的4%—6%考虑）。

3. 项目的收费说明

（1）C32会所建筑面积1 500平方米。脚本策划与布展设计面积包括大会议室、多功能厅、宴会厅、大班房、贵宾室、大堂、贵宾餐厅、董事厅、走廊（含电梯厅）、露天阳台10个部分。如不包括走廊和露天阳台，使用面积为909.91平方米，如含走廊，不含露天阳台，使用面积为1 281.91平方米，如包括露天阳台在内，使用面积为2 020.91平方米（均瑶集团提供了会所的使用面积，未提供会所的建筑面积）。

（2）展示项目成本费用是以若干重要文献为依据，参照类似工程项目，近年竣工的国内同类博物馆、科技馆、规划馆、展示馆的工程费用、设计要求及相关系统功能要求进行的，并按照常规造型、装修和设备以国内先进原则等估算的。

（二）项目的效益评价

改建后的会所既有经济效益，又有社会效益，可以取得文化与经济双丰收。

1. 项目的经济效益分析

经济效益主要表现在以下几方面：

（1）要有全新的独特经营理念

要挖掘会所经济，必须要改变经营理念。发展会所经济不是提倡“贵族经济”，与提升大众消费环境并不相悖。不同人士、不同阶层和不同区域必然存在不同的差别。尊重客观存在，承认社会差别，实行错位发展才是发展的真谛。从广义市场的角度来讲，我们的日常生活经常触及会所消费。健身俱乐部、商务酒店等这些都是“会所经济”范畴内的一些边缘业态，同样都是以会员制消费，提供高级服务，提倡精品消费和时尚的生活方式。因此，会所已经没什么神秘可言，对于从业者来讲，扩大消费面，增强竞争力才是每个经营者要重点考虑的。

（2）注重近期培育，着眼长远发展

会所经济在短期内可能不一定产生十分明显的经济效益。会所经济的发展，从直接的角度看，所体现的仅仅是一系列高端的精品消费和时尚的生活方式，但从间接和长远的角度看，更深远的影响和作用是各界名流和精英人才的集聚，各种信息的相互交流和各种资源的运作整合。

（3）整合资源，提升文化功能内涵来创造价值

文化是一个企业的核心竞争力所在，也是它的核心价值所在。均瑶集团积极运用并大力整合独一无二的文化资源，挖掘其内在的价值，并以此作为会所经营的主

题，吸引一些对文化交流有兴趣的会员加入，以此来提高会所的竞争力。改建后的会所集商务聚会、文化交流、休闲娱乐、观光旅游、餐饮服务等内容为一体，利用文化资源优势和借助均瑶集团创造商机，开展一系列文化经济活动，从而加快均瑶国际化的现代服务业百年老店步伐。

2. 项目的社会效益分析

根据项目的性质，其社会效益主要表现在以下几方面：

（1）极大地丰富了均瑶集团企业文化的空间载体

随着领导、嘉宾、企事业、团体和市民、学生、参观访问者的增多，“均瑶创业展示厅”的空间显得日渐狭小，难以满足人们的需求，更无法组织和筹办大型企业文化交流活动，文化创意展示项目的建设恰恰弥补了均瑶集团的不足之处。会所改建开放，必将极大地丰富均瑶文化传播的载体，填补了均瑶文化建设的一项空白。

（2）提高均瑶的知名度，促进均瑶对外交流与开放

文化创意展示项目是均瑶集团发展历程、发展成就和发展前景完美结合的文化艺术载体，其创意之新，策划起点之高，意义重大，影响深远。文化创意展示项目增强均瑶人凝聚力的同时，提高了均瑶企业和品牌的知名度，促进了均瑶对外的交流与开放。

（3）带动文化产业兴起，促进均瑶业绩发展

随着文化创意展示项目的建设，相应的有关均瑶的特色产品及相关文化产品也会得到研究和开发。必将带动一批文化产品应运而生，逐步成为相关文化的产业化研发和生产。而均瑶国际广场也会随着会所的改建而兴旺起来，来宾的“商务、交流、休闲、观光、餐饮”等消费行为加大，对均瑶企业业绩快速稳定增长无疑会是一个有力的促进。

（三）结论和建议

1. 结论

文化创意展示项目建设功在当代、利在千秋，该项目可能建成成为具有国际影响的会所，它不仅影响着均瑶集团的价值观和企业文化，而且也必将对均瑶集团的知名度提升、对外开放与交流、业绩快速稳定增长、加快打造成“百年老店”发挥较大的促进的作用。

2. 建议

文化创意展示项目开发是一个系统建设工程，它不仅是一个策划创意或设计方案，更是促进均瑶集团打造“百年老店”、“让文化产业成为社会责任的延续”。

就项目策划与设计本身来看，一是要按照均瑶集团文化建设的发展思路，进一步丰富策划设计内容，扩大策划设计范围，拓宽策划设计视野。二是建议主题立意要

高，文化精神内涵要深，艺术品创作要精，会所主题内容要专业全面并具可考性，表现形式要灵活并具新意，要经得起历史检验和印证，要担负起历史的责任和使命，建设标准要高，选料要精，施工要严。三是该项目是一个系统建设工程，要集各方面的专家智慧于一体，更需要均瑶集团高层领导、各部门负责人及员工的共同配合，才能确保C32会所建设项目的顺利完成。

第四节　家电生活馆脚本策划与布展设计

一、项目概况与布展定位

家电生活馆位于上海市普陀区南部长风4号绿地，建筑面积3 000平方米，共分两层，展示面积2 000平方米，以独特的欧式古典风格为建筑造型。

家电生活馆的主题是“创造新生活”。它以历史的空间发展为陈列线索，通过实物、图片、文字、场景及多媒体等陈列手法，展现世界家用电器的发明，特别展现新中国成立前后尤其是改革开放以来家用电器的发展脉络，进而折射出我国家电工业发展变迁和产业更新乃至未来家电的发展趋向。家电生活馆集科技性、教育性、娱乐性于一身，融家电产业历史、文化、科技以及未来家庭、未来社会生活于一体的现代化展示馆。

家电生活馆的展示内容一是科技日新月异——家电展示区：智慧的闪电——世界家电发明（昨天），矫健的步履——中国家电发展（今天），梦幻的世界——未来家电趋向（明天），家电的王国——著名品牌企业馆。二是科技梦幻之旅——家电体验区：厨艺、美食体验区，电视、游戏体验区，数码产品体验区，小家电体验区，未来家电创意设计区等。

家电生活馆是市民了解苏州河及上海近现代家电工业的“窗口”，也是知名家电企业品牌推广、发布和研究的中心。

二、脚本构思与展区设计

家用电器主要指在家庭及类似场所中使用的各种电气和电子器具。

展示馆突出知识性、观赏性、互动性，以电脑喷绘、灯箱、图片为主，穿插模型、影视墙、多媒体演示等手段，合理利用新型材料，适当运用灯光的渲染作用，以磅礴的气势和宏大的场面，展示家电的历史、伟大的成就和美好的未来。具体体现“四化”：个性化、人性化、高科技化、艺术化。进行规划展示馆布展整体策划和设计，包括但不限于方案设计、初步设计、图文设计、艺术品设计、模型设计、展板设计、多媒体内容设计、声光电设计、沙盘设计和使用新材料或新方法的效果说明。总体布展设计构思、布局结构、风格特点等主要体现在以下各展示区域设计上。

(一) 第一展区　智慧的闪电——世界家电发明史话

世界家电发明史话让参观者穿过时空隧道，从19世纪的第二次工业革命一直走到21世纪的今天，笨重的原始雏形与灵便的未来家电汇聚一堂，印下人类追求用科技创造现代生活进步的足迹，可以说是一部世界家电发展史大全。

世界家电发明史话主要以图片、文字、影像资料的形式，向参观者展现世界家用电器发展、演变的过程。

第一展区　主要展示世界家电发明及发展历程。展示分为两个部分：第一部分　光明之神——从照明业到电气类产品（19世纪至20世纪初）；第二部分　蒸蒸日上——从电子器具到高技术型家电（20世纪初至20世纪末）。

1. 光明之神：从照明业到电气类产品（19世纪至20世纪初）

家用电器问世已有近百年历史，美国被认为是家用电器的发祥地。

1879年美国T.A.爱迪生发明白炽灯，开创了家庭用电时代。

美国电力工业的发展，为家用电器的发展创造了有利条件。

20世纪初，美国E.理查森发明的电熨斗投放市场，促使其他家用电器相继问世。

吸尘器、电动洗衣机、压缩机式家用电冰箱、电灶、空调器、全自动洗衣机应运而生。

2. 蒸蒸日上：从电子器具到高技术型家电（20世纪初至20世纪末）

20世纪初，英、美等国相继发明了第一代电子器件——电子管。

集成电路的发明，使电子技术进入微电子技术时代，使家用电器提高到一个新的水平。

50年代电子工业和塑料工业的兴起，促进了家用电器的迅速发展。

晶体管的发明应用，尤其是集成电路的发明，使家用电器提高到一个新的水平。

70年代，微型计算机的问世，推动着家用电器向自动化和智能化方向发展，一批高技术型的家用电器相继出现。

(二) 第二展区　家电的今天——中国家电发展

中国家电发展的风雨，几多精彩，几多辉煌！

从旧中国电器工业萌芽起步晚于西方近半个世纪到一应俱全的各式家电，中国家电业走过艰苦的创业历程。

惊人的跨越，见证着艰难而辉煌的历程，也预示着充满希望的前景。

第二展区主要展示中国家电业发展历程。展示分为三个部分：第一部分　梦想家：创建电器业（20世纪初—1949年前）；第二部分　复古情：怀旧老家电（1949

年—1978年改革开放前)；第三部分　新生活：流行大家电(1978年改革开放后—2000年)。

1．梦想家：创建电器业(20世纪初—1949年前)

中国电器工业从20世纪初开始萌芽，到1949年新中国成立，经历了40多年的艰辛创业道路。

了解旧中国电器工业发展史，才能做到“鉴往知来”，进而收到“古为今用”的效果。

(1)先引入后造厂

从1882年到1911年，英、法、德、日、俄等国商人，在各国政府支持下，在上海、香港、广州、天津、北京等20余个城市，相继兴建了约30家电灯厂(公司)。

中国官僚、民族资本工商业者，在上海、宁波、杭州等30余个城市也相继开办了40多家电灯厂(公司)。

以下介绍中国电器工业萌芽时期最早办电的几个事例。

中国最早的电厂　1879年4月11日，上海公共租界工部局电气工程师毕晓甫(J. D. Bishop)，在虹口乍浦路的一幢外商仓库里，以一台10马力(7.46千瓦)蒸汽引擎带动直流发电机发出的电能，点燃了炭极电弧灯。

这是电能在中国大地上的第一次应用。

1882年，英国商人立德尔(R. W. Little)等招股筹集白银5万两，创办上海电气公司(Shanghai Electric Company)，在南京路江西路西北角31号A(原为老同孚洋行住房后的仓库，今南京东路190号)建设发电厂。

在南京东路、江西中路的转角围墙内竖起了第一根电杆，再沿外滩至虹口招商局码头的街道旁立杆架线，串接15盏电弧灯，于7月26日下午7时正式供电。

图8-41　中国最早的发电公司

图8-42　中国最早的发电公司

图8-43　今广州越华路广东省民政厅

图8-44　北京最早的电灯

最早的官办电业　清末洋务派首领之一张之洞（1837—1909）在两广总督任内，派人在国外购买一台直流发电机，随带电灯100盏，于1888年7月18日运到广州，在总督衙门（今广州越华路广东省民政厅）旁建厂，安装发电机，架设线路，23日开始发电，整个衙门亮起了电灯。这是中国官府建厂用电的开端。

最早的民办电业　1890年，美国旧金山的华侨商人黄秉常，禀准两广总督张之洞在广州开办电灯厂。他在美国华侨中集资40万元，筹办广州电灯公司。2台100马力发动机和2台100马力交流发电机（每台可供电灯750盏）购自美国威斯汀豪斯（西屋）电气公司。1891年，广州沿街、店铺和公共场所共装电灯700盏。这是民族资本经营电业之始。

宫廷里的第一盏电灯　1888年，慈禧太后退居修养，修葺西苑（今中南海），建西苑电公所，于1890年亮起了北京最早的电灯。

（2）萌芽起步晚西洋

中国电器工业产生的时期比欧美国家的电器工业要晚得多，一般要晚35—50年。

1911年，美国慎昌洋行在上海开办电器修造工场，它的主要业务是修理该行经营的进口电器设备，同时生产一些简单的小型电器。

1913年，美国通用电气公司在上海成立子公司，称爱迪生灯泡厂，主要生产白炽灯泡，并生产低压线路电瓷配件、电风扇以及家用电灯开关，资本约为白银100万两，职工有近千人。

1914年，钱镛森在上海创办钱镛记电业机械厂。

新中国成立后的上海南洋电机厂，以该厂为主的几家工厂合并组成的。

图8-45　上海华生电器厂全景

图8-46　“华生”牌电扇

1916年开办的上海华生电器厂，是由洋行职员叶有才和布店账房杨济川、木行跑外袁宗耀三人合资经营的，主要生产电风扇、电流表和电气开关等产品，并制造电力变压器和电机。1917年，华生电器厂自行设计、制造成中国第一台电力变压器。1922年，该厂制造的8千瓦直流发电机和60安电镀用直流发电机，曾在上海总商会的展览会上获金奖。1926年，华生电器厂又制造出中国第一台交流同步三相发电机，容量150千瓦。进入30年代，华生电器厂在制造电机和输变电电器方面有了更快发展，取得较大成就。

1919年，上海华通电器机械厂成立。该厂是由原上海电力公司方棚（即变压器）车间的总领班姚德甫集资创办。30年代中期，华通电器机械厂的产品已发展为三大类：工业电器、家用电器和铁路电器，成为当时国内最大的综合电器工业制造厂。

旧中国电器工厂

截至1948年6月止，在国民政府工商部登记的电器工厂（包括无线电工厂在内）共有335个，职工19 775人，其中工人16 485人，平均每个企业505名工人，民族资本企业317个，工人11 937人，平均每个工厂45名工人。

表8-2　旧中国电器工厂

	工厂总数（个）	职工总数（人）	工人总数（人）	平均工人数（人）
国民政府工商部登记的电器工厂（包括无线电工厂在内）	335	19 775	16 485	505
民族资本企业	317		11 937	45

资料来源：《中国电器工业发展史》，机械工业出版社1990年版。

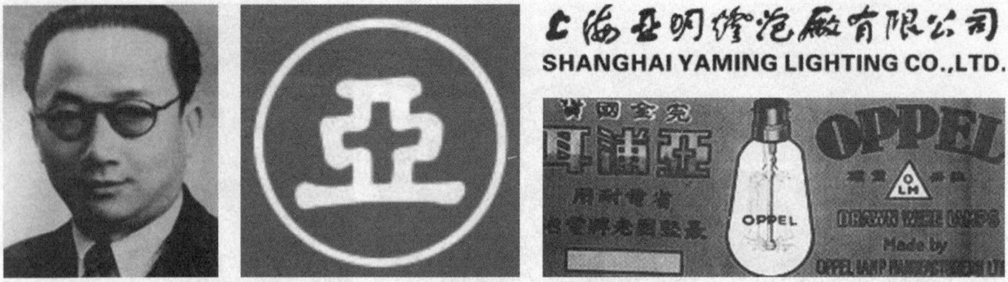

图8-47　胡西园——亚明灯泡厂

图8-48　“电扇大王”杨济川

图8-49　“电池大王”丁熊照　“大无畏”牌电池、电筒

（3）振兴电工先辈们

面对当时内忧外患的环境，无数怀揣民族工业振兴之梦的先驱为此奉献了一生。

我们这里的"梦想家"即怀念过去那些为中国家电工业作出贡献的民族先驱，同时也揭示未来在中国家电业散发光芒的年轻一代即将出发。

钟兆琳、沈根才、丁舜年、胡西园、杨济川、叶友才、丁熊照、姚德甫、聂云台和杨景时等。

（4）上海是中国电器工业的摇篮

上海是中国民族工业的诞生地之一，也是中国电器工业最集中的地方。

中国在1919年前的电器制造工厂寥寥无几，而且均集中在上海，都是规模很小的从事修配业务或生产零部件、低压电器的工厂。

上海创办的一些电器工厂及产品、商标主要有：

1912年，胡国光在虬江路开设国华电料厂，生产电池、电气开关等产品。

1915年，裕康洋行职员杨济川参考美国"奇异牌"电风扇，自行设计2台台式电风扇样机。

1916年2月，杨济川、叶友才和袁宗耀等人合资创办华生电器制造厂，生产电流限制表、电流表、电压表和电气开关等。

20年代，华生电器制造厂等生产电风扇、电熨斗、电炉、电灶、电暖锅和电水壶等家用电器产品，为上海国产家用电器工业的起步创造了条件。

1922年，华生电器制造厂、大效电机厂和益中机器制造公司制造出小型直流电动机、交流电动机和输电变压器等。

1924年，范国安创办的复顺电器制造厂，在杨树浦海州路租地扩建厂房，增加电熨斗、电炉等电热器具的生产。

1924年，华生电器制造厂的电风扇，开始在上海地区销售，注册商标"华生牌"，由于产品质量可靠，价格低于舶来品，销路逐步扩大到内地和南洋群岛一带，在当时广大华侨心目中被视为祖国民族工业的代表产品，乐于使用推广。

1922年，聂云台和杨景时等人创办益中机器制造公司。

1925年，胡西园独资盘买原由德国人创办的中国亚浦耳电器厂。

30年代初，上海民族工业家用电器行业已有华通电业机器厂、亚光制造股份有限公司和复顺电器制造厂试制生产过电冰箱。但产量均极有限，没有形成规模。

1935年亚美自行设计、生产出国内第一台1651型超外差式五灯中波收音机，使亚美成为第一家实现收音机商品化的企业。

该机除电子管和碳质电阻外，所用的高周与中周变压器及电源变压器和线圈均自行设计制造，各项技术指标可与舶来品媲美，售价仅为舶来品一半，颇受顾客欢迎。

民族资本电器制造工厂是中国电器工业萌芽初创时期的主要力量，抗日战争前，即1937年共有200多个工厂，其中159家设在上海，占3/4以上。

知名度高的，如华德灯泡、华生电风扇等，不仅畅销国内，而且远销东南亚、印度等地。

图8-50　聂云台与聂管臣的合影

图8-51　亚浦耳灯泡厂

表8-3　1912年至1937年中国民族资本电器制造业工厂
资本10—50万元（法币）

序号	创立年份	厂名	创办人	出身	产品种类
1	1914	钱镛记电业机械厂	钱镛森	洋行领班	直流机
2	1916	华生电器厂	叶友才	洋行职员	电风扇、交流电机、变压机
3	1919	华通电业机械厂	姚德甫	杨树浦电厂领班	开关、变压器、铁路信号
4	1922	益中机械电瓷厂	周　琦	留美工程师	变压器、开关板、电瓷
5	1924	亚美无线电公司	苏祈圭	银行练习生	无线电器材
6	1925	中国亚浦耳灯泡厂	胡西园	资本家	电灯泡
7	1925	汇明电筒电池厂	丁熊照	资本家	干电池、电筒
8	1927	大华仪器股份有限公司	丁佐成	物理学家	电工仪表
9	1928	孙立记电器厂	孙立琪	技工	手摇发电机
10	1929	华德灯泡厂	李庆祥	高级技师	灯泡、荧光灯
11	1932	华成电器制造厂	周锦水	五金店经理	交流电动机、发电机

资料来源：《中国电器工业发展史》

表8-4 上海地区民族资本电器制造业工厂分类表

序号	出品种类	厂数	序号	出品种类	厂数
1	电机变压器等机械	22	7	电灯泡	16
2	各种电器及配件	19	8	电珠及汽车灯泡	14
3	胶水电器用具	15	9	电筒电池	26
4	各种电热用具	4	10	蓄电池	7
5	各种电线（铜线系进口）	23	11	炭精用品	3
6	收音机及无线电零件	5	12	其他电气杂项	5
合计					159

资料来源:《中国电器工业发展史》

（5）苏州河两岸是上海电器工业的发祥地

上海是中国民族工业的发源地之一，而苏州河两岸正是上海近代工业文明的发源地。苏州河（普陀段）创建的一些电器工厂及产品、商标主要有：

华生电器厂（华生电扇是中国最早的电扇，中国最早的电扇商标）。

1915年，杨济川（江苏镇江人）、叶友才、袁宗耀等人集资在虹口创办华生电器厂，1924年开始生产“华生”牌台扇，成为我国第一家电扇制造厂，远销东南亚市场。

1930年迁至苏州河畔。抗战胜利后，该厂迁至江宁路长寿路（原革新电机厂厂址）营业。1954年公私合营。

1980年，组成华生电扇总厂。澳门路南，普陀路北。厂址在陕西北路1622号。

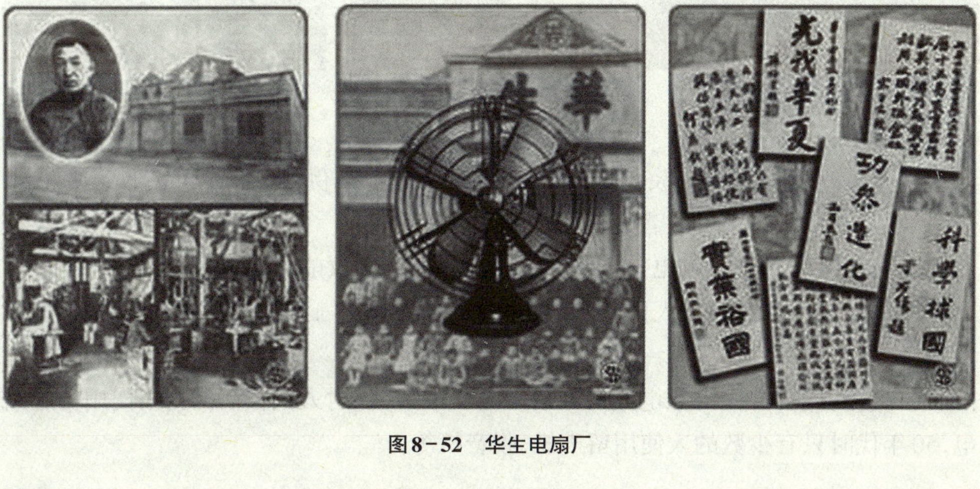

图8-52 华生电扇厂

上海无线电二厂。1917年6月荣宗敬、荣德生（江苏无锡人）在沪西宜昌路购进恒昌源纱厂，两年后扩建为申新二厂、上海无线电二厂。江宁路桥南堍东，厂址在宜昌路96号。

1917年，美国奇异安迪生电器总公司在上海开设的一个分厂——奇异电泡厂，生产各类照明灯泡。1952年改名为上海灯泡厂。苏州河南岸，今武宁路35号。

汇明电筒电池制造厂（“大无畏”干电池等商标）。1925年2月，丁熊照（汀苏无锡人）创办，初名汇明电筒电池厂，厂址在西藏南路427弄18—20号，主要生产“大无畏”干电池。抗战前夕，汇明厂迁入现址（新会路）。抗战胜利后，电池生产仍迁回局门路。

1956年公私合营。1958年有通明、永昌、五洲、华明、永固、开朗、建中、复兴、荣泰、一新等厂并入。1967年曾改为上海电筒厂，1985年1月为上海灯泡厂。西康路东，陕西北路西，厂址在新会路141号。

重点：场景设置（陈展实物）

我国第一个民营电台——上海新新百货公司顶楼的“玻璃电台”。

图8-53　1926年的新新公司

苏州河（普陀段）民族资本电器工厂、商标及产品。例如：“飞乐牌”收音机、“红灯牌”收音机、“海燕牌”收音机、“华生牌”电扇等。

2．复古情：怀旧老家电（1949年—1978年改革开放前）

1949年10月1日中华人民共和国成立，中国的电器工业也在薄弱的基础上逐步发展。

1978年以前，我国的家电业发展缓慢而又艰辛，那时人们生活困苦而使用不起家电，50年代时只有少数的人使用留声机、收音机等。

重点：场景设置

展示开国大典场景并配以互动声效，演示毛泽东开国大典时的讲话。

图8-54　毛主席在开国大典上的讲话

20世纪五六十年代被称为“老四件”，也是70年代结婚时候最流行的四大件（图8-55）。

重点：场景设置（陈展实物）

上海牌手表、永久自行车、半导体收音机、缝纫机。

图8-55　“四大件”实物场景展示

（1）家电技术之变

10个第一细细数：红星牌电子管收音机、雪花牌电冰箱、北京牌电视机、小天鹅牌洗衣机、雪莲牌空调器、湛江电饭煲、玉环牌燃气热水器、长城牌电脑、波导牌中文寻呼机、熊猫牌手机。

（2）家电消费之变

20世纪50—70年代，家用消费四大件：上海牌手表、永久牌自行车、半导体收音机、缝纫机。

3．新生活：流行大家电（1978年改革开放后—2000年）

自20世纪80年代后，随着我国改革开放大潮的推进，中国家电业开始迅速发展，经历了从无到有，到掌握自主尖端技术的几次飞跃。

（1）20世纪80年代：家电产业初步发展；家电消费六大件

改革开放以来，中国经济持续增长、城镇居民收入持续提高、城市化进程加速城市规模的扩大，带动城市家电市场的长期强劲的需求。

据中国家用电器协会的统计数字表明：1996年国产彩电为2 109万部，空调器产量达到6 459万台，电冰箱产量为9 282万台。

千元级的“新六件”：电视机、洗衣机、录音机、电冰箱、电风扇、照相机等。

图8-56　六大件场景设置

（2）20世纪90年代：家电产业快速发展；家电消费快速发展

20世纪90年代家电企业开始突破定点生产，迎来家电业发展的快速期，这一期间家电升级换代，收入水平的提高，带动城市家电的消费升级，手机在各个社会层次普及，尤其是平板彩电替换CRT彩电，能效更高的变频空调替代定速空调，以及其他新技术的应用催生城市家电市场一轮又一轮消费高潮。

90年代家电度过了普及期进入了技术更新时期，在这个技术快速发展的年代，除了彩色电视普及之外，个人电脑、手机、游戏机逐步走进人们生活当中，还有些人率先接触到了网络，它对人们生活方式的改革起到了决定作用。

（3）中国家电行业改革开放30年大事记

表8-5　中国家电行业改革开放30年大事记

序号	年份	重 点 事 件
1	1978年	我国批准引进第一条彩电生产线
2	1982年	国内第一个彩管厂（咸阳彩虹厂）成立
3	1984年	电子工业部开始实施彩电国产化“一条龙”工程
4	1985年	电子工业部承建的23套卫星电视接收站全部开通
5	1988年	第一台国产分体壁挂机空调诞生
6	1989年	国务院发出通知：从该年2月1日起对彩色电视机实行专营管理
7	1990年	中国第一条自行设计建造的录像机生产线投入试生产
8	1993年	电子工业部提出实施“大公司战略”
9	1996年	全国打响了彩电业历史上规模空前的价格战
10	1997年	国家计委宣布中国彩电业产销量均居世界前三名
11	1998年	中国第一条自主开发设计的超大屏幕背投彩色电视机生产线投产
12	2001年	数字电视标准制定进入实质阶段
13	2003年	中国彩电企业遭遇来自美国的反倾销诉讼
14	2004年	国家发改委研究起草并公布了《废旧家电及电子产品回收处理管理条例》
15	2006年	与数字电视相关的25项电子行业标准公布
16	2007年	中国第一条本土投资的等离子屏生产线建成
17	2008年	“家电下乡”正式启动

（三）第三展区　家电的明天——家电发展趋向

家电发展趋向：智能化、绿色化、网络化、云端化、数码化、节能化、时尚化、个性化等。

第三展区主要展示未来家电发展趋向。展示分为两个部分：第一部分　家电制造迈向智造；第二部分　家电技术发展路线图。

1．家电发展趋向

（1）藏：嵌入式家电，“藏”起来可以更美

嵌入家电，敞开厨房。包括西门子、博世、海尔、松下、方太、老板等国内外知名家电品牌。

（2）合：3C融合，改变生活

3C数码。MP3、优盘、数码照相机、摄像机等。数字家庭三大区域：电脑互联区域，包含LCD显示器、数码相机、MP3播放器、打印机、数码摄录机等依赖于电脑的电子设备。家用电器区域，包含电视机、音响设备、DVD播放机/录像机、电视游戏机等家庭视听娱乐设备。移动设备区域，主要包括笔记本电脑、掌上电脑（PDA）、手机等便携类产品。

（3）绿：平板电视向信息化、智能化、绿色化转变

"绿"则体现在节能、环保方面。海尔研发的洗衣机超静音技术、空调去除PM2.5技术、热水器余热回收技术、洗衣机污水处理技术等，推动了家电行业绿色转型步伐，引领了全球绿色家电的发展趋势。

平板电视由数字化、网络化、平板化向信息化、绿色化、智能化转变。

（4）智：智能化、云终端

"智"即智能。智能化、云终端。

（5）网：物联网家电

"网"是指物联网家电。人们可以在任何地方，用手机、电脑，甚至电视操作、遥控家里的全部联在网上的电器，即冰箱、洗衣进、彩电等产品。

2．家电技术发展路线图

中国家电技术发展路线图提出了未来5—10年家电产业在节能、低碳环保、性能及可靠性、智能化、先进制造五个方面的具体发展目标及方向。

中国家电产业技术发展路线图制订了未来5—10年电冰箱、空调、洗衣机等三个子行业的发展目标及方向。

（1）电冰箱产业目标及方向

电冰箱 重点发展大容量、多门、多温区冰箱。

（2）空调器产业目标及方向

空调 重点发展高效节能变频器、变频空调器、环保冷媒空调器。

（3）洗衣机产业目标及方向

洗衣机 重点发展大容量洗衣机，变频洗衣机，洗衣机全自动机型的比重将由现在的52%提升至70%。未来，大家电要重点发展附加值高的高端家电产品。

小家电 积极推广与开发厨房类、清洁通风类、健康型、美容保健类等小家电产品。

（四）第四展区 家电的王国——著名品牌企业馆

中国家电品牌经历了从无到有，从散乱庞杂到不断集中，从只有国内到向国际品牌发展的历程。

第四展区主要展示中国家电从规模扩张到品牌制胜的历史发展轨迹，折射出中国家电行业最具影响力和最具发展潜力的品牌以及中国家电业从大到强创造国际品牌的新篇章。

展示分为两个部分：第一部分　中国：从大到强创造家电国际品牌；第二部分　中国：打造世界级家电品牌企业。

1．中国：从大到强创造家电国际品牌

中国家电业从产品模仿到品牌竞争、从规模扩张到品牌制胜的道路。

群雄并起　品牌渐被识

中国改革开放之初，随着国门打开，消费者的渴求加速推动了家电产业的发展。

雪花、杭州西泠、天津海河、沈阳长城被誉为当时中国冰箱业的“四朵金花”。

“广告＝品牌”成为当时家电市场的一个重要特点。

1987年江苏盐城无线电厂“燕舞”电视广告，拉动了中国家电广告大战的序幕。

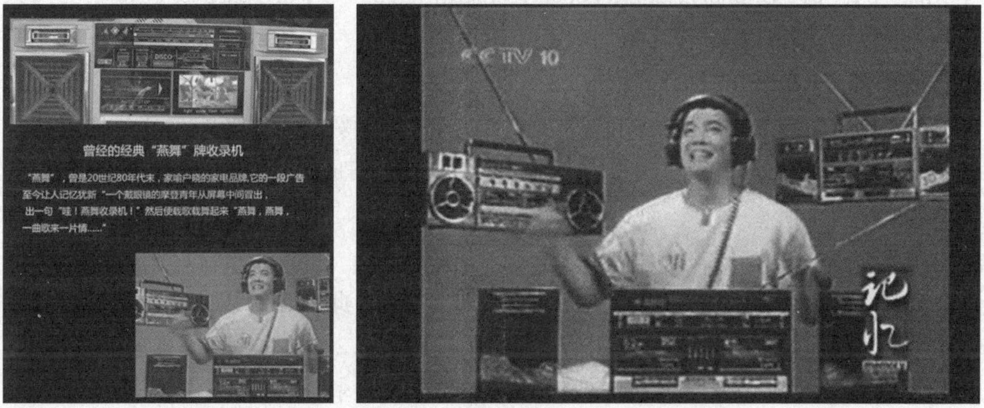

图8－57　燕舞，燕舞，一曲歌来一片情　（燕舞收录机）

（1）品味：10个家电产品广告

（2）品牌风云：中国10个家电人物

黄光裕

黄光裕，走出了一条令人瞠目结舌的人生道路，影响了整个中国家电零售业的发展，也影响了家电产业链内的众多企业。从汕头穷小子变成家电销售龙头国美总裁、资本大鳄和中国首富，再而意外入狱，黄光裕的经历令人感叹人生无常。

张近东

1990年12月26日，他以10万元自有资金，在南京宁海路租下一个200平方米的门面房，取名为苏宁家电。此后的20年时间里，他改写了中国家电零售市场的格局，苏宁成长为规模仅次于国美的家电连锁企业，掀起了中国家电零售市场的一轮又一轮惊涛骇浪。

张瑞敏

他用20年的时间，将海尔打造成中国家电第一品牌、全球第二大白色家电品牌。作为中国最早进行国际化实践的企业家之一，张瑞敏以超越常规的胆量在美国建厂，并在细分市场获得成功，成为在西方世界中最知名的中国企业家。

何享健

2009年8月26日，67岁的何享健将美的电器董事局主席的“权杖”交给42岁的方洪波，宣布功成身退。目前，“不爱抛头露面、沉默寡言、性格内向”的何享健仍拥有美的电器46.28%股份，是美的电器的实际控制人。

董明珠

她已连续五次入选《财富》全球50大商界女强人排行榜。她有着“棋行天下、落子无悔”的性格，她被称为商界的铁娘子。在格力20多年，董明珠这个急性子的当家人以她的果断和雷厉风行，为格力收获了累累硕果。

周厚健

20世纪90年代，他就洞察市场；21世纪初，技术创新成为他新的名片。他成功解决商标纠纷，成功研制高科技芯片。在他领导下，海信成为产品种类多、全球化经营的大型企业集团。

黄宏生

1988年，他在香港注册成立遥控器厂，取名创维，此后创维以彩电闻名全中国；2006年，他因盗窃及诈骗上市公司资产被判6年监禁。2009年7月，他提前获释出狱，当日创维股价大涨12.87%。目前他仍是创维的最大股东，持股比例高达39.71%。

倪润峰

他被誉为中国家电业的“教父”，在长虹的19年间，这个机载火控雷达专家将长虹从一个国营小厂打造成世界彩电大王。他在中国家电业发起的价格跳水、囤积彩管等事件被奉为商战经典。2004年，四川省政府宣布刚满60岁的倪润峰离开长虹，由41岁的赵勇接班。

梁庆德

他把一家生产鸡毛掸子的小厂，变成世界最大的微波炉生产商。从格兰仕创立、转制到腾飞，他倾注了毕生精力。他整合了全球产能与资源，创造了“产业搬进来，产品走出去”的格兰仕模式。

大浪淘沙　品牌集中度提高

进入21世纪，家电品牌集中度越来越高，无论是空调、电视、冰箱等大家电还是小家电，品牌消亡的速度都在加快。

（3）知名品牌：中国十大家电品牌

国美、苏宁、海尔、美的、格力集团、海信集团、创维、TCL、长虹、格兰仕。

（4）著名品牌：世界十大著名家电品牌

惠而浦（Whirlpool）、通用电气（GE）、伊莱克斯（Electrolux）、西门子（Siemens）、飞利浦（Philips）、赛博（SEB）、索尼（Sony）、松下（Panasonic）、三星（Samsung）、LG。

2．中国：打造世界级家电品牌企业

下面，让我们一起穿越时空，走进××品牌企业，看一看××品牌企业多年的发展历程，特别是了解××品牌企业为什么能够快速做大、做强，以及××品牌企业未来发展方向与战略目标。

家电品牌视频、家电品牌大讲堂、家电品牌实物、家电品牌书籍、家电品牌人物、家电品牌荣誉、家电品牌奖章、家电品牌大事记。

（五）科技梦幻之旅——家电体验区

各类家电主题体验区提供了从餐饮美食、休闲娱乐到生活服务等各方面的体验享受（看、听、用、玩、吃、学、购），由此带来的智能、低碳和便捷生活，为参观者奉上了一道丰富的智能科技盛宴。

第一部分厨艺、美食体验区，第二部分电视、游戏体验区，第三部分数码产品体验区，第四部分小家电体验区，第五部分未来家电创意设计区。

1．厨艺、美食体验区

厨艺、美食体验区包括××厨具厨艺互动秀，现场厨师展示厨艺，西餐、中餐随时随地传递美味；××厨房美食健康生活趋势发布；××厨房每年最新美食、健康生活方式发布活动；××厨艺生活沙龙特别活动等。

（1）美食品尝体验

家庭厨房式样的现场，陈列的样品，一个较大的糕点制作模型。一些蛋糕、奶油、水果、沙拉等原料样本，可供参观者现场制作。

主持人，让参观者互动参与糕点制作比赛，分组进行，凡评选出的“最具有创意”的早餐，将获得一份精美礼品。

所有参观者都可凭现场的宣传单，得到一份免费的糕点或豆浆，可让参观者一边喝豆浆吃糕点，一边看糕点制作。

穿插一些节目，包括厨艺的滑稽表演，当场购买豆浆机可以八折优惠等活动。

（2）营养果汁体验

调酒师用榨汁机调制果饮料，邀请参观者参与调制其中一款口味的果饮料、免费品尝。在活动每个阶段，调果汁师会在舞台区现场表演。产品演示：调制几款口味的果饮料10分钟。备料：榨汁机、应季水果、红酒、透明玻璃杯等。

（3）健康饮水体验

与××饮水机品牌合作，名称“灭菌大挑战”：全管路杀菌，结合趣味游戏，赢取大奖。

游戏规则：每人3支飞镖，按游戏要求用飞镖射中全管路上代表细菌的气球，以击破气球数量计算成绩。从现场10名参观者通过参与本游戏，选出成绩最好的前5名直接晋级到舞台区参加决赛。参与者有奖。

（4）快乐厨艺体验

与××家电品牌合作，针对不同参观者现场讲解电磁炉功能并制作食物。

演示员现场操作并讲解如何实现其文火不糊锅、武火火更猛的功能。同时，邀请参观者亲身体验。参与就有奖。

互动游戏：《文火不溢锅》。道具：各种菜形状的小道具，独木桥，一桶水，火焰造型的托盘。游戏规则：参观者先选择不同形状的道具，通过独木桥将道具运到终点，再将小道具扔到水桶里，在水不外溢的前提下，看谁往水桶里搁的小道具最多视为过关。

品尝自制的食品。提供不同图案的模具，来烘烤不同图案的饼干，分类摆好，旁边准备不同颜色的奶油和细小的针管，可以包装好带回家。选择不同形状的雪糕模具，然后按自己喜欢的颜色放入不同颜色的色素或材料，经过高级冰柜的速冻功能，三分钟雪糕即成。制成之后可以沾上自己喜欢的材料，如杏仁、芝麻、果酱等。

2．电视、游戏体验区

智能电视，为参观者带来前所未有的娱乐互动体验。高清大片在线点播、刷微博、打小鸟、做运动、看食谱等都可以通过智能电视在展示厅中轻松实现。

（1）智能电视体验

智慧时代，畅享视像未来：3D、4D电视，3D、4D游戏的大屏体验。

关键字：3D、4D体验、电器故事、休息。环幕电影的技术在现代展馆可以寻觅踪迹，好处是既可3D展现，又可根据环境设置4D效果。环形或半环形的屏幕让观看者有更强烈的感触。可以将电器发展的经典故事通过小电影、视频的方式重现，滚动播放，让参观者在此环节重温家电馆的精彩之处。参观者在此也可以坐下休息。环幕影院效果展示——参观者或坐或站。如果现场条件不允许做环幕影院，也可设置普通3D（4D）小影院。不同3D（4D）影院场景展示：

互动触屏。零距离——触屏互动区采用先进的触摸式互动媒体，与参观者产生了真正的互动。

智慧物联　乐享生活。展出home智能家居，以整套物联网家电为载体的物联之家升级版。

让参观者现场体验物联网时代安全、便利、舒适、愉悦的美好住居生活。

（2）立体游戏体验

真人切水果。以切水果游戏为范本，加入更加高科技的元素，使得参观者可以用自己的双手切虚拟的水果，是人与电器互动的极好项目。

（3）家庭影院体验

在家庭影院有独具CMMB功能和接机顶盒直接看电视的功能，加工内置存储，可以下载网络最新电影和听歌等功能。关键词：电影、微型投影仪、家的环境、舒适。在此体验环境，可模拟家庭环境，设立小型家庭影院，配合微型投影仪和立式音箱的使用，播放时下大片或经典电影，给参观者一种在家看电影的独特体验。

（4）音乐发烧体验

"发烧友"爱好音乐，同时热衷于先进的音响器材，如音箱、高端耳机等，追求高品质音效。关键词：音效、耳机、旧时代的声音。此体验区可以展示各种不同的耳机、音响，供参观者试听音质，体验最高端设备。体验区的耳机可以与音箱的历史脉络结合，不同的耳机可以听到不同年代音乐的效果，比如早期留声机、大喇叭式收音机、黑胶片唱机、现代CD、MP4等。使参观者在听觉上有完整而充分的音质体验。试听体验区：设置了便携式蓝光播放器及防噪、监听式耳机可供参观者进行视听体验。

3．数码产品体验区

（1）电脑体验

玩涂鸦　炫灵感——巨大iPhone式感应触摸屏可同时容纳3个人体验。游戏耗时：约3分钟/次。游戏规则：参与者可在涂鸦墙/屏上通过手指触控点击各种按键创作自己的涂鸦家电作品；点击背景按键可选择不同背景；点击素材库按键可选择各种元素并可直接拖拽至已选择的背景；点击工具栏按钮可以选择涂鸦笔的颜色、粗细进行亲笔涂鸦创作，同时工具栏中提供橡皮擦工具；最后可署名后保存电子文档或打印成品图片。

（2）摄像机体验

摄像活技术。游戏耗时：约2分钟/次。游戏规则：参与者在游戏道具前站定；面向摄像头并根据提示将上半身与屏幕显示规定的位置对准后进行拍照；然后选择希望进行合成的未来场景图片；根据系统提示点击合成按钮；查看合成图片并选择打印图片或保存到指定位置。

（3）数码相机体验

单反相机一直是摄影爱好者和发烧友的必选装备，展区特设了全线单反体验区，参观者可切实感受单反相机的威力。主舞台区：有精彩的产品模特秀；单反体验区：包括新款都能在此把玩；炮阵区：N款大炮任君体验。在体验区开辟出一小块容得下2—3个人的地方作为摄影棚。可单人，也可以情侣、家长和孩子一起体验。通过高清单反的拍摄之后直接传入电脑，经过PS，把背景换成体验者想去的地方，然后快速冲洗出来（过程也很简易）。必须配备：高清单反、照明灯、幕布、打印机、PS软件。

（4）手机体验

智能云电视+手机+平板多屏互动体验。

4．小家电体验区

着重采用真机展示和实际操作结合，增强与参观者的互动，参观者可以零距离接触家电产品。

参观者不仅可以对按功能分区的电饭煲、电磁炉、豆浆机、微波炉等进行观看，还可以亲身感受“中华料理”、“早餐汇”、“单反模拟平台”等的功能体验。

（1）时尚烹调体验

各式各样的烹调电器。与家电品牌厂商合作，如突出表现“电饭煲”——“盖板可拆洗”等功能。快手赢家：演示员现场讲解并操作盖板可拆洗功能；现场每阶段的前10名参观者可获得挑战产品专家的机会，通过拆、洗、安装盖板，计时体验。成绩最好的前5名参观者直接晋级到舞台区参加决赛、赢取大奖；而后的消费者仍可参与该活动。

（2）家居清洁体验区

智能吸尘器、废旧冰箱空调洗衣机拆解体验。

电视、电脑拆解处理、PCB线路板拆解处理、电冰箱拆解处理、洗衣机空调拆解处理；冰柜拆解、冰柜、空调、手机等拆解处理。设置产品介绍背板。

自己动手做小家电（自费项目）：给孩子买一份材料，就可以自己做出有趣的小家电。培养孩子对电器的认识和动手能力。

（3）个人护理体验

参观者可以亲身体验按摩椅、骑马器及其他美容健康小家电，为参观者带来全新的生活方式和感受。以离子蒸面器为主，大到吹风机、卷发器，小到指甲修剪器、睫毛卷翘器的各类美容美健产品都可由参观者尽情体验。致力于为参观者提供细致贴心的整体美容健康创意方案。

5．未来家电创意设计区

触控厨房——厨房里的互动游戏互动资讯，边炒菜边看新闻。触控厨房透过玻璃触控方案。

（1）未来家电概念创意

作品要求：参观者需要发挥充分的想象空间，描述成套家电生活、网络家电生活等生活方式，每个参赛作品文字描述不得超出500字。可以图文并茂。

工业设计高端论坛及工业设计获奖作品展。目的是促进企业和政府的交流，推动企业和教育之间的对话，促进信息交流和创新。促进设计发展，推动产业和教育之间的对话，例如设立大学生设计奖学金，赞助毕业的优秀工业设计学生等。

（2）未来家电产品设计

纳米技术产品展——触控厨房操作台。一边电磁炉上煮着热水，而另一边使用者可以马上查看菜谱，查询如何烹调，甚至可以随时上网……

其他系列活动。虚实网融合，体验、购买、服务为一体。联合知名的家电企业将此作为固定的品牌信息发布前沿地。打造成一个高科技的展示平台。这个平台即可以吸引散客进来了解和体验家电，也可以是不少企业展示自己最新产品的一个场所。这样，一方面是对历史的一种补充，另外一方面也是对生活馆收入的一种补充。

（3）未来时尚智能家电屋

吸引参观者：有360度全方向送风的艾美特智能风扇；"音乐爬上墙，油画会唱歌"的三诺平面艺术音响；双导磁线圈独家设计的尚朋堂电磁炉；有带多媒体音箱的LCD森普液晶显示灯；集照相商务通于一体的MP4；集吸光、拖地、消毒为一体的智能"拖把"；有带空调的中央热水器；有集吸烟、燃气灶、消毒、烘干、人工智能控制于一体的"美大集成环保灶"；有带气风调节的冷暖联创空调扇……可谓名品荟萃！

"智能屋"的展览有自动扫地机、能发热的衣服、带蒸汽的吸尘器、空气能热水器等智能家电。白色落地窗帘、双人真皮沙发、白色的方形茶几，走进智能家电体验区，体验者可以拿起手机，在屏幕上选择"厨房"选项，点击"打开"，即可以启动厨房全自动化设备系统，半个小时后，香喷喷的晚饭就能呈现在面前。占地200平方米的家电智能体验区，参观者仅利用一部小小的手机，就可以体验互联网迅速发展给家居生活带来的变化。

三、布展、运营成本分析

上海家电生活馆（以下简称家电馆）是专业性的小型展示馆。家电馆不是一次投资建成就了事的。展品的运转、维修与更新需要可观的经费。据美国科技中心协会估计：小型科技展示馆年度预算为10—30万美元；中型科技展示馆年度预算为

30—100万美元；大型科技展示馆年度预算为100—700万美元。因此，研究与分析“布展、运营成本”对家电馆建设有着重要价值与战略意义。

（一）家电馆布展成本分析

1. 家电馆的布展成本构成

家电馆的布展与展馆内的展项有着密不可分的联系，与一般的建筑装饰以及展览会的展示有明显的区别。

布展成本是家电馆建设及运营成本的一个重要方面。它由布展设计成本和装饰施工成本构成，主要包括：常设展览展品及配套设施购置和研制、短期专题展览展品及配套设施购置和研制、报告厅设备设施购置、体验设备设施购置、特效技术展示及立体演示系统设备设施购置、观众综合服务设备设施购置、展品研制设备设施购置和综合管理区设备设施购置，以及直接费用、间接费用、其他费用等装饰施工成本。

2. 家电馆的布展成本费用

（1）家电馆布展设计的内容

一层（1 035平方米）家电展示区的家电的昨天——世界家电发明，家电的今天——中国家电发展，家电的明天——家电发展趋向，家电的王国——著名品牌企业馆等布展设计。

二层（968平方米）家电体验区的厨房体验区，3D电视、3D游戏体验区，数码、单反体验区，小家电体验区、家电生活创意设计体验区，时尚家电生活概念屋等布展设计。

（2）家电馆布展设计的成本

主要包括：

展品购制费，指用于购置和研制一般展品和特殊展品的费用。

设计费，指用于脚本策划和展览设计方案的编制、展览和展品内容和形式设计、展品征集活动等相关费用。

布展费，指用于展览布展安装实施过程中产生的各项费用，如：展品搬运设备购置租赁费、展品安装调试费、运输费、布展人工费、布线和水电安装费、相关器材购置租赁费以及相关展教宣传品和纪念品设计印刷制作费等相关费用。

设备设施购置费，指用于体验家电技术展示及演示、库房、展厅工作人员工作室、观众服务区及相关设备设施的购置费用。

项目管理费，指为布展设计所发生的组织管理工作支出，如调研费、劳务费、专家咨询费、管理咨询费、监理费、验收费、监督检查、绩效评价等。

装饰施工成本费，主要包括：直接费用、间接费用、企业管理费用、利润、税金，以及其他费用等。

(3)家电馆布展设计的费用估算

按照以上内容及项目,其布展设计成本费用估算为1 000万元左右。

(二)家电馆运营成本分析

1. 家电馆的主要技术经济指标

家电馆建设投资,一般由如下组成:

建设投资=建筑安装工程费用(房屋建筑工程、室外工程)+工程建设其他费用+展教装备费用+预备费用。

(1)建筑安装工程费用

建筑安装工程分为房屋建筑和室外工程两个部分。

房屋建筑工程包括:房屋建筑工程、设备采购、安装工程。

家电馆房屋建筑工程包括展览教育用房、公众服务用房、业务研究用房、管理保障用房,各种用房功能、组成、面积和所占比例大致如下:

表8-6 家电馆用房、面积、比例参考指标

房屋用途	用房组成	建筑面积(m^2)	百分比(%)
展览教育用房	常设展厅、短期展厅、报告厅或影像厅、体验活动室等	1 800	60
公众服务用房	门厅/大厅、休息/存包处、票房/问讯处、商品部、卫生间等	300	10
业务研究用房	设计研究室、展品制作维修室、图书资料/档案室、声像制作室、展(藏)品和材料库等	300	10
管理保障用房	办公室、会议室/接待室、值班室/警卫室及水、电、暖、空调、通信设备用房等	600	20

室外工程包括:室外工程、市政工程接口、园林绿化工程、室外场地道路及室外展场工程。

根据建设部、财政部建标〔2003〕206号文,建筑安装工程费用由直接费、间接费、利润和税金组成。

直接费:由直接工程费和措施费组成。直接工程费指施工过程中耗费的构成工程实体的各项费用。措施费指为完成工程项目施工,发生于该工程施工前和施工过程中非工程实体项目的费用。

间接费:由规费、企业管理费组成。规费指政府和有关权力部门规定必须缴纳的费用。企业管理费指建筑安装企业组织施工生产和经营管理所需费用。

（2）工程建设其他费用

根据国家计委、中国人民建设银行计标〔85〕352号文，工程建设其他费用系指根据有关规定应在基本建设投资中支付的，并列入建设项目总概算的，除建筑安装工程费用和设备、工器具购置费以外的一些费用。

（3）展教装备费用

展教装备费用指展品费用和研究装备费用。

展品费用：包括用于展教活动的展品及其配套费用。

研究装备费用：包括用于展教资源开发、展品维护、情报与理论研究、展教资料采集、文物和标本收藏等工作的装备费用。

（4）预备费用

预备费用包括基本预备费和专项预备费。估算：

表8-7　家电馆建设费用投资估算参考指标（元/m^2）

费用名称 / 馆类型	建筑安装工程费		展教装备费	工程建设其他费	预备费
	房屋建筑工程费	室外工程费			
家电馆	5 000—5 500	500—600	2 700—3 000	700—800	4—6

注：展教装备中投资费用百分比不含大型多媒体、数字影院等设备。预备费用，一般按建筑安装工程费、工程建设其他费、展教装备费之和的4%—6%考虑。

表8-8　家电馆投资费用百分比（%）参考指标

费用名称 / 馆类型	建筑安装工程费		展教装备费	工程建设其他费	预备费
	房屋建筑工程费	室外工程费			
家电馆	49.8—56.1	5.4—6.0	28.1—31.6	6.9—7.7	4.0—4.6

注：本标准建设投资中未包括家电馆建设征地、特殊地质处理、特殊构筑物等独立费。

估算：

家电生活馆建设成本 = 建筑安装工程费 + 工程建设其他费 + 展教装备费 + 预备费

$= 3\,000\ m^2 \times (5\,000 + 500 + 700 + 2\,700)$ 元/$m^2 \times (1 + 4.5\%)$

= 2 670万元＋412.2万元

= 3 082.2万元

家电馆的总建设费用估算为3 000万元左右。

2. 家电馆的运营成本构成

家电馆运营成本也称经营成本、营业成本。是指家电生活馆进行展览活动，提供服务而发生的各种耗费（人力、物力和财力=外购原材料、燃料和动力费+工资及福利费+修理费+其他费用）。

（1）部门设置

a. 构成 家电馆运营需设置行政管理、公共关系、设计研究、公众教育、公众服务、工程管理等部门，工作人员编制总数主要根据该馆建设规模确定，管理人员占总数的10%—15%，专业技术人员占总数的65%—75%，工勤人员占总数的15%—20%。

工作人员分为管理人员、专业技术人员和工勤人员三类。管理人员包括行政管理负责人、业务管理负责人和各类管理人员；专业技术人员包括专业技术负责人和各类专业技术人员；工勤人员包括技术工人和一般工人。

根据国际上展示馆所需工作人员数量规律并考虑国情，家电生活馆工作人员数量与建筑面积的比值取低于国际平均值，1人/160 m^2，即18人。

b. 建议 家电馆可将某些部门合并设置，其人员编制为13—15人。管理人员2—3人（行政、业务、其他）；专业技术人员8—9人（公关、设计、教育、服务、工程）；工勤人员3人（技术工人、一般工人、保安人员）。可根据工作需要，聘用临时工作人员。

家电馆建成后，人员编制为13—15人，参照上海平均工资和新馆的工资标准，预计职工平均年工资、补助及福利为6万元，则年人员支出为78—90万元。

c. 估算 13—15人 × 人均5 000/元 × 12月

= 13—15人 × 60 000元

= 780 000—900 000元

（2）工作内容

家电馆的日常工作主要内容如下：

行政管理 包括日常行政、人事、财务、物资、后勤等事务。公共关系，包括对外联络、宣传、接待等事务。

设计研究 包括展览和展品的设计研究，家电馆情报、理论、规划、展教方法的研究，开展公众调查与家电馆展教效果评估等。

公众教育 包括展览和展品管理，辅导公众参观，组织报告、讲座、影视和实验等教育活动等。

公众服务 包括销售参观门票，维护展厅安全和卫生，观众餐饮和商品销售服务等。

工程管理 包括建筑、水、暖、空调、电气、电讯等设备的日常运行及维护。

(3) 成本费用

指家电馆为开展科普及工作和展览活动所发生的经济利益的流出。经营成本是项目现金流量表中运营期现金流出的主体部分。其公式：运营费用 = 一般费用 + 专项费用。

一般费用 指人员支出费用、公用支出费用和其他支出费用等。

人员支出费用，包括基本工资、津贴补贴、社会保障缴费、伙食补助费、绩效工资、其他工资福利支出以及对个人和家庭补助等费用。

公用支出费用，包括日常公用经费：办公费、水电费、邮电费、交通费、差旅费、零星维修费、培训费等，包括项目支出：设备更新及购置费、大型修缮费、陈列布展等费用。

其他支出费用。其他为完善服务功能而发生的必要支出费用。

专项费用 指专项业务（展览和展品研发更新、展览环境设计改造等）费、设施修缮费（含展教设备维修费等）、设备购置费等费用。

运营成本费用，可按家电馆建设投资费用的百分比确定。

表8-9 年运营经费与投资费用的百分比（%）

费用名称	年运营经费的比例（%）
一般费用/建筑安装工程费	9—10
专项费用/展教装备费	10

估算 家电馆年运营成本费用 = 一般费用 + 专项费用

= 3 000 m^2 ×（5 000 + 500）元/m^2 × 9% + 3 000 m^2 × 2 700元/m^2 × 10%

= 229.5万元

家电馆年运营成本费用200—230万元。

（考虑GDP、物价上涨，上海市人力资源、建筑材料成本上升等因素）

建议 通过家电馆布展、运营成本分析及费用估算可以看出，家电馆是社会公益性事业单位，着重社会教育，免费参观，收入很少，以自身创收不能满足其成本支出，在增收节支的基础上，需要政府、企业给予补贴，才能保证其正常运转。随着运营能力的提高，远期相信会有所改善。

家电馆假定年度预算为200万元。其中：政府、企业拨款占40%，专题门票及特色家电服务，如家电购物、家电茶座、家电餐饮、家电纪念品、家电展览活动（专展、临展、巡展等）占30%，创收（家电出租、家电培训、家电会议、家电讲座、家电体验等）占20%，社会捐助占10%（基金、民间、会员、教育基地、研究中心）。

表8-10 家电馆布展、运营成本估算汇总表

序号	工程或费用项目名称	金额（万元）	备 注
一	布展成本费用估算		
（一）	布展设计	321—408	
1	展品购制费	70—80	
1.1	一般展品 数量根据展厅建面按15—30 m^2/件估算；实物占地率为20%—30%	30—35	世界家电发明，中国家电发展，苏州河（普陀段）民族资本电器工厂、商标及产品等
1.2	特殊展品	40—45	爱迪生、梦想家雕塑、玻璃电台、开国大典等
2	设计费	101—120	
2.1	脚本策划	18—20	总体概念、主题演绎、内容框架、展示形式等创意策划
2.2	展览展示方案设计	48—50	用图表达空间区域、参观线路、展项布置和相关节点等
2.3	展览和展品内容和形式设计	20—30	展览展示工程设计：展品设计、展区设计、媒体设计等
2.4	展品征集活动	15—20	展品的收集（包括购买和接收捐赠）、运输、保管等
3	布展费	60—80	
3.1	展品搬运设备	3—5	展品2—3吨/160元，体积超过2 m^3，另加就位费70元/吨等
3.2	展品安装调试	8—10	展品布展、多媒体、系统安装、系统测试等
3.3	展品运输	5—7	展品500 kg—1 000 kg 100元/件，0.5 m^3—1 m^3 100元/件等
3.4	布展人工	8—10	布撤展及清场人工费等
3.5	布线和水电安装	18—20	室内布线、给水排水、电气照明装置、通信等
3.6	器材购置租赁	5	设备买价、运费和保险费等
3.7	展教宣传品	5—10	有偿和无偿宣传品：电视、网络、海报、导览图等

续 表

序号	工程或费用项目名称	金额(万元)	备　注
3.8	纪念品设计印刷	5—10	馆徽标及纪念品(开馆公务纪念品和旅游纪念品)等
4	设备设施购置费	50—70	公开招标
4.1	厨房体验区演示设备设施	10—15	厨具厨艺、厨房美食等
4.2	3D电视、3D游戏体验设备设施	12—15	3D游戏、3D电影、3D影视、3D电视、3D相机、3D摄像机
4.3	数码、单反体验区设备设施	7—10	数码相机、单反相机等
4.4	小家电体验区设备设施	7—10	手机、电脑、DVD影视机等
4.5	家电生活创意设计体验设备	7—10	作品、论坛、购买、服务等
4.6	时尚家电生活概念屋设备设施	7—10	智能风扇、艺术音响、电磁炉、MP4、空调、自动扫地机、能发热的衣服、带蒸汽的吸尘器、空气能热水器等智能家电
5	项目管理费	40—58	按照财政部等相关规定
5.1	调研费	3—5	调查问卷设计、印刷、实施、录入、统计分析、报告撰写等
5.2	劳务费	4—5	设计、装潢、安装等
5.3	专家咨询费	1—2	评审、会务、差旅等 800—1 000元/人天
5.4	管理咨询费	5—7	按照相关文件费用计算规则内容及标准
5.5	监理费	12—15	按照相关文件费用规定计算
5.6	验收费	5—8	按照相关文件费用规定计算
5.7	监督检查	5—8	按照相关文件费用规定计算
5.8	绩效评价	5—8	按照相关文件费用规定计算
(二)	装饰施工	671—700	
1	直接费	565—580	材料费+人工费+机械费
1.1	直接工程费	557—568	材料费+人工费+机械费
1.2	措施费	8—12	安全防护、文明施工等

续 表

序号	工程或费用项目名称	金额(万元)	备 注
2	间接费	96—110	规费、企业管理费等
2.1	规费	33—38	工程排污费、社会保障费、住房公积金、河道管理费等
2.2	企业管理费	20—24	工程施工和经营管理所需费用
3	利润、税金	43—48	企业所得利润与所交各项税金
(三)	其他费用	10	不可预见费、非经常费
	实际费用估算	992—1 108	
二	运营成本费用估算		
(一)	建设投资	3 000	
1	建筑安装工程费用		
1.1	房屋建筑工程费用	1 494—1 683 1 500—1 650	占投资费用49.8%—56.1%, 按5 000—5 500元/m^{2}计算
1.2	室外工程费用	162—180 150—180	占投资费用5.4%—6.0%, 按500—600/m^{2}计算
2	工程建设其他费用	207—231 210—240	占投资费用6.9%—7.7%, 按700%—800/m^{2}计算
3	展教装备费用	843—948 800—900(展面) 810—900(建面)	占投资费用28.1%—31.6%,按展面4 000—4 500/m^{2}或建面2 700—3 000/m^{2}计算,不含特效电影、大型数字化设备
3.1	展品费用		
3.2	研究装备费用		
4	预备费用	12—18 12—13.8	占投资费用4%—6%, 按4.0%—4.6%计算
4.1	基本预备费用		
4.2	专项预备费用		
	费用估算与建设投资基本相符	2 718—3 060 2 672—2 983.8	按投资计算 按m^{2}计算

续 表

序号	工程或费用项目名称	金额(万元)	备 注
(二)	运营成本	200—230	
1	成本费用		
1.1	一般费用	100—115	一般费用/建筑安装工程费9%—10%
1.2	人员支出费	78—90	13—15人,人员工资等
1.3	公用支出费	13—15	燃料动力费用、办公经费、设备更新及购置费、大型修缮费、陈列布展等费用
1.3	其他支出费	9—10	展品的修缮、运输、保管,以及宣传、活动等
2	专项费用	100—115	专项费用/展教装备费10%
2.1	专项业务费	40—45	展览和展品研发更新、展览环境设计改造等
2.2	设施修缮费	35—40	建筑物、设备等的维修、维护费等
2.3	设备购置费	25—30	设备、工具、器具等
	年运营成本费用估算	200—230	一般费用+专项费用

说明:1. 我国场馆设施(博物馆、科技馆、规划馆、展示馆等),一般以其建筑面积的大小来划分:5 000 m^2以下的为小型展示馆,5 000—10 000 m^2的为中型展示馆,10 000—20 000 m^2的为大型展示馆,20 000 m^2以上的为特大型展示馆。2. 家电馆布展、运营成本分析是以若干重要文献为依据,参照类似工程项目,近年竣工的国内同类博物馆、科技馆、规划馆、展示馆的工程费用、设计要求及相关系统功能要求进行的,并按照常规造型、装修和设备国内先进的原则估算。

四、广告宣传品VI设计

家电馆是对家用电器进行收集、保藏、研究、陈列,传播文化科学信息,为社会服务的文化教育机构。家电生活馆宣传品较一般企业宣传品具有自身特殊性。家电馆宣传品是由馆方提供的,用来介绍家电馆及其展陈、导览、活动、服务等,以使观众更好地、全面地参观体验家电馆。主要包括家电馆宣传折页、活动海报、参观导览图、画册等。此项工作是品牌宣传中的重要组成部分。家电馆在策划设计VI系统建设中除了遵循一般的基本原则外,还应该遵循以下几点:一是突出文化定位;二是体现以人为本;三是展现国际性;四是保证渐进性;五是整合营销传播。

（一）宣传单页

宣传单页是家电生活馆品牌视觉识别形象中的重要媒介体，它具有针对性、独立性和整体性的特点，是一个完整的宣传形式。家电生活馆的宣传单页内容可以家电与生活为主，策划应符合场馆自身定位。

图8－58　家电生活馆宣传DM

（二）参观导览图

导览图设计应以具有完整清晰的引导功能为设计原则，与场馆的类型、特色、环境相协调。导览图设计时需要考虑人性化的特点，设计中的文字及图案内容需要清晰、直观，便于人们识别。设计风格应突出场馆的文化性、艺术性、多样性和功用性，同时可以根据不同区域的特色，设计出色彩、排版、内容完全不同的导览图，以适合不同环境使用。

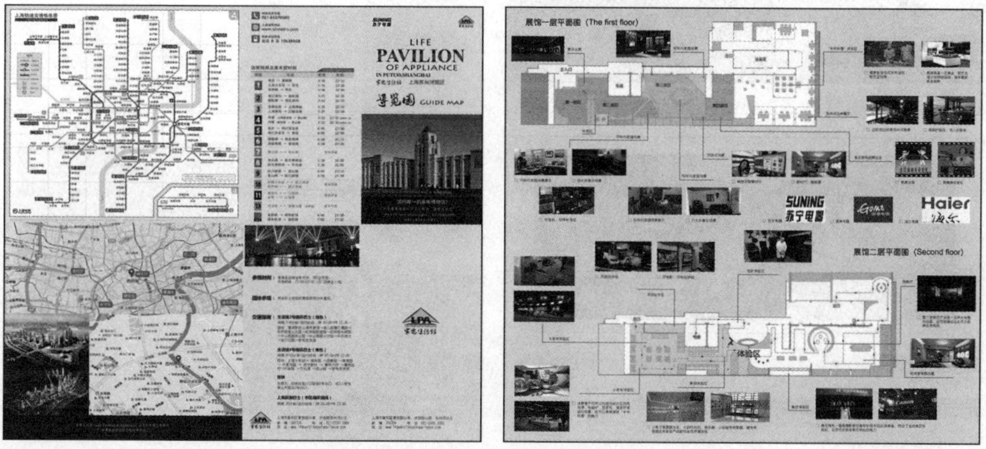

图8－59　家电生活馆参观导览图

（三）宣传手册

宣传手册是家电生活馆对外进行宣传的重要形式之一。宣传手册可以反映出一个家电企业的发展历程、家电企业文化及核心价值观等内容。通过观看手册中的文字及图画，来访者可以更加深入地了解到该场馆的展览内容及核心价值，在参观前给人们一个更加深入的认识。

宣传手册的设计风格需要和家电生活馆及企业的整体形象保持一致，以此保证在市场中建立起统一的品牌形象，将自己的鲜明特色和形象深入人心。可通过题材、风格、色彩的变化以及不同的艺术手段和艺术方式丰富宣传手册内容，增强视觉效果，通过良好的视觉感官加深人们对其的记忆，从而产生预期的宣传效果。

图8-60　家电生活馆宣传册内容

图8-61　家电生活馆宣传册内容

（四）书签设计

书签作为一种文化用品，不但具有最原始的标记功能，更具有独特的宣传效应。不同企业可通过特定的时间及活动向受众发送具有自身特色的书签，从而达到新奇和长久的时效性。书签作为一种代表文化的产物，从出现到现在，其形式经历了不同的变化，但内容新颖、做工精巧的书签仍旧受到广大读者和商家的青睐。家电生活馆以不同家用电器的发展为线索进行相关设计，在突出展馆自身特色的同时，向大众悄然地传递相关知识，起到“润物细无声”的效果。

图8-62　家电生活馆书签设计

（五）明信片设计

明信片作为一种宣传载体，具有使用价值、纪念价值和收藏价值。家电生活馆将明信片作为一种新型的媒体，并利用它展示企业的形象、理念、品牌以及产品等。明信片的设计形式最能引起人们注意，美术明信片、本册式明信片、木质明信片等，一张优秀的明信片可以令人产生一定的共鸣感，唤起各种层次收集者的兴趣，如此使企业的形象宣传更加深入千家万户。家电生活馆的明信片设计将家电的发展作为一条设计思路，与书签设计风格相结合，为不同的老家电配上不一样的文字，突出一定的时代感，唤起人们的美好回忆。

图8-63　家电生活馆明信片设计

（六）海报设计

海报作为一种大众化的宣传工具，拥有很长一段时间的发展历史。平面海报设计是比较受现代青睐的一种低成本、观赏力强的画报。家电生活馆的宣传DM和海报设计非常注重美学细节，给参观者留下深刻的印象。图8-64展示的是根据主题设计出风格各异、形式多样的宣传DM和海报。

图8-64　家电生活馆海报设计

总之，在宣传品设计过程中，除了通过上述元素进行宣传外，还可以通过设计相应的办公用品、企业内外部建筑环境设计、陈列设计等内容，起到更好的对外宣传作用，以便进一步提高家电馆的品牌形象力及市场影响力。

附　录

策划大赛与命题

在这里，笔者收录了有关品牌与策划大赛的实践、动态以及十个策划设计方案的大赛命题作为练习题，读者既可了解大赛的方式与流程，又可掌握大赛的要素与注意事项，并紧扣大赛命题的目的与要求，通过大赛策划案的实战演练，熟悉策划的运作过程，系统掌握策划方法，进一步领略品牌与策划的真谛。

第一章　全球品牌策划大赛

一、竞赛名称：

2015年全球品牌策划大赛—台湾赛区竞赛

二、主办单位：

逢甲大学商管教育创新中心、中华国际经贸研究学会

三、竞赛方式：

3—5位学生（大学生或硕士生）为一队，撰写品牌策划报告书（初赛）；复赛及总决赛竞赛采取品牌策划报告和现场答辩相结合的方式（竞赛语言可用中文或英文），其中报告陈述时间10分钟，答辩时间5分钟，主要考核选手基于公司目前的品牌状况，运用品牌相关知识，开展商业品牌策划的能力。品牌策划书必须以真实企业的产品品牌或服务品牌为策划物件，各参赛队以品牌顾问的身份，基于企业目前的品牌状

况，研究其商业模式，制订一份品牌策划书用以提高企业的品牌形象。

四、竞赛流程

中国大陆、台湾、港澳以及新加坡、马来西亚、泰国等分别组织分赛区选拔赛。在选拔赛基础上，各分赛区可推荐优秀参赛队入围"全球品牌策划大赛"，参加于新加坡举办之总决赛。

五、2015年"全球品牌策划大赛"总决赛

1. 总决赛时间：2015年6月13日（五）

总决赛地点：新加坡

主办单位：全球华人营销联盟、新加坡营销协会、中国国际商会商业行业商会、中华国际经贸研究学会（台湾）、台湾行销科学学会、香港市务学会。

2. 参赛资格：由中国大陆、台湾、港澳，以及新加坡、马来西亚、泰国等分赛区所推荐之队伍参赛。

3. 参加全球总决赛之注册费（400新加坡元）与食宿相关费用由参赛队伍自付（每队至少2位学生参加）。

4. 总决赛奖项

（1）冠军、亚军和季军：冠亚季军将荣获奖杯和荣誉证书，并分别给予新加坡币600元、400元和200元的现金奖励。

（2）最佳演讲者奖：对获奖的个人颁发荣誉证书及100新加坡元的现金奖励。

（3）最佳书面报告奖：获奖作品所在团队将获得荣誉证书及100新加坡元的现金奖励。

（4）优秀队伍奖和入围队伍奖：对获奖的团队颁发荣誉证书。

六、竞赛规则

1. 品牌策划书

你的品牌策划书应当包括但不限于以下要素：

（1）目录

（2）概要

（3）引言

（4）企业品牌形象和现状分析
（5）品牌定位
（6）品牌核心价值
（7）品牌元素设计
（8）品牌推广与传播
（9）品牌资产保护
（10）风险管理
（11）财务预算
（12）附录和参考资料

注意：

（1）在分析企业目前的品牌形象和现状时，可能包括外部环境、内部环境等。

（2）在对企业的品牌进行定位时，应考虑：

分析并预测短期和长期的宏观与微观市场环境；

通过市场细分，选择目标市场，确定满足目标顾客需求的市场定位；

寻找并确认主要（包括潜在）竞争对手；

分析并明确本品牌与竞争对手的异、同点；

阐明品牌的独特性以及风格特征。

（3）企业品牌核心价值需能够被企业内部和目标顾客识别并认可。

（4）品牌元素主要包括：品牌名称、（互联网）功能变数名称（URL）、标识、符号、形象代表（或代言人）、品牌宣传语、广告音乐、包装等。

（5）品牌推广和传播手段要有效地传达品牌理念和品牌文化，提升品牌形象，且方案应遵循《国际商会广告与行销传播实务统一准则（2011年版）》，即Advertising and Marketing Communication Practice Consolidated ICC Code）。

（6）需要制订相应的品牌资产保护措施，以确保品牌资产的识别、使用、保护处于受控状态。

（7）应防范可能给品牌以及品牌培育过程带来的风险，建立风险规避和紧急事件回应程式。

（8）财务预算指在品牌策划的过程中所有的成本支出。

（9）最后，在准备品牌策划案时，你应当：确保所有的策划与企业的愿景、使命和价值观一致；引用资料需标明出处；陈述所有相关资讯，例如，图表、图片、公开信息、文章、调查研究和问卷影本（如果有的话）等，用来在附录部分作参考；清楚地说明任何用来证明你的分析和建议的潜在假设。

作品递交格式要求：

每一个团队递交一份策划案（PDF版本，语言不限）。每份策划案应当包含独立的封面，封面内容需包含团队名称、参赛选手姓名、团队指导教师姓名、指导企业、队长联系电话和邮箱地址。

所递交的策划案中所使用的方法需符合《国际商会广告与行销传播实务统一准则（2011年版）》。

作品递交命名格式：院校名称____团队名称____队长姓名____组别。

2．陈述答辩

评委将在以下几个方面为你打分：

（1）内容完整程度

（2）问题识别

（3）论述和决策确认的清晰程度

（4）结论的正确有效性

（5）对问题的切题回应度

（6）演讲专业程度（包括视觉辅助工具的使用，例如PowerPoint）

（7）发声技巧和非语言技巧

（8）时间分配和团队合作配合程度

3．本次竞赛评分表

其他：略

第二章　市场营销策划大赛

为鼓励大学生深入社会生活、关注经济发展，培养大学生市场营销方面的创意思维、创新能力和实践精神，激发大学生投身上海世博会的热情和努力，共青团上海市委员会、上海市学生联合会、上海金融学院决定共同举办第二届上海大学生市场营销策划大赛，并将本届大赛作为2010年上海市学生创业文化节的一个重要组成部分。

一、名称、时间

上海大学生市场营销策划大赛　2010年7—12月

二、主办单位

共青团上海市委员会，上海市学生联合会

三、承办单位

上海金融学院

四、大赛主题

精彩世博,魅力营销

五、参赛对象

全日制普通(含社会力量举办)高校在校本专科学生和硕士(包括MBA)、博士研究生

六、组织机构

成立组织委员会,负责大赛的组织、宣传、活动和会务等工作;成立大赛评审委员会,负责大赛的全部市级评选审定工作。

七、参赛方式

1. 参赛形式:大赛参与者须以策划小组为单位参赛,即参赛者自行组成优势互补、专业科学、分工合理的策划小组,可以跨校区组队参赛(但团队成员务必事先协商明确作品申报单位),参赛团队的主要人数原则上不超过6人,小组要就现实企业中的某个现实营销问题展开市场调研和市场营销活动,并在基础上撰写提交市场营销策划活动方案。

2. 参赛团队应深入市场、企业或组织,在进行深度市场调研和市场环境分析的基础上,针对实际问题,完成一份结构完整、具有操作性又体现营销创新的解决性的市场营销策划方案。各队必须拍摄展示团队成员在企业或组织中考察调研情况的DV短片。

3. 本届大赛特别鼓励参赛团队选取2010年上海世博会上有所展示的国内外企业或组织作为考察研究对象。

4. 所有完成的市场营销策划书要求有文字版和电子版两种。

八、大赛步骤

本届比赛采取校级和市级两级赛制。参赛程序为：参赛者向本校团委提出参赛申请，申报参赛作品；学校经过评审选拔后，统一报送第二届上海市大学生市场营销大赛组委会秘书处，参加市级比赛。具体安排和要求如下：

1．校级比赛

时间：2010年7月至10月上旬。各高校自行组织校级比赛，并在此基础上选拔推荐参加市级比赛的作品。

2．市级初赛

时间：2010年10月中旬至11月上旬。参赛市级初赛的各高校于10月15日之前向大赛组委会秘书处申报完整、详细的市场营销策划方案（文字版一式五份，提交大赛组委会秘书处；电子版一份，提交大赛专题邮箱yxds2010@hotmail.com），每个学校最多可以申报10份作品。大赛组委会对作品进行统一评审，并于11月中旬公布入围决赛的名单。

3．市级决赛

时间：2010年11月下旬至12月中旬。市级决赛分为半决赛和总决赛两个阶段进行。11月下旬，举行半决赛，通过秘密答辩形式产生二等奖（含）以下的各级奖项并公布参加总决赛队伍名单，入围决赛的团队将修改完善的作品（文字版一式五份）于12月7日之前上报大赛组委会秘书处。12月中旬，举行总决赛。

4．上海市大学生市场营销社团联盟

为进一步提升本次大赛对大学生市场营销社团发展的积极影响，主办方将择机成立上海市大学生市场营销社团联盟。

5．闭幕式和颁奖典礼

大赛组委会于12月下旬择日举办大赛闭幕式和颁奖典礼。

九、大赛评审

大赛组委会将组织营销理论界和企业界的专家成立专家指导委员会，并从中按不同阶段比赛组成评审委员会，承担大赛的评审工作。

十、大赛奖励

本届大赛设一等奖、二等奖、三等奖、优胜奖若干；设最佳表现团队、最佳创意团队各1名；设立优秀组织奖若干，奖励在大赛中组织高效、成绩突出的学校；对所有获奖项目和单位分别颁发奖杯、证书和相应的奖励。

十一、工作要求

1. 高度重视，加强领导。上海市大学生市场营销大赛是大学生科技创新系列竞赛活动的重要组成部分，在培养学生综合素质和提高市场营销能力等方面发挥了积极作用。各高校要高度重视，精心组织，做好安排部署，成立活动组织机构，落实人员；要结合本校实际，制定推进方案，切实把活动抓紧、抓好、抓出成效。

2. 建章立制，加大服务。各高校要进一步做好营销策划竞赛机制建设，提倡各高校举办与竞赛接轨的大学生市场营销策划竞赛。加大对参赛者的培训和指导，提供必要的人员和经费支持。要联合社会有关方面为竞赛创造条件，积极吸引风险投资，努力实现成果转化。

3. 广泛动员，加强合作。竞赛开展时间长、内容多、任务重，各个阶段又各有侧重。各高校要在广泛动员的基础上，积极争取校科研处、学生处等各方支持，密切合作，发挥优势，加强协调，认真选拔，确保竞赛圆满成功。

4. 搞好宣传，营造氛围。各高校要把竞赛活动的宣传作为工作重点，摆上日程，列入计划。要广泛利用电视、广播、报纸、网络等新闻媒体，积极主动进行宣传，形成良好的舆论氛围，从而扩大活动在社会和青年学生中的影响，使大学生创新营销活动深入发展。

其他：略

第三章　品牌策划大赛命题

一、安利（中国）20周年庆祝活动整体策划方案

1. 背景

2015年，安利（中国）迎来二十岁生日，以“活出你的精彩”为主题，将推出一系列的线上线下的庆祝活动，并通过这些活动倡导和传递安利的企业形象和理念。进入中国市场20年以来，安利一直努力为每个家庭提供最佳的生活方案，让优质的产品使每个人都享受着精致的生活。纽崔莱、雅姿、个人护理、家居等产品走进了千千万万个家庭，成为品质生活的代名词。为了扩大二十周年系列庆祝活动的影响力，安利将从预热、互动和传播等各个环节着手，通过线上和线下相结合的形式，提升

大众的关注和参与度,从而让更多的人体验安利的魅力。

2. 目的

旨在通过设计二十周年庆祝活动及其传播方案,有效利用各类媒体资源,加强活动的前期预热、参与者互动以及后期的二次传播,扩大活动的影响力和受关注程度,向公众传达出安利倡导的“活出你的精彩”的理念和形象。

3. 要求

(1)设计线上和线下相结合的系列活动,覆盖预热、互动和传播的各个环节;(2)有效利用各类媒体资源,重点利用各类新媒体和社交媒体传播渠道;(3)具备可执行性,融入创新性元素;(4)注重整体策划,将社会效应、企业形象提升、公众关注和参与度巧妙结合;(5)推广期:该项目为期半年,方案应具备可持续发展性;(6)经费预算:200万元。

二、家乐福食品安全理念及实践的年度整合传播策划方案

1. 背景

近年来,食品安全问题日渐成为一个公众普遍关注的社会问题,食品安全的发展,关系到经济发展、政治稳定及民生安定。家乐福作为在华最大外资零售商,在维护、宣传和推动食品安全方面也采取了不少举措,包括精准追溯流通环节、加强产品控制以及文化和团队培训、大力推广农超对接、成立食品安全基金会、开展食品安全培训宣传活动、建立食品安全实验室等,为推动中国食品安全事业发展、提高中国各地食品安全意识以及促进其他相关领域的社会经济事业的发展作出了积极贡献。2014年9月26日,家乐福农产品品牌“家优鲜”正式上市。家优鲜是家乐福身体力行农产品安全高标准的项目,在欧洲践行多年,秉承农业可持续发展的精神价值,零中间商的承诺让“物美价廉”不再是口号。在惠及消费者的同时也帮助农业生产者提升产品的市场竞争力,改进种植知识技能、改善收益。家乐福进入中国十九年来,不断向中国市场引入欧洲成熟的经营管理经验。“家优鲜”项目为国内广大农产品供应商提供了改善管理体系、提升产品质量的空间,为农户带来更专业的培训、稳定的采购量和更加公平的价格。一直以来,家乐福与本地供应商、农户共同发展,致力于形成可持续发展的健康经营形态。未来,家乐福还将给中国市场带来更多惊喜。

2. 目的

(1)“从农田到餐桌”——以家乐福在食品安全方面的努力与实践经验为背景,策划一整套推广家乐福食品安全理念及实践的年度整合传播方案。(2)通过对家乐福在食品安全方面对内管控及对外宣传相关举措的规划与传播,让社会大众感知家

乐福“负责任的企业公民”的形象，认可其在食品安全控制、质量管理创新、欧洲先进经验引进等方面所做出的努力与成果，为企业在华进一步发展营造良好的舆论环境。

3．要求

（1）通过查阅资料，深入了解家乐福在食品安全领域所做的行动，进行分析整理同时进行创新性活动策划，进一步完善全年规划；（2）整体规划中，将“家优鲜”项目纳入其中；（3）紧密结合所做规划，充分利用传统和社会化媒体的结合进行整合传播，尤其注重新媒体的应用，以新颖的形式发挥其快速有效广泛传播的特质，提升公众关注度和参与度；（4）注重传播的统一性、整体性、可持续性，使传播主题及关键信息有效到达公众端，在促进公众关注和互动的同时，树立正确舆论导向；（5）该项目为长期计划，公关策略应有可操作性和可持续发展性；（6）经费预算：20万元/年。

三、京东大学校园招聘创意项目策划方案

1．背景

京东大学校园招聘每年分两季进行，秋季招聘与春季招聘。招聘职位为研发类和管理培训生，工作地点遍布北京、上海、广州、成都、武汉、沈阳、宿迁等地。京东商城主要招聘本科及以上学历的应届毕业生，某些岗位会对技术背景有一定的要求，但是没有严格的专业限制，发展潜力和个人能力才是招聘时最重要的衡量标准。热爱电子商务行业；具备良好的沟通能力，善于团队合作，具有优秀的学习能力和管理潜力；具有丰富的社会实践经验，具有社团、学生会或班级管理工作经验者优先。

2．目的

（1）结合“京东大学校园招聘”的项目背景及特点，策划一套关于京东大学校园招聘的创意项目方案。（2）体现京东作为互联网领先企业在行业内的专业招聘水平及对招纳优秀人才的重视。作为互联网电商公司，希望大学校园招聘可以真正贴近90后，真正能在学生圈中及行业内成为校园招聘的标杆。

3．要求

（1）策划一个富有创意的招聘方案或活动方案，让更多的毕业生关注京东校招，了解京东校招，从而推动项目拓展，为京东吸引更多的优秀人才。（2）策划预算：100万元。

四、贫困或就业困难年轻人的项目线上创意传播策划方案

1．背景

“美丽事业，美好人生”公益项目由欧莱雅基金会于2009年启动。作为专门针

对弱势群体而设的美容美发职业技能教育项目，至今，已在包括印度、越南、泰国和巴西在内的近20个国家展开了相关活动，惠及千余人。2013年，欧莱雅中国携手中国青少年发展基金会、四川国际标榜职业学院联合启动"美丽事业，美好人生"美容专业技能培训公益项目。项目在2014年年内已培训200名学员，其中将包含部分雅安学员，以扶助因地震而受灾严重的雅安地区。为兼顾"素质教育"与"技能培训"，欧莱雅中国与合作伙伴各施所长，充分发挥中国青少年发展基金会及四川国际标榜职业学院、百年职校在文化素养与职业教育方面的丰富经验；同时结合欧莱雅自身在美妆方面的专业积淀，为学员们制订理论与实践相结合的系统化培训课程。作为欧莱雅在中国践行企业社会责任的一项长期承诺，欧莱雅集团始终关注公益项目的可持续性，2015年，"美丽事业，美好人生"项目将覆盖中国更多省份和地区，吸引更多年轻人加入美的事业中来，帮助更多年轻人通过美丽事业，成就梦想。

2．目的

（1）"美丽手艺人"——结合"美丽事业，美好人生"的项目背景及特点，策划一套针对贫困或就业困难年轻人的项目线上创意传播方案。（2）体现欧莱雅作为美的行业的领先企业，在公益领域起到了示范引领的作用。年轻人学有所成之后，能将美与爱和更多的人分享，同时提升整个行业的素质，并推动职业教育发展。

3．要求

（1）策划一个富有创意的线上传播方案，转变社会对美容美发行业的偏见，从而推动项目拓展，吸引更多年轻人。（2）经费预算：50万元。

五、美丽有sense的线上线下整合传播策划方案

1．背景

作为一个负责任的企业公民，欧莱雅在企业经营的所有领域和环节都坚持可持续发展的原则，并将可持续发展的精神烙印到自己的DNA中。欧莱雅也在全社会范围内倡导可持续性消费理念，引领消费者在产品使用等过程中减少对环境、社会的影响，努力在全社会营造出负责任的产品消费观。

2．目的

"美丽有sense"——结合青年群体消费行为的特点，策划一套推广"可持续性消费理念"的线上线下整合传播方案。通过该方案，在青年群体中树立可持续性消费理念，让他们相信可以通过自己的一举一动切切实实地贯彻可持续消费理念，最终影响青年群体消费行为，营造良好的可持续性消费舆论环境。

3. 要求

（1）查阅资料，了解欧莱雅在贯彻可持续发展理念所做的行动，加深对欧莱雅可持续性消费理念的理解，例如开发"环保生活家"手机APP；（2）方案要紧密结合青年群体现有的消费习惯和生活方式，有效结合传统及新兴媒体进行传播，再加上富有创新性的活动策划，最后形成青年群体自发参与全民可持续性消费行动；（3）经费预算：50万元。

六、上汽集团品牌新媒体传播策划方案

1. 背景

上海汽车集团股份有限公司（简称"上汽集团"，股票代码为600104）是国内A股市场最大的汽车上市公司，截至2013年底，上汽集团总股本达到110亿股。目前，上汽集团主要业务涵盖整车（包括乘用车、商用车）、零部件（包括发动机、变速箱、动力传动、底盘、内外饰、电子电器等）的研发、生产、销售，物流、车载信息、二手车等汽车服务贸易业务，以及汽车金融业务。上汽集团所属主要整车企业包括乘用车公司、商用车公司、上海大众、上海通用、上汽通用五菱、南京依维柯、上汽依维柯红岩、上海申沃等。2014年，上汽集团累计销售汽车561.99万辆，同比增长10.07%，继续保持国内汽车市场领先优势。并以920.2亿美元的合并销售收入，第十次入选《财富》杂志世界500强，排名第85位，比上一年上升了18位，成为首家进入百强的上海企业，也成为第一家进入百强的中国汽车企业。进入2015年，上汽集团确定了面向未来的集团品牌战略，为实现从"主要依赖制造业的传统企业"转向"为消费者提供全方位汽车产品和服务的综合供应商"，建设具有"国际竞争力"和"品牌影响力"的世界著名汽车公司的战略目标而努力。

2. 目的

针对年轻人喜爱新媒体的特点，传播上汽集团的集团品牌口号：爱上汽车、畅行天下。围绕上汽集团的品牌口号"爱上汽车，畅行天下"，面向18—28岁的年轻人，尤其是校园大学生，制订一套新媒体传播方案，以提升上汽集团在年轻人中的品牌影响力。

3. 要求

（1）查阅各种资料，以加深对上汽集团和汽车行业的理解，包括目前的汽车产业变革趋势；（2）参考世界著名汽车集团利用新媒体的传播案例，拓宽思路；（3）方案要求切合实际，可执行性；（4）分析和应用当代大学生热衷的社交媒传渠道、校园活动类型等，提出一个整体推广方案，须体现创新、互动；（5）经费预算：100万元/年。

七、通力百年基金会“流动图书车”项目公关策划方案

1. 背景

企业责任不仅仅是一种战略举措，也不只是绿色环保，而应该有所承担。正是这种理念塑造了通力的社会行为，并引导公司在世界各地的社区中发挥积极的作用。为庆祝通力成立100周年，通力百年基金会（KCF）于2010年成立，它是独立的非营利性组织，其使命是促进和支持有利于世界各地的儿童和青少年发展、教育和文化活动。旨在帮助生活在社会边缘的年轻人获取必要的知识和技能，从而改善他们的生活以及他们生活的社区。KCF的第一个项目是在2011中国第一个专门为儿童设计的流动图书馆。该图书馆主要是在中国快速发展的城市，向打工子弟提供阅读服务。

2. 目的

通力百年基金会发起的“流动图书车”项目，旨在吸引其他公司、团体、个人加入到这个行列中来关爱打工子弟的子女，帮助他们阅读习惯的养成。

运用公共关系理论和实践相结合，研究策划方案，以提升社会对该项目的支持。

3. 要求

（1）查阅相关资料，加深对通力百年基金会“流动图书车”项目的背景、目的、内容等的了解；（2）该项目为长期计划、公关策略应有可操作性和可持续发展性；（3）预算经费：50万元/年。

八、999感冒灵颗粒广告策划方案

1. 背景

999感冒灵颗粒是中国感冒药品牌领导者，连续7年销量位居中国感冒药市场第一位。作为全国销量最大、最受欢迎的感冒药品牌，每年有超过2亿人次服用过999感冒灵颗粒。2005年，999感冒灵被评选为百姓信赖的药品。2007年，999感冒灵成为唯一获得“中成药优质优价品种”资格的感冒灵品类产品。999感冒灵从2007年率先倡导“治愈感冒也要从心呵护”的品牌信仰，树立“家庭关爱”的品牌定位。2009年加入品牌承诺——“暖暖的　很贴心”，逐渐在消费者印象中塑造“温暖、关怀”的品牌形象。2013年冠名《爸爸去哪儿》，引发舆论热点，为品牌年轻化迈出新的一步。2015年植入《何以笙箫默》，联合爱奇艺独播资源，将产品功效深入剧情，成功在年轻人当中引发“情感助攻手”、“默笙同款”、“开口说爱”等网络话题。

2. 目的

目标群体：18—25岁以大学生和年轻白领为代表的年轻、有活力的群体。（1）结

合年轻人群的心态或观点，与消费者建立情感联系，增加对品牌的好感度；（2）借助心灵的共鸣，加强999感冒灵与年轻消费群体的纽带；（3）吸引年轻消费群体尝试999感冒灵产品，提升该年龄段的产品尝试率。

3．要求

（1）广告主题解析。爱是一种冲动。感冒的时候，冲一杯暖暖的999感冒灵，趁热喝下，感冒很快就好了。刹那间冒起的热气，模糊了视线。瞬间升温的暖意，温暖了心房。无声胜有声的关怀，爱是一种触动；及时表达的关心。你看过999感冒灵的广告，你知道999感冒灵的疗效。但是现在，请你忘掉那些印象里的感冒灵。去放胆创造前所未见的999感冒灵广告。不怕被玩坏，就怕不会玩。来吧，大胆假设，放手颠覆。去定义属于你的999感冒灵。（2）广告形式。平面广告、影视广告、微电影广告、动画广告、广告策划案、综合创意类。广告策划案（以下任选其一）：品牌、营销、创意策略策划案（含产品定位、平面广告、影视广告、终端推广方案、品牌推广方案等）。预算：1 000万。春冬季网络营销方案预算：300万元。校园活动营销方案预算：300万元。

九、娃哈哈广告策划方案

1．背景

娃哈哈创建于1987年，前身是杭州市上城区的一个校办企业经销部，从3个人、14万元借款白手起家，在创始人宗庆后先生的领导下，现已发展成为一家集产品研发、生产、销售为一体的，中国规模最大、效益最好的大型食品饮料企业集团，产量位居世界前列。在中国29个省市自治区建有80多个产业基地、180多家子公司，拥有员工3万名、总资产402亿元。娃哈哈公司产品涉及含乳饮料、瓶装水、碳酸饮料、茶饮料、果汁饮料、罐头食品、医药保健品、休闲食品、婴儿奶粉、童装、白酒等11大类150多个品种。

2．目的

（1）针对年轻人群，开展产品的市场分析及定位建议；（2）塑造产品正面的品牌形象，增加消费者对品牌的喜爱，打造该品类的第一品牌；（3）针对目标消费人群，打造创新且具有传播力的包装、广告及平面设计；（4）针对新媒体的传播，开展全新的策划，提升产品销量。

3．要求

（1）策划三个产品方案。一是营养快线。目前口号：早餐喝一瓶，精神一上午！产品简介：娃哈哈营养快线是参考中国营养学会中国居民每日膳食营养素适宜摄入量（AI）/推荐摄入量（RNI）特别研制，营养组成更加全面，营养一步到位。营养快线目前有两款，一款是以“牛奶”+“果汁”为概念核心营养快线水果牛奶饮品，一款是以“酸奶”+“果汁”为概念核心的营养快线水果酸奶饮品。营养快线新品柠檬酸奶饮品。产品简介：营养快线推出了备受年轻人喜欢的柠檬酸奶的口味，突出产品清香、美味、爽口、活力、开胃等口味特点。结合现在90后、00后年轻人群的性格特点，参考现阶段网络最为热门的流行词，启用全新的“个性瓶”设计，“真暖男”、“游戏控”、“吃货团”、“女汉子”、“真女神”等个性标签，到底哪一款更打动你？口号：早餐有活力，天天都精彩。二是C驱动。目前口号：真C真柠檬，年轻C驱动！产品简介：娃哈哈C驱动，选用进口优质柠檬汁和水溶性维生素C，口感刺激、健康美味，呈现了百分之百天然柠檬风味。C驱动每瓶含有维生素C160毫克，达到了每日膳食推荐摄入量的标准，风味天然、健康加倍，满足每日所需。三是来一榨椰汁。目前口号：椰汁喝头榨，就要来一榨！产品简介：娃哈哈来一榨椰汁，东南亚椰子头道原浆榨取，产品配料天然，口感自然，符合消费者对营养健康的深度需求。物理方法榨取椰子头道原浆，新鲜椰子从采摘到加工的周期不超过24小时。高压均质处理工艺，将椰子原浆微粒进一步细化，口感更细腻醇厚。先进的超净灌装技术，不添加色素，不添加甜味剂，不添加香精，品质有保证，安全更安心。

（2）广告形式。平面广告、影视广告、微电影、动画广告、广播广告、广告策划案（预算为500万）、综合创意类（预算为50—100万元）。特殊说明：平面广告：a. 具有传播力的系列产品海报；b. 包装设计。广告策划案：a. 包含15秒电视广告拍摄脚本；b. 线上线下各类推广营销活动的策划。综合创意类：针对新媒体，策划创新的传播文案、平面设计、微视频、H5页面设计等。（以上形式可任选其一或多选。）

十、桐乡市城市形象CIS设计方案

1. 背景

桐乡市地处浙江省北部杭嘉湖平原腹地，居上海、杭州、苏州三角之中，市域总面积723平方公里，人口65万，辖14个镇和10个乡。境内地势平坦、河网密布、气候四季分明，是典型的江南水乡，属国务院批准的全国首批开放县市之一，跻身浙江省经济十强县市和全国综合实力百强县市行列。

桐乡素有“鱼米之乡、丝绸之府、百花地面、文化之邦”的美誉。绵延的大运河、肥沃的土壤孕育了桐乡悠久的历史文化，构成了江南水乡独特而浓厚的自然人文景观。这里有“小桥流水人家”的水乡古镇乌镇，有每逢秋季遍布田野怒放的杭白菊，也有留下茅盾、丰子恺、钱君匋到文化名人成长足迹、作品的名人纪念场馆；来桐乡，可以远离尘嚣，游览千年古寺福严寺，感受佛教文化的精深博大；也可逛逛全国最大的羊毛衫集散中心——濮院羊毛衫市场，挑选几款价廉物美的羊毛衫；如果清明时节来乌镇，还可以游香市，欢度江南水乡狂欢节，融入江南多姿多彩的传统民间活动。

2．目的

2014年，桐乡市辖属的乌镇被国家授予“世界互联网大会永久举办地”，要把乌镇打造成中国的“达沃斯”。因此，桐乡市城市形象设计的工程就显得迫在眉睫。桐乡市拟把这次公关大赛当成筛选桐乡市城市形象（CIS）系统设计与表达的一个平台，拟从中筛选出优秀作品给予采用和奖励。

3. 要求

方案包括以下三个具体设计：（1）桐乡城市形象理念（MI）提炼与解读——侧重于体现桐乡是什么，揭示桐乡的内涵，切记不要泛泛而谈。可以提炼浓缩成一句经典话语，并解读解释；（2）桐乡城市市徽（VI）设计与解读——建立在桐乡城市理念基础之上的富有特色的市徽（市标）设计。设计出一幅平面设计图，并解读解释；（3）打造桐乡城市形象的应有步骤（BI）——桐乡面向世界知名城市的塑造途径并解读。

后 记

我从20世纪90年代初至今，一直在不断地感悟和实践着品牌与策划的教学及科研工作：一是品牌与策划理论。它是对品牌与策划活动规律的高度抽象和概括。核心方向包括品牌战略与策划、品牌定位与策划、品牌形象与策划、品牌设计与策划、品牌传播与策划、品牌文化与策划、品牌管理与策划等理论研究。二是品牌与策划实践。它是为实现品牌化与策划化事物或对象在社会经济文化中的各种目标而进行的实践应用。其宗旨：以为实施品牌与策划战略献策和推进品牌与策划学科建设为目的，以为品牌与策划科学研究服务为根本。在探索和研究品牌与策划科学诸规律，比较与了解国内外品牌与策划科学发展趋势的基础上，坚持为学校、上海乃至国家社会经济文化建设服务，推进产学研用深度融合。其研究的思路、内容、方法及成果概述如下：

一、品牌理论研究及其学术活动的探究与特点

1．较系统地对国际品牌在中国市场的品牌传播与营销战略及走向做了艰苦的梳理和研究

我是国内较早系统研究国际品牌的学者之一。20世纪90年代初，我开始并有针对性地对可口可乐、宝洁、微软、IBM、肯德基、雀巢等国际品牌成功营销中国的战略、战术与管理之道进行研究，为国内企业品牌建设提供生动的、近距离的、鲜活的启迪与参考。系列学术论文发表在《中国广告》、《销售与市场》、《中国营销导刊》等杂志上，引起了学界业界的关注。诸多论文被《中国人民大学复印报刊资料》全文转载。而后，我又探究了国际品牌中国市场品牌战略“三部曲”，出版了拙著《国际知名品牌在中国》（独著，53万字）、《国际知名品牌中国市场全攻略》（独著，47.4万字）、《国际顶级品牌——奢侈品跨国公司在华品牌文化战略》（独著，34.3万字）。这三部拙著由华东理工大学出版社、上海财经大学出版社出版。前二本拙著荣获第三届、第四届“全国先进生产力理论与实践成果奖”著作二等奖（2002—2003年度、2004—2005年度）。后一本拙著荣获第六届“全国先进生产力理论与实践成果奖”著作一等奖

(2008—2009年度)。以后我又出版了《车行天下——国际名车新视界》(独著,上海文化出版社2008,30余万字)、《香溢四海——国际名酒新视界》(独著,上海文化出版社2009,30余万字)、《奢华极品》(独著,上海人民出版社2009,40余万字)等三部拙著。

2. 深层次地对品牌建设发展中的重要问题与当代问题进行了分析与探讨

首先着重探析了世界级品牌的发展规律及一般特征。关于这方面的理论研究,充分体现在笔者以下的学术论文:《国际知名品牌发展规律及特征探讨》(《国外社会科学》2007年第1期,中央级学术刊物CSSCI来源期刊全国中文核心期刊),《世界级品牌发展规律探讨》(《现代经济探讨》2006年第2期,CSSCI来源期刊全国中文核心期刊),《奢侈品牌市场运营规律及演进》(《企业研究》2006年第11期,经济类核心期刊),《奢侈品牌运行规律揭秘》(《中国广告》2007年第2期,中国第一本广告专业杂志,新闻传播类核心期刊)。论文发表后,受到学界业界的关注,并被中国人民大学复印资料或其他刊物转载转摘。其次深刻揭示和探讨了上海著名品牌衰落的深层原因与再崛起对策措施。此方面的理论研究,充分体现在我以下的研究课题与学术论文之中:《国际知名品牌发展规律与思考研究》、《上海著名品牌衰落原因分析与再崛起对策研究》、《上海商标发展纲要》、《上海品牌战略方案建议》等上海市人民政府决策咨询研究课题,以及《上海品牌衰落的原因与再崛起对策》、《推进上海品牌战略和商标发展构想》、《品牌传播策略性整合》等课题研究报告和学术论文,受到政界学界业界的关注。其中《上海品牌衰落的原因与再崛起对策》一文被《新华文摘》2007年第5期作为"新华观察"全文转载,并荣获"第五届全国优秀生产力理论与实践成果奖"论文特等奖(2008年1月)。

3. 积极地参加品牌研讨学术交流会议与活动,提高科研水平与提升学术地位

近年来,我在品牌创造未来——国际品牌研讨会、产业集群与区域发展国际学术会议、轻工名品与和谐民生高峰论坛、城市服务经济学术会议、上海市服务商标与上海现代服务业研讨会、上海市农产品商标与上海新郊区新农村建设研讨会、上海老商标重塑辉煌推展会作为特邀演讲嘉宾;我在上海人民广播电台990新闻频率"市民与社会"节目:怎样让老商标重塑辉煌、交通银行品牌传播与推广会、工经联品牌战略管理论坛、卢湾区品牌战略——淮海路商业街经营管理论坛、黄浦区品牌战略论坛、上海购物节普陀区开幕式暨普陀商业发展论坛等作主讲嘉宾或主题演讲;我还进行了徐汇区企业品牌发展状况的调研、华东理工大学申请认定"上海市著名商标"的建议,以及参加了国际品牌联盟(IBF)、上海市著名商标认定审理、上海市经济和信息化委员会、上海市商务委员会、上海市品牌建设工作联席会议。我参加以上这些对外学术交流活动和品牌建设工作会议,并在相关论坛上对品牌的建设与发展作主题演讲，不仅提出了自己的见解与建议，提高我的影响力和学术地位，而且对把握学科研究的前沿，加强与其他大学、研究机构的学术交流与合作，提高华东理工大学品牌研究所的学术地位和品牌学科建设起到了积极的推动作用。

二、策划理论研究及其实际运作的探索与特点

1. 在实践中应用与检验策划理论知识

20世纪90年代，我曾任上海海信市场研究公司副总经理、人民日报·诺贝广告有限公司业务总监和营销策划有限公司总经理。在这期间，我策划主持或参与的项目，包括百事可乐、百事食品、强生、宝洁、旁氏、娃哈哈、农心、上海家化等在内的著名企业，提供与国际接轨的一流服务，研究项目涉及护肤品、美容化妆品、婴幼儿护肤用品、羊毛衫、羊绒衫、方便面、空调器、汽车、金融、房产等几十个领域；为企业形象策划与设计的项目有中国人寿、东方证券、江苏江山、上海图书馆等品牌形象导入，双良集团与美国特灵公司合资庆典，正广和市场营销战略策划，海螺、绿叶衬衫广告策划，东晖花园的良心开价策划，上海易初摩托车有限公司企业文化策划等项目。

我于2004年4月策划了品牌金手指——弗朗希斯·麦奎尔（Francis X. Maguire）中国巡回演讲活动——上海专场的演讲活动，对国内企业加强自主品牌建设和提升国际竞争力起到了积极的推动作用，受到所属单位的热烈欢迎。21世纪初，我负责主持了上海现代服务业诸多项目的策划与设计。例如主持策划了“点亮城市、点燃生活”为主题的“商标火花收藏馆”脚本策划与布展设计；主持策划了“中国符号、功夫巨星、慈善使者”为主题的“成龙电影艺术展示馆”脚本策划与布展设计等项目。

2. 在理论中归纳与提升策划实践经验

近几年来，我以一个学者身份从学术角度对企业市场营销策划进行探讨与研究。发表了《整合营销传播理论》(《国外社会科学前沿》2003年2月)，《营销定位新理论》(《国外社会科学前沿》2004年1月)等学术论文。出版了《市场营销策划》、《营销策划创意与案例解读》、《现代广告学》、《市场营销100——个案与点析》(第二版)等拙著、教材。其中《市场营销策划》(第三版)，为普通高等教育“十一五”、“十二五”国家级规划教材(独著)。该教材已被我国100余所院校采用，发行量近20万册，效果较好。

我指导研究生的《基于上海世博会的现代服务业聚集区区域文化品牌建设的调查与形象设计》获得第十一届“挑战杯”全国大学生课外学术科技作品竞赛世博专项竞赛作品三等奖(2009年11月)和第十一届上海市大学生课外学术科技作品竞赛三等奖(2009年6月)。《论新媒体传播特征及对大学品牌形象塑造的影响与提升》荣

获“第一届上海暨长三角设计学研究生学术论坛”“优秀奖”（2012年10月），荣获华东理工大学研究生学术论坛“一等奖”（2012年11月）。《上海北外滩航运服务集聚区文化软实力建设及其提升》荣获首届上海市研究生“航运金融”学术论坛“二等奖”（2011年6月），荣获华东理工大学研究生学术论坛“一等奖”(2011年11月)。

我以严谨、专业和实用的策划风格、优良的服务态度，成效比较显著，受到学界业界关注，被称为“三位一体”的商务策划复合型专家。相关专题报道《教学、科研、营销三位一体策划人》刊于《金牌策划》（中国经济出版社2003年9月第1版），全国共有36位高级商务策划师首次入选。我还在中国策划年会暨第五届中国“诸葛亮”策划奖颁奖会上，荣获“中国十大策划专家”荣誉称号（2008年12月）。

三、从事品牌与策划理论研究及其实践应用的价值

在学科建设上，我的研究方向特别借助了学院的学科优势，即艺术设计与传媒的强势专业背景，将其融入到了品牌与策划的理论研究及实践应用中，形成了新的特色、新的活力。

我在教育教学中，将品牌与策划的理论知识、实战经验传授给博士研究生、硕士研究生、本科生，培养他们具有先进的品牌与策划理念，能够体现综合应用于创新精神的高素质的品牌与策划人才，以提高他们的市场竞争能力。

拙著是我从事品牌与策划的教学与科研工作，并为诸企业进行品牌形象塑造、品牌传播推广等活动的心得之集结；也是华东理工大学“十二五”规划教材之一。

在本书完稿即将付印之际，我要深深地感谢校院领导、同事和朋友们对此次写作的支持、鼓励与指导，拙著所附某些图片，乃蒙钱冬梅、杨洋、李中燕等同志的帮助，以及上海人民出版社苏贻鸣编审的智慧援助与辛勤工作，即此一并致谢！

蒙上海交通大学安泰经济与管理学院党委书记、上海交通大学品牌研究中心主任、上海交通大学管理学院教授、博士生导师余明阳先生在百忙中为之作序，谨此深表谢忱！

书被催成墨未浓。我自知在品牌与策划领域还是个小兵，所谓从事品牌与策划理论研究及其实践应用也只是力图在借鉴前辈学者和诸时贤有益经验的基础上的初步尝试。诚恳希望得到方家的指导与批评，将工作尽可能做得更好些。

杨明刚

2016年元月于上海康健星辰

图书在版编目(CIP)数据

品牌与策划/杨明刚著.—上海:上海人民出版社,2016
ISBN 978-7-208-13397-6

Ⅰ.①品… Ⅱ.①杨… Ⅲ.①品牌营销
Ⅳ.①F713.50

中国版本图书馆CIP数据核字(2015)第260791号

责任编辑 苏贻鸣 张晓玲
封面设计 董一瑜

品牌与策划
杨明刚 著

出　版 上海人民出版社
(200001 上海福建中路193号)
发　行 上海人民出版社发行中心
印　刷 启东市人民印刷有限公司
开　本 720×1000 1/16
印　张 24.5
插　页 4
字　数 457,000
版　次 2016年1月第1版
印　次 2018年9月第3次印刷
ISBN 978-7-208-13397-6/F·2333
定　价 78.00元